LA ECONOMÍA MERCANTIL ESPAÑOLA
Siglos XVI-XVII

LA ECONOMÍA MERCANTIL ESPAÑOLA

Siglos XVI-XVII

⁓⧢⁓

María Grove-Gordillo

Manuel F. Fernández Chaves

Rafael M. Pérez García

(coords.)

EDICIONES TREA

Esta publicación es parte del proyecto de I+D+i PID2022-138444OB-I00,
financiado por el MICIU/ AEI/10.13039/501100011033 y por FEDER, UE

ESTUDIOS HISTÓRICOS LA OLMEDA

Polígono de Somonte / María González la Pondala, 98, nave D
33393 Somonte-Cenero. Gijón (Asturias)
Tel.: 985 303 801 / Fax: 985 303 712
trea@trea.es / www.trea.es

Dirección editorial: Álvaro Díaz Huici
Producción: Patricia Laxague Jordán
Corrección: Almudena Zapatero
Maquetación: Almudena Zapatero

Depósito legal: AS 02577-2024
ISBN: 978-84-10263-51-2

Impreso en España. *Printed in Spain*

Índice

Prólogo

María Grove-Gordillo | Manuel F. Fernández Chaves
Rafael M. Pérez García

La necesidad de conocer el pasado de España ha encontrado tradicionalmente en la historia política una de las vías más cultivadas y que mejor han traducido los esfuerzos de los historiadores por comprender una época, la Edad Moderna, absolutamente quicial para el devenir del país hasta hoy. Por su parte, los historiadores de la economía han realizado también grandes esfuerzos de síntesis para construir patrones y tendencias que a escala macroeconómica permitan comprender mejor las distintas fases que ha atravesado la historia del país y la monarquía.

El libro que tiene en sus manos el lector busca aproximarse desde la historia social y económica al estudio de la economía mercantil española en los siglos XVI y XVII, tratando de ofrecer una visión complementaria de la historia de España a la que viene desarrollándose desde la historia política y la historia macroeconómica. Se abarcan espacios geográficos dentro y fuera de la monarquía hispánica, pero siempre en relación con ella, como Flandes, el País Vasco, México, el Caribe, la isla de La Palma y Sevilla. Esta última ciudad es el escenario de algunos trabajos que se ocupan de mercaderes extranjeros, relaciones con mercados europeos, el mundo americano y en general una economía de alcance peninsular e intercontinental, saliendo siempre de lo local. Los autores son integrantes del Departamento de Historia Moderna de la Universidad de Sevilla, en el que su grupo de investigación y los distintos proyectos de I+D en él radicados llevan ya años impulsando estos estudios sobre la sociedad y la economía de los siglos modernos. Concretamente, este libro es fruto de la investigación llevada a cabo en el proyecto de I+D+i *La esclavitud en la economía y la sociedad de la España del siglo XVI* (PID2022-138444OB-I00).

Los trabajos aquí reunidos abordan distintos aspectos de la economía mercantil desarrollada en la España de los siglos XVI y XVII, que conectaba de manera intensa y eficaz los espacios y personas que la constituían, cuya existencia y tremendo dinamismo nos alejan de los tópicos acerca de la historia de España y de la monarquía, que se piensa instalada de manera permanente en una idea de atraso estructural e inmovilismo social y económico. De manera bien diferente, el estudio de la historia nos permite conocer una realidad dinámica extremadamente compleja y rica, cuya posterior crisis y transformación nos avisan de la falsedad del paradigma de la historia como progreso ininterrumpido y nos obliga a considerar la historicidad de los fenómenos y la necesaria comprensión de su origen, contexto y situación. Uno de los ejes vertebradores de este libro es el rol desempeñado por los mercaderes y capitales de fuera de Castilla en este desarrollo y expansión, cuya importancia medular nos coloca en una posición crítica respecto de la historiografía que encuentra las claves explicativas del auge económico y político del siglo XVI en razones puramente endógenas. El desarrollo económico y demográfico de dicha centuria tuvo desde luego causas internas, pero no es menos cierto que el rol de mercaderes y banqueros italianos, portugueses y flamencos, por citar las procedencias más destacadas, fue absolutamente basal en dicho desarrollo y expansión, atrayendo capitales de inversión y talento, en muchos casos, se llegó así a la naturalización e integración de manera efectiva en la abierta sociedad del momento. Y a la inversa, la presencia de burgaleses, catalanes, valencianos, andaluces…, no solo en la empresa americana, sino en Flandes e Italia, y su actividad en la península como vectores de la construcción de un espacio comercial y económico peninsular más compacto nos habla de una esfera mercantil y una «república internacional del dinero» en las que los súbditos de la monarquía hispánica supieron también medrar. Todo ello nos lleva a incardinar este libro en la tradición de los estudios históricos en los que se pone de relieve el papel vertebrador en el ámbito económico, cultural y político de la actividad de los mercaderes, donde prima el carácter internacional de sus redes (las denominadas *cross-imperial networks*) y la visión de los sistemas políticos atlánticos como *entangled empires*.

Un buen ejemplo de la importancia de los mercaderes como personas con acceso privilegiado a noticias y con importantes contactos lo constituye el trabajo de María Grove-Gordillo, que se construye sobre la información mercantil y su uso político y diplomático, escrito que se basa en un fino cruce de fuentes y archivos españoles e ingleses. Gracias a esta labor pueden reconstruirse las labores de espionaje emprendidas por el mercader bristolense Thomas Batcock, quien desplegó una red de informantes que incluía a miembros de la corte castellana, mostrando con ello el gran valor que las colonias de mercaderes extranjeros tenían para sus respectivas monarquías y repúblicas, al ser los mejor informados y quienes protagonizaban una circulación de noticias más rápida. Se evidencia además el vivo interés de los mercaderes ingleses por afianzar su presencia en la península ibérica y su rol en los puertos del norte y sur peninsular. La importancia de estas colonias mercantiles se evidencia asimismo en el estudio que Miguel Royano Cabrera hace de la nación aragonesa en Flandes, en el que, cruzando de forma masiva fuentes de archivo y la bibliografía disponible, recorre la azarosa andadura del consulado de la nación y su división entre Brujas y Amberes, al tiempo que reconstruye el perfil de los principales miembros de la comunidad, sus estrategias familiares y la naturaleza de sus tráficos mercantiles, ampliando el estado de nuestros conocimientos y comparando la variada actividad de estos mercaderes con sus homólogos de la corona de Castilla.

El estudio de la actividad puramente mercantil como el de la nación aragonesa en Flandes o del perfil de informante y miembro de una red de espías de un mercader inglés se complementa con el análisis de la vida y obra de un mercader miembro de una familia de comerciantes burgaleses, quien acabaría abandonando la actividad económica para dedicarse a la fundación de los colegios de los Niños de la Doctrina en Castilla y México. Tal es el caso de Gregorio de Pesquera Rosa, «medio aventurero, medio apóstol y misionero laico», un ejemplo paradigmático no solo de la cultura mercantil y religiosa de la primera mitad del siglo XVI, sino también un caso ejemplar de la convivencia entre el interés material y el anhelo de salvación y de construcción de una sociedad cristiana no tan solo en una época o sociedad determinadas, sino en los individuos concretos. Con base en un cruce masivo de fuentes y archivos, y realizando una cuidadosa lectura y agudo empleo de la bibliografía existente, en este modelo de escritura de la historia que es este capítulo, José Antonio Ollero Pina vuelve su mirada hacia los caminos seguidos por Gregorio de Pesquera en seguimiento de las varias vidas que protagonizó en el contexto expansivo del siglo XVI.

El Atlántico ibérico ocupa el centro de tres capítulos del presente libro. El primero de ellos es el de Samir El Moussaoui Calderón, quien presta atención al rol clave de los mercaderes genoveses en la primera expansión ibérica, tomando el caso de Franco Leardo y su familia y socios, los Riberol y los Brine. Leardo participó en varias compañías de comercio con América en las que, a cambio de manufacturas y bienes de primera necesidad, obtenían oro, plata, perlas, cueros y bálsamo. Esta actividad mercantil permitió a Franco Leardo constituir un banco importante en Sevilla y conjugar los intereses comerciales con los financieros, integrándose además de manera ejemplar en la vida social y cultural de la ciudad y ampliando así la dimensión europea y atlántica de la urbe.

Canarias, y concretamente la isla de La Palma, ocupan el centro de los trabajos escritos por Luis F. Cumplido Mancera y Manuel Fernández Chaves. Con ello se pone de manifiesto la importancia de este archipiélago en la configuración del comercio atlántico de la monarquía, en relación con América y, sobre todo, como espacio comercial plenamente insertado en las rutas comerciales y de navegación con Europa. El primero de estos autores escribe un estudio exhaustivo sobre las exportaciones de vino de la isla hacia el exterior, analizando pormenorizadamente estos envíos y la importancia de los mercados americano y portugués, haciendo una relación y un estudio de los viajes de exportación conocidos, cantidades de vino y principales mercaderes implicados. El cruce de distintas fuentes permite ofrecer unos resultados muy completos que contribuyen a mejorar nuestro conocimiento sobre este tema, bien establecido para siglos posteriores, pues abundan los estudios sobre la exportación de este producto estratégico en la economía de las islas. El papel que los distintos grupos y naciones mercantiles desarrollaron en este comercio es también analizado de manera separada, cosa que nos permite entender la distinta importancia de portugueses, burgaleses, catalanes, aragoneses y andaluces. Por su parte, Manuel Fernández reconstruye la existencia de varias compañías comerciales radicadas en Sevilla y La Palma cuyos integrantes provenían en su mayor parte de Oporto y el norte de Portugal y en las que participaban capitales portugueses y castellanos, lo que evidencia la madura convergencia económica producida entre ambas coronas en la expansión atlántica, por encima de las divisiones políticas.

Los capítulos dedicados al comercio en épocas posteriores sirven de complemento y continuación a los temas ya analizados, pues avisan sobre una actividad económica que no cesó, en un momento tradicionalmente considerado como de decadencia y que muy acertadamente Mercedes Gamero Rojas prefiere calificar como de «reconversión», hablando del rol económico de Sevilla, en una propuesta que podría extenderse al resto de la economía mercantil del país. La autora analiza de manera minuciosa el papel que la ciudad tuvo en la exportación de lana y el desempeño que en ello tuvieron los mercaderes flamencos entre 1651 y 1675, una época que parte de la gran crisis epidémica de 1649 y el motín del barrio de la Feria de 1652, que auspiciaron grandes cambios, entre los que puede considerarse la renovada y redoblada actividad de estos mercaderes flamencos, verdaderos impulsores de esta exportación por el puerto sevillano. La cada vez mayor importancia de estas exportaciones por Sevilla constituye un tema conocido a grandes rasgos por la historiografía, pero no había sido explorado de manera sistemática con base en el análisis exhaustivo de fuentes notariales, como hace aquí la profesora Gamero Rojas, quien atiende a las procedencias de la lana y de los mercaderes exportadores, y al rol cada vez más importante desempeñado por holandeses e ingleses, en disputa con franceses y portugueses, estos últimos muy importantes en este ramo de comercio, cuyo estudio permite comprender las distintas redes económicas que vertebraban el espacio peninsular.

Este libro se cierra con la contribución de José Manuel Díaz Blanco, quien entra en un tema poco explorado por la historiografía, pero de capital importancia: la retórica sobre la crisis económica y la postura del gobierno de la ciudad de Sevilla sobre la solución de dicha crisis. Realizando un análisis ejemplar de la «literatura de la crisis», con especial atención a un memorial inédito del cabildo de Sevilla datado en 1686, Díaz Blanco reconstruye no solo su proceso de redacción y contexto histórico y político, sino la propia gestación y genealogía de la idea de decadencia y sus motivos en el pensamiento político aplicado a una ciudad que, como ninguna otra, conoció bien el contraste entre los conceptos de *auge* y *decadencia*. La falta del comercio y un deficiente control fiscal se revelaban para el cabildo como los verdaderos artífices de la crisis económica, y encontraban, entre los principales causantes de dicha crisis, a la ciudad de Cádiz como emporio mercantil de fuerte raigambre extranjera que había desplazado a Sevilla y la buena gestión del comercio y fiscalidad aduanera.

Desde la gran expansión en el Atlántico a la actuación de colonias mercantiles castellanas y extranjeras, esta obra recorre en torno al crecimiento, crisis y cambio de la economía mercantil española las ideas de *auge* y *decadencia,* y encuentra en el estudio de la vida comercial del país una de las explicaciones fundamentales de dicho proceso histórico, cuyas etapas y protagonistas merecen una atención y esfuerzo investigador que ponga nuestros conocimientos históricos a la altura de las dimensiones que alcanzó el mundo mercantil de los siglos modernos.

El espionaje inglés en Castilla a principios del siglo XVI: el caso del mercader Thomas Batcock[1]

María Grove-Gordillo[2]

Introducción

A principios del siglo XVI se llevó a cabo la formalización de los servicios de diplomacia y espionaje de las monarquías europeas. Siguiendo el modelo italiano que se daba en Venecia, Florencia o Génova,[3] estos servicios obtuvieron una mayor notoriedad e importancia en las relaciones internacionales, convirtiéndose en indispensables para los conflictos que pudieran surgir entre distintas naciones. La instalación de embajadores permanentes en cortes extranjeras, así como la contratación de agentes y espías en estos lugares, provocó que muchos de los problemas que surgieron entre los Estados se discutieran en forma de cartas que ofrecían visiones diferentes acerca de una misma situación.

Una de las monarquías europeas que formalizó estas prácticas fue Inglaterra. Tras la guerra de las Dos Rosas Enrique VII Tudor, consciente del peligro de aislamiento internacional que corría su reino tras este conflicto interno, llevó a cabo la creación de un servicio secreto en el cual la intervención y el control del monarca era incuestionable, y que se perpetuará y mejorará a lo largo de los siglos modernos.[4]

[1] Esta publicación es parte del Proyecto de I+D+i PID2022-138444OB-I00 (*La esclavitud en la economía y la sociedad de la España del siglo XVI*), financiado por el MCIN/ AEI/10.13039/501100011033. British Library, Cotton Manuscripts, Vespasian (BL, Cotton MS, V), Harleian Manuscripts (BL, HM); Drapers' Company Archive, Howell's Trust (DCA, HT); The National Archives, State Paper Office, Foreign and Domestic Henry VIII (TNA, SP, FD, HVIII).

[2] Universidad de Sevilla.

[3] Los estudios sobre la diplomática y las relaciones internacionales en el Renacimiento suelen partir o bien de las repúblicas italianas, como Venecia o Génova, o de la corte papal. Estos sistemas tan incipientes de la Baja Edad Media han sido plenamente estudiados por la historiografía. Véase: Catherine L. Fletcher (2008): *Renaissance Diplomacy in Practice: the case of Gregorio Casali, England's Ambassador to the Papal Court, 1525-1533*, tesis defendida en la University of London; Garrett Mattingly (1964): *Renaissance Diplomacy,* Middlesex: Penguin University Books; Michael Mallett (2001): «Italian renaissance diplomacy», *Diplomacy & Statecraft,* vol. 12 (1), pp. 61-70; Isabella Lazzarini (2015): *Communication and Conflict: Italian Diplomacy in the Early Renaissance, 1350-1520,* Oxford: Oxford University Press; Monica Azzolini, Isabel Lazzarini (2017): *Italian Renaissance Diplomacy: a sourcebook,* Toronto: Pontifical Institute of Medieval Studies.

[4] Este sistema es denominado por Richings «The Countermine», y contempla que fue usado a partir de 1492. Asimismo, la autora comenta que el primer ejemplo de empleo del servicio secreto como arma política contra otros

Durante el reinado de Enrique VIII, estos servicios pasarán al control de los ministros, secretarios o cancilleres del monarca. Los ejemplos más reconocidos son los trabajos del cardenal Wolsey en relación con Roma y las negociaciones del divorcio con Catalina de Aragón,[5] los de Thomas Cromwell desde los años treinta hasta su caída en 1540, y los de *Sir* Thomas Wriothesley, considerado como uno de los brazos ejecutores de la reforma anglicana, ya que desempeñó un papel clave en la desamortización de los monasterios y los conventos.[6]

Desde finales de la década de los años veinte, las relaciones diplomáticas que Inglaterra mantuvo con Castilla sufrieron grandísimos cambios a raíz de la tentativa de divorcio de Enrique VIII, lo que supuso para la corona castellana, así como para los embajadores residentes en la corte inglesa, una gran preocupación.[7] En este contexto, Inglaterra llevó a cabo una intensa actividad de espionaje en los territorios castellanos, empleando para ello a los mercaderes ingleses que residían allí. Estos comerciantes eran testigos de primera mano de las consecuencias económicas y sociales del enfrentamiento político y religioso, puesto que tuvieron un

---

Estados en tiempos de paz fue con Enrique VII Tudor: «This is the first instance in which an English King used *Secret Intelligence as a Policy against a Foreign State,* with which he was not at war», Mildred G. Richings: *Espionage. The Story of the Secret Service of the English crown,* Londres: Hutchinson & co, 1934, p. 63; estos embajadores son denominados «Resident ambassador», puesto que, como dice Behrens, este era enviado «to reside [...] no particular mission to fulfil and remained in the court where he was accredited for an indeterminate period», Betty Behrens (1933): «The Office of the English Resident Ambassador: Its Evolution as Illustrated by the Career of Sir Thomas Spinelly, 1509-22», *Transactions of the Royal Historical Society,* 16, p. 162.

[5] Las relaciones internacionales van a estar controladas por el cardenal, pues son elegidos y controlados por él los distintos agentes y espías que la corona inglesa tenía en distintos puntos europeos. En la British Library encontramos dos ejemplos de la correspondencia de este con *Sir* Thomas Spinelly, embajador de Inglaterra en los Países Bajos y en España a principios de siglo, BL, Cotton MS V, C XIII, 1517-1519, fs. 247r, 263r; sobre Spinelly, la historiografía anglosajona ha dedicado varios estudios acerca de su origen y función dentro de la diplomacia inglesa, véase: Betty Behrens: «The Office of the English Resident...», o. cit., y Lisa M. Barksdale-Shaw (2018): «That You Are Both Decipher'd, Revealing Espionage and Staging Written Evidence in Early Modern England», en Katherine Ellison y Susan Kim (eds.): *A Material History of Medieval and Early Modern Ciphers. Cryptography and the History of Literacy,* Nueva York: Routledge, pp. 118-136. En esta última obra se hace referencia al empleo de este embajador de cartas cifradas, las cuales tras su muerte, en 1522, pasarán a manos del emperador Carlos V y otros miembros de la corte española, lo cual supondrá un problema para Enrique VIII, quien comentaba que en esas cartas se hablaba sobre el asunto del posible divorcio y matrimonio de Ana Bolena, Lisa M. Barksdale-Shaw: «That You Are Both Decipher'd...», o. cit., pp. 118-119.

[6] Sobre *Sir* Thomas Wriothesley y su papel como *Lord Chancellor* de Inglaterra, véase Albert F. Pollard: «Wriothesley, Sir Thomas, first Baron Wriothesley of Titchfield and Earl of Southampton (1505-1550)», en *Oxford Dictionary of National Biography,* consultado el 28 de junio de 2022, disponible en línea en <https://doi.org/10.1093/odnb/9780192683120.013.30076>.

[7] Una buena fuente para conocer la situación de España en la corte inglesa es la densa correspondencia de Eustace Chapuys, embajador imperial desde 1529 a 1545. Estas cartas, originalmente en francés, se encuentran digitalizadas y traducidas al inglés en el portal British History Online (BHO). Asimismo, un reflejo de estas tensiones con Inglaterra lo vemos en la correspondencia de Carlos V con su esposa Isabel: «Ya estará informada cómo el Serenísimo Rey de Inglaterra intenta de deshazer y desatar el matrimonio en que ha viuido tantos años con la Sereníssima Reyna, su muger, nuestra tia, que es caso tan rezio y nuevo que no se ha visto otro semejante», Manuel Fernández Álvarez (1973): *Corpus documental de Carlos V, vol. 1 (1516-1539),* Salamanca: Editorial Universidad de Salamanca, pp. 226-227.

efecto directo en sus vidas (políticas de restricción de intercambios comerciales, embargos y aumento de la vigilancia por parte de la inquisición española). Este espionaje se traduce en una gran producción de correspondencia entre estos comerciantes y los hombres de confianza del monarca, como Wolsey y Cromwell.

Hasta este momento la historiografía anglosajona ha trabajado esta correspondencia haciendo hincapié en los malos tratos a los que estuvieron sometidos estos mercaderes por parte de la inquisición, obviando el resto de información que estas cartas pueden aportar para el estudio del comercio y de las redes que estos mercaderes tenían en Castilla.

Por lo tanto, lo que se pretende en este trabajo es, en primer lugar, recalcar la labor de espionaje que llevaron a cabo los mercaderes ingleses a principios del siglo XVI, concretamente desde finales de los años veinte y durante la década de los treinta, ya que es un periodo de gran interés para la historia de las relaciones diplomáticas entre Castilla e Inglaterra, y que desde el punto de vista historiográfico no se ha tenido tan en cuenta como el periodo isabelino posterior, pese a la importancia de las redes de espionaje de esta época. Como señala Neil Murphy:

> Despite the important role that intelligence gathering played in military activities during the early sixteenth century, little has been written about spying during the reign of Henry VIII. Most studies of English spying concentrate on the later sixteenth century, which has given the impression that the principal developments in espionage took place under Elizabeth I.[8]

En segundo lugar, el otro objetivo de este trabajo es poner en valor la correspondencia de estos mercaderes como fuente para el estudio de las relaciones diplomáticas, del comercio y de la integración de la comunidad mercantil inglesa en Castilla.

Para cumplir estos objetivos, en este trabajo se va a emplear la correspondencia del mercader inglés Thomas Batcock, asentado en el País Vasco a principios del siglo XVI. Estas cartas se conservan en los National Archives del Reino Unido y en la British Library (colección Cotton Manuscripts). Estas han sido localizadas

---

[8] Neil Murphy (2020): «Spies, informers and Thomas Howard's defence of England's northern frontier in 1523», *Historical Research*, vol. 93 (260), p. 253; lo más cercano a un estudio sobre este periodo lo tenemos en Ian Arthurson (1991): «Espionage and Intelligence from the Wars of the Roses to the Reformation», *Nottingham Medieval Studies*, 35, pp. 134-154. Sobre el sistema de espionaje isabelino nos limitamos a referenciar algunos títulos, puesto que la producción historiográfica sobre este campo de investigación es amplísima: Robert W. Maslen (1997): *Elizabethan Fictions: Espionage, Counter-espionage, and the Duplicity of Fiction in Early Elizabethan Prose Narratives*, Oxford: Clarendon Press; Robyn Adams (2011): «Sixteenth-Century Intelligencers and Their Maps», *Imago Mundi*, vol. 63 (2), pp. 201-216; Krista J. Kesselring (2013): «License to Kill: Assassination and the Politics of Murder in Elizabethan and Early Stuart England», *Canadian Journal of History*, 48 (3), pp. 421-440; Patrick H. Martin (2016): *Elizabethan espionage: plotters and spies in the struggle between Catholicism and the crown*, Jefferson: McFarland & Company; Christopher Mains (2021): *Sir Robert Cecil and Elizabethan Intelligencing, 1590-1603*, tesis defendida en la Open University.

gracias a los regestos de los *Calendar of State Papers* editados por la Public Record Office del Reino Unido,[9] así, han podido reunirse un total de quince cartas fechadas entre 1528 y 1537.[10]

Esta correspondencia ha sido trabajada por la historiografía anglosajona de forma somera, señalando la importancia que este mercader tuvo para el sistema de inteligencia inglés, pero sin entrar en detalles referentes a su vida o a sus redes personales en Castilla e Inglaterra.[11]

Thomas Batcock: un mercader inglés en el País Vasco

La actividad de los mercaderes ingleses en el norte de Castilla ha sido señalada por la historiografía.[12] El hierro se convirtió en la materia prima de importación por excelencia por parte de estos comerciantes, y a cambio ellos proporcionaban productos manufacturados, como textiles ingleses o flamencos.

Se situaron a lo largo de la zona costera actual del País Vasco, destacando los puertos de San Sebastián, Motrico, Bilbao, Fuenterrabía, Rentería y Portugalete, entre otros. Estos puertos fueron para muchos de estos mercaderes zona de tránsito, pues aparecían por allí solo para la carga y descarga de mercancías. Pero también hubo comerciantes que se asentaron y permanecieron en esta zona, ya fuera porque

---

[9] Los volúmenes empleados son los siguientes: John S. Brewer (ed.) (1864): *Letters and Papers, Foreign and Domestic, Henry VIII, vol. 2 (1515-1518),* Londres: Her Majesty's Stationery Office. Disponible en línea en <https://www.british-history.ac.uk/letters-papers-hen8/vol2>, *Letters and Papers, Foreign and Domestic, Henry VIII, vol. 4 (1524-1530),* Londres: Her Majesty's Stationery Office, 1875. Disponible en línea en <http://www.british-history.ac.uk/letters-papers-hen8/vol4>; James Gairdner (ed.) (1882): *Letters and Papers, Foreign and Domestic, Henry VIII, vol. 6 (1533),* Londres: Her Majesty's Stationery Office. Disponible en línea en <http://www.british-history.ac.uk/letters-papers-hen8/vol6>, *Letters and Papers, Foreign and Domestic, Henry VIII, vol. 7 (1534),* Londres: Her Majesty's Stationery Office, 1883. Disponible en línea en <http://www.british-history.ac.uk/letters-papers-hen8/vol7>, *Letters and Papers, Foreign and Domestic, Henry VIII, vol. 8, (1535),* Londres: Her Majesty's Stationery Office, 1885. Disponible en línea en <http://www.british-history.ac.uk/letters-papers-hen8/vol8>, *Letters and Papers, Foreign and Domestic, Henry VIII, vol. 9, (1535),* Londres: Her Majesty's Stationery Office, 1886. Disponible en línea en <http://www.british-history.ac.uk/letters-papers-hen8/vol9>, *Letters and Papers, Foreign and Domestic, Henry VIII, vol. 12 (1537),* Londres: Her Majesty's Stationery Office, 1890. Disponible en línea en <http://www.british-history.ac.uk/letters-papers-hen8/vol12/no1>.

[10] BL, Cotton MS, V C IV, f. 276r, 285r, 287rv, 324r-328r, 331rv; C VII, f. 42rv, 46r-47v, 64r-65v, 66r-67v, 69r-70v; TNA, SP, FD, HVIII, vol. 50, f. 238rv; vol. 52, f. 218r-218v; vol. 95, f. 26r-29v; vol. 115, f. 83r-84v.

[11] Uno de quienes trabajaron esta correspondencia fue Connell-Smith en relación con el mercader Thomas Howell, Gordon Connell-Smith (1951): «The Ledger of Thomas Howell», *The Economic History Review,* vol. 3 (3), p. 367.

[12] Betsabé Caunedo del Potro (1984): *La actividad de los mercaderes ingleses en Castilla (1475-1492),* Madrid: Universidad Autónoma de Madrid; Jean Philippe Priotti (2005): *Bilbao y sus mercaderes en el siglo xvi: génesis de un crecimiento,* Bilbao: Diputación Foral de Bizkaia; Francisco J. Molina de la Torre, Irene Ruiz Albi, David Carvajal de la Vega, Mauricio Herrero Jiménez (2021): *Mercaderes y cambiadores en los protocolos notariales de la provincia de Valladolid (1486-1520),* Valladolid: Castilla.

contraían matrimonio y se naturalizaban, o bien porque actuaban como factores de otros mercaderes ingleses que estaban en otras partes de la península o en Inglaterra.

Uno de los que se asentaron fue Thomas Batcock, que se estableció en distintas partes del País Vasco durante el primer tercio del siglo XVI. Sobre sus orígenes sabemos que procedía de Bristol y que, al menos, desde 1503 residió en tierras vascas. Conocemos esta información gracias a Jean Vanes, que en 1979 realizó una recopilación de documentos llamada *Documents illustrating the Overseas trade of Bristol in the Sixteenth Century*, donde reunió documentación referente a la actividad comercial de Bristol procedente de distintos archivos europeos. En uno de estos documentos que extrajo Vanes vemos a Thomas Batcock actuando como intermediario en una disputa que tuvieron unos mercaderes ingleses en Burdeos en 1503. Se le presenta como «Thomas Barcot, marchant Angloyx qui au présent réside en la ville de Fonterrebie au Roiaulme d'Espaigne, sont merchant et bourgoys de ville de Bristoul et vrays subgetz et obaisans de Roy d'Angleterre».[13]

Durante el primer tercio de este siglo, observamos en la documentación que este mercader, a la vez que llevaba a cabo su actividad mercantil,[14] también fue mejorando su posición en los círculos más próximos al monarca inglés, realizando servicios comerciales para la corona. Concretamente, en 1518 va a ser el que se ocupe de adquirir el cobre de una culebrina encargada por parte del emperador para entregársela a Enrique VIII. Esto se documenta en una carta de pago del 6 de julio de 1517, donde el maestre fundidor genovés Jacobo de Lerreuçi de Palma, vecino de Fuenterrabía y encargado de fabricar dicha culebrina, confirma lo siguiente:

> […] resçebi de vos el señor Thomas Batcor mercader yngles estante en en la dicha villa de Fuenterrabia la massa de cobre que vuestra merced tenia en esta dicha villa en la plaça de la carniçeria della y mas otros doze quintales de cobre que vuestra merced hizo sacar de tierra que hera parte de la dicha massa.[15]

Thomas Batcock no solo fue el encargado de proporcionar el cobre, también llevó a cabo el pago de dicha culebrina haciendo de intermediario para el embajador

---

[13] Jean Vanes (1979): *Documents illustrating the overseas trade of Bristol in the Sixteenth Century*, Bristol: Bristol Record Society, pp. 97-98: Documento 102. «A Bristol Factor in Prison in Bourdeaux, 1503».

[14] «Licence to export 1,000 quarters of wheat, beans, and pease» para Thomas Batcock mercader residente en España, en Greenwich 29 de enero de 1517, John S. Brewer (1864): *Letters and Papers, Foreign…*, o. cit., pp. 905-919.

[15] TNA, SP, FD, HVIII, vol. 16, f. 236r. Este documento ya fue referenciado por Gordon Connell-Smith: «The Ledger…», o. cit., p. 367, n.º 43. Sin embargo, el investigador se limitó a señalar la existencia de este documento sin profundizar en su contenido, probablemente porque solo utilizó los regestos editados de los *Calendar of State Papers*, con los que sin embargo hay que tener cierta precaución, puesto que estos no pasan de ser breves resúmenes de documentos que en su día estaban recogidos en la Public Record Office, lo que hoy en día son los National Archives. Es por ello por lo que en esta investigación hemos decidido acudir a los originales para comprobar que dicha información es veraz y para ver si hay un mayor nivel de detalle.

inglés, que en ese momento estaba en España, John Stile, uno de los primeros embajadores permanentes enviados por la corona inglesa a España junto a Thomas Spinelly.[16] Él sería el encargado de contratar a los maestres fundidores, hacer los pagos, incluso será el que confirme el buen funcionamiento de dicha arma.

El documento de esta prueba se intitula: «A testymonyal of the of the colombryng», y en él el notario expone que la culebrina se llegó a probar hasta en tres ocasiones con distintas cargas de munición:

> [...] el dicho maestre Antonio y maestre Jacobo fundidor su conpañero avian fecho un tiro de cobre para el serenissimo Rey de Ynglaterra en esta dicha villa por mandado del señor Tomas Bacoc[...]el qual dicho tiro ellos eran obligados de dar tirado por tres vezes con su polvora y piedra que el convenia por ende dixo el dicho maestre Antonio al dicho señor alcalde que el queria dar e dio[...]al dicho tiro doze libras de polvora pesada y treze libras e media de piedra de fierro para que lo viesen como tirava la primera vez y luego le dieron fuego al dicho tiro y tiro muy bien syn daño ninguno. Et luego asy mismo el dicho maestre Antonio torno a cargar el dicho tiro y le dio treze libras e media de la misma polvora e una pelota de fierro de treze libras e media para tirar segunda vez en presencia del dicho señor alcalde e de mi el dicho escriuano e de los testigos de yusoescritos y le dio fuego y tiro muy bien y seguro y syn daño ninguno del dicho tiro et luego asymismo el dicho maestre Antonio torno a cargar el dicho tiro y le dio catorze libras de la misma polbora y otra pelota de fierro de treze libras e media en presencia del dicho señor alcalde e de mi el dicho escriuano e de los testigos de yusoescritos para tirar terçera vez y le dio fuego y tiro muy bien y syn daño ninguno del dicho tiro en que tiro desde la puerta de la fortaleza de la dicha villa fasta pasado la puesta que dizen del Amnayça que es pasado la concha de esta dicha villa.[17]

El hecho de que este encargo se le hiciera a Batcock es muestra de que había una clara confianza por parte de la corona hacia este mercader, lo cual no es de extrañar, puesto que la relación de este comerciante con la corona inglesa se retrotrae al reinado de Enrique VII.[18] De hecho, entre los propios agentes que Wolsey tenía en Castilla, como el arzobispo de Armagh y Lord Benners, había buena opinión sobre este mercader, al que consideraban que el cardenal debería «to bear the most gracious ffavor», ya que tenía una gran consideración en España y había prestado un gran servicio a la corona al recibir a miembros de la corte del monarca inglés en Castilla.[19]

[16] Betty Behrens: «The Office of the English Resident...», o. cit., p. 166.

[17] TNA, SP, FD, HVIII, vol. 16, f. 240r-241v, 18 de abril de 1518.

[18] «Yor mastershipp as to have memory off me ffor the trew seruice that I have done un to the kyng is grace and affore tyme un to his father», BL, Cotton MS V, C VII, f. 66v, año 1535.

[19] BL, HM, libro 295, f. 116r.

A partir de este momento, lo que conocemos de la vida de Thomas Batcock es que en 1522 continuaba residiendo en Fuenterrabía, pues en ese momento era el factor del mercader galés Thomas Howell en ese lugar, como se puede comprobar en el libro de cuentas del mismo,[20] hasta que en 1528 aparece en la correspondencia escribiendo desde Rentería, donde se asentó definitivamente.

Es a partir de esta fecha cuando empezamos a ver sendas cartas dirigidas a distintos miembros de la corte inglesa haciendo tareas de espionaje, donde este mercader aparece como informante, ya sea en primera persona o indirectamente mencionado por otros agentes de la corona inglesa que se encontraban en Castilla en ese momento.

Labores de espionaje en una época de transición (1528-1537)

Dentro de la correspondencia de Thomas Batcock se vislumbran dos coyunturas políticas muy diferentes. La primera a finales de la década de 1520 (1528-1529), previa al divorcio de Enrique VIII y a la promulgación del Acta de Supremacía, y la década de los años treinta (1533-1537), cuando se produjo la ruptura de relaciones entre ambos reinos. Por ello en este trabajo hemos decidido diferenciar la correspondencia de estos dos periodos, puesto que la información contenida en las misivas responde a unos contextos y necesidades diferentes.

A finales de la década de 1520, en Europa nos encontramos con diferentes Estados europeos, encabezados por Francia, que llevaron a cabo una política exterior en contra del emperador. En esta situación, Inglaterra procuró mantener una posición neutral, como por ejemplo con su participación en la liga de Cognac, puesto que en este momento ya la situación que Enrique VIII tenía con respecto al emperador era tensa. En esta coyuntura situamos la conspiración de 1528 del irlandés James Fitzgerald, conde de Desmond, el cual ya había intentado intrigar anteriormente en contra de Enrique VIII aliándose con sus enemigos, como con Francia en 1522 durante la guerra de los Cuatro Años (1521-1526). En esta ocasión, el conde se acercará al emperador buscando su apoyo y ayuda económica para oponerse al monarca inglés.[21]

---

[20] «Thomas Batcocke, my factor in Fontrabi», DCA, HT, «The Ledger of Thomas Howell», año 1522, f. 1v; El mercader inglés Thomas Howell residió desde principios de los años veinte en la ciudad de Sevilla y tenía a lo largo y ancho de toda la península factores distribuidos por los puertos más importantes. En el caso de Batcock, esta era su conexión directa con el norte de Castilla. Este aspecto fue trabajado por Connell-Smith y Heather Dalton a partir del libro de cuentas de este mercader, que actualmente se encuentra conservado en el archivo del gremio de los *Drapers* de Londres, Gordon Connell-Smith: «The Ledger...», o. cit.; Heather Dalton (2016): *Merchants and Explorers: Roger Barlow, Sebastian Cabot and Networks of Atlantic Exchange 1500-1560*, Oxford: Oxford University Press.

[21] Estos planes de colaboración con el emperador Carlos V fueron en vano. Pese a que el emperador mandó a su capellán Gonzalo Fernández para establecer negociaciones con el mismo, el conde murió de forma

En la investigación de la conspiración del conde de Desmond, Thomas Batcock tendrá un papel clave, puesto que en 1528 informará sobre la actividad sospechosa de unos irlandeses que llegaron al País Vasco en octubre y que eran susceptibles de conspirar con Desmond. Así el 26 de octubre Batcock envía una carta a un destinatario al que se dirige como «My singular good Lord» y le escribe lo siguiente:

> On the 16th instant, a ship came to San Sebastian, from Ireland, with four Irishmen. The chief man, named Sherek, a big man of person, is a great ruler, and holds a high place with the earl of Desmond. He has brought hawks and two brace of greyhounds to the Emperor, and letters of credence. His master and other gentles of Ireland desire the Emperor to take him and them as his subjects, because the King does not administer justice, and because their first progeny came from Spain. They ask for handguns, artillery, and powder. Sherek is gone to the Emperor at Toledo.[22]

Tal y como podemos ver en la carta, Batcock parecía tener información privilegiada acerca de la llegada de estos irlandeses, pues menciona incluso que traían regalos consigo, como halcones y galgos, y que estos iban a ser entregados al emperador. Además, el hecho de que conociera detalles como la intención de estos irlandeses de pedir ayuda al emperador, así como la petición de armas que le hicieron al mismo, permite suponer que Batcock también tenía su propia red de espionaje en Castilla.

Otro detalle interesante que hay que destacar en esta carta es que en la misma Batcock menciona a otros diplomáticos como Rowland Lee, obispo de Coventry y Litchfield, y Girolamo Ghinucci, obispo de Worcester.[23] Ambos en ese momento se encontraban en Valladolid trabajando para Wolsey y fueron los que finalmente recibieron la carta, cuya recepción se conserva en la colección de los *Calendar of State Papers,* donde Lee y Ghinucci escriben a Wolsey desde Valladolid el 18 de noviembre de 1528, confirmando que recibieron la carta de Batcock que hablaba sobre Sherek el 10 de noviembre.[24]

---

repentina en 1529, David Beresford (2009): «FitzGerald, James fitz Maurice», en *Dictionary of Irish Biography,* 2009, consultado en 28 de junio de 2022. Disponible en línea en <https://www.dib.ie/biography/fitzgerald-james-fitz-maurice-a3200>.

[22] Con esta referencia hemos decidido acudir al regesto porque el documento original está en muy mal estado, John S. Brewer (ed.) (1875): *Letters and Papers...,* o. cit., pp. 2104-2119. La signatura del documento original es la siguiente: BL, Cotton MS, V, C IV, f. 264r. En el resto de las citas en las que se remita directamente la transcripción del regesto también aparecerá la signatura del documento original.

[23] Para saber más sobre Rowland Lee y Girolamo Ghinucci remitimos a sus respectivas entradas en el *Oxford Dictionary of National Biography:* Michael A. Jones (2004): «Lee, Rowland», en *Oxford Dictionary of National Biography,* consultado en 9 de julio de 2022. Disponible en línea en <https://doi.org/10.1093/ref:odnb/16307>; Cecil H. Clough (2004): «Ghinucci, Girolamo», en *Oxford Dictionary of National Biography,* consultado en 9 de julio de 2022. Disponible en línea en <https://doi.org/10.1093/ref:odnb/66931>.

[24] «Received on Nov. 10, letters from Thomas Badcocke concerning the arrival of Schercce, a cotrell of the

La siguiente referencia a este asunto y al papel de Batcock aparece en una carta enviada desde Bayona el 5 de noviembre de 1528 redactada por Silvester Darius, enviado de Wolsey en España,[25] y destinada a Brian Tuke, tesorero de la cámara del rey inglés.[26] Darius hace referencia de nuevo a los irlandeses que habían desembarcado en San Sebastián e informa a Tuke de que uno de sus agentes, Batcock, le va a informar sobre lo que pudiera ocurrir con estos irlandeses, puesto que tenían bajo sospecha al duque de Desmond por la posibilidad de que estuviera conspirando contra Enrique VIII:

> Afterwards on my road I met with Thomas Bedechoc (Badcock), an Englishman, who told me that he had heard from certain Spaniards in Bilboa that the said Irishman had been sent to the Emperor from the marquis of Desmont, to offer the Earl's service to the Emperor, and promise him that if he would give certain aid and artillery to the said Marquis, the latter would take up arms against the King. I thought it right to inform you of these things.[27]

Como podemos observar, la información contenida en las cartas de este periodo nos da una idea de la compleja red de espionaje, compuesta por embajadores y mercaderes, que el cardenal Wolsey tenía instalada en la península. Desde el País Vasco hasta Valladolid o Bayona, la información iba desde los puertos hacia la corte y desde allí hasta Inglaterra.[28]

Durante los años treinta, la ruptura con Roma conllevó que Inglaterra sufriera una situación de aislamiento con respecto a Europa, lo que intentaría remediar a lo largo de toda esta década. A todo esto hay que sumarle el contexto bélico del momento en el que se encontraba el Imperio con respecto a Francia y los turcos otomanos, del cual el monarca inglés quiso estar al tanto en todo momento. Es entonces cuando los escasos mercaderes que permanecieron en la península, como

---

earl of Desmond's, on Oct. 15», John S. Brewer (1875): *Letters and Papers*…, o. cit., pp. 2134-2150. Signatura del documento original: BL, Cotton MS, V, C IV, f. 276.

[25] Silvester Darius era según Thomas Sheppard «sub-collector in England» y estaba claramente vinculado al cardenal Wolsey. Se tienen noticias de que estuvo en España entre Madrid y Bayona en el año 1528, Francis Thomas Sheppard (1856): *Historical Notes. 1509-1714: Comprising Henry VIII. To Elizabeth inclusive*, vol. 1, Londres: Majesty's stationery Office, p. 105.

[26] Antes de ejercer este cargo, Tuke desempeñó gran parte de su carrera en Calais, llega a convertirse en el encargado de la correspondencia con Francia e incluso fue uno de los que negoció el tratado de More de 1525, cuyas negociaciones fueron encabezadas por Wolsey; luego acabaría siendo el secretario personal del cardenal. Véase: P. R. N. Carter (2004): «Tuke, Sir Brian», en *Oxford Dictionary of National Biography*, consultado en 9 de julio de 2022. Disponible en línea en <https://doi.org/10.1093/ref:odnb/27803>.

[27] J. S. Brewer (1875): *Letters and Papers*…, o. cit., pp. 2120-2134. Signatura del documento original: TNA, SP, FD, HVIII, vol. 50, f. 238r.

[28] Una última referencia a este asunto la encontramos en otra carta que Lee y Ghinucci envían a Wolsey donde se menciona que pedirán a Batcock que indague en Vizcaya sobre las intenciones que tiene este irlandés, J. S. Brewer (1875): *Letters and Papers*…, o. cit., pp. 2206-2208. Signatura del documento original: BL, Cotton MS, V, C IV, f. 285r.

Batcock, van a desempeñar un papel fundamental en la indagación de hechos y acciones que pudieran interesar al monarca inglés.

La correspondencia producida por Batcock durante los años treinta nos aporta una mayor variedad de información acerca de las redes de este mercader, así como del efecto que tenía este servicio a la corona en sus asuntos mercantiles. Con un total de siete cartas entre 1533 y 1537, Thomas Batcock muestra la influencia que llegó a adquirir en los círculos más próximos al emperador, algo esencial durante este periodo de complicadas relaciones entre ambos reinos, ya que la información acabó llegando de una manera u otra al monarca inglés. Por lo tanto, en primer lugar, vamos a hacer hincapié en la información solicitada por Enrique VIII a Thomas Batcock y cómo este pudo aportar más o menos información en función de la coyuntura y de sus agentes.

A principios de la década de los treinta, el interés de Enrique VIII se centró en la posición que el emperador iba a adoptar tras su divorcio con Catalina de Aragón. Es así como Batcock cuenta a William Pratt, en una carta fechada el 31 de julio de 1533,[29] que le habían llegado rumores desde Inglaterra de que el emperador había declarado la guerra a Enrique VIII y a Barbarroja, y que los desmentía, puesto que no había escuchado ninguna declaración de guerra por parte del emperador en Castilla. Asimismo, en esta carta señala rumores similares a los que hemos mencionado de finales de la década anterior, como los de una supuesta participación de irlandeses y escoceses en un ejército que el emperador iba a mandar a Inglaterra.[30]

Estas sospechas hacia irlandeses y escoceses fueron producto de las tensiones internas que sufrió Inglaterra en ese momento a raíz del divorcio: las revueltas llevadas a cabo en 1534 en Irlanda por parte de Silken Thomas, hijo del conde de Kildare, y que contarían en principio con el apoyo de varias potencias europeas, entre las que destacarían Castilla y Escocia. Sin embargo, pese al apoyo inicial y las expectativas que tenían con esta revuelta, esta no triunfará.[31]

---

[29] En este momento actuaba como intermediario entre Batcock y Cromwell.

[30] «[…] by the waye they showied how […] the warr was proclaymyd betweethe emperowre and our kynge ffor because he is new maryed […] he will sett the scotch and yrische men agenst us with a great number off Spaynarde […]», BL, Cotton MS V, C VII, f. 42r.

[31] En este caso la promesa de ayuda nunca se terminaría de materializar. Sin embargo, como destaca Siochrú, entre 1534 y 1535, con esta revuelta Irlanda recibió atención por parte de Europa, en detrimento de Enrique VIII, «Henry VIII, immersed in the divorce controversy and facing serious domestic unrest, was greatly concerned at the prospect of foreign intervention in Ireland […]. The Geraldines' foreign intrigues not only affected Henry's response to the rebels in Ireland but also the very course of the revolt itself. Furthermore, they had a major impact in Spanish, Scottish and papal circles», Micheál O. Siochrú (1996): «Foreign Involvement in the Revolt of Silken Thomas, 1534-5», *Proceedings of the Royal Irish Academy: Archaeology, Culture, History, Literature*, vol. 96c (2), p. 49; sobre el espionaje en Escocia durante este periodo tenemos el trabajo de Amy Blakeway (2018): «Spies and intelligence in Scotland, c. 1530-1550», en Sara Butler y Krista. J. Kesselring (eds.): *Crossing Borders: Boundaries and Margins in Medieval and Early Modern Britain*, Leiden: Brill, pp. 83-104.

A finales de los años treinta pasamos a contemplar un escenario en el que se empieza a plantear la posibilidad de una reconciliación con Castilla. En ese sentido, en la correspondencia de Batcock destacamos un rumor que se estuvo comentando en la corte y que le transmitió a Cromwell en 1537. Los informantes de Batcock le habían comentado que el emperador estaba dispuesto a casar a don Luis, hermano del rey de Portugal, con María Tudor, hija de Enrique VIII, de esa forma podría conseguir beneficios para los ingleses que vivían en Castilla,[32] puesto que, como se menciona en la misma carta, en ese mismo año se habían producido robos a barcos de los mercaderes ingleses que navegaban entre Burdeos e Inglaterra, lo que supuso un gran perjuicio tanto para los propios mercaderes como para la corona. Con ese matrimonio se veía la posibilidad de limar asperezas y retomar contactos comerciales que se habían reducido de forma drástica. El hecho de que este rumor fuese comunicado por parte de este mercader también era sintomático del enfriamiento de las relaciones diplomáticas entre embajadores de ambos reinos, así como con la corte de Castilla.

Otro de los asuntos en los que Enrique VIII estuvo interesado fue la política exterior del emperador con respecto a otros reinos. La guerra con los turcos fue comentada habitualmente a lo largo de la correspondencia de la década; así, en una carta de 1535 Batcock le cuenta a Cromwell lo que el emperador estaba haciendo en la zona de Cerdeña y Túnez y lo que se esperaba que iba a hacer durante la guerra.[33] En 1535 y en 1537, Batcock continuó aportándole información sobre los movimientos militares del emperador.[34]

Durante esta década, Thomas Batcock no solo va a hacer indagaciones sobre la política interior y exterior y comunicarlas, sino que también va a actuar sirviendo a la corona inglesa en tareas logísticas. Así, tenemos una serie de cartas que se suceden

[32] «Syr here hit ys declared how that don Lewys brother unto the king og Portyng galle shall mary with my Lady Mary owre kynges dowgtar and for to fullfyll this acte of maryge thee goth into Ynglande a Lord of Spayn caulyd Don Diego de Mendosa brother unto the markes of Mundayar, ande in his company goyth a knyght of Italy cawlid Mons. de Hoarton thos ymbasotowrs hadth takin there leve of the emperawre ande don Lewis of Portugalle and be departed appon there jurney for to gett shypping to [...] Ynglande and with the fyrst fere wether you shall have them there all this contrey hath wer good that yor lordeshipe caused my Lady Mary to axe a bowne of the emperowre that hit wil please hym to gyue us lycence to ryde apon such small horses as we may gete and for to entrete us as Spaynyards be entrettyd in Ynglande», BL, Cotton MS V, C VII, f. 69r. Sobre esta tentativa de matrimonio de 1537 no hemos localizado ninguna referencia en las cartas editadas de Joao III, Jeremiah D.M. Ford (ed.) (2013): *Letters Of John III, King Of Portugal, 1521-1557*, Londres: Harvard University Press. Sin embargo, hemos visto que en 1553, tras el ascenso al trono de María, el rey de Portugal encargó al embajador portugués en Londres, Lorenzo Pires de Tavora, que llevara a cabo negociaciones para una propuesta matrimonial de su hermano Luis hacia la reina Tudor. Este intento resultó en vano, puesto que el interés del emperador se impuso y finalmente el príncipe Felipe fue el que consiguió el casamiento, José M. João de Portugal (1735): *Vida do Infante D. Luiz*, Lisboa: Na Officina de A.I. da Fonseca, pp. 97-103.

[33] TNA, SP, FD, HVIII, vol. 95, f. 26r.

[34] BL, Cotton MS V, C VII, fs. 64r; 69r.

entre diciembre de 1536 y febrero de 1537, donde John Whalley, procedente de Dover, solicita ayuda a Thomas Batcock para encontrar maestros canteros en el País Vasco que pudieran ayudar a construir el puerto de Dover.[35] En ese sentido, la información que aporta la carta es muy relevante, puesto que Batcock realiza una búsqueda de maestros por todo el norte de España, desde Santander a Portugalete, hasta que finalmente consigue localizar a unos maestros en este último lugar que en ese momento llevaban a cabo labores de construcción en el puerto de San Sebastián.

Batcock intercederá por estos maestros comunicando las demandas de estos al monarca inglés, desde el tipo de piedra que se iba a utilizar para la construcción del puerto, el personal que necesitaban, hasta negociar el sueldo y el tiempo que iban a emplear en enseñar a los albañiles ingleses a tratar la piedra.[36] No sabemos si finalmente esta contratación se llevó a cabo, puesto que en la correspondencia lo último que encontramos es una referencia a que el pago a los maestres se debía hacer antes de que estos se marcharan a Dover, pero lo que sí hay que señalar es que esta contratación podría interpretarse como síntoma de que las relaciones entre ambos reinos volvían a retomarse después de varios años de incertidumbre. Sin embargo, esto no significa que no que hubiera recelos hacia los ingleses que vivían o comerciaban en Castilla, puesto que es durante esta época y en los cuarenta cuando se sucedieron las acusaciones hacia estos en los tribunales de la Inquisición castellana.[37]

Tras comentar la información que estas cartas aportaron al monarca inglés, en segundo lugar, vamos a destacar la red de información y contactos que Batcock estableció durante esta década y que se puede vislumbrar a partir de las misivas, pues tenía informantes integrados en la corte castellana. De estos informantes, el

---

[35] TNA, SP, FD, HVIII, vol. 115, fs. 83r-84v. La información que hemos encontrado sobre John Whalley, a quien durante algún tiempo le fueron comisionadas las obras del nuevo puerto de Dover, pues era un hombre de alta consideración en dicha localidad, está en Charles R. Haines (1930): *Dover Priory: A History of the Priory of St Mary the Virgin, and St Martin of the New York,* Cambridge: Cambridge University Press, p. 49. Sobre la importancia del desarrollo portuario del País Vasco a finales de la Edad Media véase: Ana M. Rivera Medina (2016): «La construcción-reconstrucción de un espacio portuario. El canal y ría de Bilbao en los siglos XIV-XVI», en Amélia Polónia y Ana M. Rivera Medina (dirs.): *La gobernanza de los puertos atlánticos, siglo XIV-XX. Políticas y estructuras portuarias,* Madrid: Casa de Velázquez, pp. 171-192, José A. Solórzano Telechea y Ana Rivera Medina (2021): «Transmisión tecnológica y desarrollo portuario en el mundo atlántico medieval», en J. A. Solórzano Telechea, José D. González Arce e Iñaki Bazán Díaz (eds.): *Los puertos del Atlántico en la Baja Edad Media: navegación, instituciones y gobernanza,* Lleida: Pagès editors, pp. 55-91.

[36] TNA, SP, FD, HVIII, vol. 115, f. 83r.

[37] Durante los años treinta, la Inquisición aún no había definido bien las líneas de actuación a seguir en contra de los ingleses que iban a la península, pero los procesos inquisitoriales contra los ingleses fueron abundantes y sonados a partir de 1539. Uno de ellos fue el que se siguió contra Thomas Shipman y Hugh Tipton, los cuales supuestamente habrían ido propagando sus ideas protestantes por San Sebastián, Rentería y Guipúzcoa, Werner Thomas (2001): *La represión del protestantismo en España, 1517-1648,* Leuven: Leuven University Press, pp. 191-193. Una visión interesante sobre el trato que los españoles recibieron en Inglaterra durante este periodo la tenemos en Peter Marshall (2001): «The Other Black Legend: The Henrician Reformation and the Spanish People», *The English Historical Review,* vol. 116 (465), pp. 31-49.

más destacado e influyente fue su sobrino, John Batcock, el cual fue secretario de distintos miembros de la corte, y que aparece en dos cartas.

En primer lugar, en la carta fechada el 5 de agosto de 1535, Batcock, tras informar a Cromwell sobre las operaciones que el emperador iba a llevar a cabo en Túnez desde Cerdeña, especifica que le envía varias copias de cartas que ha interceptado gracias a sus informantes. Una de ellas es una copia que su sobrino, que en ese momento trabaja como secretario para uno de los miembros del entorno cortesano de la emperatriz, le ha proporcionado: una carta que el obispo de Plasencia había enviado a su hijo.[38]

Por otra parte, la segunda carta en la que aparece este sobrino está fechada el 8 de abril de 1537, y se señala que en ese momento era secretario de uno de los miembros del consejo del emperador (¿Consejo de Estado?):

> […] that they XXX day of march past a nevewe of myne that ys a secratory to one of the lordes of the emperaurs cownsell wrot me a letter saying that the lorde[sic] had sende his ymbasotowre to the lordes and cownsel of Venys that they shulde prepare som convenyent place where the french kyng ande the turke myght mete to haue ther comvnycacyon to gether.[39]

Aparte de este familiar, Batcock también tuvo otro informante procedente de la corte castellana. Este era uno de los capellanes del emperador, al cual menciona en una carta destinada a Cromwell el 8 de mayo de 1535, donde se refiere a este como «this chapplyn hath the rewle of the emperows is monycion and is agreat and and old freynd off myne».[40] La información que le aporta este capellán la consigue a

---

[38] «This copy a nyce off myne that resydeth in the emperes cort with his maister that is one of the principaliste off her qonseyll», TNA, SP, FD, HVIII, vol. 95, f. 26r; la relación que se cita en el texto se encuentra en el mismo volumen entre los folios 27r y 28v. La copia realizada por John Batcock, y donde aparece su nombre por primera vez, figura de la siguiente manera: «This is copy off a leter than my nyce John Batcock dud send ffrome cort […] letter that the sone of the bishopp off Plasencia and sende unto his ffather», TNA, SP, FD, HVIII, vol. 95, f. 29v. Hemos tenido gran dificultad para averiguar quién era este obispo, puesto que tanto en la propia carta redactada por Batcock como en la edición que se hizo de esta carta en 1886 de los *Calendar of State Papers,* el mercader y quien *a posteriori* editó el documento indican que el obispo al que va dirigida la carta es el de Palencia. Sin embargo, tal y como se ha escrito en esta misma nota, en el reverso de la copia puede leerse que iba dirigida al obispo de Plasencia: Gutierre de Vargas Carvajal. Este tuvo un hijo ilegítimo, Francisco de Carvajal, que acabaría siendo legitimado y siendo regidor de Madrid. Por lo tanto, sugerimos que estos dos personajes son los que redactaron dichas cartas, PARES: «Vargas Carvajal, Gutierrez de (1506-1559)», *Portal de Archivos Españoles,* s.f., consultado el 9 de julio de 2022. Disponible en línea en <http://pares.mcu.es:80/ParesBusquedas20/catalogo/autoridad/159890>; también aparece en la relación de servidores de la Casa Real de Carlos V coordinada por Martínez Millán: Santiago Fernández Conti (eds.) (2000): «Los servidores de las casas reales», en J. Martínez Millán (coord.): *La corte de Carlos V,* vol. 3, t. 4, Madrid: Sociedad Estatal para la Conmemoración de los Centenarios de Felipe II y Carlos V, p. 110.

[39] BL, Cotton MS V, C VII, f. 69r. A raíz de esta carta hemos determinado que John Batcock es sobrino y no hijo de Thomas, puesto que, en la edición de la carta anterior, también se decía que este era su hijo, aunque en la carta original nunca escribieron «son», sino «niece», James Gairdner (1886): *Letters and Papers…,* o. cit., pp. 1-19.

[40] BL, Cotton MS V, C VII, f. 64r.

través del hermano del mismo, el cual vive en Rentería y está relacionado a su vez con Batcock.[41]

El hecho de que Thomas Batcock tuviera a uno de sus sobrinos trabajando en la corte del emperador muestra la integración que había alcanzado durante las últimas tres décadas, pues llegó a ser uno de los pocos mercaderes que pudo permanecer en Castilla durante estos años. Asimismo, también vemos la influencia que tuvo, pues pudo ganarse la confianza de miembros de la corte del emperador, la de uno de sus capellanes, para llegar incluso a integrar a un familiar suyo en círculos que para cualquier otro comerciante habrían sido difíciles de alcanzar, lo cual nos lleva a afirmar el estatus privilegiado de Batcock con respecto a otros mercaderes ingleses.

Además de los informantes que tenía en la corte castellana, Thomas Batcock tejió una importante red de información y mensajería desde Inglaterra. Concretamente en Bristol, de donde él procedía, hizo uso de mercaderes para hacerle llegar la información a Cromwell; estos fueron Thomas White y John Winter.

Hemos obtenido información acerca de la actividad comercial de estos mercaderes a partir de la ya mencionada obra de Jean Vanes, donde se puede comprobar la relación que estos tuvieron con el País Vasco. Ambos coinciden en un pleito iniciado por los mercaderes españoles Pedro de Arquenigo y Pedro Salcedo en 1526, en el cual ambos reclaman a John Winter una carga de pastel de Toulouse que vendieron a Thomas White y Henry White en la ciudad de Rentería. También se menciona en el pleito que eran originarios de Coventry y que la mercancía fue embargada en el puerto de Bristol.[42]

En cuanto al papel que estos mercaderes cumplían en la correspondencia de Thomas Batcock, John Winter es mencionado en una carta de 1534 como enlace entre Enrique VIII y Batcock. Así se comunica que Enrique VIII le solicita información

---

[41] «A chappleyn off the emperows hathe writyn a letter un to a brother of his in this towem», BL, Cotton MS V, C VII, f. 64r.

[42] Jean Vanes: *Documents illustring…*, o. cit., pp. 115-116. Asimismo, ambos vuelven a coincidir como ejecutores del testamento del mercader bristolense John Shipman, que estaba especializando en la compraventa de sal: «Francis Codrington was to be the executor and William Shipman, David Broke, Thomas White and John Winter were to be overseers», Jean Vanes: *Documents illustrating…*, o. cit., p. 109; en este mismo testamento le lega a John Winter y sus hijos parte de su fortuna en este producto: «Item, I geve and bequeth unto John Wynter, my kinnesman for the trewe and faithfull service that he hath don unto me, threscore poundes to be paid in salt at xxiij iiij the tonne. And also to the children of the said John trescore and fyve poundes to be paid to them in salte after the rate of xxiij iiij the tonne», Jean Vanes: *Documents illustrating…*, o. cit., p. 108. Sobre Thomas White, los historiadores que se dedican a la historia política de Bristol lo identifican como el mismo Thomas White que ostentó diversos cargos políticos a lo largo de la década de 1530, como el de *alderman* de Bristol, A D. K. Hawkyard: «WHITE, Thomas I (by 1500-42), of Coventry, Warws. and Bristol, Glos.», en *The History of Parliament: research members*, s.f., consultado el 9 de julio de 2022. Disponible en línea en <https://www.historyofparliamentonline.org/volume/1509-1558/member/white-thomas-i-1500-42>.

sobre los barcos que llegan a Castilla.[43] En cuanto a Thomas White, este aparece en dos cartas, la primera en 1535, donde se le menciona como nuevo intermediario para hacerle llegar la información a Cromwell, puesto que, con el intermediario anterior, William Pratt, había perdido toda comunicación.[44] La segunda carta en la que aparece data de 1537 y se vuelve a mencionar su papel como enlace entre Batcock y Cromwell.[45]

Como hemos podido observar, la red de contactos que Batcock tuvo tanto en Castilla como en Inglaterra era de una gran complejidad, en la que sus familiares y mercaderes oriundos de su ciudad natal, Bristol, desempeñaron un papel clave. Sin embargo, cabe decir que estas redes se sustentaron y mantuvieron en el tiempo porque Batcock recibía retribuciones a cambio. De estas también encontramos referencias en la documentación.

En las cartas redactadas durante los años treinta podemos ver referencias a estos beneficios o incluso la reclamación de estos al final de la correspondencia. Se pueden leer frases en las que el mercader hacía hincapié en la importancia que su servicio tenía para la corona, y que le correspondía una recompensa por ello. Algunas como «[…] but as you know wille I have byn evill rewardyd ffor the good seruice I have don»[46] o «I have don soe mucht ffor inbasatours and ffor the kyngs servamts so the I have no p[enny] lest ffor my selffe»[47] son las más directas.

Las compensaciones que recibió Batcock fueron desde licencias para exportar determinadas mercancías,[48] retribuciones monetarias o en especie,[49] o la intercesión del rey o de sus hombres de su confianza en disputas mercantiles. Este último caso se dio en abril de 1537, cuando, tras informar a Cromwell de una serie de acciones llevadas a cabo por el emperador y posibles rumores, Batcock le comenta a este que está teniendo problemas con una licencia que le otorgaron el obispo de

---

[43] Esta información le llega a través de Robert Leyzton, actuaba este como intermediario, puesto que no hay registro de dicho mensaje, BL, Cotton MS V, C VII, f. 46r.

[44] BL, Cotton MS, C VII, f. 66r.

[45] En este caso, se trata de un problema que Batcock tuvo con una licencia para importar mercancías: «My lisense remaynige in the powre of maistar White the we will send you the orygenall or the copy of hit and when hit comyth in to yor hands hit maye pease yor lordship to writ to Thomas Whit what in this he ought to do in the w[ay] yor lordeship shall do me a gret and a singular pleaser», BL, Cotton MS V, C VII, f. 70r.

[46] BL, Cotton MS V, C VII, f. 42r.

[47] BL, Cotton MS V, C VII, f. 46r.

[48] Apelando a su vejez y a su buen servicio, Batcock le pide a Cromwell en 1535 que le de proporcione una licencia para exportar cien toneles de vino y pastel: «Yor mastershipp as to have memory off me ffor the trew seruice that I have done un to the kyng is grace and affore tyme un to his father […] maye please you that I maye have a lisawence ffor j ton off wyn and wood ffor to helpp me now in my age», BL, Cotton MS V, C VII, f. 66v.

[49] Este dinero y este caballo era para uno de los informantes de Batcock, porque él consideraba que ya había invertido mucho tiempo y dinero en estos asuntos de la corona sin recibir nada a cambio: «[…] He must send ffor to mayntane me and horse for to rydi one of a yard and a halff and jj ynches of heyght other wise he canot pas in this contry. here wee can have no horsys […] but that he will cost xl or l ducats», BL, Cotton MS V, C VII, f. 46r.

York, embajador en ese momento en España, y Francis Marzyne en nombre del monarca, para que anualmente pudiera cargar, y a perpetuidad, ciertas mercancías y obtener beneficios de ellas. Entre estas había trigo y alubias, lo que era un privilegio en la época, puesto que la importación y exportación de trigo y otros granos estaba altamente restringida por parte de la corona inglesa.[50]

El impedimento que estaba teniendo Batcock era que estas mercancías no las podía cargar en el puerto de Bristol y traerlas hacia Castilla, porque el *customer* de dicho puerto (Goodwyne) estaba entorpeciendo la salida de sus barcos. Es por ello por lo que le pide a Cromwell interceder para que, en los puertos de Bristol, así como en otros de Inglaterra, le permitieran cargar las mercancías especificadas en dicha licencia.[51]

Por lo tanto, lo que podemos ver a partir de esta correspondencia es que pese a que a los pagos y compensaciones no estaban siempre garantizados y que Batcock tenía que recordar la importancia de sus servicios, aportar información a la corona le reportaba ciertos privilegios, como la exportación de grano, lo que otros mercaderes ingleses no podían disfrutar en ese momento.

Conclusiones

A lo largo de este estudio se ha pretendido resaltar la importancia que tuvieron los mercaderes en el curso de los acontecimientos políticos y diplomáticos de sus respectivos reinos. El caso de Thomas Batcock no es aislado, sino que a lo largo de la historia diplomática de los primeros Tudor hay numerosísimos ejemplos de mercaderes que desarrollaron un papel clave en las relaciones entre España e Inglaterra. Comerciantes asentados en Andalucía como William Pepwell, Hugh Tipton, Roger Bodenham o Leonard Chilton también llevaron a cabo una actividad de espionaje que no hay que subestimar.[52]

---

[50] Tenemos numerosas proclamaciones del reinado de Enrique VIII que restringen el comercio del mismo, como las de 1513, 1522, 1527, 1534 y 1544, Paul L. Hughes y James F. Larking (eds.) (1964): *Tudor Royal Proclamations, vol. 1 The Early Tudors*, New Haven y Londres: Yale University Press, pp. 99-102, 134, 170-173, 221-222 y 324.

[51] «[…] wold please yor lordeship to wryte unto this costomar of Bristow and to the costomar of Brigwater or to any other ports that they do suffar me to lade this under tha maner as afore writtin and yf where ere at a resonable price I wold haue as many quartars of whete for euery yere as the lycence spesyffieth», BL, Cotton MS, C VII, f.70r.

[52] Citamos algunas referencias de la actividad de espionaje de estos mercaderes extraídas de los *Calendar of State Papers*. En el caso de William Pepwell, este mercader era contemporáneo de Batcock, pero estaba asentado en el sur de la península, concretamente en Sanlúcar de Barrameda: «Carta de William Pepwell a Cromwell enviada el 15 de noviembre de 1533» [sic], «Henry VIII: November 1533, 11-20», en James Gairdner (ed.) (1882): *Letters and Papers…*, o. cit., pp. 562-578. El resto de los mercaderes mencionados estuvieron asentados en Sevilla (Tipton y Bodenham) y en Cádiz (Chilton) y trabajaron para la corona desde los años sesenta, «Carta de Hugh

Por otra parte, el hecho de que se conserve parte de la correspondencia de Thomas Batcock ayuda a obtener un retrato más fidedigno de la realidad de los mercaderes ingleses que vivieron en Castilla a principios del siglo XVI, pues pueden apreciarse detalles como sus redes de información, así como su integración en el periodo de transición que se produjo tras el cisma anglicano.

A pesar de que esta correspondencia ya ha sido trabajada por la historiografía anglosajona y puesta en valor, con esta aportación lo que pretendemos es utilizar la información que estas cartas aportan desde la perspectiva del estudio de las relaciones diplomáticas, del comercio, de la integración y de las comunidades mercantiles inglesas que vivieron en Castilla durante la primera mitad del siglo XVI. Asimismo, vemos necesario que dentro de panorama historiográfico español se les de valor a las fuentes manuscritas inglesas, puesto que nos ayudan a obtener una perspectiva diferente sobre aspectos políticos, económicos y sociales que aún necesitan de revisión y estudio.

Bibliografía

ADAMS, Robyn (2011): «Sixteenth-Century Intelligencers and Their Maps», *Imago Mundi*, vol. 63 (2), pp. 201-216.

ARTHURSON, Ian (1991): «Espionage and Intelligence from the Wars of the Roses to the Reformation», *Nottingham Medieval Studies*, 35, pp. 134-154. Disponible en línea en <https://doi.org/10.1484/J.NMS.3.197>.

AZZOLINI, Monica e Isabel LAZZARINI (2017): *Italian Renaissance Diplomacy: a sourcebook*, Toronto: Pontifical Institute of Medieval Studies.

BARKSDALE-SHAW, Lisa M. (2018): «That You Are Both Decipher'd, Revealing Espionage and Staging Written Evidence in Early Modern England», en Katherine Ellison y Susan Kim (eds.): *A Material History of Medieval and Early Modern Ciphers. Cryptography and the History of Literacy*, Nueva York: Routledge, pp. 118-136.

BEHRENS, Betty (1933): «The Office of the English Resident Ambassador: Its Evolution as Illustrated by the Career of Sir Thomas Spinelly, 1509-22», *Transactions of the Royal Historical Society*, 16, pp. 161-195. Disponible en línea en <https://doi.org/10.2307/3678668>.

BERESFORD, David (2009): «FitzGerald, James fitz Maurice», en *Dictionary of Irish Bio-*

Tipton a Challoner enviada el 12 de marzo de 1562» [sic], «Supplement: March 1562» en Joseph Stevenson (ed.) (1867): *Calendar of State Papers Foreign: Elizabeth, vol. 5 (1562)*, Londres: Her Majesty's Stationery Office, pp. 623-629, consultado en 9 de julio de 2022. Disponible en línea en <http://www.british-history.ac.uk/cal-state-papers/foreign/vol5>; «Carta de Roger Bodenham a Challoner, enviada el 16 de junio de 1564», «Elizabeth: June 1564, 16-30» en Joseph Stevenson (ed.) (1870): *Calendar of State Papers Foreign: Elizabeth, vol. 7 (1564-1565)*, Londres: Her Majesty's Stationery Office, 158-170, consultado en 9 de julio de 2022. Disponible en línea en <https://www.british-history.ac.uk/cal-state-papers/foreign/vol7>; «Carta de Leonard Chilton a Challoner, enviada el 18 de julio de 1564» [sic], «Elizabeth: July 1564», Joseph Stevenson (ed.) (1870): *Calendar of State Papers…*, o. cit., pp. 171-183.

graphy. Disponible en línea en <https://www.dib.ie/biography/fitzgerald-james-fitz-maurice-a3200>.

BLAKEWAY, Amy (2018): «Spies and intelligence in Scotland, c. 1530-1550», en Sara Butler y Krista. J. Kesselring (eds.): *Crossing Borders: Boundaries and Margins in Medieval and Early Modern Britain*, Leiden: Brill, pp. 83-104.

BREWER, John S. (ed.) (1864): *Letters and Papers, Foreign and Domestic, Henry VIII, vol. 2 (1515-1518)*, Londres: Her Majesty's Stationery Office. Disponible en línea en <https://www.british-history.ac.uk/letters-papers-hen8/vol2>.

— (ed.) (1875) (: *Letters and Papers, Foreign and Domestic, Henry VIII, vol. 4 (1524-1530)*, Londres: Her Majesty's Stationery Office. Disponible en línea en <http://www.british-history.ac.uk/letters-papers-hen8/vol4>.

CARTER, P. R. N. (2004): «Tuke, Sir Brian», en *Oxford Dictionary of National Biography*. Disponible en línea en <https://doi.org/10.1093/ref:odnb/27803>.

CAUNEDO DEL POTRO, Betsabé (1984): *La actividad de los mercaderes ingleses en Castilla (1475-1492)*, Madrid: Universidad Autónoma de Madrid.

CLOUGH, Cecil H. (2004): «Ghinucci, Girolamo», en *Oxford Dictionary of National Biography*. Disponible en línea en <https://doi.org/10.1093/ref:odnb/66931>.

CONNELL-SMITH, Gordon (1951): «The Ledger of Thomas Howell», *The Economic History Review*, vol. 3 (3), pp. 363-370. Disponible en línea en <https://doi.org/10.1111/j.1468-0289.1951.tb02044.x>.

DALTON, Heather (2016): *Merchants and Explorers: Roger Barlow, Sebastian Cabot and Networks of Atlantic Exchange 1500-1560*, Oxford: Oxford University Press.

FERNÁNDEZ ÁLVAREZ, Manuel (ed.) (1973): *Corpus documental de Carlos V, vol. 1 (1516-1539)*, Salamanca: Editorial Universidad de Salamanca.

FERNÁNDEZ CONTI, Santiago (ed.) (2000): «Los servidores de las casas reales», en J. Martínez Millán (coord.): *La corte de Carlos V*, vol. 3, t. 4, Madrid: Sociedad Estatal para la Conmemoración de los Centenarios de Felipe II y Carlos V.

FLETCHER, Catherine L. (2008): *Renaissance Diplomacy in Practice: the case of Gregorio Casali, England's Ambassador to the Papal Court, 1525-33*, tesis defendida en la University of London.

FORD, Jeremiah D. M. (ed.) (2013): *Letters Of John III, King Of Portugal, 1521-1557*, Londres: Harvard University Press.

GAIRDNER, James (ed.) (1882): *Letters and Papers, Foreign and Domestic, Henry VIII, vol. 6 (1533)*, Londres: Her Majesty's Stationery Office. Disponible en línea en <http://www.british-history.ac.uk/letters-papers-hen8/vol6>.

— (ed.) (1883): *Letters and Papers, Foreign and Domestic, Henry VIII, vol. 7 (1534)*, Londres: Her Majesty's Stationery Office. Disponible en línea en <http://www.british-history.ac.uk/letters-papers-hen8/vol7>.

— (ed.) (1885): *Letters and Papers, Foreign and Domestic, Henry VIII, vol. 8, (1535)*, Londres: Her Majesty's Stationery Office. Disponible en línea en <http://www.british-history.ac.uk/letters-papers-hen8/vol8>.

— (ed.) (1886): *Letters and Papers, Foreign and Domestic, Henry VIII, vol. 9, (1535)*, Londres: Her Majesty's Stationery Office. Disponible en línea en <http://www.british-history.ac.uk/letters-papers-hen8/vol9>.

— (ed.) (1890): *Letters and Papers, Foreign and Domestic, Henry VIII, vol. 12 (1537)*, Londres: Her Majesty's Stationery Office. Disponible en línea en <http://www.british-history.ac.uk/letters-papers-hen8/vol12/no1>.

HAINES, Charles R. (1930): *Dover Priory: A History of the Priory of St Mary the Virgin, and St Martin of the New York*, Cambridge: Cambridge University Press.

HAWKYARD, A. D. K.: «WHITE, Thomas I (by 1500-42), of Coventry, Warws. and Bristol, Glos.», en *The History of Parliament: research members*, s. f. Disponible en línea en <https://www.historyofparliamentonline.org/volume/1509-1558/member/white-thomas-i-1500-42>.

HUGHES, Paul L. y James F. LARKING (eds.) (1964): *Tudor Royal Proclamations, vol. 1 The Early Tudors*, New Haven y Londres: Yale University Press.

JONES, Michel A.: «Lee, Rowland», en *Oxford Dictionary of National Biography*, 2004. Disponible en línea en <https://doi.org/10.1093/ref:odnb/16307>.

KESSELRING, Krista J. (2013): «License to Kill: Assassination and the Politics of Murder in Elizabethan and Early Stuart England», *Canadian Journal of History*, 48 (3), pp. 421-440. Disponible en línea en <https://doi.org/10.3138/cjh.48.3.421>.

LAZZARINI, Isabella (2015): *Communication and Conflict: Italian Diplomacy in the Early Renaissance, 1350-1520*, Oxford: Oxford University Press.

MAINS, Christopher (2021): *Sir Robert Cecil and Elizabethan Intelligencing, 1590-1603*, tesis defendida en la Open University.

MALLETT, Michael (2001): «Italian renaissance diplomacy», *Diplomacy & Statecraft*, vol. 12 (1), pp. 61-70. Disponible en línea en <https://doi.org/10.1080/09592290108406188>.

MARSHALL, Peter (2001): «The Other Black Legend: The Henrician Reformation and the Spanish People», *The English Historical Review*, vol. 116 (465), pp. 31-49. Disponible en línea en <https://doi.org/10.1093/ehr/116.465.31>.

MARTIN, Patrick H. (2016): *Elizabethan espionage: plotters and spies in the struggle between Catholicism and the crown*, Jefferson: McFarland & Company.

MASLEN, Robert W. (1997): *Elizabethan Fictions: Espionage, Counter-espionage, and the Duplicity of Fiction in Early Elizabethan Prose Narratives*, Oxford: Clarendon Press.

MATTINGLY, Garrett (1964): *Renaissance Diplomacy*, Middlesex: Penguin University Books.

MOLINA DE LA TORRE, Francisco J., Irene RUIZ ALBI, David CARVAJAL DE LA VEGA, Mauricio HERRERO JIMÉNEZ (2021): *Mercaderes extranjeros ante la Real Chancillería de Valladolid (1482-1525)*, Valladolid: Castilla.

MURPHY, Neil (2020): «Spies, informers and Thomas Howard's defence of England's northern frontier in 1523», *Historical Research*, vol. 93 (260), pp. 252-272. Disponible en línea en <https://doi.org/10.1093/hisres/htaa002>.

PARES: «Vargas Carvajal, Gutierrez de (1506-1559)», *Portal de Archivos Españoles*, s.f. Disponible en línea en <http://pares.mcu.es:80/ParesBusquedas20/catalogo/autoridad/159890>.

POLLARD, Albert F.: «Wriothesley, Sir Thomas, first Baron Wriothesley of Titchfield and Earl of Southampton (1505-1550)», en *Oxford Dictionary of National Biography*, s. f. Disponible en línea en <https://doi.org/10.1093/odnb/9780192683120.013.30076>.

PORTUGAL, José M. João de (1735): *Vida do Infante D. Luiz*, Lisboa: Na Officina de A.I. da Fonseca.

PRIOTTI, Jean-Philippe (2005): *Bilbao y sus mercaderes en el siglo xvi: génesis de un crecimiento*, Bilbao: Diputación Foral de Bizkaia.

RICHINGS, Mildred G. (1934): *Espionage. The Story of the Secret Service of the English crown*, Londres: Hutchinson & co.

RIVERA MEDINA, Ana M. (2016): «La construcción-reconstrucción de un espacio portuario. El canal y ría de Bilbao en los siglos xiv-xvi», en Amélia Polónia y Ana M. Rivera Medina (dirs.): *La gobernanza de los puertos atlánticos, siglo xiv-xx. Políticas y estructuras portuarias*, Madrid: Casa de Velázquez, pp. 171-192.

SHEPPARD THOMAS, Francis (1856): *Historical Notes. 1509-1714: Comprising Henry VIII. To Elizabeth inclusive*, vol. 1, Londres: Majesty's stationery Office.

SIOCHRÚ, Micheál O. (1996): «Foreign Involvement in the Revolt of Silken Thomas, 1534-5», *Proceedings of the Royal Irish Academy: Archaeology, Culture, History, Literature*, vol. 96c (2), pp. 49-66.

SOLÓRZANO TELECHEA, José A., Ana M. RIVERA MEDINA (2021): «Transmisión tecnológica y desarrollo portuario en el mundo atlántico medieval», en José A. Solórzano Telechea, José D. González Arce e Iñaki Bazán Díaz (eds.): *Los puertos del Atlántico en la Baja Edad Media: navegación, instituciones y gobernanza*, Lleida: Pagès editors, pp. 55-91.

STEVENSON, Joseph (ed.) (1867): *Calendar of State Papers Foreign: Elizabeth*, vol. 5 (1562), Londres: Her Majesty's Stationery Office. Disponible en línea en <http://www.british-history.ac.uk/cal-state-papers/foreign/vol5>.

— (ed.) (1870): *Calendar of State Papers Foreign: Elizabeth*, vol. 7 (1564-1565), Londres: Her Majesty's Stationery Office. Disponible en línea en <https://www.british-history.ac.uk/cal-state-papers/foreign/vol7>.

THOMAS, Werner (2001): *La represión del protestantismo en España, 1517-1648*, Leuven: Leuven University Press.

VANES, Jean (1979): *Documents illustrating the overseas trade of Bristol in the Sixteenth Century*, Bristol: Bristol Record Society.

La nación aragonesa en Flandes durante el siglo XVI. Redes, agentes, mercancías[1]

Miguel Royano Cabrera[2]

Introducción

La historiografía existente acerca de la temática ha sido variada. Tenemos trabajos que expusieron la situación de las «naciones» mercantiles hispanas en los Países Bajos durante principalmente el reinado de Carlos I y los primeros años del de Felipe II. En estas obras, normalmente se trata de manera general la comunidad mercantil de la corona de Aragón, dado el carácter más superficial que tienen y la poca especialización que buscaban. Aquí tenemos los clásicos Goris, Marechal, Fagel, Gilliodts, etc.[3] Tenemos otros estudios que profundizan en el papel del comercio y de la comunidad mercantil de la corona de Aragón, entre los que destacó un pionero, Paz y Meliá, al que siguieron otros como Vázquez de Prada o Bielsa Desportes.[4]

---

[1] Esta publicación es parte del Proyecto de I+D+i PID2022-138444OB-I00 (*La esclavitud en la economía y la sociedad de la España del siglo XVI*), financiado por el MCIN/ AEI/10.13039/501100011033. Siglas empleadas: ACA, D: Archivo de la Corona de Aragón, Diversos; AFMF: Archivo de la Fundación Museo de las Ferias; ARCHV: Archivo de la Real Chancillería de Valladolid; AGI, C: Archivo General de Indias, Contratación; AGI, IG: Archivo General de Indias, Indiferente General; AHNO, O: Archivo Histórico de la Nobleza, Osuna; AHPB, NJL: Archivo Histórico de Protocolos de Barcelona, Notaria Juan Lunes; AHPCA, PNC: Archivo Histórico Provincial de Cádiz, Protocolos Notariales de Cádiz; AHPSE, PNS: Archivo Histórico Provincial de Sevilla, Protocolos Notariales de Sevilla.

[2] Universidad de Sevilla.

[3] J. Maréchal (1953): «La colonie espagnole de Bruges du XIVe au XVIe siècle», *Revue du Nord,* 137, pp. 5-40; J. A. Goris (1971): *Étude sur les colonies marchandes méridionales: (portugais, espagnols, italiens): à Anvers de 1488 à 1567: contribution à l'histoire des débuts du capitalisme moderne,* Nueva York: Burt Franklin; Raymond Fagel (1996a): *De Hispano-Vlaamse wereld. De contacten tussen Spanjaarden en Nederlanders 1496-1555,* Bruselas y Nimega: Archives et bibliothèques de Belgique; del mismo autor: «Spaanse kooplieden in Middelburg vóór de Opstand: succesvolle integratie met behoud van eigen identiteit», en M.'t Hart, J. Lucassen y H. Schmal (eds.): *Nieuwe Nederlanders. Vestiging van migranten door de eeuwen heen.* Ámsterdam: Stichting Beer IISG, 1996b, pp. 21-33; del mismo autor: «Spanish Merchants in the Low Countries Stabilitas Loci or Peregrinatio?», en P. Stabel, B. Blondé y A. Greve (eds.): *International Trade in the Low Countries (14th-16th centuries). Merchants, organisation, infrastructure,* Lovaina: Garant, 2000, pp. 87-104; Leon Gilliodts van der Severen (1901): *Cartulaire de l'ancien consulat d'Espagne à Bruges: Recueil de documents concernant le commerce maritime et intérieur, le droit des gens public et privé, et l'histoire économique de la Flandre,* Brujas: Louis de Plancke.

[4] Antonio Paz y Meliá (1922): «Llibre del Consulat dels Mercaders Cathalans en Bruges (1330-1537)», en Antonio Paz y Meliá (ed.): *Series de los más importantes documentos el archivo y biblioteca del Excmo. Sr. Duque de*

Todos los autores coinciden en que tras producirse la revuelta flamenca los datos comienzan a hacerse cada vez más áridos, a lo que se suma la preeminencia de los castellanos, así como la marcha hacia otros mercados o fusión con los nativos de los Países Bajos, por lo que el rastreo de nuestros mercaderes se hace cada vez más complejo según avanza el siglo xvi.

El siglo xvi nos plantea una gran diversidad «nacional» en el foco comercial flamenco. Desde finales del siglo xiv, la colonia mercantil de la corona de Aragón ya contó con privilegios en la zona. A estos se fueron añadiendo los vizcaínos a mediados del siglo xv y a finales, la castellana. Incluso en 1500, los andaluces contaron con privilegios en Amberes antes de trasladarse a Middelburg. Así pues, el inicio del siglo xvi contaba con la presencia de cuatro naciones mercantiles bajo la soberanía de los Reyes Católicos. Todo ello se incrementó en 1530 con la aparición de la nación navarra. Eso sí, debemos estipular que cada uno tenía derechos y privilegios completamente diferentes.[5]

La comunidad mercantil de la corona de Aragón en Flandes

Respecto a la presencia de la comunidad mercantil de la corona de Aragón en Flandes, habremos de apuntar varias cuestiones. Tras la decadencia comercial de la ciudad de Brujas a finales del siglo xv, los mercaderes de la corona de Aragón se afincaron en Amberes, a donde trasladarán el órgano consular de la nación. Este regulaba todos los aspectos mercantiles, judiciales, sociales, religiosos y políticos de los distintos miembros y tenía su sede en el monasterio del Carmen, en Brujas, en un primer momento, y en la iglesia de Nuestra Señora del Carmen, en Amberes, posteriormente. La simbología también se hizo patente en ambos recintos eclesiásticos: se encuentran las armas de Aragón en lápidas de mercaderes de la nación, materiales y elementos litúrgicos o libros propios del consulado. La regulación del consulado era bastante garantista, y dejaba claro que todo aquel que no actuase bajo el paraguas de este prácticamente no podía actuar en Flandes, se le dejaba

---

Medinacelli, 2.ª serie bibliográfica [s.n.]: Madrid, 1922, pp. 433-487; Valentín Vázquez de Prada (1967): «La colonia mercantil valenciana en Amberes en la época de Carlos V», en Juan Maluquer de Motes y Nicolau (ed.): *Homenaje a Jaime Vicens Vives*, vol. 2, Barcelona: Universidad de Barcelona, pp. 733-754; Pablo Desportes Bielsa (1999): «Aragón en el comercio con Flandes (siglo xvi)», *Revista de Historia Jerónimo Zurita*, 74, pp. 175-200.

   [5] Raymond Fagel: *De Hispano-Vlaamse wereld…*, o. cit., pp. 36-106; del mismo autor «Spaanse kooplieden…», o. cit, pp. 22-23; «La nación de Andalucía en Flandes: separatismo comercial en el siglo xvi» en Juan José Iglesias Rodríguez, Rafael M. Pérez García y Manuel F. Fernández Chaves (coords.): *Comercio y cultura en la Edad Moderna: actas de la xiii Reunión Científica de la Fundación Española de Historia Moderna*, vol. 2, Sevilla: Editorial Universidad de Sevilla, 2015, pp. 29-41; Leon Gilliodts van der Severen: *Cartulaire de l'ancien consulat…*, o. cit., pp. 282-284, 370-371.

sin alojamiento, se le prohibía comerciar e interactuar, así como el uso de naves o correos e incluso se le sometía al aislamiento social.

En ambos recintos, los dos cónsules electos junto al resto de mercaderes celebraban las diferentes asambleas del grupo con el objeto del buen funcionamiento de las actividades económicas comunitarias. De esta manera, sobre 1527 ya se había trasladado casi toda la nación a Amberes, coincidiendo con el consulado de Baltasar Morel, momento en que se hallaba bastante boyante la economía consular. Sin embargo, parece que en los siguientes consulados hubo un gran conflicto acerca de las imposiciones en el comercio de los miembros de la comunidad. En 1528, durante el consulado de Juan de Rocamora se redujeron los impuestos consulares, cosa que continuó durante 1531, con los cónsules Juan Sadornil y Cristofol Crespí. En 1532, se volvería a la anterior situación, siendo todavía cónsul Juan Sadornil, cosa que continuó en 1537 y 1540, con los consulados de Miguel Tourlan y Francisco Codina respectivamente. Estas ambivalencias en las imposiciones sobre el comercio parece que se basaron en la pretensión de atraer el comercio hacia Flandes a finales la década de los veinte, momento en que, como ya sabemos, el ambiente mercantil de los mercaderes de la corona de Aragón tuvo que hacer frente a la entrada de los genoveses en el mercado siciliano y sardo.

Por tanto, es lógico que los mercaderes ya volcados hacia el mundo atlántico volviesen a pagar las antiguas tasas comerciales a partir de los años treinta. Situación que también entraba en conflicto con el traslado del consulado desde Brujas hasta Amberes, ciudad que intentaba, por otro lado, la vuelta del consulado y del tráfico de la colonia, y por tanto entraban en juego un vaivén de intereses de distintos mercaderes y ciudades.[6] Todo ello seguía el criterio de traslado de todas las naciones mercantiles europeas hacia la urbe amberina. Esta propia lógica internacional llevó al consulado de la corona de Aragón a marchar o, mejor dicho, a crear un nuevo consulado en Amberes, puesto que en el cartulario de la ciudad de Brujas todavía se citan sus derechos y nación en 1556, que son copiados por la recién creada nación navarra, y se confirmarían de nuevo en 1561, lo que confirmaría la idea de Fagel.[7] Esta dualidad consular en Amberes y Brujas pudo ser posible debido a que el mercado lanero aragonés tenía una mayor libertad, ya que se gestionaba a través de la Casa de Ganaderos de Zaragoza y otras instituciones más locales, con menores privilegios que la Mesta castellana y, por tanto, mucho más fáciles de controlar por parte de la corona. Esta cuestión pudo ser clave, ya que, por el contrario, la inflexibilidad obligó a la nación castellana a permanecer en la ciudad de Brujas,

---

[6] Antonio Paz y Meliá: «Llibre del Consulat…», o. cit; J. A. Goris: *Étude sur les colonies…*, o. cit., pp. 151-170; J. Maréchal: «La colonie espagnole…», o. cit.; Valentín Vázquez de Prada: «La colonia mercantil…», o. cit.

[7] Leon Gilliodts van der Severen: *Cartulaire…*, o. cit., pp. 370-371, 415.

muy presionada por la administración de la Mesta y de la Monarquía Hispánica.[8] Así, queda claro que Navarra y Aragón, así como sus mercaderes, por ser reinos diferentes a Castilla, permanecieron fuera de los tratados y podían exportar libremente lana. No obstante, no por ello Burgos dejó de tomar represalias, como no volver a contratar las naves de los armadores que llevaban dicha carga, tal y como relata algún testigo.[9] Tras la revuelta flamenca, el consulado de la nación de Aragón en Amberes continuó perdiendo total referencia de la actividad desarrollada por el de Brujas debido a la escasez de fuentes.[10]

La actividad consular en Amberes durante la segunda mitad del siglo XVI, si hacemos analogía con la castellana (entendiendo su menor número de miembros y actividad económica), sería intensa y participaría en las ordenanzas de 1550-1551 para gravar el comercio entre la península ibérica y Flandes en un 2 % con el objeto de armar a los barcos contra los ataques franceses y escoceses. También lo haría en 1563, para hacer hincapié en lo anterior, así como en 1569, cuando buscaba la creación de una correduría de seguros en los Países Bajos que sería rechazada de plano por los comerciantes establecidos en Amberes entre 1570-1571, lo que hizo que se congregaran unas ordenanzas con pólizas estándar.[11] Sin embargo, el comercio se vio afectado de manera muy patente sobre todo en los años setenta del siglo XVI, como podemos observar con la creación del eje Barcelona-Génova, que unía a su vez el Atlántico (Sevilla-Medina del Campo-Lyon), sustituyendo así al mercado flamenco.[12]

Tenemos que entender que casi toda la actividad económica de los miembros de la corona de Aragón durante el siglo XVI se desarrolló fundamentalmente en Amberes, siendo Brujas un apéndice y dedicada fundamentalmente al comercio de la lana, algo que podemos observar en los representantes que se hallarán en la ciudad brujense. Además, debemos añadir que los pocos representantes de la nación en Middelburg confiaron en sus representantes amberinos al ser un ambiente comercial bastante restringido.[13] No podemos hablar realmente de cifras, ya que las fuentes son bastante fragmentarias y pertenecientes fundamentalmente a las

---

[8] Antonio Sierra Pérez (2017): «El ovino, tradición y cultura en Aragón. La Casa de Ganaderos de Zaragoza», *Cuadernos de Aragón*, 8, pp. 32.

[9] José Damián González Arce y Ricardo Hernández García (2015): «Querellas corporativas en el comercio con Europa desde el Cantábrico oriental durante la primera mitad del siglo XVI, según un pleito de 1547», *Areas: revista internacional de ciencias sociales*, 34, pp. 33-45.

[10] Raymond Fagel: *De Hispano-Vlaamse wereld…*, o. cit., p. 80.

[11] Gijs Dreijer (2022): «Identity, conflict and commercial law: Legal strategies of Castilian merchants in the Low Countries (fifteenth-sixteenth centuries)», en Dave De Ruysscher, Albrecht Cordes, Stefania Gialdroni y Heikki Pihlajamäki (coords.): *Commerce, Citizenship, and Identity in Legal History*, Leiden: Brill Legal History Library, pp. 118-138.

[12] Gijs Dreijer: «Identity, conflict…», o. cit.

[13] Miguel Royano Cabrera (2023): *La comunidad mercantil de la corona de Aragón en la Baja Andalucía (1516-1556)*, Sevilla: Universidad de Sevilla.

décadas de los treinta y cuarenta del siglo XVI. Siguiendo las fuentes disponibles, podemos decir que el apogeo de todas las naciones españolas en Flandes se dio a mediados del siglo XVI, llegando a los 160 mercaderes aproximadamente, entre los que debían de andar no pocos mercaderes de la corona de Aragón. Así, los datos —insisto, insuficientes— nos indican que había unos 432 mercaderes portugueses y españoles exportadores hacia la península ibérica y 221 importadores, que suponían un 67 % y 71 % de exportaciones e importaciones respectivamente desde el solar peninsular. Una gran cifra, como podemos ver, que comenzó a menguar a raíz de la revuelta flamenca. Así pues, entendemos que el número de mercaderes de la corona de Aragón nunca llegó a exceder los cuarenta miembros.[14]

Rutas y mercancías

El comercio entre Amberes, la península ibérica y las islas atlánticas fue un comercio muy rentable, tal y como nos apunta Jeroen Puttevils, para productos como el lino (que incrementó su precio siete veces en Castilla la Vieja y se duplicó en Valencia) y el azúcar (cuyo benefició neto osciló, sacando los costes de almacenamiento, transporte, impuestos, aduanas, seguros y comisiones, del 12 % al 140 %), lo que nos permite hacernos una idea de la rentabilidad de las transacciones entre los distintos mercados y la especialización de nuestros mercaderes, como veremos a continuación.[15]

Podemos organizar comercialmente la nación aragonesa en Flandes a través de dos vías de importación de productos. La primera se refería a la exportación de la lana de las zonas de Teruel y Albarracín (de mayor calidad); de Daroca y Calatayud (de calidad intermedia) y de Zaragoza y alrededores (de baja calidad). Desde estos puntos, se dirige la mercancía hacia los puertos cantábricos, vía Tudela y Pamplona, principalmente San Sebastián, Bilbao, Laredo y Santander.[16] Estos mercaderes solían usar factores o intermediarios vascos fundamentalmente, que repartían el producto por las ciudades flamencas de la Esclusa, Brujas, Amberes, Arnemuiden o Midelburgo. Incluso mercaderes catalanes llegaron a avecindarse tanto en el País Vasco como en Navarra para aprovechar las ventajas de los consulados vasco-navarros, como se demuestra en los casos de los hermanos Juan Roger de Agramonte,

---

[14] Raymond Fagel: *De Hispano-Vlaamse wereld…*, o. cit., pp. 80-100. Véase en la lista de mercaderes más abajo.

[15] Jeroen Puttevils (2012): *The Ascent of Merchants from the Southern Low Countries: From Antwerp to Europe, 1480-1585: Proefschrift*, Amberes: Universidad de Amberes, pp. 122-137.

[16] Pablo Desportes Bielsa: «Aragón en el comercio…», o. cit.; José Damián González Arce y Ricardo Hernández García (2011): «Transporte naval y envío de flotas comerciales hacia el norte de Europa desde el Cantábrico oriental (1500-1550)», *Espacio, Tiempo y Forma. Serie IV, Historia Moderna*, 24, pp. 51-87.

vecino de San Sebastián, y Sancho Roger de Agramonte, de Estella en Navarra, o las alianzas matrimoniales de la familia Sanz de Tena con importantes miembros de los consulados de Vizcaya, Castilla y Navarra que usaron en su propio beneficio para facilitar las operaciones comerciales.[17] Desde Aragón, tenemos mercaderes como Guillén y Gabriel de Zaporta, Pedro de Villanueva, Gracián de San Esteban, Bernal y Pedro de Guía, Miguel de Foncillas, Francisco y Jerónimo Ribas, Jerónimo y Pedro Cosidos, Juan de Bolas y Miguel Martel, entre otros, que enviaban a través del citado circuito las sacas de lana.[18]

Los consignados en las ciudades flamencas, más allá de los vascos, dado el poderío de su consulado, eran Domingo de Villanueva, Francisco de Jaca, Martín Sanz de Tena, Bernal y Juan Simón, Juan Rocamora, Antonio Tarroja, Antonio de Santa Cruz y Pedro López de Calatayud, entre otros. Allá vendían la preciada materia prima para la elaboración de tejidos manufacturados de gran calidad que posteriormente reexportaban hacia los mercados europeos, mediterráneos e indianos.[19]

Sin embargo, había otra vía comercial centrada en los productos mediterráneos. Estos eran propios del levante, sur y archipiélago canario español, la península itálica o el norte de África. Los productos traficados y su origen eran los siguientes:

PROCEDENCIA	PRODUCTO
Cádiz	Frutas, productos andaluces (aceite, sal, vino) e indianos (cuero, azúcar, colorantes, perlas)
Tenerife y Gran Canaria	Azúcar, remieles, vinos y orchilla
Sevilla	Redistribución de mercancías atlánticas y letras de cambio
Málaga	Fruta
Mazarrón	Alumbres
Alicante y Denia	Aceite y vino
Valencia	Arroz, cueros en bruto o labrados, almendra, sillas, telas de seda, lana, estameñas, pasas y melazas
Zaragoza	Lana, azafrán y estameñas
Barcelona	Seguros marítimos o productos de la tierra (paños, vidrios, chapines, etc.)
Mallorca	Aceite local y transportes

---

[17] ARCHV, Registro de ejecutorias, Caja 1841, 33, ff.1 r-14 v. (4-8-1597).

[18] Pablo Desportes Bielsa: «Aragón en el comercio…», o. cit.; José Damián González Arce y Ricardo Hernández García: «Transporte naval…», o. cit.; Raymond Fagel: *De Hispano-Vlaamse wereld…*, o. cit., pp. 80-100.

[19] Pablo Desportes Bielsa: «Aragón en el comercio…», o. cit.; José Damián González Arce y Ricardo Hernández García: «Transporte naval…», o. cit.; Raymond Fagel: *De Hispano-Vlaamse wereld…*, o. cit., pp. 80-100.

PROCEDENCIA	PRODUCTO
Aguas Muertas	Almendrón
Palermo	Melaza, algodón, cambios
Mesina	Melazas y comino
Nápoles	Paños, aceite, etc.
Roma	Alumbres de Tolfa
Cartagena	Alumbres

Tabla 1. Ciudades y mercancías traficadas con los Países Bajos entre 1500-1600.
Fuente: véase nota al pie.[20]

Como podemos ver, la variedad de productos es importante, aunque destacan las materias primas, ya sean de origen vegetal o animal, lo que indica el papel industrial de los mercados flamencos en cuanto a productos que son reelaborados allá (tejidos, calzado fundamentalmente), aunque también un mercado consumidor de productos alimenticios, dada su carencia natural por su posición geográfica y clima, lo que hace demandar productos frescos y duraderos (frutas, frutos secos, sal, arroz), pero también procesados (vino, aceite, azúcar, melaza, remiel). Por tanto, esta situación contrasta bastante con la especialización que tuvieron tanto castellanos como vascos con la lana. Así pues, vemos que el tipo de productos podía generar pingües beneficios, como apunta el citado ejemplo del azúcar atlántico.

La nómina de mercaderes en los lugares de origen es variada. En los mercados españoles y europeos destacaron los siguientes:

[20] Fuente: Valentín Vázquez de Prada: «La colonia mercantil...», o. cit., pp. 749-754, AHPSE: PNS, leg. 9.157, f. 311 r. (26-2-1543), f. 715 r. (27-2-1543); AHPCa: PNC, leg. 5.464, ff. 35 r.-v. (s.f. 1538), f. 68 r. (28-4-1538), ff. 213 r.-216 v. (17-5-1538), ff. 696 v.-697 r. (14-5-1539), ff. 704 r.-v. (9-6-1539), f. 719 v. (1-7-1539) ff. 705 r.-706 r. (18-6-1539); leg. 4.334, ff. 282 r.-v. (13-7-1545); leg. 4.335, ff. 69 v.-79 v. (4-2-1546); leg. 4.344, ff. 960 r.-961 r. (9-11-1556); Manuel Lobo Cabrera (1979): *Protocolos de Alonso Gutiérrez (1520-1521)*, San Cristóbal de la Laguna: Instituto de Estudios Canarios, pp. 7-405; Benedicta Rivero Suárez (1992): *Protocolos de Juan Márquez (1521-1524)*, San Cristóbal de La Laguna: Instituto de Estudios Canarios, pp. 168-178; Manuela Marrero, María Padrón y Benedicta Rivero (1998): *Acuerdos del Cabildo de Tenerife VI (1538-1544)*, San Cristóbal de la Laguna: Instituto de Estudios Canarios, pp. 24-205; José Ignacio Gómez Zorraquino (1987): *La Burguesía mercantil en el Aragón de los siglos XVI y XVII*, Zaragoza: Diputación General de Aragón, pp. 93-100; José Damián González Arce y Ricardo Hernández García: «Transporte naval...», o. cit., AHPB: JL, 296/5 *Reportorium sive manuale*, s.f., (24 de octubre de 1525); AHPC: PNC, leg. 2.997, ff. 236 v.-238 r. (28-7-1556), ff. 398 v.-400 r. (s.f. 1556); AHPSE: PNS, leg. 3.241, ff. 258 r.-v. (4-9-1518); leg. 9.168, ff.661 r.-v. (31-12-1550). AHPSE: PNS, leg. 9.157, f. 311 r. (26-2-1543), f. 715 r. (27-2-1543); Enrique Otte (1977): *Las perlas del Caribe: Nueva Cádiz de Cubagua*, Caracas: Fundación John Boulton, p. 79; del mismo autor: *Sevilla, siglo XVI: Materiales para su historia económica*, Sevilla: Centro de Estudios Andaluces, Consejería de la Presidencia, 2008, pp. 166, 242; Manuel Vaquero Piñeiro (2015): «Mercaderes y banqueros catalanes en Roma en el tránsito a la Edad Moderna», en Lluís Cifuentes Comamala, Roser Salicrú i Lluch y Maria Mercè Viladrich (coords.): *Els catalans a la Mediterrània medieval Noves fonts, recerques i perspectives*, Roma: Viella, p. 324; Raymond Fagel: *De Hispano-Vlaamse wereld...*, o. cit., pp. 80-100; AFMF, ES.47085. ASR/1/1.2/ASR-CC-LC-01-07-020 (6-3-1563), ES.47085. ASR/1/1.2/ASR-CC-LC-03-05-041 (19-3-1583), ES.47085. ASR/1/1.2/ASR-CC-LC-01-07-002 (15-4-1563).

CIUDAD	MERCADERES
Cádiz	Francisco Sadornil (a), Jaime de Ralfas (c), Martín Cortés (a), Juan Nadal (c), Domingo Simón (a), Mateu Domenec (c), Lorenzo García (cv), Francisco Barberán (c), Juan de la Foy (f), García Martínez (c), Pedro López (cv), Francisco Terrin (i), Juan Potin (f), Pedro Riera (c), Pablo Tárraga (c), Pedro del Castillo (c), Bartolomé de Monteagudo (a), Agustín Folquer (c), Gaspar de Zurita (cv), Juan Batista Boldonio (m), Cristóbal Saluscio (i), Gabriel Simón (a), Guillén Torres (c), Juan Vendrel mayor (c), Jácome Botti (i), Juan Bautista de la Raya (v), Guillermo de Condray (f)
Tenerife y Gran Canaria	Juan Codina y Antonio Ponce (c)
Sevilla (e Indias)	Alonso Alemán (f), Pedro López (c), Fernando de Baeza (cv), Galcerán Desclergue (c), Miguel Sadornil (a), Francisco Remón de Llenes (v), Miguel Alcañiz (a), Juan Vendrel menor (c), Pedro de Miranda (p) Fernán González (cv), Pedro de Alcócer (cv), Pedro Luis Torregrosa (v), Juanes Rodó (c), Miguel Rialp (c), Perot Miguel (v), Bartolomé de Xerez (cv), Blas Vela (cv), Diego Vázquez de Carrión, Juan Delgadillo y cía. (cv), Diego de Ríos (cv), Fabio Espinosa (cv)
Málaga	Francisco Corder (c)
Mazarrón	Francisco Sadornil (a)
Alicante y Denia	Miguel Mayques(v), Lorenzo Ortiz(v), Jerónimo Benalmayor (v), Pedro Salcedo (v), Jaime Sapena(v), Antonio Casabona (v), Rodrigo Núñez (cv)
Valencia	Juan García Ospina(v), Luis Masip (v), Pedro Pallarés (a), Pedro Ros(v), Jerónimo Carbi (v), Charles de San Martín(v), Violante Pujades (v), Jerónimo Carrós (v), Fernando de Olazábal (pv), Onofre Luis (v), Juan de Briarela (v), Luis Camarena (v), Juan Pérez de Arnal (a), Martín Pérez de Almazán(v), Pedro Roca (v), Alonso García de Trujillo (cv), Juan Parente (v), Pedro Salcedo (v), Fernando de Ávila (v), Melchor y Jaime Martínez (v), Jerónimo de Quintana (v), Juan Domingo (v), Jaime de Vera (v), Josep Gisbert (v), Juan Brisuela (v), Francisco de Arto (v), Joan Más (v)
Zaragoza	los Zaporta (a)
Barcelona	Miguel Prats (c), Juan y Miguel Villela (c), Pedro Llop (c), Gabriel Rovira (c), Juan Benet Morer (c)
Mallorca	Pedro Tejedor de Vi (m), Juan Antonio Morlán (m), Jaime García (m), Bernardo Nadal (m), Bartolomé Calvo (m)
Aguas Muertas	Albert Cofell (c)
Palermo	Juan de Orbea (pv), Bartolomé Masbell (c), Mariano Tarongiy (c), Pedro y Rafael Morel (c), Domingo García (a), Pedro Pallarés (a)
Mesina	Pietro Francesco Faraoni (i)
Nápoles	Luis Más (i), Bernardino Sarroch (c), Bernardi Balbani (i), Francisco del Castillo (cv), Gonzalo de Jerez (cv)

CIUDAD	MERCADERES
Roma	Juan Bosch (c), Francisco del Castillo (cv), Gonzalo de Jerez (cv)
Civitavechia e Istria	Bartolomé Masbell (c), Mariano Tarongiy (c)
Bari	Luis Más (c), Josep Saminatti (i)
Lübeck	Sd.
Londres	Felipe de Aranda (cv), Antonio de Vivaldi (i), Arrigo Salvago (i), Tommaso Cavalcanti (i), Giovanni Cavalcanti (i), Pedro de Aguirre (pv), John Oner (ig)
Lyon	Damiá Berenguer Puiggener y compañía (c), Bonaventura Michaeli (i), Girolamo Arnolfini (i)
Medina del Campo, Medina de Rioseco y Villalón	Fernando de la Torre (cv), Angelo Juan Espindola (i), Battista Caro (i), Bernaldo Estrocci (i), Francisco Conradi (i), Anton Maytin (f), Fernando Daza Medina (a/cv), Pablo Sauri (c), Miguel de San Martín (v), Juan Sallent (c), Juan Alfonso (p), Rodrigo Quijada (cv), Juan Más (c), Jeroni Josep (c)
Valladolid	Francisco Vieri (i), Antonio de Torquemada (cv), Pedro de Palacios (cv), Fernando Daza Medina (a/cv), Diego de Carrión (cv), Juan de la Haya y cía (cv)
Rentería	Onofre de Ysasti (pv)
Burgos	Juan de Santo Domingo (cv)
Amberes, Lille, Oudenaarde, Midelburgo y Brujas	Juan Bautista Grimaldi Mulasana (i), Ambrosio de Espíndola (i), Silvestre Cattaneo (i), Juan Bautista Leonardo (i), Vincencio Espíndola (i), Giorgio Grimaldi (i), Gaspar Centurion (i), Niculas de Negroni (i), Jacobo Domenico Palevisino Basadonio (i), Juan Bautista Guicciardini (i), Paulo Burlamacchi (i), Tobías de Marín (i), Alonso Hernándes (p), Alfonso Vaez (p), Arteny Valtelante (f), Juan Delgadillo (cv), Diego Vázquez de Carrión (cv), Álvaro de Abreu (p), Andrea Dias (p), Compañía Afetatis (i), Compañía Giraldi (i), Jácome Fanano y compañía (i), Pedro de Erdara (pv), Sebastián de Torres (p), Adrián Martín (f), Ricardo Casten (ig), Jorge Vallens (f), Enrique de Hanc (f), Adrian Bergonso (f), Enrique Banaquelen (f), Diego de Santa Gadea (cv), Diego de Santa Cruz (cv), Maximiliano Lapostolo (f), Miguel Bordetien (f), Paulos Bengemori (f), Pedro Dermes (f), Jacques Dermes (f), Juan de Bisman (f), Antón de Segura (cv), Diego Mendes (p), Juan Bonsel (f), Diego, Pedro y Gaspar de la Peña (cv), Arnao del Plano (pv), Jacques del Vaille (cv), Gervas Daze (f), Estasen Are (f), Juan López de Castro (cv), Pedro de Castro (cv), John Cott (ig), Joos Veermer (f)
Lisboa	Gaspar Peres (p), Hernando de Arias (p)

Tabla 2. Ciudades y operadores con los Países Bajos entre 1500-1600. Fuente: véase nota 20. Leyenda: f: Flandes; i: Italia; p: Portugal; ig: Inglaterra; cv: Castilla La Vieja; c: Cataluña; A: Aragón; V: Valencia; m: Mallorca.

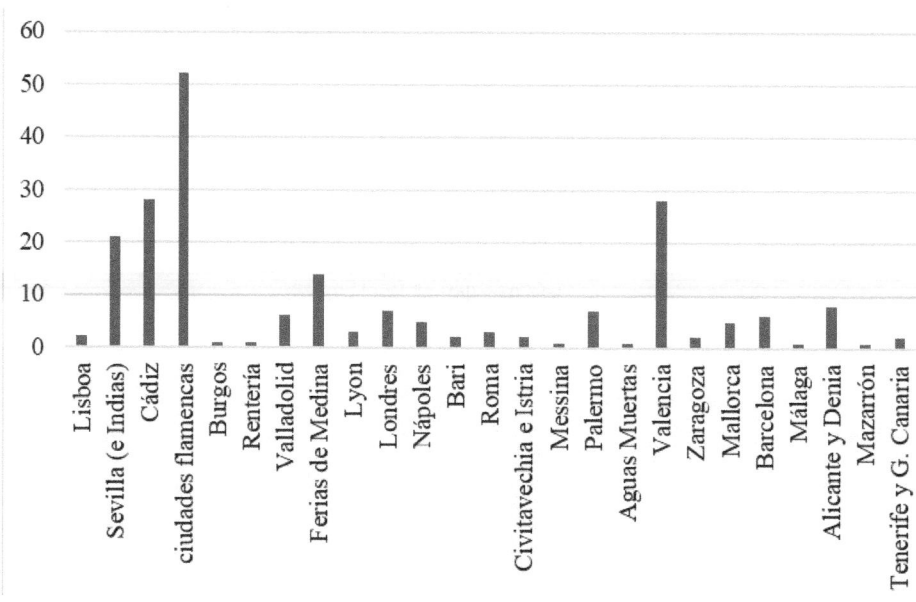

Gráfico 1. Mercados. Fuente: véase nota 20.

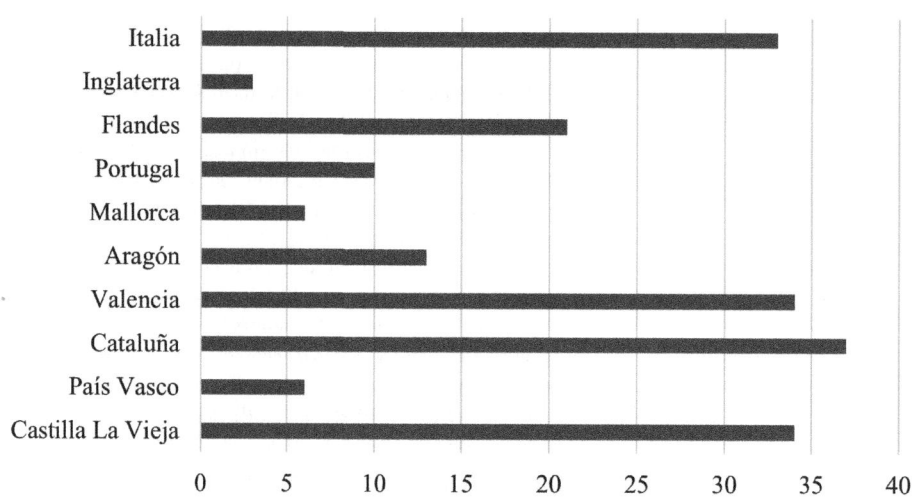

Gráfico 2. Mercaderes y nacionalidad. Fuente: véase nota 20.

Familias y agentes

A continuación, atenderemos de manera sucinta a los mercaderes de la nación aragonesa afincados en Flandes, así como a los principales productos traficados. El principal mercader de la comunidad en Brujas fue Martín Sanz de Tena, que al margen del barcelonés Francisco Luis Pedralbes (que retornaría a Barcelona años después) era el único que permanecía en Brujas en 1537. Este generó una amplia gama de alianzas con diferentes familias mercantiles hispanas instaladas en Flandes. Su hermana María Sans de Tena se casaría con el cónsul vasco Fernando de Orozco y su cuñada Clara con el también vasco Pedro de Erdara, lo que apunta ya al nexo con la colonia vasco-navarra. Él enlazaría con la castellana María de Nájera, hija del poderoso mercader Antonio de Nájera, con quien viviría hasta su muerte en dicha ciudad junto con los ocho hijos que tuvo con ella (Martín, Antonio, Bartolomé, Luis, Francisco, María, Catalina y Ana). Se dedicó desde bien pronto a la venta de paños de Armentières, Douai y Leiden, aunque también actuó con su cuñado en los negocios de su suegro Nájera. A su muerte quedaron como tutores de sus hijos los notarios de Brujas Filip Cools y Jacob Raes, también como principales herederos, a pesar de que parte de su herencia fue enviada a varios de sus familiares, como sus hermanos Martín Sanz, también mercader; Juan Sanz de Tena, canónigo en Aragón, y Miguel Sanz, otro pariente.[21]

También se quedó en Brujas la familia Valdaura, originaria de Valencia. Margarita, la hija de Bernart y Clara Cervantes, estaba casada con el humanista Luis de Vives. También hallamos a los aragoneses Juan de la Mata y Domingo de Villanueva, íntimamente unidos también a la colonia vasco-navarra, y al padre e hijo Nicasio Ladvocante, de origen valenciano.[22]

En Amberes, aparte de las familias Simón, López de Calatayud y Sadornil, que trataremos más adelante, hallamos una colonia entre veinte y treinta miembros y varios más en Brujas.[23] El principal mercader aragonés ubicado en Amberes fue

[21] Raymond Fagel: *De Hispano-Vlaamse wereld…*, o. cit., pp. 80-100.

[22] Raymond Fagel: *De Hispano-Vlaamse wereld…*, o. cit., pp. 36-98. Juan de la Mata se casaría en Flandes y tendría un hijo del mismo nombre, que años después se reconocería como flamenco en Sevilla. Autos sobre los bienes de Adrian de Vanderplaten, mercader flamenco, natural de Amberes, hijo de Justo Vanderplaten. Difunto en Écija con testamento. Albaceas: Jos Vanderplaten, su hermano; Juan de la Mata, su cuñado y Juan Ingran, mercaderes. Herederos: Jos Vanderplaten; Juana Vanderplaten, casada con Abraham Andersen, ingeniero general de los estados de flandes; Isabel Vanderplaten, casada con el capitán mayor de Buitrago; Magdalena Vanderplaten, casada con Juan de la Mata, y sus hermanos. AGI: C, leg. 929 A, n 2, ff. 1 r.-38 v. (1600).

[23] Raymond Fagel: *De Hispano-Vlaamse wereld…*, o. cit., pp. 36-98; Valentín Vázquez de Prada: «La colonia mercantil…», o. cit.; Pablo Desportes Bielsa: «Aragón en el comercio…», o. cit. Mercaderes en Amberes: Dimas Ferrer, Honorato de Villafranca, Rafael de Olosa, Francisco Codina, Pedro de Casanova, Pedro Posse, Antonio Dannez, Juan Camarena, Antonio Amiguet, Gaspar Codina, Pedro Riera, Pedro Costa, padre e hijos Casin (Nicasio) y Juan de Lavocante, Miguel Tourlan, Belenguer Ferrer, Francisco Aliaga, Miguel de Camarena,

Fernando López Daza, oriundo de Calatayud. Se casaría con Leonor Ram, de la misma localidad, y tendrían dos hijos, Fernando López Daza, menor, quien acompañaría a su padre en los negocios, y Gracia, que se casaría con el mercader medinense Lope de Medina. Los negocios a los que se dedicó fueron amplios. De muy posible origen converso, en torno a los años veinte se marchó a Flandes. Allí formó compañías dedicadas a la exportación de lana aragonesa a Flandes con Miguel Pérez de Calatayud, mercader de la misma ciudad. También trató con mercaderes toledanos la compraventa de sedas entre Lyon, Amberes y Villalón, al tiempo, mercaderes de Venecia, Roma y Nápoles tenían deudas con él. Su hijo Fernando, menor, y su sobrino Fernando Daza también se dedicaron activamente al comercio en auxilio de su padre y tío respectivamente y fueron aliados de otros mercaderes aragoneses como Martín López de Calatayud en el comercio de alumbre. Respecto al segundo, mantuvo negocios en Roma y Holanda. Y no se olvidaron de sus orígenes, ya que Leonor Ram y su hijo realizarán diversas disposiciones para su ciudad de origen.[24]

La familia Sadornil procedía de Teruel y estaba integrada por cuatro hermanos: Francisco, Juana, Juan y Miguel, todos ellos hijos de Francisco Sadornil y Esperanza Martínez de Marcilla (hermana del señor de Escriche). De dicha unión adquiriría la infanzonía la familia. De los cuatro hermanos, fueron Francisco y Juan (cónsules de Amberes en 1531) los que se trasladaron a Flandes, y fue finalmente Francisco el que se hiciera cargo del negocio familiar al fallecer Juan a finales de los años treinta, junto con su hijo también llamado Francisco. Por otro lado, Juana se casaría en primer lugar con Juan Rubeo, con quien tendría a una hija llamada Mayquen. Tras el fallecimiento de este, enlazaría con un pariente cercano, Francisco Vives de Marcilla, infanzón, vecino de Teruel, reforzando así los lazos familiares y nobiliarios del clan. Miguel Sadornil se quedó entre Sevilla y Cádiz atendiendo los negocios propios y de la familia Simón en alianza con su suegro, el gran mercader indiano Rodrigo Álvarez de Arce. Del matrimonio con la hija de este, Juana, nacería don Juan de Arce Sadornil, que tras ir a México con el gobernador de Chiapas viajaría hasta Filipinas para convertirse en maestre de campo, encomendero y fundador de Nueva Cáceres en las islas a finales del siglo XVI.[25]

Bonaventura Domenec, Baltasar Morel, Martín Pérez de Almazán, Fernando Daza Mayor y Menor, Jaime Cobliure, Francisco Esteve, Cristofol Crespí, Juan Rocamora, Melchor Martínez, Martín López de Calatayud, Luis Pérez, Antonio Ponce, Alonso de Santa Cruz y Juan Sosias. Mercaderes en Brujas: Juan de la Mata, Martín Sanz de Tena y Francisco Luis Pedralbes.

[24] Pablo Desportes Bielsa: «Aragón en el comercio…», o. cit., pp. 197-198.

[25] Fernando López Rajadel (2008): *Datación de la Historia de los amantes de Teruel: través de los datos socioeconómicos del «papel escrito de letra antigua» copiado por Yagüe de Salas*, Teruel: Fundación Amantes de Teruel, p. 148; Miguel Royano Cabrera: *La comunidad mercantil…*, o. cit., pp. 150-220.

La familia mercantil de los Simón, aunque oriunda de Caspe, pronto se tras-ladó a la ciudad de Valencia debido a los importantes intereses comerciales que allí poseía. El fundador de la firma fue Juan Simón (1500-1540), el cual tenía tres hermanos: Jaime, Pedro y Bernal. Parece ser que Juan no contrajo matrimonio, pero sí tuvo un hijo legítimo de una relación con una flamenca, Cornelia Faes Henricxdochter, que se llamó como su padre: Juan Simón (1517), que encontramos viviendo en Nápoles.[26] Sus hermanos Jaime y Pedro tuvieron una amplia descen-dencia, especialmente el primero, que tuvo a Magdalena, Isabel, Catalina, Jaime, Bernal y Domingo (mayor); de Pedro conocemos a Domingo (menor).[27] De Bernal no sabemos nada más que se encontraba en 1514 en la ciudad flamenca de Brujas.[28] A la muerte de Juan, se estableció la compañía Herederos de Juan Simón, dirigida por Domingo mayor, su hermano Bernal y su primo Domingo menor.[29]

A su vez, estos contrajeron matrimonio en función del enclave que ocupasen en la extensa red mercantil que tejió su compañía comercial. Así pues, Domingo Simón (menor) se casaría con Clara Almaras, hija de Álvaro de Almaras, miem-bro de una familia española completamente integrada en la sociedad de Amberes que alcanzó posiciones importantes en el poder judicial de la ciudad.[30] Su primo, Domingo Simón (mayor), se casaría con Juana Paula Fonte de Enveja, hija del comerciante catalán Gabriel de Enveja y doña Ángela Font y, por tanto, nieta de Miguel Font y hermana del canónigo de Cádiz Miguel Font de Enveja.[31] Su hermana Isabel (en Valencia) contrajo matrimonio con el catalán Galcerán Desclergue, tras encomendar a su primo Domingo menor que concertase matrimonio para esta y también para Catalina e incluso para su hermano Jaime, con una dote de unos 1200 ducados para las mujeres.[32] Del matrimonio de Domingo Simón nacerían cuatro hijos: Bernal Simón, Gabriel Simón, Francisca Fonte y Ángela, casada esta última con Diego Sánchez Granado. Y, por último, del matrimonio de su hermana Isabel con Galcerán Desclergue nacería Jeroni Lluis.[33]

La organización comercial de la familia Simón fue bastante compleja. Así pues,

---

[26] Pablo Desportes Bielsa: «Aragón en el comercio…», o. cit., pp. 175-200; Raymond Fagel: *De Hispano-Vlaamse wereld…*, o. cit., pp. 36-98.

[27] AHPCA: PNC, leg. 4336, ff. 809v-810r (2-12-1547).

[28] José Damián González Arce y Ricardo Hernández García: «Transporte naval…», o. cit.

[29] Pablo Desportes Bielsa: «Aragón en el comercio…», o. cit., pp. 193-194.

[30] Raymond Fagel: *De Hispano-Vlaamse wereld…*, o. cit., pp. 85-86.

[31] Delfina Galván Alonso (1990): *Extractos de los protocolos del escribano Bernardino Justiniano (1526-1527)* vol. II, t. XXIX, La Laguna: Fontes Rerum Canariorum, p. 619; José Antonio Mingorance Ruiz (2013): *Los extran-jeros en Jerez de la Frontera a fines de la Edad Media,* tesis defendida en la Universidad Pablo de Olavide, p. 771.

[32] AHPCA: PNC, leg. 4.346, ff. 225 v.-226 v. (22-3-1558), Pablo Desportes Bielsa: «Aragón en el comercio…», o. cit., pp. 193-194.

[33] AHPCA: PNC, leg. 4.354, ff. 226 r.-227 v. (9-11-1571), ff. 395 r.-396 r. (24-7-1568). ACA: D, Monistrol, Pergaminos, n.º 1.115, ff. 1 r.-v. (17-6-1567).

sus principales negocios durante los primeros años del siglo XVI enlazaron Valencia y Brujas, el norte de la península ibérica y Génova,[34] sin embargo, parece que la compañía se trasladó hacia Amberes en 1527.[35] Allí, Juan Simón alcanzaría el cargo de cónsul durante la segunda década del siglo XVI, hecho que señala claramente la importancia de la firma.[36] Aparte de unir la compañía también con el levante peninsular e insular (Mallorca) con los Países Bajos, Italia, Inglaterra, Francia, Portugal y el norte peninsular, también se expandió hacia el mar Báltico con conexiones con Lübeck,[37] así como con las Indias, con cerca de 20 000 ducados invertidos en el Nuevo Mundo, aunque no conocemos la naturaleza de estos tráficos salvo los apuntados a continuación.[38] Los negocios de la firma fueron diversos: ropas y mercaderías diversas de Flandes; colorantes como la granza; metales (plomo, cobre) con destino a Valencia; el envío de lana aragonesa a Flandes y Génova; la exportación de melazas, vino, arroz, alumbres, almendras y pasas a Flandes; el envío de mercancías a las Indias; la compraventa de paños diversos y ganado y la exportación masiva de atún de almadraba del duque de Medina Sidonia, entre otras.

En cuanto a los negocios financieros y rentistas, hallamos una gran variedad, entre los que encontramos los préstamos marítimos y terrestres, seguros marítimos, inversión en tributos sobre patrimonio inmobiliario, etc.[39] Así podemos observar que la imposición de tributos en la ciudad de Jerez por parte de los hermanos

[34] José Damián González Arce y Ricardo Hernández García: «Transporte naval…», o. cit., pp. 85-87; como demuestran los envíos de Pedro Simón y Juan Pérez de Ibieta a su hermano Bernal Simón y a Pedro de Bermeo de melazas, vino, arroz, almendras y pasas al puerto de Ramua desde la capital del Turia y Alicante en 1514; Pablo Desportes Bielsa: «Aragón en el comercio…», o. cit., pp. 193-194; los Simón tuvieron una compañía de exportación de lana aragonesa: en una sentencia de 1524 con el mercader zaragozano Colau de Payoa, con 89 sacas en Pamplona y San Sebastián para ser enviadas a Flandes y 40 sacas que ya estaban en Génova; Hilario Casado Alonso (2001): «El comercio español en las rutas del Norte en la época de Carlos V» en F. Sánchez-Montes González y J. L. Castellano (coords.), *Carlos V europeísmo y universalidad: [congreso internacional, Granada mayo [2000], vol. 4, Madrid: Marcial Pons, pp. 129-158, del mismo autor: «Comercio y finanzas castellanas en los Países Bajos en la primera mitad del siglo XVI», en H. Casado (coord.): *Comercio, finanzas y fiscalidad en Castilla (siglos XV y XVI)*, Madrid: Dykinson, 2019, pp. 165-198, J. A. Goris: *Étude sur les colonies…*, o. cit., pp. 164-166.

[35] J. Maréchal: «La colonie espagnole…», o. cit.; J. A. Goris: *Étude sur les colonies…*, o. cit., pp. 160-240; Valentín Vázquez de Prada: «La colonia mercantil…», o. cit.

[36] Antonio Paz y Meliá: «Llibre del Consulat…», o. cit.

[37] J. A. Goris: *Étude sur les colonies…*, o. cit., p. 181.

[38] AGI, IG, leg. 1.801, sf. (De 1539 a 1541), leg. 423, l.20, ff. 865 v-866 v. (27-3-1545), leg. 424, l.22, f. 185 r.-186 r. (4-8-1550); AHPCa: PNC, leg. 4.336, ff. 811 r.-812 r. (2-12-1547); leg. 4.347, ff.49 v.-50 v. (25-1-1560), ff. 59 v.-60 v. (26-1-1560), ff. 60 v.-61 v. (26-1-1560); María del Carmen Mena García (1984): *La sociedad de Panamá en el siglo XVI*, Sevilla: Diputación de Sevilla, p. 272, Biblioteca Hispano Ultramarina (1877): *Tercero libro de las guerras civiles del Perú, el cual se llama la guerra de Quito, hecho por Pedro Cieza de León*, t. I, Madrid: Imprenta de M.G. Hernández, p. 27.

[39] Raymond Fagel: *De Hispano-Vlaamse wereld…*, o. cit., pp. 36-98; Valentín Vázquez de Prada: «La colonia mercantil…», o. cit.; Pablo Desportes Bielsa: «Aragón en el comercio…», o. cit.; AHPCa: PNC, leg. 5.464, f. 137 r. (28-4-1538), ff. 213 r.-216 r. (17-5-1538), ff. 285 r.-287 r. (26-7-1538), ff. 289 r.-v. (29-7-1538), f. 293 r. (3-8-1538), ff. 643 v.-644 r. (5-4-1539); ff. 25 v.-26 v. (31-1-1570); AHNO: O, C.1594, D.91, n°1, s.f. (30-4-1556); José Antonio Mingorance Ruiz: *Los extranjeros…*, pp. 1.012, 1.155, 1.156, 1.761 y 1.762, AGI, leg. 1.801, ff.404 r.-443 v. (1539). AGI: IG, leg. 424, lib. 22, ff. 185 r.-186 v. (4-8-1550); leg. 423, lib. 20, ff. 865 v.-866 v. (27-3-1545).

Sadornil fue importante, dejando a los Simón los negocios gaditanos. Dicha situación cambió por completo tras la quiebra de la compañía hacia el año 1542, cuando Jerez dio paso al binomio Cádiz-Sevilla.

Parece que la firma sufrió una severa reorganización tras el fallecimiento de Juan Simón y Juan Sadornil alrededor de 1540 en Amberes, hecho que dio lugar a reajustes económicos. Tras la muerte del primero, se hizo el pertinente reparto de la herencia, correspondieron 2800 ducados a Domingo Simón mayor y sus hermanos, lo que nos puede dar una idea del capital del que dispuso en su testamento Juan Simón.[40] Sin embargo, tras la desaparición de este la compañía tuvo diferentes problemas. De esta forma en 1542 se produjo la bancarrota de la firma debido a que Miguel Sadornil en Sevilla había caído en la quiebra y la empresa tenía unos 24 000 ducados de crédito adeudados por él.[41] Tras este hecho, el 17 de octubre de 1542, se fugó de Amberes Francisco Sadornil, pues temía ser encarcelado a causa de las deudas de su hermano.[42] Así se dieron los diversos impagos en Amberes, Sevilla, Medina del Campo, Roma y Jerez de la Frontera por valor de 12 317 ducados, es decir, la mitad, aproximadamente, de la deuda global por parte de la compañía Simón y sus factores los Sadornil, que se reparten entre los principales focos cambiarios de la Monarquía Hispánica y apuntalarían mayor vinculación financiera de la firma al ámbito atlántico en vez de al mediterráneo.

Para terminar con esta ruinosa situación, Domingo Simón menor decidió junto con sus compañeros realizar un inventario de los bienes de la compañía, que se extendían por Italia, España, Países Bajos, Inglaterra, Francia, Indias, etc., para liquidar las deudas a través de su venta. Para ello fueron nombrados una serie de curadores: Juan Bautista Mulasana Grimaldi y Miguel Tourlant para tratar dichas deudas con los acreedores de la compañía. Finalmente la firma saldaría todas sus deudas en 1547 y continuaría con sus variados y beneficiosos negocios.[43] De esta manera, la compañía continuaría su actividad mercantil, aunque con algunas modificaciones. En 1553, Bernal Simón moriría en Panamá tras atender los negocios de la firma allí y en Amberes se quedaría Domingo Simón menor.[44] Fruto de la importancia que adquiriría Domingo Simón en la capital gaditana fue su ingreso en el cabildo de la ciudad como regidor desde 1558 hasta 1560, un prohombre de la ciudad hasta su fallecimiento en 1571, con 63 años.[45]

---

[40] AHPCa: PNC, leg. 4.336, ff. 809 v.-810 r. (2-12-1547).

[41] Raymond Fagel: *De Hispano-Vlaamse wereld…*, o. cit., pp. 36-98.

[42] J. Maréchal: «La colonie espagnole…», o. cit.

[43] Raymond Fagel: *De Hispano-Vlaamse wereld…*, o. cit., pp. 36-98.

[44] AHPCa: PNC, leg. 4.336, ff. 641 v.- 642 v. (5-10-1547), ff. 204 r.-207 v. (21-3-1547); leg. 4.343, ff. 239 r.-v. (14-3-1555), ff. 637 v.-638 r. (11-7-1555); leg. 4.346, ff. 435 v.-436 v. (27-6-1558); leg. 4.344, ff. 960 r.- v. (9-11-1556).

[45] AHPCa: PNC, leg. 4.347, ff. 476 r.- v. (14-8-1560), leg. 4.354, ff. 113 v.-114 v. (27-2-1571), ff. 252 r.-256 v. (12-10-1571).

Durante estos años la compañía creció convirtiendo a Cádiz en su eje central. Los productos del comercio dedicados a la importación fueron: almendras, pasas secas, piñones, arroz, melazas, lienzos variados, paños de Barcelona y Perpiñán, cardenillo, ruanes, cordellates, chamelotes, cueros indianos, piezas de sedas, sedas en bruto, brocados, bordados, ceras de jabón, azúcar y esclavos. Respecto a los dedicados a la exportación fueron: el hierro, el atún de almadraba, los regalices, el vino de la Isla de León y la sal. De este comercio podemos deducir que los negocios de la firma con la instalación definitiva de Domingo Simón en la ciudad gaditana se centraron en la importación y redistribución de los productos procedentes del Mediterráneo, del Nuevo Mundo y Flandes en el mercado de Cádiz, así como la exportación de productos de la bahía gaditana hacia el levante peninsular e Italia. Además a ello se incorporaron los negocios financieros del préstamo, tributos y censos, compraventa de tierras de cultivo, etc.[46] La adquisición de tierra y al arrendamiento de salinas sirvió a Domingo para exportar tanto el vino como la sal saltándose de esta manera los intermediarios y los productores y maximizando con ello el beneficio. Por tanto, el objetivo final de estos negocios financieros era su orientación comercial.

En cuanto a la familia López de Calatayud, tenemos a Martín como su cabeza (c. 1500). Este era descendiente de un converso de Calatayud. Su padre, Antonio López de Villanueva vivió en Zaragoza mientras otros miembros operaban desde Burdeos, Toulouse, Londres, Middelburg, Amberes y Brujas. Marcharía desde Zaragoza hasta Londres, aunque rápidamente se trasladó a Amberes, ya que pronto se casaría con Quintine de Spleyter, procedente de una noble familia de mercaderes amberinos. Tras el fallecimiento de esta (quien dejó como bienes a sus hijos 5500 florines), se casó con Bárbara Berwouts (1533); se hizo ciudadano poco antes.

Los negocios de Martín se extendieron por Castilla, Aragón, Francia y los Países Bajos y sus principales socios fueron los miembros de su familia allá instalados. Se dedicaría entre otros productos a las especias, obras de arte, incluso intentó hacerse con el alumbre papal en compañía de los Daza. También adquirió siete casas en el Mercado los Viernes. De su riqueza puede entenderse que un joven Felipe II le hizo su banquero. Sus vínculos con el mundo aragonés son más que evidentes. El valenciano Juan Martín de Cordero dedicó a López el Flores Senecae de Erasmo en 1555, así como los hermanos aragoneses Miguel, mercader,

---

[46] AHPCa: PNC, leg. 4.334, ff. 466 v.-467 v. (30-10-1545), leg. 4.335, ff.330 v.-331 r. (7-5-1546); leg. 4.336, ff. 201 r.-207 v. (21-3-1547), leg. 4.337, ff.321 v.-322 r. (29-4-1549); leg. 4.343, ff. 168 r.-v. (21-2-1555), ff. 1.117 r.-1.118 r. (6-12-1555); leg. 4.344, ff.114 v.-115 r. (1-7-1556), ff. 960 r.- 961 r. (9-11-1556); leg. 4.345, ff. 925 r.-v. (4-11-1557), ff. 963 r.-v. (18-11-1557), ff. 988 r.-v. (29-11-1557), ff. 1.014 v.-1.018 r. (6-12-1557), ff. 1.018 r.-1.021 v. (6-12-1557); leg. 4.346, ff.225 v.-226 v. (22-3-1558), ff. 302 r.-303 r. (29-4-1558); leg.4.347, ff. 407 r.-408 r. (1-7-1560); leg. 4.356, ff. 25 v.-26 v. (31-1-1570); AHNO: O, C.1594, D.91, n°1, s.f. (30-4-1556); José Antonio Mingorance Ruiz: Los extranjeros…, o. cit., pp. 1.012, 1.389 y 1.761.

y Bartolomé Tourlant, canónigo de N.S. de Amberes, fueron los tutores de su hijo Martín López a su muerte en 1553.

Tuvo catorce hijos y casó a sus hijas con flamencos de la baja nobleza o comerciantes españoles. Eleneora se casó con Antonio del Río, caballero de Cleydael, de rica familia hispano-brujense. Martín Antonio ingresó en la orden de los jesuitas y escribió la obra *Sublevación de los Países Bajos*. Úrsula se casó con el mercader calvinista Marcos Pérez y tuvo que huir a Colonia finalmente. Martín, también calvinista y jurista, se casaría con Sara de Landas, también calvinista, heredaría unos 46 500 florines y participaría de manera activa en la revuelta flamenca.[47]

Bibliografía

BIBLIOTECA HISPANO ULTRAMARINA (1877): *Tercero libro de las guerras civiles del Perú, el cual se llama la guerra de Quito, hecho por Pedro Cieza de León*, t. I, Madrid: Imprenta de M. G. Hernández.

CASADO ALONSO, Hilario (2001): «El comercio español en las rutas del Norte en la época de Carlos V» en F. Sánchez-Montes González y J. L. Castellano (coords.): *Carlos V europeísmo y universalidad: [congreso internacional, Granada mayo [2000] vol. 4*, Madrid: Marcial Pons, pp. 129-158.

— (2019): «Comercio y finanzas castellanas en los Países Bajos en la primera mitad del siglo XVI», en H. Casado (coord.): *Comercio, finanzas y fiscalidad en Castilla (siglos XV y XVI)*, Madrid: Dykinson, pp. 165-198.

DESPORTES BIELSA, Pablo (1999): «Aragón en el comercio con Flandes (siglo XVI)», *Revista de Historia Jerónimo Zurita*, 74, pp. 175-200.

DREIJER, Gijs (2022): «Identity, conflict and commercial law: Legal strategies of Castilian merchants in the Low Countries (fifteenth-sixteenth centuries)», en Dave De Ruysscher, Albrecht Cordes, Stefania Gialdroni y Heikki Pihlajamäki (coords.): *Commerce, Citizenship, and Identity in Legal History*, Leiden: Brill Legal History Library, pp. 118-138.

FAGEL, Raymond (1996a): *De Hispano-Vlaamse wereld. De contacten tussen Spanjaarden en Nederlanders 1496-1555*, Bruselas y Nimega: Archives et bibliothèques de Belgique.

— (1996b): «Spaanse kooplieden in Middelburg vóór de Opstand: succesvolle integratie met behoud van eigen identiteit», en M.'t Hart, J. Lucassen y H. Schmal (eds.): *Nieuwe Nederlanders. Vestiging van migranten door de eeuwen heen*, Ámsterdam: Stichting Beer IISG, pp. 21-33.

— (2000): «Spanish Merchants in the Low Countries Stabilitas Loci or Peregrinatio?», en

---

[47] Raymond Fagel (2009): «Es buen católico y sabe escribir los cuatro idiomas. Una nueva generación mixta entre españoles y flamencos ante la revuelta de Flandes», en Bartolomé Yun Casalilla (coord.): *Las redes del imperio: élites sociales en la articulación de la Monarquía Hispánica, 1492-1714*, Sevilla: Marcial Pons, pp. 289-312; Leon Gilliodts Van der Essen (1911): «Épisodes de l'histoire religieuse et commerciale d'Anvers dans la seconde moitié du XVIe siècle. Rapport secret de Géronimo de Curiel, facteur du roi d'Espagne à Anvers, sur les marchands hérétiques ou suspects de cette ville (1566)», *Bulletin de la Commission royale d'histoire. Académie royale de Belgique*, 80, pp. 321-362.

P. Stabel, B. Blondé y A. Greve (eds.): *International Trade in the Low Countries (14th-16th centuries). Merchants, organisation, infrastructure,* Lovaina: Garant, pp. 87-104.

— (2009): «Es buen católico y sabe escribir los cuatro idiomas. Una nueva generación mixta entre españoles y flamencos ante la revuelta de Flandes», en Bartolomé Yun Casalilla (coord.): *Las redes del imperio:* élites sociales en la articulación de la Monarquía Hispánica, 1492-1714, Sevilla: Marcial Pons, pp. 289-312.

— (2015): «La nación de Andalucía en Flandes: separatismo comercial en el siglo XVI», en Juan José Iglesias Rodríguez, Rafael M. Pérez García y Manuel F. Fernández Chaves (coords.): *Comercio y cultura en la Edad Moderna: actas de la XIII Reunión Científica de la Fundación Española de Historia Moderna,* vol. 2. Sevilla: Editorial Universidad de Sevilla, pp. 29-41.

Galván Alonso, Delfina (1990): *Extractos de los protocolos del escribano Bernardino Justiniano (1526-1527), vol. II, t. XXIX,* La Laguna: Fontes Rerum Canariorum.

Gilliodts Van der Essen, Leon (1911): «Épisodes de l'histoire religieuse et commerciale d'Anvers dans la seconde moitié du XVIe siècle. Rapport secret de Géronimo de Curiel, facteur du roi d'Espagne à Anvers, sur les marchands hérétiques ou suspects de cette ville (1566)», *Bulletin de la Commission royale d'histoire. Académie royale de Belgique,* 80, pp. 321-362. Disponible en línea en <https://doi.org/10.3406/bcrh.1911.1903>.

— (1987): *Cartulaire de l'ancien consulat d'Espagne à Bruges: Recueil de documents concernant le commerce maritime et intérieur, le droit des gens public et privé, et l'histoire économique de la Flandre,* Brujas: Louis de Plancke.

Gómez Zorraquino, José Ignacio (1987): *La Burguesía mercantil en el Aragón de los siglos XVI y XVII,* Zaragoza: Diputación General de Aragón.

González Arce, José Damián y Ricardo Hernández García (2011): «Transporte naval y envío de flotas comerciales hacia el norte de Europa desde el Cantábrico oriental (1500-1550)», *Espacio, Tiempo y Forma. Serie IV, Historia Moderna,* 24, pp. 51-87.

— (2015): «Querellas corporativas en el comercio con Europa desde el Cantábrico oriental durante la primera mitad del siglo XVI, según un pleito de 1547», *Areas: revista internacional de ciencias sociales,* 34, pp. 33-45.

Goris, J. A. (1971): *Étude sur les colonies marchandes méridionales: (portugais, espagnols, italiens): à Anvers de 1488 à 1567: contribution à l'histoire des débuts du capitalisme moderne,* Nueva York: Burt Franklin.

Lobo Cabrera, Manuel (1979): *Protocolos de Alonso Gutiérrez (1520-1521),* San Cristóbal de la Laguna: Instituto de Estudios Canarios.

López Rajadel, Fernando (2008): *Datación de la Historia de los amantes de Teruel: través de los datos socioeconómicos del «papel escrito de letra antigua» copiado por Yagüe de Salas,* Teruel: Fundación Amantes de Teruel.

Maréchal, J. (1953): «La colonie espagnole de Bruges du XIVe au XVIe siècle», *Revue du Nord,* 137, pp. 5-40.

Marrero, Manuela, María Padrón y Benedicta Rivero (1998): *Acuerdos del Cabildo de Tenerife VI (1538-1544),* San Cristóbal de la Laguna: Instituto de Estudios Canarios.

Mena García, María del Carmen (1984): *La sociedad de Panamá en el siglo xvi*, Sevilla: Diputación de Sevilla.

Mingorance Ruiz, José Antonio (2013): *Los extranjeros en Jerez de la Frontera a fines de la Edad Media*, tesis defendida en la Universidad Pablo de Olavide.

Otte, Enrique (1977): *Las perlas del Caribe: Nueva Cádiz de Cubagua*, Caracas: Fundación John Boulton.

— (2008): *Sevilla, siglo xvi: Materiales para su historia económica*, Sevilla: Centro de Estudios Andaluces, Consejería de la Presidencia.

Paz y Meliá, Antonio (1922): «Llibre del Consulat dels Mercaders Cathalans en Bruges (1330-1537)», en Antonio Paz y Meliá (ed.): *Series de los más importantes documentos el archivo y biblioteca del Excmo. Sr. Duque de Medinacelli, 2.ª serie bibliográfica. [s.n.]*, Madrid, pp. 433-487.

Puttevils, Jeroen (2012): *The Ascent of Merchants from the Southern Low Countries: From Antwerp to Europe, 1480-1585: Proefschrift*, Amberes: Universidad de Amberes.

Rivero Suárez, Benedicta (1992): *Protocolos de Juan Márquez, (1521-1524)*, San Cristóbal de La Laguna: Instituto de Estudios Canarios.

Royano Cabrera, Miguel (2023): *La comunidad mercantil de la corona de Aragón en la Baja Andalucía (1516-1556)*, Sevilla: Universidad de Sevilla.

Sierra Pérez, Antonio (2017): «El ovino, tradición y cultura en Aragón. La Casa de Ganaderos de Zaragoza», *Cuadernos de Aragón*, 8, pp. 1-85.

Vaquero Piñeiro, Manuel (2015): «Mercaderes y banqueros catalanes en Roma en el tránsito a la Edad Moderna», en Lluís Cifuentes Comamala, Roser Salicrú i Lluch y Maria Mercè Viladrich (coords.): *Els catalans a la Mediterrània medieval Noves fonts, recerques i perspectives*, Roma: Viella, pp. 317-328.

Vázquez de Prada, Valentín (1967): «La colonia mercantil valenciana en Amberes en la época de Carlos V», en Juan Maluquer de Motes y Nicolau (ed.): *Homenaje a Jaime Vicens Vives*, v. 2, Barcelona: Universidad de Barcelona, pp. 733-754.

Gregorio de Pesquera: mercancías, niños e indios[1]

José Antonio Ollero Pina[2]

Hasta ahora la información más sustanciosa de la que disponemos sobre la vida de Gregorio Pesquera Rosa, que este fue su nombre completo, el creador junto con Juan de Lequetio de los colegios de los Niños de la Doctrina, la ha aportado Lino Gómez Canedo, quien, inevitablemente, se topó con su persona al estudiar la historia del Colegio de San Juan de Letrán para mestizos de la Ciudad de México.[3] Aun faltándole algunos hechos biográficos importantes, que asimismo contribuyen a iluminar su personalidad de una manera más completa, el retrato que expuso debe mantenerse: «Medio aventurero, medio apóstol y misionero laico, visionario y simpatizante de los nuevos movimientos de carácter místico, pero al mismo tiempo interesado, Gregorio de Pesquera Rosa, natural de Burgos, es una figura típica, difícil de calibrar».[4] Y esta dificultad aumenta si se considera que la mayoría de los autores que han tropezado con él o se han preocupado de su obra y de las actividades que desplegó a ambos lados del Atlántico, con la notable excepción de Félix Santolaria, como veremos, no han solido cruzar las referencias. Para comenzar, la cuestión inicial de la aparición pública de su nombre en tareas que no guardan ninguna relación con la dedicación que le singularizará. La primera noticia que se tenía de él es que

---

[1] Siglas empleadas: ACS: Archivo de la Catedral de Sevilla; AGI, BA: Archivo General de Indias, Buenos Aires; AGI, C: Archivo General de Indias, Contratación; AGI, G: Archivo General de Indias, Guatemala; AGI, J: Archivo General de Indias, Justicia; AGI, M: Archiv General de Indias, México; AGI, PR: Archivo General de Indias, Patronato Real; AGS, CME: Archivo General de Simancas, Contaduría de Mercedes; AGS, I: Archivo General de Simancas, Indiferente General; AHCB: Archivo Histórico de la Catedral de Burgos; AHN, U: Archivo Histórico Nacional, Universidades; AHPSE, PNS: Archivo Histórico Provincial de Sevilla, Protocolos Notariales de Sevilla; AHUS: Archivo Histórico Universitario de Santiago; AMS: Archivo Municipal de Sevilla; ARCHV: Archivo de la Real Chancillería de Valladolid; AUSA: Archivo Histórico de la Universidad de Salamanca (AUSA).

[2] Universidad de Sevilla.

[3] Lino Gómez Canedo (1982): *La educación de los marginados durante la época colonial. Escuelas y colegios para indios y mestizos en la Nueva España*, México: Porrúa, pp. 219-283. Pero hay que tener en cuenta asimismo: Paulino Castañeda Delgado (1980): «El colegio de San Juan de Letrán (apuntes para su historia)», *Anuario de Estudios Americanos*, 37, pp. 69-126. En ambos estudios se encuentra la bibliografía anterior. Ya aprovechó noticias documentales de interés, también referentes a Gregorio de Pesquera: María Justina Sarabia Viejo (1978): *Don Luis de Velasco, virrey de Nueva España, 1550-1564*, Sevilla: Escuela de Estudios Hispano Americanos, pp. 199-202.

[4] Lino Gómez Canedo: *La educación de los marginados…*, o. cit., p. 242.

logró negociar en 1536 unas capitulaciones con la corona española que le habilita-
ban para colonizar con título de gobernador un territorio al sur del Brasil actual,
cuya extensión se precisaba, con el fin de cultivar especias iguales a las que impor-
taban los portugueses desde Oriente. Gómez Canedo, que llamó la atención sobre
estas capitulaciones, cuya documentación había publicado el historiador argentino
Enrique de Gandía, concluye que el proyecto no llegó a llevarse a cabo.[5] Pero, aun
así, conviene preguntarse cómo pudo Gregorio de Pesquera concebir un plan tan
ambicioso con el que pensaba enriquecerse y dejar su descendencia o al menos a su
parentela, bien instalada en las Indias. Las condiciones disponían que en la región
de 5000 leguas cuadradas de la cuenca del Río de La Plata que se le encomendaba
instalaría una especiería que le permitiría vender al mismo precio como mínimo que
las especias de la India de las que se lucraba el rey de Portugal y que los beneficios
se repartirían entre la corona, que recibiría un tercio de las ganancias, y él mismo,
que percibiría los otros dos tercios, durante veinte años. No solo esto, porque las
demás condiciones eran realmente generosas, y quizás fuese esta generosidad, además seguramente del reconocimiento de la incapacidad para realizarlo, el motivo
que impidió que la emperatriz Isabel acabara aprobándolas y se frustrara la empresa.

Sin embargo, Gregorio de Pesquera no era un soñador iluso sin conocimiento de
mundo. La concepción de un proyecto que implicaba una expedición colonizadora,
desgraciadamente para él demasiado cercana a la de Pedro de Mendoza, también en
el Río de la Plata, y, sobre todo, la competencia en la producción y comercialización
de especias estaba sustentada en su propia experiencia mercantil, la suya y la de su
familia, y en el tiempo que había dispuesto para maquinarlo. Para acercarse a la
corte, Pesquera tuvo que ajustar cuentas con su propio pasado. Según la relación
que presentó ante la reina a principios de 1536 para que le fuera concedido un salvoconducto que le permitiera volver de Portugal y presentarse en la corte, en 1525
se había visto obligado a huir a toda prisa desde Flandes a Burgos acusado de haber
«mandado matar a un Hernand Yáñez de Burgos», un compatriota. Pese a que la
justicia eclesiástica de su ciudad natal lo declaró libre y la municipal se inhibió, la
intervención de los alcaldes de casa y corte en el proceso le llevó a buscar refugio
en el reino vecino, donde estaba todavía cuando solicitó su regreso escudándose
en el plan que había ideado.[6]

---

[5] Lino Gómez Canedo: *La educación de los marginados…*, o. cit., pp. 243-244, basándose en Enrique de Gandía
(1936): «Gregorio de Pesquera. Un proyecto ignorado de gobernación en la costa del Brasil, 1536», *Humanidades*,
25 (1), pp. 399-424, que no hemos podido consultar. No obstante, la capitulación, fechada el 21 de agosto de 1536,
en AGI, BA, 1, lib. 1, ff. 78v-83, seguida por las capitulaciones parciales, datadas entre el 3 y el 9 de septiembre del
mismo año, AGI, BA., ff. 83v-91. En todas, como advierte Gómez Canedo, aparece escrito al margen que la capitulación la rasgó su majestad.

[6] Real cédula que otorga licencia de tres meses para acudir a la corte, Valladolid, 17 de mayo de 1536, AGS, I,

Gregorio de Pesquera y los Pesquera de Burgos: de la mercancía a la Iglesia

Es el ejercicio del comercio en el cumplimiento de la vocación familiar la razón que explica que se encontrara en Flandes cuando se vio envuelto en el escabroso asunto del crimen por el que fue procesado. Gregorio de Pesquera era hijo de Andrés de Pesquera y Catalina del Castillo, linaje de mercaderes burgaleses, por consiguiente, por todos sus costados. Su padre había sido prior del Consulado de Burgos en 1513-1514 y cónsul en otras dos ocasiones, en 1502-1503 y 1514-1515,[7] cargos que manifiestan suficientemente la posición de la que disfrutaba en la rica y numerosa burguesía mercantil burgalesa. La familia de la que este matrimonio formaba parte ha sido calificada por Hilario Casado como «una de las más ricas de Burgos, aunque no de las más poderosas».[8] Desde luego, en lo que respecta a su lustre, por decirlo así, interesa cuál era este en torno a 1500. Este autor ha estudiado la actividad de la compañía, constituida en 1513, aunque seguramente lo viniera haciendo desde antes, formada por sus «compañeros», los mercaderes burgaleses Andrés de Pesquera, Miguel de Silos y Juan Alonso del Castillo y Alonso de Villegas, cuyo apellido denota su origen burgalés, aunque Hilario Casado lo califica de granadino. El segundo era cuñado del primero y ambos, que eran los socios mayoritarios, habían formado compañías anteriormente que negociaban en Andalucía. Miguel de Silos, en concreto, antes de volver a Burgos, se movió en los primeros años del siglo entre Sevilla, Granada y Málaga, comerciando con pieles y tejidos y actuando con otros burgaleses, y también con mercaderes florentinos desde finales del siglo XV. La compañía Pesquera-Silos tenía Florencia y su mercado como objetivo principal. En ella, como era norma, se recurría a los familiares y a los hijos para iniciarse en el oficio y trabajar en el negocio.[9] Siempre según Hilario Casado, los hermanos, vástagos

---

422, lib. 7, ff. 13-14. En ella se especifica la ciudad donde se había cometido el crimen, si es que llegó a llevarse cabo. Podría tratarse de Brujas, pero el desarrollo de la abreviatura ofrece una lectura dudosa. Por una cédula posterior se prorrogaba el plazo en sesenta días más. En esta se especificaba que se le daba el salvoconducto para tomar el asiento y capitulación que iba a proponer. Se le concedía libertad de movimientos, pero no podía estar en Burgos ni en su tierra, Valladolid, 19 de julio de 1536, AGS, I., f. 25rv.

[7] Manuel Basas Fernández (1963b): «Priores y Cónsules de la Universidad de Mercaderes y Consulado de Burgos en el siglo XVI», *Boletín de la Institución Fernán González*, 101, p. 688; y, del mismo autor, *El Consulado de Burgos en el siglo XVI*, Madrid: Consejo Superior de Investigaciones Científicas, 1963a, p. 267.

[8] Hilario Casado Alonso (2015): «Los negocios de la Compañía Pesquera-Silos en Florencia en los inicios del siglo XVI», en Ernesto García Fernández y Juan A. Bonachía Hernando (eds.): *Hacienda, mercado y poder al norte de la Corona de Castilla en el tránsito del Medievo a la Modernidad*, Valladolid: Castilla Ediciones, p. 77.

[9] Sobre las características de las compañías mercantiles burgalesas, en particular, y el papel de la familia, Betsabé Caunedo del Potro (1993): «Compañías mercantiles castellanas a fines de la Edad Media», *Medievalismo*, 3, pp. 39-57; y, del mismo autor, incidiendo en los aspectos de la formación: «Comercio y hombres de negocios castellanos en tiempos de los Reyes Católicos. Técnicas y aprendizaje», en Hilario Casado Alonso y Antonio García Baquero (coords.): *Comercio y hombres de negocios en Castilla y Europa en tiempos de Isabel la Católica*, Madrid: Sociedad Estatal de Conmemoraciones Culturales, 2007, pp. 251-277.

todos de Andrés de Pesquera, actuaban en diversos ámbitos, Antonio de Pesquera en Cádiz, Alonso del Castillo Pesquera desde Florencia, el canónigo Francisco de Pesquera en Roma y Gregorio de Pesquera en Florencia, Brasil y las Indias, si bien no se explica cuándo y en qué circunstancias lo hizo este. Por otro lado, Gregorio de Ayala, hijo de una hermana de Andrés de Pesquera, estaba instalado en los Países Bajos, donde fue importante mercader, cuidando de las relaciones comerciales familiares entre Florencia y Brujas, mientras que un Sancho de Ayala tenía El Puerto de Santa María como base de operaciones.[10] El mercado andaluz y, por ende, su proyección atlántica y hacia las Indias también estuvo bajo la atenta mirada de algunos de los miembros de la familia y, como iremos viendo, lo continuaría estando, pero no mucho, después de los fallecimientos de Andrés de Pesquera (1517) y Miguel de Silos (1521), su solidez familiar y empresarial se resquebrajó.

Hasta que, en 1560, Francisco de Pesquera, canónigo de la iglesia de Burgos, murió, sus hermanos no dieron rienda suelta a los agravios que de él habían soportado. Para ser más preciso, no fue su fallecimiento, sino los términos de su testamento la causa que provocó que salieran a flote sus reproches.[11] Aunque optara por seguir una carrera eclesiástica, el capricho de la muerte convirtió a Francisco en el mayor de los hijos varones supervivientes de Andrés de Pesquera y Catalina del Castillo porque solo desde esa situación jerárquica se entiende bien que fuese capaz de manipular el destino de la fortuna familiar. El servicio a la Iglesia era una de las colocaciones preferidas por la burguesía mercantil burgalesa para su prole. No hay nada de excepcional en esta conducta, pero en esta familia este objetivo fue perseguido de una manera ejemplar. Dos hermanas Pesquera, Elena y Ana, fueron monjas profesas cistercienses, la primera en el monasterio de Las Huelgas

[10] Ib., 76-82. En la ejecutoria del pleito que litigó Sancho de Ayala, vecino de El Puerto de Santa María, con Gregorio y Catalina de Ayala, vecinos de Burgos, sobre la herencia de Leonor de Pesquera, Valladolid, 21 de marzo de 1508, consta que Gregorio de Ayala tuvo una compañía con Andrés de Pesquera, archv, Registro de ejecutorias, Caja 222, 28. Sobre Gregorio de Ayala, mercader, los trabajos de Raymond Fagel (1995): «Gregorio de Ayala. Un mercader español y su familia en los Países Bajos de Carlos V: un caso extraordinario», en J. Lechner y H. den Boer (eds.): *España y Holanda. Ponencias leídas durante el Quinto Coloquio hispanoholandés de historiadores*, Ámsterdam y Atlanta: Brill, pp. 157-167; del mismo autor: «Los mercaderes españoles en Flandes y la corte: poder económico y poder político en dos redes de intermediarios», en Jesús Brabo (ed.), *Espacios de poder: Cortes, ciudades y villas, s. xvi-xviii*, vol. 1, Madrid: Universidad Autónoma de Madrid, 2002, pp. 164-167. Véase asimismo su biografía en la voz del dbrah del mismo autor, «Gregorio de Ayala», en *Diccionario Biográfico de la Real Academia de la Historia* [recurso electrónico]. Disponible en línea en <http://dbe.rah.es/biografias/68910/gregorio-de-ayala>.

[11] El canónigo Francisco de Pesquera testó el 2 de mayo de 1560, dos días antes de su fallecimiento. El cumplimiento de su última voluntad dio lugar a un pleito que se inició el 12 del mes siguiente y que se prolongó hasta el auto definitivo de la Chancillería de Valladolid del 16 de septiembre de 1568, «Ejecutoria del pleito litigado por la cofradía de la creación de Burgos con Diego de Pesquera, Antonio de Pesquera, Elena de Pesquera, monja en el monasterio de Santa María la Real de las Huelgas, orden de San Bernardo, de Valladolid, y consortes, sobre cumplimiento del testamento de Francisco de Pesquera, canónigo», archv, Caja 1.145, 41. Lo citaremos en adelante como «Ejecutoria del pleito sobre cumplimiento del testamento de Francisco de Pesquera, canónigo».

de Valladolid y la segunda en el de San Andrés de Arroyo, pero mayor importancia tendría para la estrategia del linaje la introducción de varones en el cabildo catedralicio de la ciudad y en la prosecución de carreras curiales. Para reunir ambas condiciones, Francisco de Pesquera fue enviado a Roma. Su residencia en la corte pontificia tenía ventajas añadidas porque desde Italia podía intervenir en los negocios familiares. Ya era protonotario apostólico y notario de la Rota en 1519 cuando Miguel de Silos, su tío político y socio de su padre, solicitó para él ante el cabildo burgalés la posesión de la abadía de San Millán y de una canonjía que había dejado vacantes con su fallecimiento Pedro de Castro, también miembro de la familia de mercaderes de su apellido.[12] Francisco solo consiguió la canonjía, que de todas formas no pensaba residir y que resignó de inmediato en su hermano Diego.[13]

Francisco de Pesquera, mientras continuaba moviéndose en los círculos curiales disfrutando de una vida muy distinta a la que llevaría Gregorio, posiblemente percibió una pensión sobre la prebenda que Diego mantuvo hasta su muerte. Cuando esta tuvo lugar, en 1559, sus procuradores presentaron las bulas y los ejecutoriales de regreso del canonicato y, en los primeros días del año siguiente, juraba personalmente los estatutos capitulares en Burgos, donde fallecería pocos meses después. La piadosa memoria local recordaría a Francisco como un generoso y caritativo prebendado, antiguo camarero secreto de Paulo III.[14] Habría razones para que dejara este recuerdo porque completó la fundación familiar del convento de la Merced de su ciudad al ordenar que fuera sepultado en la capilla de los Reyes de su iglesia, que debía de edificarse y ser ornada con un retablo, y legó una sustanciosa dotación para casar doncellas financiada con la renta que rendirían dos censos en los que había invertido 14 000 ducados. Un patronato constituido por el comendador del monasterio mercedario, los cofrades de la hermandad de la Creación de Burgos y su heredero se encargarían de su administración.[15] Pero la

[12] Referencia de la bula de concesión de la canonjía, León X, Roma, 1 de diciembre de 1518, AHCB, RR-38, 47-55, fols. 51-53; la presentación de la bula para la abadía de San Millán, el 23 de febrero y el día 25, la posesión del canonicato por Miguel de Silos en nombre de su sobrino: AHCB, RR-37, fols. 104-107; AHCB, RR-38, 47-55, fols. 47-48; Francisco de Pesquera como notario de Rota, en 1525, pero lo sería desde antes, en Thomas Frenz: *Repertorium Officiorum Romane Curie auctore Th. Frenz, littera F*, sin fecha [recurso electrónico]. Disponible en línea en <http://www.phil.uni-passau.de/fileadmin/dokumente/lehrstuehle/frenz/Forschung/littera_F.pdf>.

[13] La bula de concesión por resignación, León X, 22 de julio de 1519: AHCB, RR-37, fols. 176-180. La posesión, 10 de octubre de 1519: AHCB, RR-37, fols. 176-180. Diego de Pesquera se contó entre los canónigos de la catedral de Burgos que aprobaron el estatuto de limpieza que se pensó aplicar para el ingreso en su cabildo y que nunca se llevó a la práctica, el 21 y 23 de julio de 1550, Nicolás López Martínez (1959): «El estatuto de limpieza de sangre en la Catedral de Burgos», *Hispania*, 19, pp. 72-73.

[14] Véase cómo lo trataba Ismael García Rámila (1946): «Del Burgos de antaño. Claros linajes burgaleses: Los Castillo Pesquera», *Boletín de la Institución Fernán González*, 95, p. 83.

[15] Las disposiciones en el testamento, «Ejecutoria del pleito sobre cumplimiento del testamento de Fancisco de Pesquera, canónigo», fols. 4v-4 bis. Según García Rámila, Francisco del Castillo y su mujer, Leonor de Pesquera, habían sufragado la construcción del monasterio de la Merced de Burgos (1498-1513) en su nuevo emplazamiento

generosidad que demostraba con su ánima contribuyó a soliviantar aún más a sus hermanos supervivientes. En su testamento resuenan los ecos de los litigios que con ellos había mantenido, a los que se refería simplemente, al modo del lenguaje mercantil, como dares y tomares recíprocos que habían sido cosa del pasado.[16]

---

y el patronazgo pasaría al matrimonio formado por Andrés de Pesquera, hermano de la fundadora, y Catalina del Castillo, sobrina del fundador, los padres de Francisco de Pesquera, Ismael García Rámila (1943): «Dos noticias inéditas referentes al Monasterio de la Merced», *Boletín de la Institución Fernán González*, 82, pp. 153-160. En este artículo también se hace referencia a las dotaciones testamentarias de Francisco de Pesquera. Asimismo, Teófilo López Mata (1968): «Nuestra Señora de la Merced», *Boletín de la Institución Fernán González*, 170, pp. 69-73. Pero la exposición del patronato, la sucesión y la capilla de Francisco del Castillo y Leonor de Pesquera es mucho más clara en Castillo y Pesquera (s.n: fols. 25v-27). No obstante, es de mayor interés para estas cuestiones y la reconstrucción de la familia el testamento conjunto de ambos donantes, Burgos, 29 de agosto de 1519, trasladado en «Ejecutoria del pleito litigado por el doctor Andrés del Castillo, abad de Salas, con Francisco Sanz de Pesquera, su hermano, con Andrés del Castillo, vecino de Segovia, sobre posesión del patronazgo que fundaron Francisco del Castillo y Leonor de Pesquera, su mujer, vecinos de Burgos, en el Monasterio de Nuestra Señora de la Merced, Orden de la Merced Calzada, de dicha ciudad», ARCHV, Registro de ejecutorias, Caj. 1.799, 42.

[16] Francisco de Pesquera, al parecer, tenía una bien ganada fama de clérigo rico y litigioso. De ello se hacía eco Luis Polanco escribiendo, desde Burgos, a su hermano Juan Alonso Polanco, el jesuita, en Roma, el 21 de abril de 1554: «El dottor Geronimo Gallo, mi cuñado, tiene vna ración en esta yglesia, de que tiene posesión once años ha. Agora le ha puesto ay pleyto Pesquera, e avnque no es el primero que Pesquera ha puesto, es el primero que el dottor ha tenido, e dale pena». A continuación le pedía que entendiera del pleito con él «porque pienso que para tratar de conzierto sera V. m. más a propósito que otro», Juan Alfonso de Polanco (1916): *Polanci complementa. Epistolae et commentaria p. Joannis Alphonsi de Polanco e Societatis Jesu*, t. 1, Monumenta historica Societatis Ihesu. Madrid: Typis Gabrielis López del Horno, doc. 33, p. 91. Polanco se tomó en serio el asunto. En la carta que el 6 de abril de 1555 escribió al maestro Gallo, persona que sus editores no identificaron con seguridad, tratando de las dificultades que presenta la negociación de un concierto, dejó caer algunos juicios sobre el carácter de Francisco Pesquera. Así, decía: «Al señor Francisco de Pesquera yo he hablado diuersas uezes, y procurado de hazerle benéuolo al senor Don Jeronimo Gallo; y assí el está muy edificado de sus letras y virtud, y con ánimo de hazerle plazer y servicio: que no es poco, para los desabrimientos que acá le han dado, conseruarse siempre en esto». Pesquera se mantenía en que estaba ganando el pleito, «todo es, que ni el Pesquera dellos, ni ellos del Pesquera se fían; y así está la cosa en dificultad», afirmaba Polanco, que daba cuenta de su terquedad y de su conocimiento de los procesos romanos y del juego de las prebendas en Roma. No obstante, tenía cierta confianza en el final del pleito por ciertas razones que le habían expuesto «junto con tener a Pesquera por persona que, como no dexa perder lo suyo fácilmente, tanpoco quer[r]ía lo ageno», Juan Alfonso de Polanco: *Polanci complementa...*, o. cit., doc. 41, pp. 122-124. El mismo día escribía al doctor Jerónimo Gallo, el afectado por el pleito, tratando de tranquilizarlo sobre su evolución «aunque [reconocía] se presuponía que el señor Pesquera tubiese todo el derecho» y le prometía que continuaría haciendo lo que pudiese «aunque su modo de condición no me dexa salir con lo que pretiendo en muchas cosas», Juan Alfonso de Polanco: *Polanci complementa...*, o. cit., doc. 42, pp. 124-126. La dureza de experto pleiteante también aparece en la nueva carta a Jerónimo Gallo del 23 de diciembre. No era solo que «Pesquera sabe bien negociar», sino que quería sacar el máximo partido con los préstamos eclesiásticos que se le ofrecían, de unos 40 000 mrs., más 100 ducados de pensión, Juan Alfonso de Polanco: *Polanci complementa...*, o. cit., doc. 44, pp. 127-129. En la siguiente carta, del 22 de mayo de 1556, Polanco aconsejaba a Gallo que no se desplazara a Roma para proseguir el litigio y dictaba el juicio más extenso sobre la personalidad de Francisco de Pesquera, la misma que sufrirían sus hermanos: «De que V. md. quede en esta concordia grauado, me pesa, cierto; y si en my mano estubiera, hizierase con más ventaja de V. md.; que a Francisco de Pesquera, aunque le deseo la saluatión, y quietud, y todo bien spiritual, como soy obligado, no le deseo el aumento de la hazienda, que él tiene harta, y al parezer mío demasiada, como al mesmo he dicho muchas vezes, antes le doy todas las espolonadas que puedo para que se deshaga della, haziendo algunas buenas obras más de las que haze. Pero en esto que se concordó con él por medio del Card. de Santiago, parézeme que ablarle y suadirle sará cosa bien escusada, por ser tal su condición. Todavía estaré a mirar si ay alguna ocasión para hazerle quebrar algo», Juan Alfonso de Polanco: *Polanci complementa...*, o. cit., doc. 48, pp. 133-135. Queda por saber qué fue lo que le prometió Francisco de Pesquera a la compañía para la financiación del colegio de Burgos. Es el mismo Polanco quien escribió que para el año 1556 los

Según confesaba, con Diego había llegado a un acuerdo que se sustanció en Burgos en 1532 y Pedro González de Pesquera había aceptado una compensación en Roma al año siguiente.[17] La cuenta que tenía con Alonso, que optó por apellidarse del Castillo Pesquera, todavía estaba abierta cuando testaba y ordenó a su heredero, su hermano Antonio, que acabara de cerrarla.[18] Con Gregorio de Salazar, un sobrino, seguramente hijo del matrimonio formado por Mencía de Pesquera, una de sus hermanas, y Álvaro de Salazar, habría sido más generoso porque en él había resignado varios de sus beneficios y las rentas que les correspondía con las que le encomendaba que remediase a su madre y sus hermanos, esto es, a su hermana y el resto de sus sobrinos. Se entiende entonces que no nombrase cabezalero a ninguno de sus hermanos. Para ordenar el cumplimiento de su última voluntad añadió a fr. Pedro de Torres, el comendador de la Merced de Burgos, una designación que tenía su lógica, a don Antonio de Villegas, abad de Cervatos, miembro de una familia con la que la suya estaba emparentada y con la que había compartido y, como comprobaremos, compartía negocios, y don Antonio Sarmiento de Mendoza, alcalde mayor de Burgos y comendador de Almagro. La presencia de este último revela el costado por el que los Pesquera habían enlazado con la nobleza y precisamente por donde escalarán a los puestos más elevados de la Iglesia. Don Antonio Sarmiento de Mendoza era hijo de doña Catalina de Pesquera, otra de las hermanas de Francisco de Pesquera, y don Luis Sarmiento de Mendoza, que fuera comendador de Alburadid y caballerizo mayor de la princesa doña María, con una amplia hoja de servicios a la corona.[19] Francisco Sarmiento de Mendoza,

---

bienes que el abad de Salas Francisco Jiménez de Miranda había prometido para este colegio se habían esfumado carcomidos por los pleitos y que lo mismo ocurría con los de Francisco de Pesquera, Juan Alfonso de Polanco (1898): *Vita Ignatii Loiolae et rerum Societatis Jesu historia (1556)*, t. 6, Monumenta historica Societatis Ihesu (MHSI), Madrid: Augustinus Avrial, p. 587. Sobre la dotación de Francisco Jiménez de Miranda y las dificultades para cobrarlo las noticias que recoge también Polanco para 1554, Juan Alfonso de Polanco (1898): *Vita Ignatii Loiolae et rerum Societatis Jesu historia (1554)*, t. 4, Monumenta historica Societatis Ihesu (MHSI), Madrid: Augustinus Avrial, pp. 403-406. Este abad de Salas vivía en Roma, donde moriría, y, como clérigo curial, scriptor apostólico y burgalés, necesariamente él y Pesquera se conocerían. Acompañado de un estudio de su familia, su testamento, Roma, 21 de enero de 1556, los publicó Ismael García Rámila (1965): «Del Burgos de antaño. Testamento de los hermanos don Francisco de Miranda Salón, Abad de Salas, y Cristóbal de Miranda Salón (1556 y 1570)», *Boletín de la Institución Fernán González*, 165, pp. 599-622. Después de todo, Francisco de Pesquera no se portó tan mal con los jesuitas. Según decía en una cláusula de su testamento le había prestado dinero a la Compañía en Roma y la deuda que arrastraba se la perdonaba: «Yten, declaro que yo obe prestado y presté a la Conpañía de Jesús en Roma duzientos ducados, digo escudos, de oro, digo que les hago graçia e donaçión dellos como de antes de agora lo tengo hecho e ansí lo mando e declaro que no se lo pidan».

[17] Quizás esté en relación con la disputa con Diego el hecho de que en septiembre de 1536 un procurador de Francisco de Pesquera, el racionero Pedro de Paredes, presentara ante el cabildo burgalés un monitorio de la cámara apostólica reclamando que no se acudiera con los frutos de la prebenda a su hermano, AHCB, RR-45, fol. 22-, y AHCB, Lib-50 2, fol. 722.

[18] El testamento, como se ha indicado, en «Ejecutoria del pleito sobre cumplimiento del testamento de Fancisco de Pesquera, canónigo».

[19] Los datos genealógicos en la prueba de limpieza que se le hicieron a Manuel Sarmiento de Mendoza cuando

un hijo de este matrimonio, hermano, por consiguiente, de don Antonio, después de su carrera universitaria en Salamanca y una oidoría en la Chancillería de Valladolid, comenzaba a servir en Roma como auditor de la Rota y refrendario por los mismos días en que su primo Francisco de Pesquera fallecía.[20] Continuaba de este modo con otra de las tradiciones familiares. Este fue el primer paso en una carrera eclesiástica que le llevaría en el futuro al episcopado de Astorga y, desde 1580, al de Jaén, en cuyo cabildo ubicaría con sus correspondientes canonjías a sus sobrinos Gregorio, Francisco y Manuel Sarmiento de Mendoza, hijos de don Antonio.[21]

Aparentemente, Antonio de Pesquera fue el que salió más beneficiado de la última voluntad de su hermano y sobre él recayeron las demandas de los que se sintieron damnificados, pero él mismo tenía sus razones para quejarse y justificar su derecho a resarcirse con la herencia. La declaración que hizo su procurador en su nombre en el pleito que originó la distribución de la herencia de Francisco describía con detalle cómo este había usurpado la fortuna de la familia. Muerto el padre y siendo Antonio un niño, se había hecho con la hacienda paterna y con los fondos de la compañía en Italia y Florencia para comprar los oficios que gozaría hasta su muerte. Exponía de este modo, en consecuencia, un curioso caso de transferencia de capital mercantil hacia la inversión en oficios de la curia romana y que resultó tan provechosa para el protagonista como ruinosa para sus hermanos. Según denunciaba, el flamante curial retuvo el capital paterno, cesaron los tratos y negocios, corrieron los cambios y recambios y se vino a perder la mayor parte del caudal y de la hacienda familiar, mientras que él, por el contrario, aumentó su hacienda propia, tanta que tuvo de sobra para sustentarse y gastar en sus muchos pleitos. Antonio de Pesquera calculaba que con estas operaciones solo él había perdido más de diez mil ducados.[22] Su hermano Juan, doctor en derecho y abogado entonces de la Chancillería de Valladolid,[23] suscribió un relato aún más detallado en la demanda que

---

entró como canónigo magistral en el cabildo de la catedral de Sevilla en 1600, ACS, I. Secretaría. Pruebas, M. 6. 1600. Asimismo, su genealogía, en el expediente de su prueba de limpieza para la catedral de Jaén, Rafael Cañada Quesada (2008): «Expedientes de limpieza de sangre conservados en el Archivo de la Catedral de Jaén», *Elucidario*, 5, p. 191. No nos extendemos aquí en este importante personaje. Pero en cuanto a la genealogía y el enlace Sarmiento-Pesquera, el testimonio de don José Barriga Porres y Mata, protonotario apostólico y beneficiado de la iglesia de San Lesmes de Burgos, en la información genealógica que, a petición de Francisco Antonio del Castillo y Pesquera, se hizo en la misma ciudad en 1682, Ismael García Rámila: «Del Burgos de antaño...», o. cit., pp. 86-90.

[20] Enrique García Hernán (1995): «La Iglesia de Santiago de los españoles en Roma. Trayectoria de una institución», *Anthologica Annua*, 42, pp. 309, 315.

[21] El ingreso de los tres hermanos en el cabildo giennese gracias al nepotismo de su tío, en Luis Coronas Tejada (1981): *Unos años en la vida y reflejos de la personalidad del inquisidor de las brujas*, Jaén: Instituto de Estudios Gienenses, pp. 21-23.

[22] «Ejecutoria del pleito sobre cumplimiento del testamento de Francisco de Pesquera, canónigo», fols. 6rv.

[23] Algunas notas sobre Juan de Pesquera, Constance Jones Mathers (1987): «Students from Burgos at the Spanish College at Bologna (1500-1560)», *The Sixteenth Century Journal*, 18 (4), pp. 549, 552, 554.

presentó. En ella confirmó todos estos extremos. Tanto él como otros hermanos eran niños de leche cuando su padre murió y Francisco se apropió de la hacienda paterna y vació la compañía que poseían en Florencia. Con ese dinero, en efecto, había comprado por medio de Diego de Silos los oficios romanos, que le rentaron anualmente en un interés superior al 16 %. El infortunio de todos ellos fue que confiaron en sus promesas:

> El fator que a la saçón estaba en la dicha çibdad de Florencia por los dichos sus padres y compañía [afirmó] se los dio a su quenta e de sus hermanos por deçir como deçía e dixo que abía de sacar de ellos gran probecho e ganançia e que todo abía de ser e sería para él e para los dichos sus hermanos e suyos e, por esta misma raçón e promesa que façía syenpre e fizo a sus tutores y curadores e de sus hermanos, no lo contradixeron e se lo dexaron de pedir.[24]

En lo demás la coincidencia era total, solo que cifró la pérdida que causó Francisco de Pesquera a los hermanos en más de 40 000 ducados, con la diferencia de que a él le había prometido ayudarle en sus estudios con mil ducados que nunca le pagó, como tampoco le pasó los importes de ciertas pensiones que estaban a su nombre.

Exilio, regreso y conversión: la expedición de Chiapas y México

En el pleito que originó la herencia del canónigo Francisco de Pesquera en 1560 no surgió el nombre de Gregorio de Pesquera, que entonces estaba, como veremos, en México, ni de un procurador que lo representara. De un modo u otro, las maniobras de su hermano debieron de afectarle, pero no sabemos qué hijuela recibió de la parte de la herencia paterna que le correspondía y no sorprende que, inserto y educado en su medio, se moviese muy pronto por los lugares sobre los que se había extendido la red de relaciones comerciales de su familia. Desconocemos las razones que le pudieron llevar a enfrentarse con Fernando Yáñez de Burgos, aunque no deja de tener sentido que un Francisco Yáñez de Burgos estuviera activo en Sevilla mercadeando con las Indias en la primera mitad del siglo XVI,[25] pero su presencia en Brujas en 1525 no fue producto de un accidente.

---

[24] «Ejecutoria del pleito sobre cumplimiento del testamento de Fancisco de Pesquera, canónigo», fol. 7.

[25] Como asegurador y asegurado de barcos y sus mercancías en 1523, Enrique Otte Sander (2008): *Sevilla, siglo XVI: Materiales para su historia económica*, Sevilla: Centro de Estudios Andaluces, pp. 223-224. Del 20 de diciembre del año anterior, las cédulas reales que lo recomendaban a los oidores de la Audiencia de Santo Domingo en el pleito que sostenía con Fernando de Carrión, otro mercader castellano. En ellas se alegaba que «él [Francisco Yáñez de Burgos] y algunos debdos suyos son personas que nos han seruido» como motivo para favorecerle, AGI, I, 420, lib. 9, fols. 61v-62. Sobre Fernando de Carrión, véase el testamento, suscrito el 10 de enero de 1522, en el

Indudablemente, no estaba allí porque así lo hubiera querido, sino porque obedecía a la tradición familiar, entendida esta en su sentido más amplio. En los primeros años del siglo un Alonso Pesquer era uno de los cónsules de la nación española en aquella ciudad,[26] probablemente el mismo que, ya en Burgos, testificaba en el pleito que enfrentó al rico mercader burgalés Diego de Soria con su yerno Alonso de Lerma.[27] Así pues, suponiendo el parentesco, es admisible que Gregorio intentase prolongar la representación de la firma en la plaza donde los Ayala, parientes y socios, estaban bien asentados.[28] Gregorio debía de ser muy joven en 1520 cuando consiguió que su hermanastra Leonor de Pesquera le cediera 120 000 mrs. de su dote para que se invirtieran en una compañía a pérdida y ganancia a un plazo de cuatro años y a un 10 % de interés. Esta operación era normal en la sociedad mercantil burgalesa, lo que no debía de serlo tanto es que él, aunque tres años después pagase al marido de Leonor la mitad de la inversión, nunca devolviese el dinero en su totalidad ni parece que liquidara intereses.[29] Tal

que se refiere al litigio que había mantenido con Fernando y Francisco Yáñez, el codicilo y el inventario de bienes de 10 y 11 de febrero del mismo, suficientemente expresivos de su intensa actividad mercantil, desde Flandes y Burgos a Sevilla y las Indias, en Natalia Palenzuela Domínguez (2003): *Los mercaderes burgaleses en Sevilla a fines de la Edad Media,* Sevilla: Editorial Universidad de Sevilla, pp. 280-294. En 1537, por cédula de Valladolid, 21 de agosto, Francisco Yáñez era compensado con una licencia de esclavos para Indias por los 70 000 mrs. de los metales preciosos que la hacienda real le había confiscado el año anterior, AGI, I, 1962, lib. 5, f. 215rv. Pero es posible alegar otras referencias.

[26] Como cónsul con Pedro de Salamanca y Francisco de Covarrubias en el litigio de consulado con los mercaderes andaluces Pedro Pinto, Gonzalo de Sevilla y García Pérez, 30 de abril de 1504, Louis Gilliodts-van Severen (1901): *Cartulaire de l'ancien Consulat d'Espagne a Bruges. Recueil de documents concernant le commerce maritime et intérieur, le droit des gens public et privé, et l'histoire économique de la Flandre. Première Partie de 1380 à 1550,* Brujas: L. de Plancke, p. 208. Es la única vez que aparece citado en el Cartulario y lo hace como «Alfonse Pesquier». Así, en la lista de mercaderes burgaleses extraída del mismo, Margarita Sánchez Martín prefirió transcribir «Alfonso Pesquer», Margarita Sánchez Martín (1997): «Mercaderes burgaleses en Flandes. Actividad económica y vida privada según el Cartulario del antiguo Consulado de España en Brujas (primera parte, de 1280 a 1550)», en Isabel Montes Romero-Camacho (coord.), Antonio Claret García Martínez y Manuel González Jiménez (eds. lit): *Actas III Jornadas Hispano-Portuguesas de Historia Medieval. La Península Ibérica en la Era de los Descubrimientos (1391-1492). Sevilla, 25-30 de noviembre de 1991,* vol. 1, t. 1, Sevilla: Junta de Andalucía, Consejería de Cultura, p. 467. Basas al relacionar el apellido entre los mercaderes burgaleses del siglo XVI escribió: «Los Pisquer, Pesquer o Pesquera, de origen flamenco, que emparentaron en Burgos con los Castillo. Fue notable la compañía de Alonso Pisquer, enterrado en San Gil. Otros mercaderes: Andrés y Cristóbal Pisquer», Manuel Basas Fernández (1954): «Mercaderes burgaleses del siglo XVI», *Boletín de la Institución Fernán González,* 126, p. 163. La atribución de un apellido a un origen extranjero, en este caso flamenco, favorecido por su ambigüedad fonética, era, como es sabido, un recurso habitual para ocultar otros orígenes menos prestigiosos. No obstante, H. Casado distingue a los Pesquer de los Pesquera, aunque considera que ambos linajes pudieron estar emparentados, Hilario Casado Alonso (1995): «El comercio internacional burgalés en los siglos XV y XVI», en Floriano Ballesteros Caballero, Hilario Casado Alonso, Alberto C. Ibáñez Pérez, Segundo Escolar Díez (dirs.), *Simposio Internacional «El Consulado de Burgos» (1994. Burgos). Actas del V centenario del Consulado de Burgos, 1494-1994,* vol. 1, Burgos: Diputación Provincial de Burgos, p. 213.

[27] Betsabé Caunedo del Potro: «Compañías mercantiles...», o. cit., pp. 44-50.

[28] Sobre los Ayala, parientes, y Gregorio de Ayala, mercader en Brujas, Hilario Casado Alonso: «Los negocios...», o. cit., p. 80.

[29] El contrato de obligación en Burgos, 8 de agosto de 1520, y la devolución de 60 000 mrs. el 20 de mayo de

vez, si lo empleó para financiar su empresa en Brujas, después de lo acaecido no se vio en condiciones de hacerlo.

Aunque en principio no le afectara, durante su breve estancia en Flandes, Gregorio de Pesquera tuvo ocasión de conocer de primera mano las reformas de las políticas de beneficencia que estaban aplicando las ciudades de los Países Bajos. En su caso, la inspiración para las iniciativas que él mismo impulsaría en el futuro, cuando decidió dar otro rumbo a su vida, no necesitaron proceder de una influencia mediata ni esperar siquiera a la lectura del *De subventione pauperum* de Vives, que, por otra parte, se publicaría poco después de su marcha precipitada, ni de cualquier otro tratado. En cuanto a que llegaría a ser uno de los fundadores de los primeros colegios de Niños de la Doctrina hay que dejar la puerta abierta a la posibilidad de que algo aprendería de la organización y de los fines de la escuela de los begardos de Brujas, tal como se refleja en el decreto de 1517 de Carlos, todavía no emperador, que, según Guilliodts-Van Severen, le otorgaba una existencia legal definitiva como escuela para niños pobres y desvalidos administrada por las autoridades municipales.[30] La bula posterior, del mismo año, de León X, que concedía para su financiación el 5 % de las rentas de los hospitales y de otras instituciones benéficas de la ciudad, resulta todavía más explícita. Al igual que el decreto del príncipe, la bula se concedía a petición de sus burgomaestres, escabinos, cónsules y oficiales, cuyo espíritu público y la piedad cristiana que les había movido a crearla era alabado y se justificaba por la existencia de la gran cantidad de niños sin padre o sin padres que fueran capaces de sostenerlos que corrían el peligro de concluir en la delincuencia. De esta forma, quedaba consagrada su organización, que implicaba también la regulación de la colecta de limosnas para impedir que aquellos niños pobres deambulasen, ociosos, pidiéndolas por las calles y las plazas, el control y la vigilancia de los diputados de la ciudad bajo cuya responsabilidad estaba la escuela. La letra apostólica reconocía, por fin, en sus líneas generales el

---

1523, Ejecutoria del pleito entre Alonso de Castillo Pesquera, como curador de Leonor de Pesquera, con Hernán Martínez, defensor de los bienes de Gregorio de Pesquera Rosa, vecinos de Burgos, sobre que le paguen 120 000 maravedíes de una obligación de su hermano, ARCHV, Registro de ejecutorias, Caj. 1170, 2.

[30] El decreto, Malinas, 7 de marzo de 1517: «Nous ayant été exposé par les bourgmestres, échevins et conseillers de Bruges que, considérant la grande quantité d'enfants pauvres et délaissés, soit nés en cette ville ou venus du dehors, lesquels ne s'appliquent point à se conduire avec honneur, mais se livrent au vagabondage et au vol, à leur honte et damnation éternelle; ils avaient repris l'hospice des Bégards pour le covertir en école et y donner, par charité et aumône, l'instruction aux enfants pauvres et les rendre vertueux, adoptant comme maitre et régent le maître de l'hospice et lui adjoignant plusieurs citoyens notables pour en avoir l'inspection et la surveillance, diriger les enfants dans le chemin de la vertu et présider à la distribution des aumônes quotidiennes; attendu que les suppliants se sont adressés aux représentants de tous les métiers, afin de faire admettre à l'apprentissage les enfants qui seron parvenus à l'âge requis; et ainsi que les enfants pauvres sont recueillis, dans cette ville, aux fins de leur apprendre un métier et de les perfectionner dans leur profession», Louis Gilliodts-Van Severen (1899a): *Inventaire diplomatique des Archives de l'ancienne École Bogarde a Bruges*, t. 1, Brujas: L. de Plancke, pp. 64-65.

régimen educativo que, hasta refiriéndose a la ropa que recibirían los niños anualmente, concluiría en que estos aprendiesen a leer y escribir, continuaran incluso con estudios literarios superiores los más capacitados y terminaran los más en el aprendizaje de oficios mecánicos.[31]

Ni siquiera en estas disposiciones pontificias se hacía mención explícita a un elemento que estaría presente de manera fundamental en los futuros colegios de Niños de la Doctrina, que sería la formación doctrinal de sus infantes acogidos. Normalmente, las bulas que responden a súplicas recogen casi al pie de la letra los textos de las mismas, que ya llegan a la curia suficientemente formalizadas. Quizás, dado el origen primigenio de la escuela de Brujas, se diese por supuesto que este objetivo estaba cubierto. El resto de sus elementos significativos, a partir del reconocimiento de la gravedad de un problema social urbano y las directrices pensadas y puestas en práctica para hacerle frente independientemente de la contribución o la dirección de la Iglesia, estarían presentes. No hay forma de saber en qué medida Gregorio de Pesquera tuvo en mente su ejemplo, pero se pone en evidencia una vía de relación directa y concreta de un modelo, aunque no parece que durante el periodo de sus años de exilio portugués le preocupara otra cosa que las empresas mercantiles para las que se había formado porque fue a proseguirlas, a lo que se dedicó en Lisboa.

El destino lisboeta poseía su lógica porque, como no podía volver a Flandes ni permanecer en Burgos y en Castilla, continuaba su actividad comercial en una ciudad donde la familia tenía o había tenido intereses y desde la que podría seguir relacionándose con sus paisanos mercaderes.[32] Téngase en cuenta que en 1535, cuando Leonor de Pesquera pidió ante el teniente de corregidor que ordenase la ejecución de sus bienes para recuperar el importe de dote y las ganancias que se le habían prometido, su hermano no hizo acto de presencia en su ciudad natal ni tampoco se le esperaba y, sin embargo, confiaba en que sería posible hacerse con el dinero embargando del que hubiese remitido desde Lisboa a sus corresponsales

---

[31] La organización y la funcionalidad se describe en las obligaciones de visita de los diputados: «Et quod quatuor ex predictis deputatis, singulis diebus dominicis, sumpto prandio, ad dictas scolas se conferre, illasque et pueros et magistros in eis existentes visitare, et circa eorum bonum regimen curam adhibere, et correctiones digna, etiam per substractionem alimentorum aut alias, corrigere et emendare; et dietis pauperibus pueris de tunicis laneis iuxta ipsorum indigentiam providere deberent annatim; et illos ex eisdem pueris, qui legere et scribere dididissent, et ad litterarum studia ulterius capescenda minus viderentur idonei, mechanicarum artium exercitio mancipare; qui vero ei litterarie idonei forent, in ea confovere, prout cuiusque eorum ingenium et naturale desiderium magis appeteret; diligenter curarent utque de gestis et administratis circa premissa per eos finito eorum officio, rationem computum reddere tenerentur; prout in instrumento publico desuper confecto discitur plenius contineri». La bula, Roma, 31 de agosto de 1517, Louis Gilliodts-Van Severen (1899b): *Inventaire diplomatique des Archives de l'ancienne École Bogarde a Bruges,* t. 2, Brujas: L. de Plancke, pp. 83-87.
[32] Una exposición de la presencia de mercaderes castellanos en Portugal, Casado Alonso (2003: 121-129).

burgaleses.[33] Sus esperanzas se vieron frustradas, pero, por muy leves que fueran, los lazos no se habían roto. El escribano público Diego Rosa, uno de los testigos del proceso, quizás un pariente, dijo que recibía cartas suyas desde Lisboa y que tenía entendido por la última que le había llegado que se había ido a Brasil, en concreto, a las islas de Brasil. Por su parte, Francisco de Valladolid, otro escribano público, aseguró que el demandado no tenía casas ni bienes en Burgos en los que hacerle ejecución, pero Diego Rosa había dicho antes que le había comunicado que había enviado 400 ducados a Íñigo del Espital. Aunque este, cuando se le preguntó, lo negara y esta cantidad se vio luego rebajada, con su declaración y la de otros dos mercaderes, Bernardino de Salamanca y su compañero Juan de Miranda,[34] que pasaba largas temporadas en Lisboa, salió a flote que negociaba con el mencionado Íñigo del Espital, que la transferencia de los ducados, que se vieron reducidos a 200 o 300, se había producido en 1530 y que había algunas partidas a su nombre en sus libros de caja. Además, los obstáculos que tuvo que salvar Leonor de Pesquera para resarcirse de su inversión se vieron agravados porque el escaso y dudoso dinero que Gregorio de Pesquera tuviese depositado en Burgos era pretendido por un licenciado Diego de Villegas, con quien, en el pasado, antes de su desgraciado viaje a Brujas, había constituido compañía.

Si la experiencia portuguesa y brasileña le sirvió a Gregorio de Pesquera para concebir el proyecto del Río de la Plata, no parece que le valiera para enriquecerse. Pudo contentarse con que al menos le procuró el regreso a Castilla. En algún momento, después del fracaso de 1536 y antes de que en 1542 reapareciera al lado Juan de Lequetio en la fundación del colegio de los Niños de la Doctrina de Valladolid, experimentaría su conversión.[35] Habría que saber por dónde y con quién anduvo, además de con Lequetio, durante estos seis o siete años para asomarse al proceso que le llevó a transformar su forma de vida. La intimidad que, ya plenamente consolidada en ese último año, llegaría a unirle con su compañero de fundaciones, ante quien parece que adoptó entonces una posición subordinada, y las características que tendrá la obra impresa que se le conoce hacen suponer la influencia del avilismo, pero, a diferencia de lo que ocurre con Lequetio, no se puede determinar que

---

[33] La demanda, el 7 de abril de 1535. Para esto y para lo que sigue, Ejecutoria del pleito entre Alonso de Castillo Pesquera, como curador de Leonor de Pesquera, con Hernán Martínez, defensor de los bienes de Gregorio de Pesquera Rosa, *passim*.

[34] Ambos miembros de familias conocidas de mercaderes burgaleses. Un Juan de Miranda había sido cónsul en 1502-1503, precisamente con Andrés de Pesquera, aunque no parece que se tratara de la misma persona. Bernardino de Salamanca sería asimismo cónsul en 1552-1553, repitiendo la presencia reiterada del apellido entre los oficios de la corporación, Manuel Basas Fernández: *El Consulado de Burgos...*, o. cit., pp. 267-268.

[35] Hubo un Gonzalo de Pesquera, clérigo presbítero de la diócesis de Palencia, al que en 1541 se le daba licencia para pasar a las Indias, a donde quería marchar «con desseo de seruir a Nuestro Señor en la ynstrución y conversión a los naturales de las Yndias», cédula real, Fuensalida, 6 de septiembre de 1541, AGI, I, 1963, L. 8, f. 52rv.

se moviera en el entorno del círculo de Juan de Ávila.[36] Por el contrario, sí es segura su aproximación a fr. Bartolomé de las Casas y la identificación absoluta con sus ideas y sus empresas. Pero ¿cuándo lo conoció? Por un detalle que veremos después cabe deducir que es posible que hubiese estado en las Indias españolas, y no solo en el Brasil, antes de 1536 o no mucho después de este mismo año, aunque haya que darle tiempo para que tras su regreso intimara con Juan de Lequetio y su obra. Si ocurrió de esta manera, habría que imaginar un encuentro casual con el dominico sevillano, hipótesis que habría que tener en cuenta, porque en caso contrario no pudo conocerlo más que después de que este regresara a Castilla en junio de 1540.[37] De un modo u otro, la personalidad y la actividad polémica y combativa de fr. Bartolomé a lo largo de estos años en los que se desarrolla la elaboración de las Leyes Nuevas, que coinciden con las suyas propias al lado de Lequetio en Valladolid y Madrid, debió de subyugarlo hasta el extremo de que optara por convertirse en su servidor. Al tomar esta decisión, Gregorio de Pesquera, el mismo hombre que en 1536 ambicionaba el gobierno y la colonización de tierras en las Indias para cultivar especias y comerciarlas y que se había dedicado después a la asistencia de niños pobres y huérfanos con el fin de darles una educación cristiana y una formación que les permitiera una vida honesta, se comprometía ahora con la redención pacífica de los indios y la salvación de sus almas.

En 1544 Gregorio de Pesquera volvió a cruzar el Atlántico, esta vez con fr. Bartolomé de las Casas y con los frailes de su orden que le acompañaron para tomar posesión del obispado de Chiapas. Esta circunstancia explica que fr. Tomás de la Torre, el cronista testigo de aquella expedición misionera, lo mencione varias veces en el relato del viaje que los dominicos que la componían iniciaron en Salamanca en enero de 1544. Gómez Canedo trajo a colación las referencias que se hacen en esta historia a Gregorio de Pesquera porque supone su identificación con el Gregorio de Pesquera que no mucho después se encuentra en el colegio de San Juan de Letrán de México. De hecho, fr. Tomás de la Torre siempre que lo nombra lo elogia de una manera explícita o implícita, porque sus apariciones en medio de las penalidades significaban un alivio. De su lectura se desprende, como dice Gómez Canedo, que era un hombre abnegado y eficaz. Es el mismo cronista dominico quien habla, ya al principio de su *Diario*, de su «buena cristiandad» «y su mucha humildad, porque cierto excedía la nuestra», y sabía, al menos cuando escribía, que Pesquera había

---

[36] Sobre esta cuestión, Félix Santolaria Sierra (2005): «Una edición no conocida de la Doctrina Cristiana de San Juan de Ávila, incluida en la compilación de Gregorio de Pesquera: Doctrina Cristiana y Espejo de Buen Vivir (Valladolid, 1 de mayo de 1554)», *Hispania Sacra*, 57 (116), pp. 491-558.

[37] Es la fecha que calculaba Manuel Giménez Fernández (1996): «Bartolomé de las Casas en el IV Centenario de su muerte», *Arbor*, 65, p. 300.

sido «el que inventó los colegios de niños; hizo muchos en España, de donde han salido muchos bienes y estórbadose muchos pecados».[38] La pregunta que se hacía al respecto Gómez Canedo acerca de esa experiencia previa en la educación de niños y sobre la invención de esos colegios ha sido respondida posteriormente por Félix Santolaria, que, redundado de nuevo en las mismas referencias, desvela que se trata del mismo personaje que tanto protagonismo tuvo en la fundación de los colegios doctrinos de Valladolid y Madrid.[39]

Inevitablemente, las citas tomadas de fr. Tomás de la Torre son las mismas y a ellas hay que remitirse una vez más, pero nos fijaremos en la cronología de su encuentro con los dominicos en el transcurso del itinerario que estos siguieron de Salamanca a Sevilla. La solicitud que Gregorio de Pesquera presentó al concejo de Madrid para que creara un colegio de Niños de la Doctrina estaba fechada el 18 de abril de 1543.[40] Fr. Tomás de la Torre cuenta que los alcanzó en Carrascalejo, inmediatamente antes de partir para Mérida, adonde llegaron el mismo día, el 3 de febrero de 1544. En esta ocasión, Pesquera es calificado de «compañero antiguo» de fr. Bartolomé de las Casas que «primero anduvo entre los conquistadores de las Indias y después se volvió a Dios y padeció muchos trabajos por los indios en compañía del señor obispo». La vuelta a Dios ya es evidente para nosotros y

---

[38] Lino Gómez Canedo: *La educación de los marginados…*, o. cit., pp. 244-245. Gómez Canedo se sirvió de la historia de fr. Tomás de la Torre tal como la incluyó fr. Francisco Ximénez en *Historia de la Provincia de Chiapa y Guatemala de la Orden de los Predicadores*, t. 1, Guatemala: Tip. Nacional, 1929, y luego editada exenta por Frans Blom, Tomás de la Torre (1945): *Desde Salamanca, España hasta Ciudad Real, Chiapas, Diario del viaje, 1544-1545*, ed. Frans Bloom, México: Editora Central. Además, la versión de fr. Antonio de Remesal, que tuvo acceso al manuscrito de fr. Tomás de la Torre, al que sigue en este episodio como en parte de su obra. En el prólogo de su *Historia*, Remesal escribió: «juntose a esto venir a mis manos, casi al mismo tiempo, un libro que escribió el padre fray Tomás de la Torre de los principios de esta provincia, que me convidó y llamó a saber más de ella», Antonio Remesal (1964): *Historia general de las Indias Occidentales y particular de la Gobernación de Chiapa y Guatemala*, ed. por P. Carmelo Saenz de Santa María, Madrid: Atlas, p. 73. Esta es la edición que utilizamos. La obra original, *Historia de la Provincia de S. Vicente de Chiapa y Guatemala de la Orden de nuestro Glorioso Padre Sancto Domingo. Escríuense juntamente los principios de las demás Prouincias desta Religión de las Yndias Occidentales y los Secular de la Gouernación de Guatemala al Conde de la Gomera, del Consejo del Rey nuestro Señor su Presidente y Capitán General, por el Presentado Fray Antonio de Remesal de la misma Orden de Predicadores de la Provincia de España, natural de la Villa de Allariz en el Reyno de Granada*, Madrid, por Francisco de Angulo, 1619.

[39] Félix Santolaria Sierra (1996): «*Los colegios de doctrinos o de niños de la doctrina cristiana. Nuevos datos y fuentes documentales para su estudio*», Hispania, 56 (192), p. 78, y, sobre todo, «Una edición no conocida de la Doctrina Cristiana de San Juan de Ávila», Félix Santolaria Sierra: «Una edición…», o. cit., p. 496. La fuente es la misma, con la diferencia de la oportunidad que tuvo cada autor de utilizar una edición u otra según el momento en que escribe. Santolaria se ha servido de la edición autónoma y completa de Tomás de la Torre (1985): *Diario de Viaje de Salamanca a Chiapa, 1544-1545*, Burgos: Editorial Ope. Hay todavía una edición más reciente del *Diario* de Tomás de la Torre (2011): *De Salamanca, España, a Ciudad Real, Chiapas (1544-1546)*, editada por Pedro Tomé Martín y Andrés Fábregas Puig, Madrid: Universidad Intercultural de Chiapas; Consejo Superior de Investigaciones Científicas, que es la que citaremos. Sobre fr. Tomás de la Torre y su *Diario* o crónica, Carmelo Sáenz de Santamaría, que le reconoce «muy alta puntuación en su valor de cronista informado, veraz y exacto», en el «Estudio preliminar», Antonio Remesal: *Historia general…*, o. cit., 1, pp. 35-37.

[40] Félix Santolaria Sierra: «Los colegios…», o. cit., p. 278.

sabemos que fue mercader, pero surge entonces la pregunta que nos planteamos antes, si soslayamos las dudas que suscita las licencias retóricas de la literatura hagiográfica, ¿dónde situarlo como conquistador? y, sobre todo, ¿cuándo padeció por los indios con quien era ahora su señor? Fr. Tomás de la Torre recordaba que, cuando llegaron a Almendralejo, Pesquera los alojó «en casa de un hidalgo que se llama Ortiz, por conocimiento de un hermano que tiene en las Indias»,[41] pero bien pudo originarse ese conocimiento tanto allí como aquí. Esta reserva, en cualquier caso, no procede de lo que decía de él cuando los abordó en el camino: Gregorio de Pesquera, un hidalgo, había sido enviado por fr. Bartolomé para la compañía y servicio de todos ellos y traía cartas para el virrey de México y para los oficiales de la Casa de la Contratación y las autoridades civiles de los lugares donde habían de estar. Toda la logística de la expedición, alojamientos, fletes, matalotaje, transporte y asistencia de los enfermos, estaba a su cargo.[42]

Giménez Fernández, al estudiar el decurso biográfico de fr. Bartolomé de las Casas que lo llevó a Chiapas, se topó necesariamente con Gregorio de Pesquera. También se sirvió del testimonio de fr. Tomás de la Torre por medio de la versión posterior de fr. Antonio de Remesal, pero no estaba interesado en su relación con los colegios doctrinos, una cuestión que ignoró, porque lo que le preocupaba era la huella documental que habían dejado las personas que giraban alrededor de su héroe. No obstante, para él, Gregorio de Pesquera fue un «admirable colaborador de Casas, merecedor de una monografía».[43] Según fr. Tomás de la Torre, Pesquera, que se había adelantado en el camino, les esperó en Sevilla, donde los recibió en el convento de San Pablo.[44] La documentación confirma tanto esto como el papel que

[41] Se cita por Tomás de la Torre: *De Salamanca…*, o. cit., p. 48.

[42] «Antes de que nos partiésemos, nos alcanzó un hidalgo llamado Gregorio de Pesquera compañero antiguo del señor obispo de Chiapa que primero anduvo entre los conquistadores de las Indias y después se volvió a Dios y padeció muchos trabajos por los indios en compañía del señor obispo; a este enviaba el mismo señor obispo para que nos acompañase y sirviese; traíamos cartas del príncipe nuestro señor así para nosotros como para el provincial de la Andalucía, como para todos los priores donde pensaban que llegaríamos. Por los cuales encargaba a todos que nos hospedasen y regalasen como a cosa suya. Traía también otras muchas cartas para el viso-rey de Méjico y para los oficiales de la contratación y de los puertos y ciudades donde llegásemos, por las cuales nos encomendaba a todos y mandaba que nos diesen ornamentos, fletes, matalotajes y curasen a su costa los enfermos y nos proveyesen de bestias para el camino y de todo lo que hubiésemos menester», Tomás de la Torre: *De Salamanca…*, o. cit., p. 46. Remesal adornó el relato: «Traía estas cartas Gregorio de Pesquera, hombre famoso, así en la Indias como en España. En las Indias por haber sido conquistador famoso, y no de los más apacibles para con los indios, y en España por su conversión a Dios y a la piedad y compasión de aquellas miserables gentes, cuyo bien y libertad procuraba en compañía del señor obispo (que así llamaré de aquí a delante al nuestro don fray Bartolomé de las Casas, por el respeto de su dignidad), sin perdonar trabajo, ni peligro alguno; y en España y en las Indias juntamente porque él es autor y el que primero dio el arbitrio de los colegios de niños y niñas para que se criasen allí con toda religión y virtud», Antonio Remesal: *Historia general…*, o. cit., 1, lib. IV, cap. XVII, p. 318.

[43] Manuel Giménez Fernández (1953): «*Los restos de Cristóbal de Colón en Sevilla*», *Anuario de Estudios Americanos*, 10, p. 92.

[44] Tomás de la Torre: *De Salamanca…*, o. cit., pp. 51-52. Curiosamente, fr. Tomás anota que Pesquera ya estaba

le atribuye porque, en efecto, él gestionó en la ciudad, desde febrero a junio de 1544, todo lo que atañía a los pasajes y el matalotaje de los religiosos, teniendo la ocasión, dada la escasez de fondos y los retrasos en la liquidación de las consignaciones, de renovar su sabiduría e ingenio como mercader.[45] A finales de este último mes, fr. Bartolomé de las Casas partió hacía Sanlúcar para embarcarse el 9 de julio en la nao en la que, entre su numerosa compañía, se encontraba Gregorio de Pesquera.[46]

Fr. Tomás de la Torre mencionaba en su *Diario* varias veces más a Gregorio de Pesquera desde que su señor y los frailes entraron en los territorios que les correspondía evangelizar o conquistar pacíficamente.[47] Como todos ellos, sufrió la dureza y los sinsabores del viaje. El cronista dominico lo situó en Campeche en enero de 1545 vendiendo y negociando el matalotaje sobrante, así como perdiendo él mismo, como el resto de la expedición, su equipaje en el trágico naufragio en el que se ahogaron varios de los religiosos. Después, Pesquera siempre aparece arriba y abajo, resolviendo problemas, como un hombre dotado de una nerviosa y eficiente actividad y, sobre todo, de una entrega sin límites. Las alabanzas que le dedica son compartidas por un Rodrigo López y un tal Luis Hernández. Los dos primeros «trabajaron mucho con aquellos indios y ayudando a los padres como verdaderos siervos de Dios».[48] Los tres permanecieron con los frailes que se quedaron en Verapaz, los cuales —según el relato— «tuvieron mucho tiempo ayuda de Pesquera y

---

en Sevilla cuando los frailes estaban en Castilblanco el 12 de febrero, pero la orden del Consejo a los oficiales de la Casa de la Contratación que les advierte de que deben entregar los importes a fr. Tomas Casillas y Gregorio de Pesquera está fechada, en Valladolid, el 24 de enero: «[...] y, porque podría ser que no se hallasen en esa çibdad todos los dichos quarenta religiosos para reçibir el dicho matalotaje por estar derramados por los monasterios de su comarca hasta el tienpo de enbarcar y el dicho fray Tomás Casillas, como vicario dellos, y Gregorio de Pesquera van delante a proueer del dicho matalotaje, de parte de su magestad vos mandamos que, no enbargante que por la dicha çédula se os manda que deys el dicho matalotaje a todos los dichos quarenta religiosos, deys lo de todos ellos al dicho fray Tomás Casillas y Gregorio de Pesquera para que ellos conpren dello el dicho matalotaje y esté todo a punto para quando los dichos religiosos llegaren [...]», AGI, I, 1963, lib. 9, fols. 29v-30.

[45] Las instrucciones del Consejo y las cédulas reales correspondientes a 1544 reseñadas en Lewis Hanke y Manuel Giménez Fernández (1954): *Bartolomé de las Casas, 1474-1566. Bibliografía crítica y cuerpo de materiales para el estudio de su vida, escritos, actuación y polémicas que suscitaron durante cuatro siglos*, Santiago de Chile: Fondo Histórico y Bibliográfico José Toribio Medina, n.º 195-228. Las refiere Manuel Giménez Fernández: «Bartolomé de las Casas...», o. cit., p. 305. Entre ellas (n.º 201) la cédula real que concedía la exención de derechos de Almojarifazgo por la provisión personal que llevasen hasta por un importe de 200 pesos a Gregorio de Pesquera, Diego de Pamo y Luis de León, que iban con el obispo de Chiapas, Valladolid, 23 de febrero de 1544, AGI, G, 393, lib. 2, fols. 232v-233. Para la falta de dinero y las dificultades económicas en la preparación del viajes, las cartas mismas de fr. Bartolomé de las Casas al Consejo escritas desde Sevilla el 21 y 31 de marzo y 20 de abril y el 4 de mayo de 1544, Bartolomé de las Casas (1958): *Obras escogidas de Fray Bartolomé de las Casas. Vol. V. Opúsculos, Cartas y Memoriales*, ed. por Juan Pérez de Tudela Bueso, Madrid: Atlas, xvi-xix, pp. 203-212. Ya publicadas por Antonio María Fabié (1879): *Vida y escritos de Don Fr. Bartolomé de las Casas, obispo de Chiapa*, t. 2, Madrid: Imprenta de Miguel Ginesta, II, pp. 107-122.

[46] Manuel Giménez Fernández: «Los restos...», o. cit., p. 124.

[47] Lino Gómez Canedo: *La educación de los marginados...*, o. cit., p. 245.

[48] Tomás de la Torre: *De Salamanca...*, o. cit., p. 182. Otras menciones, siempre elogiosas, de los tres, juntos o por separado, Tomás de la Torre: *De Salamanca...*, o. cit., pp. 110, 126, 134, 136, 182.

de Rodrigo López y de otro buen cristiano español que pasó con el obispo que se llama Luis Hernández, los cuales, aunque seglares, ayudaron con gran constancia a los religiosos y trabajaron mucho con bravo ejemplo, así de limpieza, como de pobreza».[49] Antes, cuando todavía estaban en Itzapa, de camino a Chiapas, cuando él mismo y sus compañeros frailes solo podían impartir la doctrina a los indios, bien que fuese esta la «principal», «mostrándoles mucho amor, allegándose así, y dándoles lo que teníamos alabando a Dios de día y aun de noche», fr. Tomás de la Torre refiere, de pasada, que Pesquera se dirigía a los indios en lengua mexicana.[50] El aprendizaje de la lengua exigía una larga estancia anterior en la Nueva España y en las tierras donde se hablaba. Aunque no sabemos cuándo pudo hacerlo, esta noticia contesta definitivamente la pregunta que antes nos intrigaba y da razón de por qué decía de él que se había contado entre los conquistadores y que su conocimiento de quien era ahora obispo de Chiapas era antiguo.

Es muy posible, según supone Gómez Canedo, que Gregorio de Pesquera acompañara a fr. Bartolomé de las Casas cuando este abandonó para siempre la tierra que después de su marcha se llamaría oficialmente la Vera Paz, como él y los suyos quisieron, con destino a México en marzo de 1546 porque así se explicaría su presencia en la fundación del colegio de San Juan de Letrán. Permanece sin dilucidar, como ha explicado este mismo autor, el papel que realmente tuvo en la misma porque, si

---

[49] La cita continúa: «Por cierto hay grandes cosas que contar de ellos, pero pues dejo las de los religiosos por extrañas, no es mucho que deje las de los seglares», para proseguir deteniéndese en las virtudes de Luis Hernández y «como fuese labrador y rudo y no mozo, aprendió por sí solo a leer y a escribir». Fr. Tomás de la Torre terminaba afirmando: «Solo aquestos seglares han andado por aquellas tierras, amparados de los indios y a la sombra de los religiosos», Tomás de la Torre: *De Salamanca…*, o. cit., pp. 226-227. Remesal reproducía estas alabanzas, aumentándolas, Antonio Remesal: *Historia general…*, o. cit., 2, lib. VII, cap. XIV, p. 58. La vocación de estos tres, incluyendo a Gregorio de Pesquera, demuestra la proyección de las ideas lascasianas y la comunión en un idéntico espíritu religioso más allá del ámbito de las órdenes religiosas y de las posiciones indófilas compartidas por ciertos sectores gubernativos y en un sentido más radical. Estos seglares, misioneros laicos, según la categoría que Gómez Canedo reconoce a Pesquera, no han tenido fortuna historiográfica. Las menciones de sus personas no han sido recogidas en los mejores estudios sobre la «Tierra de Guerra» y la Verapaz, cf. Marcel Bataillon (1951): «La Vera Paz». Roman et histoire», *Bulletin hispanique*, 53 (3), pp. 235-300, del mismo autor: «La Vera Paz, leyenda e historia», en *Estudios sobre Bartolomé de las Casas*, Barcelona, 1976, pp. 181-243; André Saint-Lu (1968): *La Vera Paz, esprit évangelique et colonisation*, París: Centre de Recherches Hispaniques; pp. 158-180. Rodrigo López permaneció en la región al lado de los dominicos después de que Pesquera se fuera a México. Acompañó a fr. Tomás Casillas en 1548 en el despoblamiento forzoso de Nueva Sevilla, Antonio Remesal: *Historia general…*, o. cit., 2, lib. VIII, cap. XV, pp. 146-147. El episodio lo reproduce fr. Francisco Ximénez, es decir, fr. Tomás de la Torre, al que también siguió Remesal, y de ahí la utilización del presente, pero añadiendo datos biográficos de Rodrigo López: «que es el que vino con nosotros de Castilla y nos guardaba lo que traíamos y se había recogido á la Verapaz y trabajaba allí con los Yndios ayudando á los Padres como siervo de Dios, después se hizo Clérigo y hoy es Canónigo en esta Yglesia de Chiapa y Provisor y está rico y es muy honrado Sacerdote y nuestro amigo», Francisco Ximénez: *Historia de la Provincia…*, o. cit., p. 474.

[50] Tomás de la Torre: *De Salamanca…*, o. cit., p. 171. En la versión de Remesal: «Iba con los padres Gregorio de Pesquera, que sabía la lengua mexicana, y sirviéndoles de fiel intérprete, aunque él pudiera muy bien enseñar por sí, que era hombre muy cristiano y de buen juicio», Antonio Remesal: *Historia general…*, o. cit., 1, lib. VI, cap. IV, p. 410.

bien las actas del cabildo municipal mexicano que recogen la decisión de estable-
cerlo en junio de 1547 no lo mencionan, otros testimonios, independientemente
de su propia pretensión posterior, le reconocen una intervención decisiva.[51] Ante
las dudas que sigue suscitando una solución definitiva, Gómez Canedo dejaba la
puerta abierta admitiendo que fue, en cualquier caso, unos de «sus promotores más
importantes» o «uno de sus principales directores y probablemente quien le dio su
primera organización».[52] En realidad, el mismo problema se presenta en todos los
procesos de fundación de los colegios de Niños de la Doctrina en que intervinieron
Gregorio de Pesquera y Juan de Lequetio, fuese juntos o cada uno de ellos por separado. Es la situación que se da en los casos de los colegios de Valladolid, Madrid
y Burgos y se daría en el de Sevilla. Aunque se debiesen todas estas fundaciones a
la incitación de cualquiera de los dos, sus personas quedan siempre en un segundo
plano, la dimensión de la intervención se diluye en la documentación oficial y se
procede desde la iniciativa municipal porque se constituyen instituciones municipales que dependen de su patronazgo. Este segundo aspecto es fácilmente com-
prensible. Pesquera y Lequetio, excepto en un momento concreto que se adivinará,
no concibieron una organización supralocal ni nada semejante a una orden religiosa que obedeciese a su autoridad o estuviera subordinado a cualquier forma de
control centralizado. Cada colegio era una entidad en sí misma y dependía admi-
nistrativamente de la ciudad o la villa en que radicaban sin que existieran vínculos
entre ellos. Se explica así que fr. Tomás de la Torre, que lo sabía y que moriría en
1567 sin regresar nunca a España, dijera de Pesquera que «inventó los colegios de
niños», escogiendo un verbo adecuado al carácter de su obra. Precisamente, por
la misma razón, Gregorio de Pesquera podía reclamar que en cierta manera los
había creado o, más modestamente, que estaba presente, actuando, cuando fueron
fundados. Este es el sentido en el que lo entendía él mismo, como revela una cédula
real, datada en Valladolid el 7 de junio de 1550, dirigida a la Audiencia de México
y emitida a su petición. Desconocemos cómo la redactó, pero la información que
contiene el mandato real la refleja:

> Presidente e oydores de la nuestra Audiencia real de la Nueva España, por parte de
> Gregorio de Pesquera, estante en la çiudad de México, me ha sydo hecha relación que
> aviendo él venido a esa çiudad desde las provinçias de la Vera Paz, donde estaua enten-
> diendo en la ynstrucción de los naturales dellas a nuestra santa fee católica, a procurar

[51] El proceso de fundación del colegio mexicano y la cuestión de la participación de Gregorio de Pesquera, a
quien ni el cabildo ni el virrey Antonio de Mendoza y el arzobispo Zumárraga mencionan, Lino Gómez Canedo:
La educación de los marginados…, o. cit., pp. 229-230. Pero véase el tratamiento del mismo problema, Paulino
Castañeda Delgado: «El colegio de San Juan…», o. cit., pp. 69-72.

[52] Lino Gómez Canedo: *La educación de los marginados…*, o. cit., p. 243.

en esa çiudad de México se fundase e ynstituyese un colegio donde a los niños huérfanos y mestizos y a los otros que andauan perdidos les fuese enseñada la dotrina christiana e otras buenas costunbres e aviendo trauajado en ello todo lo a él posyble hasta que se ynstituyó y fundó el dicho colegio y serviendo y ocupándose en hazer el fruto neçessario en la dicha dotrina con todo cuidado e diligencia por la grand neçesidad que dello avía.[53]

Así pues, si se atiende a su historia, Gregorio de Pesquera se fue a México directamente desde la Vera Paz, pero no declara que hiciera su viaje en pos de fr. Bartolomé de las Casas, sino movido por una intención propia y personal. En Vera Paz había estado entendiendo en la instrucción cristiana de los indios, que no en la predicación, como pensaba Paulino Castañeda, porque esta tarea, como seglar, estaba fuera de su alcance. Hizo lo que había estado haciendo en Castilla, con la diferencia de que en ella eran niños en lugar de indios los objetos de sus desvelos, de la misma manera que había venido a México para procurar la fundación de un colegio de niños de la Doctrina Cristiana, solo que aquí los huérfanos además serían huérfanos mestizos. No se atribuía la fundación en sí porque esta era una responsabilidad que correspondía a quien podía afrontarla, es decir, a la ciudad y los otros poderes, el real y el eclesiástico, pero sí se arrogaba el mérito de haberla impulsado y haberse ocupado con todo su esfuerzo en que el colegio cumpliera sus fines, la enseñanza de la doctrina y de las buenas costumbres a esos niños necesitados que alojaba. Probablemente, con ese encarecimiento de su actividad en el colegio, Pesquera se refería a que él era su administrador, palabra con que se designaba en los colegios homónimos castellanos a quienes se les encomendaba el oficio de gobernarlos y asegurar su funcionamiento, pero no se había dirigido al Consejo de Indias para que fuese reconocido por su trabajo, sino para pedir el castigo de un enemigo. La tendencia a atraerse la animadversión de adversarios que se convertían en enemigos casi parece un rasgo de su personalidad. Según reclamaba, una persona, cuyo nombre no se daba, «por mala voluntad que le tenía le ynfama, maculando e desautorizando su persona quand feamente pudo» y, como la Audiencia de México le había encarcelado y después liberado sin castigo, pedía a los consejeros que hicieran justicia.[54]

---

[53] AGI, M, lib. 1.089, fols. 242rv. Paulino Castañeda ya utilizó este documento. Aunque su cita no se corresponde exactamente con la literalidad del texto, le permitió plantear la intervención de Gregorio de Pesquera en la fundación, Paulino Castañeda Delgado: «El colegio de San Juan…», o. cit., pp. 70-71.

[54] Es como sigue la cédula: «diz que una persona dessa çiudad por mala voluntad que le tenía le ynfama, maculando e desautorizando su persona quand feamente pudo, de lo qual él se quexó ante vosotros y por ynformaçión que sobre ello se tomó contra la dicha persona le prendistes y dende a pocos días, siendo el casso tan criminosso e digno de exenplar castigo y puniçión, soltastes al dicho delinquente sobre fianças sin averse él apartado de la quexa, de que avía recibido notoria ynjustiçia por no se le aver hecho cunplimiento della segund el caso requería y él lo tenía pidido, y me fue supplicado le mandase prouer de remedio con justicia de manera que fuese castigado con todo rigor o como la mi merced fuese. Lo qual, visto por los del nuestro Consejo de las Yndias, fue acordado que

Gregorio de Pesquera en España: la reanudación de la actividad fundadora de los colegios de los Niños de la Doctrina

El hecho de que no recibiera esa justicia que esperaba quizás se encontrase entre los motivos que llevaron a Gregorio de Pesquera a regresar a España, donde ya estaba en 1551 o 1552. Lo cierto es que en este último año se le ve de nuevo al lado de Juan de Lequetio reanudando las tareas que había dejado pendientes cuando se marchó a las Indias, pero todo parece indicar que los dos comprendieron entonces que las cosas no podían seguir siendo igual que al principio porque la coincidencia de fechas en los movimientos que emprendieron a continuación no parece casual. La experiencia acumulada durante una década les llevó a buscar con ahínco el respaldo de la monarquía para garantizar la supervivencia de los colegios que habían iniciado. El 23 de octubre de 1552 el Consejo de Indias elevó una consulta recomendando que se le asignara provisionalmente al colegio de niños de México, «donde se les enseña la doctrina christiana y todas buenas costumbres», 2000 ducados de rentas reales, «la mitad de penas de cámara de aquella Nueva España y la otra mitad de la real hacienda», que venía acompañado por un memorial «de la orden que se tiene en el dicho collegio y gastos que en él se hazen». Según France V. Scholes, uno de sus editores, este memorial, que se puede titular como se encabeza: «La orden que se tiene en el Colegio de la Doctrina de los Niños de México, recogidos, donde están doscientas personas poco más o menos», fue entregado por un representante del colegio, que no es otro que Gregorio de Pesquera.[55] Yendo más allá, Gómez Canedo consideraba que casi con toda seguridad él mismo fue su autor y que, por consiguiente, no se limitó a ejercer como mero agente. Desde luego las peticiones que contenía el memorial no obedecían a la iniciativa de un solo individuo. El *Orden* describía, en efecto, la organización, con una cofradía y sus diputados, el régimen de visitas e inspección, el reclutamiento de los diversos tipos de estudiantes, el programa de estudios y la disciplina interna, los profesores, sus fuentes de financiación y enfatizaba lo posición rectora del doctor Antonio Rodríguez de Quesada, el oidor que había estado presente en el colegio desde su fundación, pues no en vano actuaba en nombre del virrey y de la Audiencia al ser el rey su patrón.[56] Reproducía,

---

devía mandar dar esta mi çédula para vos en la dicha razón e yo tóuelo por bien porque vos mando que veays lo susodicho e llamadas e oydas las partes a quien tocare hagáys en el casso entero y breue cunplimiento de justicia por manera que ninguno reçiua agrauio por do tengan caussa ni razón de se nos venir a quexar más sobrello, e no fagades ende al».

[55] Frances V. Scholes (1945): «The Colegio de San Juan de Letrán in 1552», *The Americas*, 2 (1), pp. 99-106.

[56] Una edición del *Orden*, que sigue a otra suya muy anterior y a la de Scholes, Lino Gómez Canedo: *La educación de los marginados...*, o. cit., pp. 337-345, pero véase también la edición, independiente de esta, de Paulino Castañeda Delgado: «El colegio de San Juan...», o. cit., pp. 50-58. La localización concreta del documento, adjunto a la consulta del Consejo indicada, también publicada por Scholes, es AGI, I, 737, n.º 90. Contiene dos ejemplares,

en fin, con precisión las instrucciones que había recibido, pero había sido escrito o remodelado en su forma literaria final por Pesquera.[57] Cuando abandonaba el tono impersonal de la solicitud institucional, aparecía hablando en primera persona. Así, afirmaba de sí mismo: «yo dejé más de veinte moços hechos frailes», se refiere a «estos niños que truje de allá», niños, ya crecidos, que efectivamente veremos que le acompañaron en su viaje de regreso definitivo a México, o relata su actuación durante la epidemia que había afectado al colegio unos años antes.

Es significativo que este anonimato no se mantuviese en otro memorial que Gregorio de Pesquera y Juan de Lequetio presentaron ante el Consejo de Castilla el 25 de octubre. Las condiciones son diferentes y no actuaban como procuradores de terceros, sino por sí mismos. El colegio de México estaba bajo el patronazgo real y había sido resultado de la cooperación de su cabildo municipal, la Audiencia, el arzobispo y el mismísimo virrey. Su desarrollo institucional era superior y más complejo que el de los colegios que existían en Castilla hasta ese momento, que dependían solo de los ayuntamientos locales y que, a pesar de la respuesta real a la petición de las Cortes de 1548, se sostenían con unas rentas insuficientes y con un escaso respaldo legal y administrativo. El fin de este memorial, que se cifraba en salvar este doble vacío, pareció satisfacerse desde el momento en que el Consejo lo aceptó como suyo y ordenó que se guardasen los capítulos que en el mismo se indicaban, de manera que unos meses después, el 17 de mayo de 1553, se elevaban a provisión real.[58] Como ha entendido Félix Santolaria, abarcaba tanto a los colegios de doctrinos como a las casas de doctrina, escuelas de primeras letras y doctrina, aunque sustancialmente dedica más extensión a los primeros. Se comprende, por tanto, en el contexto del movimiento reformista, catequético y pedagógico, también de disciplinamiento, si así quiere decirse, da la impresión de que sus autores pretendían confirmar los principios de los que habían informado y la actuación que habían seguido hasta entonces porque tampoco entonces tenían en mente la

---

uno que tal vez sea ológrafo de Pesquera y una copia que permite completar los huecos dejados por su deterioro. Para su análisis hay que remitirse al mismo Lino Gómez Canedo: *La educación de los marginados…*, o. cit., pp. 234-256 y, de forma más dispersa al artículo citado de Paulino Castañeda.

[57] Para Castañeda, los autores fueron los diputados del colegio. Pesquera actuó como «representant y portador del memorándum», Paulino Castañeda Delgado: «El colegio de San Juan…», o. cit., p. 74. Por su parte, según Olaechea Labayen, simplemente se trata de «un informe que un diputado innominado del colegio presentó al Consejo de Indias el año 1552 sobre la situación del centro», Juan Bautista Olaechea Labayen: «El colegio de San Juan de Letrán de Méjico», *Anuario de Estudios Americanos*, 29, p. 587.

[58] Ya la editara Etelvino González López (2002): *Genealogía de los Doctrinos de San Idelfonso en el Madrid del Siglo de Oro*, tesis doctoral defendida en la Universidad Complutense de Madrid, pp. 101-104, a partir del ejemplar del Archivo Municipal de Valladolid. Ha sido publicada por Félix Santolaria Sierra: *«Los colegios…»*, o. cit., pp. 288-290, utilizando el mismo y dando noticia de su existencia en AMS, Siglo XVI, Papeles Importantes, t. 9, n.º 57. El ejemplar impreso reunía la petición CCVI de las Cortes de 1548 y el memorial, pero no el dispositivo de la ejecutoria, como el de AMS, Sección III, t. 12, exp. 3.

construcción de un sistema de asistencia coordinado por medio de un centro de autoridad. Una organización de estas características la podían haber pensado los consejeros, aunque fuera nominalmente bajo el amparo o el patronazgo regio, como se hizo en México, pero igualmente no la concibieron ni pensaron en implantarla.

La provisión o ejecutoria real no significaba en absoluto la apropiación de la dirección del movimiento fundador, cuya responsabilidad seguía en manos de las autoridades municipales a las que se las aleccionaba para que recurriesen a Juan de Lequetio y Gregorio de Pesquera con el fin de mantener las casas de doctrina cristiana, donde las hubiese, y se impulsase la creación de otras donde todavía no se hubiesen levantado. No obstante, sí representaba un matiz añadido que se instase a las autoridades eclesiásticas y al clero en general a que favoreciesen la iniciativa que ambos u otros como ellos tomaban, aunque esta invitación no implicaba que se les pidiese que los sustituyesen y, por lo que sabemos de cómo se desenvolvieron los colegios, la recomendación fue obedecida sin mucho esfuerzo. Ni los obispos ni el clero secular y el regular, como ocurriría en el caso del colegio de Sevilla, mostraron interés alguno en participar institucionalmente en el fomento y el mantenimiento de estos establecimientos. De hecho, Lequetio y Pesquera nunca pensaron en esta posibilidad y no mencionaron a los eclesiásticos en ninguno de los capítulos del memorial, ni siquiera como censores supervisores de la doctrina impartida y la educación moral enseñada.

El memorial de Lequetio y Pesquera tenía la vocación de convertirse en una guía de ordenación para la erección y el funcionamiento de los colegios de Niños de la Doctrina, pero fue escrito y presentado después de una década de experiencia. No procedió de una elaboración teórica. Cabe preguntarse acerca de cuánto recogía de la práctica y de la realidad de los colegios existentes, qué es lo que describía de aquello que venía haciéndose o cuánto había de proyecto de perfeccionamiento desde el fundamento ideológico y religioso que lo sustentaba. Tal como se decía en el mismo, toda la responsabilidad decisoria e inspectora de los colegios y del sistema de recepción y acogida de los niños quedaba en manos de «la Justicia y los Regidores de cada pueblo», es decir, de la autoridad real o de sus delegados y de las autoridades municipales, con lo que no se hacía más que seguir la solicitud que hicieron los procuradores en 1548. Este es un hecho fundamental sobre el que habrá que volver.[59] En el capítulo 19 y último del memorial se concluía que los corregidores, jueces y jueces de residencia tuviesen especial cuidado de las casas de los niños

---

[59] «La provisión, además de ser una ordenanza general para regir los colegios de doctrinos, era un claro manifiesto a favor de las responsabilidades municipales que los ayuntamientos debían asumir en el campo educativo», Félix Santolaria Sierra (1997): *Marginación y educación. Historia de la educación social en la España moderna y contemporánea*, Barcelona: Ariel, p. 81.

y de la Doctrina y se precisaba el significado de este mandato: la vigilancia del trato y la enseñanza que estos recibían, la inspección de las cuentas, las rentas y los bienes que poseían, el cumplimiento, en fin, del memorial y la conservación y aumento de las casas. Ya su primer capítulo dictaba que eran estas autoridades las que nombrarían a las personas, doctas y cristianas, que son denominadas preceptores a lo largo del texto, a las que se les encomendaban la educación, doctrina, costumbres y ejercicios de los niños. Igualmente, aunque no se dice, designarían al administrador, cuyas funciones se deducen, porque no se especifican, de la relación de las facultades y obligaciones que se asignan a los visitadores, nombrados asimismo por la justicia y los regidores. Los visitadores controlan los libros de ingreso y salida de los niños, la duración de sus estancias, determinada por la edad y el tiempo que se considerase necesario para que el interno hubiese completado su instrucción doctrinal y su educación, cifrada en el desarraigo de los vicios y las malas costumbres. Son los responsables asimismo del nombramiento de niños virtuosos, tres o cuatro, que les ayuden a ellos y a los preceptores y ordenan los trabajos manuales en que los muchachos deben ejercitarse el tiempo excedente. En definitiva, un ocio ordenado y orientado al trabajo. En el *Orden* del colegio de México de 1552, Pesquera presumía de que había dejado «más de veinte moços hechos frailes». La evolución de los más despiertos en los estudios para que continuasen con una formación clerical constituía un argumento tópico de la defensa de los colegios, pero en el memorial solo se piensa en los que se pondrán con amos y en oficios «o como más a los dichos muchachos y a la República convenga». Su colocación y la contabilización en un libro de asientos donde quedaran inscritos era también responsabilidad de los visitadores, a quienes les competía como tales la inspección de la administración de las limosnas y de los bienes y rentas del colegio, así como del gasto que hacía el administrador.

Basta lo expuesto para darse cuenta de que, de acuerdo con la intención de quienes lo presentaron, el memorial se centraba en la definición de las funciones y las obligaciones de la justicia y los regidores locales y no tocaba la organización interna de los colegios, como si esta se diera por supuesto, porque no prestaba atención a sus recursos y su financiación excepto en dos disposiciones. El municipio debía aportar una casa propia o, al menos, no quitársela al que ya la tuviera, por cuya causa se reconocía que habían desaparecido algunos, y sus autoridades habían de controlar que, como no podía de ser otra manera, dado que la legislación prohibía terminantemente la mendicidad infantil, los niños no mendigasen para comer. Aunque en este aspecto parece que sus disposiciones iban por detrás de lo que terminaría por hacerse, si no se estaba haciendo ya, conociendo sus fines educativos, en caso contrario hubiese sido paradójico, pero esta prohibición, en la línea del colegio de Brujas, no suponía que se creyese que los colegios se sostendrían por los medios de los que estuviesen dotados, sino que, por el contrario, la solicitud de limosnas con este fin, dando a entender que eran imprescindibles para su sostenimiento, tenía que estar en manos de una persona capacitada para ello. El memorial precisaba que a la autoridad pública le correspondía ayudar a los preceptores y los administradores porque sin su protección no habría «personas virtuosas y de doctrina» que quisiesen hacerse cargo de esta tarea contra las acechanzas de los explotadores de niños. Estos explotadores no son mencionados como una amenaza extraordinaria, sino inmediata, como individuos reales que pretendían quebrantar lo dispuesto llevándose por la fuerza a los niños de las casas de doctrina o impidiendo la devolución de los huidos. Se suponía que las autoridades tenían capacidad para quitarles «a los ladrones y los bordoneros los muchachos que están en este su oficio enseñándoles a hacer llagas, hechizas y otras maldades para su perdición porque ansí recogidos se les haga mudar su mala vida en buena», del mismo modo que ellas mismas, o sus diputados o los administradores, recogerían los niños de la calle, «pícaros y cortabolsas», y hacer que no saliesen de las casas de doctrina «fasta tanto que sean enseñados en ella y ayan perdido sus malas costumbres».[60]

Este final de la estancia de los niños en los colegios, según se decía en el memorial, estaba en consonancia con la expresión del mismo propósito por fr. Juan de Robles siete años antes y con la argumentación que se empleó en la petición de las Cortes de 1548 para defender que en los «pueblos principales» hubiese «escuela de buenas costumbres y doctrina, en la cual sean enseñados los hijos de gente vulgar y pobre, y industriando con buena doctrina y exemplo». Los procuradores entonces estaban firmemente convencidos de que donde existían los colegios, y, por tanto, los «niños y niñas perdidos» habían sido retirados de las calles, había «menos ladrones que solía». Juan de Ávila, en una de sus cartas a la duquesa de Arcos, refiriéndose a la labor asistencial de uno de los colegios por él fundados que acogía también a niños huérfanos y desatendidos, venía a decir algo semejante. Los ladrones disminuían porque huían ante el temor de ser descubiertos al perder a los niños de los que se servían.[61] Como afirmación es, como lo sería entonces, imposible de contrastar,

---

[60] Capítulos 9, 13 y 14. El hampa y la mendicidad que confesaba Lazarillo de Tormes: «Mas como yo este oficio [el de pedir] le hobiese mamado en la leche, quiero decir que con el gran maestro el ciego lo aprendí», Anónimo (1990): *Lazarillo de Tormes*, ed. por Francisco Rico, Madrid: Cátedra, p. 87. No es casual que el memorial y la ejecutoria real consecuente sean estrictamente coetáneas del Lazarillo. La relación de la novela con las demandas de los procuradores en Cortes, las leyes de pobres de 1540 y su aplicación subsiguiente, así como con la polémica entre fr. Domingo de Soto y fr. Juan de Robles, ha sido resaltada por la crítica histórico-literaria. Sobre lo primero, Margarita Morreale (1954): «Reflejos de la vida española en el "Lazarillo"», *Clavileño*, 30, pp. 28-32, y, en general, véase lo que escribe Francisco Rico, con los autores pertinentes, en la edición citada, 21-22, de la introducción.

[61] La carta, de fecha indeterminada, la escribió Ávila a la duquesa para agradecerle la limosna que «había mandado para el colegio de los niños recogidos de esta ciudad» y librarla de los escrúpulos de conciencia que le

pero no quita que los que la enunciaron confiaban en los efectos de las «buenas costumbres y doctrinas» y reforzaba que, al igual que se suponía para el orden público, el control de los colegios y de la enseñanza que se impartía a los niños fuese depositado en manos de los jueces, como llamaba el memorial a las autoridades a las que constantemente se refería. No se podía esperar que en él se definiese un programa de estudios o algo que se le asemejara, pero otorgaba a los jueces una función administrativa y supervisora sobre la enseñanza, que posiblemente es la que venían ejerciendo o se esperaba que ejerciesen las autoridades municipales sobre la misma. Esta es una cuestión sobre la que también habrá que volver, entre otras razones porque la bibliografía especializada sobre la enseñanza de las primeras letras en el siglo XVI, que suele admitir que poseían esta capacidad, no ha logrado determinar desde cuándo y si las ciudades efectivamente hacían uso de ella.[62]

Aunque, pese a ser incorporado en una provisión o ejecutoria, es dudoso que se convirtiese en un texto normativo dotado de *vis coactiva*,[63] el memorial hacía responsable a los jueces tanto de la visita de «los maestros de enseñar niños» en los pueblos de su jurisdicción como del examen de su habilidad y moralidad y les

---

habían causado los que criticaban que hubiese destinado esa «limosna bien empleada» a un lugar fuera de sus estados: «La obra, ilustrísima señora, que aquí se hace es muy buena, no solo de cuerpo, mas de ánimas, enseñando doctrina cristiana a quinientos niños, que algunos de ellos se habían de quedar como animales, e a duras penas se supieran santiguar, y, sin esto, se le ponen muy buenas costumbres, que aun jurar en buena fe no se les consiente. Hay otros veinte niños que no tienen padre ni madre, y muchos de éstos andaban con ladrones, siendo espías para hurtar, como aquí se ha probado bien claro. Toman estos niños y descubren los ladrones, o lo menos, hácenlos huir; porque, como ven tomado el niño, y saben que los ha de descubrir, no para ladrón donde hay colegio. Y estos niños, doctrinados y castigados, sirven para enseñar ellos la doctrina cristiana a otros; los que el diablo tenía por instrumento para mal, toma Dios para bien y gánanse ellos y otros, y después o siguen la Iglesia, y algunos saldrán predicadores, y otros enseñan a oficios, o los ponen con amos. Vea vuestra señoría si es algo estorbar tantos hurtos, y muertes, y pecados, y ganar tantas almas de ellos y de otros. Porque las limosnas de acá no bastan, por ser mucha la costa, inspiró Dios nuestro Señor a vuestra señoría para que ayudase, porque la obra no cayese, para que tuviese parte en tanto servicio de nuestro Señor», Juan de Ávila (1952): *Obras completas del Beato Juan de Ávila*, t. 1, Madrid: Editorial Católica, carta 198, pp. 909-913; del mismo autor: *Obras completas del Santo Maestro Juan de Ávila. V: Epistolario*, ed. por Francisco Martín Hernández, Madrid: Biblioteca de Autores Cristianos, 1970, pp. 677-681. Santolaria, que cita también esta carta, cree que el colegio al que se refiere es el de Baeza: «Una edición no conocida de la Doctrina Cristiana de San Juan de Ávila», Félix Santolaria Sierra: «Una edición...», o. cit., p. 499.

[62] Las referencias sobre la intervención municipal, que existía sin duda, son siempre vagas e imprecisas. Por ejemplo, Kagan escribía que «a partir de mediados del siglo XVI, muchas ciudades se vieron obligadas a someter las escuelas privadas a un cierto control municipal», aunque pensaba que hizo necesario este control la dudosa calidad de los maestros y los abusos que estos cometían en los salarios que exigían, Richard L. Kagan (1981): *Universidad y sociedad en la España Moderna*, Madrid: Tecnos, p. 57. En Toledo existían unos «vehedores de primeras letras» nombrados por el ayuntamiento, pero también desconocemos cuándo comenzaron a actuar, Gabriel Mora del Pozo (1984): *El Colegio de Doctrinos y la enseñanza de las primeras letras en Toledo. Siglos XVI a XIX*, Toledo: Instituto Provincial de Investigaciones y Estudios Toledanos, p. 24.

[63] Según Félix Santolaria, «es posible que la carta no fuese enviada indiscriminadamente a todas las ciudades, sino que fuere más bien un documento para ser utilizada por los interesados [Lequeitio y Pesquera] de un modo discrecional cuando fuera conveniente», Félix Santolaria Sierra: *Marginación...*, o. it., p. 81. Aunque puede que ocurriera de esta manera, conviene tener presente que la provisión fue impresa en la forma en que se citará más adelante.

reconocía la facultad de conceder licencias para tener escuela, siendo esta licencia obligatoria. Pero es que, además, estas atribuciones tal como se enunciaban eran generales y sobrepasaban el límite del ámbito restringido de los colegios de la Doctrina para extenderse al de toda la enseñanza de las primeras letras. Se pensaba en escuelas civiles y en maestros legos y no se suponía que hubiese que reservar un papel a la autoridad eclesiástica. Si en la visita a los colegios doctrinos tenían que mandar «que todos los libros y otras escrituras que en ella se leyeren, escribieren o enseñaren y cantaren sean de buena y sana doctrina», cuando la visita se hiciese a maestros y escuelas tenían que hacer exactamente lo mismo. Debían impedir que se enseñasen, que no se leyesen ni escribiesen en las escuelas «libros ni coplas ni otras cosas de mala doctrina ni exemplo, ni cantares sucios cuando vayan o vuelvan de sus casas». En la escuela esto suponía que los maestros ocupasen a sus alumnos en consecuencia, continuando la cita, «en libros e otros exercicios buenos» y, reflejando el método recitativo que imperaba en la catequesis, en «hacer decir la doctrina cristiana, la mitad a la mañana y la otra mitad a la tarde».[64] Estas disposiciones del memorial estaban ordenadas, por consiguiente, hacia el control de la lectura en el espacio de primera enseñanza infantil, cuando todavía apenas se aprendía a leer, de acuerdo con la dirección moral que se hallaba en la literatura pedagógica, independientemente de cuál fuera su orientación. Todavía más: fuera de la escuela, se mandaba que los jueces pregonasen en los pueblos que «ninguna persona de noche ni de día en ninguna manera canten ni digan cantares sucios ni deshonestos ni pullas ni otras deshonestidades so graves penas porque son causa de corromperse las costumbres y perderse muchas personas».[65] Idéntica insistencia para niños marginados y perdidos, para niños, en general, y para mayores, en la reordenación y represión de cantares, calificados de sucios y deshonestos, que están por definir, y de las pullas, que terminarían por ser legalmente prohibidas con duras penas como causas de desorden social y de disturbios públicos sin que, sin embargo, evitaran que gozasen de tanto despliegue literario.[66]

---

[64] Memorial, capítulo 16.

[65] Memorial, capítulo 17.

[66] ¿Se entiende en el proceso de represión de determinadas manifestaciones de cultura popular, del lenguaje de la plaza pública, a la manera de Mijail Bajtin? Una pragmática de Felipe II, Madrid, 15 de julio de 1564, prohibiría las pullas, que son definidas netamente como cantares de palabras sucias y deshonestas, con una redacción muy similar a la del memorial: «Mandamos que de aquí adelante ninguna persona sea osado a dezir, ni cantar de noche ni de día por las calles, ni plaças, ni caminos ningunas palabras suzias, ni deshonestas, que comunmente llaman pullas, ni otros cantares que sean suzios ni deshonestos, so pena de cien açotes y desterrado un año de la ciudad, villa o lugar donde fuere condenado», *Recopilación de las Leyes destos Reynos, hecha por mandado de la Magestad Cathólica del Rey don Philippe Segundo nuestro Señor. Segunda Parte*: «Que ninguna persona diga ni cante palabras suzias, ni deshonestas, que se llaman pullas», [s.n.] *Recopilación de las Leyes destos Reynos, hecha por mandado de la Magestad Cathólica del Rey don Philippe Segundo nuestro Señor. Segunda Parte*, Madrid: Juan Iñiguez de Lequerica, 1598, lib. VIII, tit. X, l. V, fol. 191. Véase sobre la pulla, que era siempre insulto con caracteres obscenos, y las otras

No hubo solución de continuidad para Juan de Lequetio y Gregorio de Pesquera entre la presentación del memorial ante el Consejo, su elevación a la categoría de ejecutoria o provisión y la actividad fundadora de colegios y el ejercicio de su dirección. Cuando la mostraron ante el cabildo municipal de Valladolid en el otoño de 1553 para solicitar su cumplimiento,[67] Pesquera tendría prácticamente acabada su *Doctrina christiana y espejo de bien vivir*. La existencia de este librito, que así debe considerarse por su tamaño, un octavo, que no por su extensión, de 251 folios, era conocida y, por eso, al menos su título y lo poco que se sabía de él, se contaba en los estudios que han venido realizando los especialistas sobre esta «literatura del didactismo» entre las cartillas y los libros «buenos» sobrevivientes de los muchos que fueron editados por las prensas españolas para andar los primeros pasos en la enseñanza de la lectura y de la doctrina cristiana desde finales del siglo xv.[68] Pero ha habido que esperar hasta la reaparición en la Biblioteca Nacional de Lisboa de un ejemplar de su edición vallisoletana de 1554, la primera, sin duda, y también la única de la que hasta ahora hay constancia, para que se hayan dado las condiciones que han permitido que varios autores hayan podido abordar una descripción satisfactoria y un análisis cierto de su contenido. Naturalmente, si se desea ampliar

formas de la burla, apodos, matracas, etc., en la literatura, tratando específicamente del teatro escolar jesuítico, con amplia bibliografía, Julio Alonso Asenjo: «Caricatura del diablo a base de apodos y matracas en la "Tragedia Ocio" del P. Cigorondo (Puebla, 1586)», en Germán Vega García-Luengos y Rafael González Cañal (eds.), *Locos, figurones y quijotes en el teatro de los Siglos de Oro. Actas selectas del xii Congreso de la Asociación Internacional de Teatro Español y Novohispano de los Siglos de Oro. Almagro, 15-17 de julio de 2005*, Almagro: Ediciones de la Universidad de Castilla La Mancha, pp. 55-69.

[67] En concreto, el 16 de octubre, Marie Carmen Pérez (1996): «La formation de l'enfant à Valladolid aux xvie et xviie: "Los Niños de la Doctrina Cristiana" (1542-1627)», en Augustin Redondo (dir.), *La Formation de l'enfant en Espagne aux xvie et xviie siècles. Colloque International (Sorbonne et Collège d'Espagne, 25-27 septembre 1995)*, París: Publications de la Sorbonne, p. 177.

[68] La expresión «literatura del didactismo» la tomamos de Nieves Baranda, que, de hecho, menciona el libro de Pesquera, como todos los demás estudiosos hasta el momento que se indicarán, a partir de la reseñas anteriores, Nieves Baranda (1993): «La literatura del didactismo», *Criticón*, 58, pp. 29-30. Dentro de la amplísima bibliografía de calidad que existe sobre el tema, que toca todos sus aspectos, desde la perspectiva de la historia del libro pedagógico y literario, sin olvidar el catequético, citaremos solo como trabajos de referencia aquellos que nos han parecido más pertinentes para este contexto, Víctor Infantes de Miguel (1995): «De la cartilla al libro», *Bulletin Hispanique*, 97 (1), pp. 33-66; «Límites de control del libro infantil (reformas religiosas y cartillas escolares en el primer tercio del siglo xvi)», en Augustin Redondo (dir.): *La Formation de l'enfant en Espagne aux xvie et xviie siècles. Colloque International (Sorbonne et Collège d'Espagne, 25-27 septembre 1995)*, París: Publications de la Sorbonne, 1996, pp. 327-349; Augustin Redondo (1996): «Les livrets de lectures (*Cartillas para enseñar a leer*) au xvie siècle: lecture et message doctrinal», en Augustin Redondo: *La formation de l'enfant en Espagne aux xvie et xviie siècles*, París: Presses de la Sorbonne-Nouvelle, pp. 71-103; y, de especial relevancia para nosotros, Pedro M. Cátedra (1997): *La Doctrina cristiana del Ermitaño y Niño de Andrés Flórez, O. P. (Valladolid, 1552), ahora nuevamente editada en facsímile, con estudio y un apéndice*, Salamanca: Compañía de Ediciones & SEHL; Víctor Infantes de Miguel (1998): *De las primeras letras, cartillas y doctrinas españolas de los siglos xv y xvi. Edición en facsímile con estudio bibliográfico*, Salamanca: Universidad de Salamanca. Síntesis de estos y otros estudios, Víctor Infantes de Miguel y Antonio Viñao Frago (2003): «La lectura de la formación y del didactismo», en Víctor Infantes de Miguel, François Lopez, Jean-François Botrel y Nieves Baranda: *Historia de la edición y de la lectura en España, 1472-1914*, Madrid: Fundación Germán Sánchez Ruipérez, pp. 188-199.

el conocimiento de esta obra singular, a sus trabajos hay que remitirse y las líneas que siguen están en deuda con ellos.[69]

Como ya expusiera Ana Martínez Pereira en su estudio pionero, tal como se prometía en su título de portada, la *Doctrina christiana* está dividida en tres partes claramente diferenciadas, que, más todavía cuando cada una de ellas abarca varias subpartes, requiere un análisis particular, precisamente el que han emprendido los autores que venimos citando. Baste, en síntesis, tener presente que, si la primera parte tiene un carácter catequético y doctrinal, constituida bajo la forma de un diálogo entre dos niños,[70] la segunda reúne una serie de textos que forman «las cosas buenas y devotas en que pueden aprender a leer» los niños y la tercera comprende «muchos cantares y coplas devotas para que los niños y otras personas canten y se alegren con devoción». Obviamente, la obra se integra plenamente en la tradición de un género establecido. Con razón, la citada Martínez Pereira insiste en su relación con la *Doctrina cristiana del ermitaño y el niño* del dominico fr. Andrés Flórez, publicada en la misma imprenta solo dos años antes, porque estaba dirigida al mismo público, compartía idéntico ámbito y se estructuraba, de forma similar, en tres partes, aunque, a la postre, se tratase de dos obras bien diferentes.[71] En cualquier caso, la distinción de este tipo de obras no deriva de la originalidad creativa de sus

[69] El título de acuerdo con la descripción que hace Ana Martínez Pereira, fiel a la portada, en el artículo que citamos a continuación es [Gregorio de Pesquera], *Doctrina chri | stiana, y Espejo de bien biuir: diuidido en tres partes. La primera es vn | dialogo o coloquio entre dos niños | con muchas cosas dela fe prouecho- | sas, y la doctrina declarada y luego | la llana. En la segunda se contienen | muchas obras breues y de buena y sa | ua [sic] doctrina. La tercera tiene mu | chas coplas y cantares deuo | tos para se holgar y can | tar los niños. | CON PRIVILEGIO |* Tassado en [Valladolid, Sebastián Martínez, 1554]. El primero de los estudios que aquí utilizamos es el de Ana Martínez Pereira (2002): «La "Doctrina Cristiana" de Gregorio de Pesquera (Valladolid, 1554)», *Pliegos de Biblio-filia*, 17, pp. 3-10, que es asimismo el primero en orden de publicación y en el que su autora da además noticia de las circunstancias que han hecho posible el redescubrimiento de la obra de Pesquera. A este hay que añadir otros tres trabajos de María Jesús Framiñán de Miguel; es el segundo de los que aquí se relacionan el que más nos interesa: «Memoria popular de la catequesis: el repertorio de la Tercera Parte de la Doctrina Cristiana de Gregorio de Pesquera (Valladolid, 1554)»; María Jesús Framiñán de Miguel (2006a): «La Doctrina Cristiana de Gregorio Pesquera (Valladolid, 1554): esbozo de análisis y contextualización histórico-literaria», *Criticón*, 96, pp. 5-46, del mismo autor: «Memoria popular de la catequesis: el repertorio de la Tercera Parte de la Doctrina Cristiana de Gregorio de Pesquera (Valladolid, 1554)», en Pedro Manuel Cátedra García (dir.), Eva Belén Carro Carbajal, Laura Mier Pérez, Laura Puerto Moro y María Sánchez Pérez (eds. lit): *La literatura popular impresa en España y América colonial*, Salamanca: Seminario de Estudios Medievales y Renacentistas, 2006b, pp. 299-316. Por fin, el ya citado, Félix Santolaria Sierra: «Una edición…», o. cit.

[70] La edita completa Félix Santolaria Sierra: «Una edición…», o. cit., pp. 507-558.

[71] Sobre el libro de fr. Andrés Flórez, teniendo en cuenta que su primera edición fue la de 1546, Pedro M. Cátedra (1997): *La Doctrina cristiana del Ermitaño y Niño de Andrés Flórez, O. P. (Valladolid, 1552), ahora nuevamente editada en facsímile, con estudio y un apéndice*, Salamanca: Compañía de Ediciones & SEHL. Claro está que en gran medida el estudio que hizo Pedro M. Cátedra para introducir esta *Doctrina* es aplicable a la que nos ocupa. Ya Víctor Infantes, antes del «redescubrimiento» de la *Doctrina* de Pesquera, adivinaba que esta estaría en deuda con la *Doctrina* de Flórez, que figuraría así como «modelo doctrinal», Víctor Infantes de Miguel: *De las primeras letras…*, o. cit., pp. 43-44. María Jesús Framiñán se extiende en el estudio comparativo de ambas obras, María Jesús Framiñán de Miguel: «La Doctrina Cristiana…», o. cit., pp. 12-14.

textos atribuibles a un autor singular. El autor aportaba, pero sobre todo tomaba prestado, recopilaba y organizaba lo recopilado, que no es poco, sobre todo cuando se era una persona que contaba con una larga experiencia en un campo cuya demanda de literatura didáctica venía a cubrir.

En «La orden que se tiene en el Colegio de la Doctrina de los Niños de México», que tantas veces se ha citado, Gregorio de Pesquera decía: «La dotrina que se enseña en México a los niños es la que está impresa en este librito, que se ordenó e imprimió allá». Como no sabemos cuál era «este librito» que debía de acompañarla, hay que suponer, con Gómez Canedo, que se tratase de alguna de las *Doctrinas* que habían sido impresas en la ciudad virreinal antes de 1552.[72] Que fuera una de ellas es imposible de determinar, pero queda claro que estaba familiarizado con estos libros y podía ser cualquiera otra. En mayo de 1546, un tal Andrés Pérez, vecino de la collación sevillana de San Miguel, recibía en Sevilla de doña Brígida Maldonado, la viuda de Juan Cromberger, «trezientos libros de molde por enquadernar de dotrina christiana, los quales se ynprimieron de vn libro de mano que Grigorio de Pesquera bos entregó fecho por un frayle dominico» que ella se había obligado a darle por un contrato anterior.[73] Clive Griffin, que conoció y utilizó la escritura de donde procede esta noticia, cree que la *Doctrina cristiana* a la que se refiere se correspondería con una edición desconocida de la obra del mismo título de fr. Domingo de Valtanás.[74] Pero, sin que se pueda negar en todos sus términos, esta identificación ofrece muchas dudas. Quizás no baste con que se diga que el autor era un dominico para suponer que fuese fr. Domingo de Valtanás, cuyo nombre, por otra parte, era bien familiar en Sevilla, y que esta impresión de su *Doctrina* se adelantase a la que hiciera Martín Montesdoca dos veces en 1555.[75] Y, sobre todo, Griffin no tuvo en cuenta la participación en esta relación de negocio de Gregorio de Pesquera, al que ni siquiera menciona, y, sin embargo, la aparición de su nombre en el documento es el elemento significativo, porque parece que era él quien tenía interés en la publicación y que actuaba como intermediario de ese dominico anónimo. Para sustentar esa atribución habría que suponer que conocía a Valtanás mejor que dos personas que vivían en Sevilla y que tenían ocasión de conversar con el fraile con frecuencia.

---

[72] Lino Gómez Canedo: *La educación de los marginados*…, o. cit., pp. 343-344.

[73] Sevilla, 13 de mayo de 1546, AHPSe, PNS, leg. 10570, fol. 302. Debemos este documento a la amabilidad del Dr. Rafael Pérez García.

[74] Clive Griffin (1991): *Los Cromberger. La historia de una imprenta del siglo XVI en Sevilla y Méjico,* Madrid: Ediciones de Cultura Hispánica, p. 138; hace el n.º 505 de la «Lista cronológica de ediciones impresas en Sevilla por la familia Cromberger», Clive Griffin: *Los Cromberger*…, o. cit., p. 343.

[75] Las dos ediciones de la *Doctrina Christiana,* la primera acabada el 8 de marzo, la segunda el 16 de agosto, según los colofones respectivos, en el catálogo de los impresos de Martín Montesdoca, Klaus Wagner (1982): *Martín de Montesdoca y su prensa. Contribución al estudio de la imprenta y de la bibliografía sevillanas del siglo XVI,* Sevilla: Universidad, D.L., pp. 66-67.

Se presentan varios problemas más de interpretación. Gregorio de Pesquera entregó el manuscrito a doña Brígida cuando suscribió el contrato con ella en Sevilla porque se escrituró ante Andrés de Toledo, el mismo escribano público que asistió a la recepción de los ejemplares impresos por Andrés Pérez. Pudo hacerlo en Sevilla después de 1536, pero no se debe olvidar que su única estancia anterior segura en la ciudad se produjo entre febrero-junio de 1544. Después embarcó e indudablemente en 1546 estaba en México. Nuestra búsqueda del contrato ha resultado infructuosa. Probablemente, no hubiera resuelto la autoría de una obra que salió de las prensas unos meses antes de que Juan de Brocar editara la *Doctrina cristiana del ermitaño y el niño* de fr. Andrés Flórez,[76] pero quizás hubiese permitido saber los términos económicos del acuerdo y para qué quería Gregorio de Pesquera trescientas doctrinas, aunque es lícito suponer que sería para abastecer de estos textos a los colegios de niños ya existentes y no tanto para llevárselas consigo en la expedición misionera. Pero esta es una hipótesis que, por ahora, tampoco se puede contrastar porque Andrés Pérez no dice que recibiera los libros en su nombre y no actuaba como su procurador, quizás porque esta era una contingencia que estaba prevista en el acuerdo previo. Mientras no logremos reunir más testimonios, permanecerán estos interrogantes, aunque compensados en parte porque se ha venido a demostrar cuánto le preocupaba la edición de estas obras antes de que él mismo se decidiera a elaborar una.

El nombre de Gregorio de Pesquera no aparece en la portada de la *Doctrina christiana y espejo de bien vivir,* sino en la licencia de impresión, fechada el 16 de enero de 1554, donde se dice también que era administrador del colegio de los Niños de la Doctrina de Madrid. Es cierto que el de Juan de Lequetio no figura en ninguna parte, pero no creemos que se pueda descartar su colaboración o, incluso, su participación en su confección.[77] No parece casual que el Consejo, según se lee en el segundo colofón, encomendase la corrección y la enmienda del libro a Alejo Venegas, gran amigo de su tío, el obispo Juan Bernal Díaz de Luco.[78] Además, tal como se declara en este segundo colofón, la *Doctrina* fue concebida como conclusión lógica del memorial de 1552,[79] que, a mayor abundancia, se reedita asimismo al

---

[76] Terminada de imprimir el 31 agosto de 1546, en el título de portada, Julián Martín Abad (1991): *La imprenta en Alcalá de Henares (1502-1600)*, vol. 2, Madrid: CSIC, n.º 360, pp. 532-534. Sobre esta edición, Pedro M. Cátedra: *La Doctrina…*, o. cit., pp. 16-20.

[77] Para matizar esto, Félix Santolaria Sierra (2008): «*Una carta impresa del maestro Ávila en un compendio de uso escolar de 1554*», *Hispania Sacra*, 60 (121), pp. 173-180.

[78] La transcripción de este segundo colofón, señalando el nombre del corrector y la fecha de la impresión, 1 de mayo de 1554, y una ilustración que lo reproduce, en Ana Martínez Pereira: «La Doctrina…», o. cit., pp. 4, 10.

[79] El memorial se edita en el libro bajo el título de «Los capítulos que se presentaron en el Consejo de sus Magestades, en la villa de Madrid a veinte y cinco días del mes de octubre de mil y quinientos y cincuenta y dos años, que por los señores del Consejo se mandan guardar en las Casas de Doctrina en estos reinos, y que las Justicias dellos cumplan y executen», María Jesús Framiñán de Miguel: «La Doctrina Cristiana…», o. cit., pp. 42-43.

final del libro, y esta había sido una tarea que ambos habían compartido: «Diuidiose esta doctrina en tres partes por causa de lo que está mandado por su Magestad y por los señores del su muy alto consejo en sus capítulos arriba dichos: en el capítulo diez y seys que dize que en las casas de doctrina y escuelas enseñen buena doctrina y a leer en buenos libros, y que canten y lean y escriuan buenas cosas, para que todo lo hallen en este libro para lo poder enseñar y exercitar». Se proclamaba de esta manera, por consiguiente, que la obra había nacido con la vocación de convertirse en el manual de los colegios de Niños de la Doctrina.

Sin embargo, según demuestran los análisis de Martínez Pereira, María Jesús Framiñán y Félix Santolaria, la *Doctrina christiana y espejo de bien vivir* debió de ser el resultado de un proceso de maduración. Ciertamente, no se entiende más que en el contexto y la coyuntura espiritual y religiosa de la década de los cincuenta, pero todo esto hay que darlo por supuesto. También hay que considerar que Pesquera carecía de formación universitaria o escolástica, ni siquiera clerical, que Lequetio, por su parte, que se sepa, tampoco poseía. Era un autodidacta. En la *Doctrina*, según Martínez Pereira, «refleja de forma explícita sus lecturas de la literatura mística de la época y de los autores que están en la base de la espiritualidad representada por Osuna, Valdés o Vives, y aún con mayor intensidad de algunos autores jesuitas», más en concreto de Francisco de Borja,[80] una conclusión que recuerda a la definición que, sin conocer la existencia de su libro, Gómez Canedo hiciera de su personalidad. No fueron solo estas lecturas, como se verá ahora, las únicas que lo inspiraron, pero las aparentemente más visibles se proyectan sobre todo en la segunda parte del libro, donde Pesquera aglutinó una recopilación de ocho obras de diferentes procedencias fácilmente identificables, que, según han explicado tanto la misma Martínez Pereira como María Jesús Framiñán, constituyen, de acuerdo con la calificación de esta última autora, «una antología de textos espirituales».[81] Sin duda, siguiendo el hilo que trazan estas obras o textos, desde el Sermón de la Montaña del Evangelio de san Mateo hasta unos consejos epistolares sobre el bien morir, podríamos alcanzar el sentido completo de su religiosidad, que, aunque no vayamos a entrar en ello, no coincidiría con el que por los mismos años es de suponer que ya caracterizaría a las personas vinculadas al colegio de la Doctrina de Sevilla. Igualmente, aunque el interés literario de la tercera parte ha sido puesto de relieve, tendremos que dejarla de lado. Solo queremos insistir en que se entienda la importancia educativa que alcanzaban estas canciones, villancicos y poesías cantables de tradición popular en el método pedagógico de la enseñanza infantil

---

[80] Ana Martínez Pereira: «La Doctrina…», o. cit., p. 5.
[81] María Jesús Framiñán de Miguel: «La Doctrina Cristiana…», o. cit., pp. 14-17.

que debía impartirse en los colegios para desterrar definitivamente las coplas deshonestas de las que hablaba el memorial de 1552.[82]

Porque es al memorial, o a la provisión, tanto da, a lo que correspondían los dos opúsculos que se editan al final de la obra, consistente el último, como se ha visto, en los capítulos del memorial de 1552 y el primero en una exposición del funcionamiento disciplinario y escolar de un colegio de niños de la Doctrina bajo el encabezamiento «Tienen los niños este concierto en el colegio».[83] El texto es comparable al de «La orden que se tiene en el colegio de la Doctrina de los niños de México», pero muestra una organización más modesta y una descripción menos detallada. El autor no pretendía la identificación con un colegio concreto ni siquiera cuando escribía que los niños «entre día hazen algunos mangas de aguja; otros cosen chamarras, y otros hazen garuines, y otros cosen jubones y otras cosas de manos; y tienen officiales de muchos oficios que los enseñan» y afirmaba que «esto en Ualladolid se hizo», como efectivamente pasaba. El lector podía quedar admirado del orden, la disciplina y el rigor con que aquellos infantes, incluidos los externos que también recibían enseñanza de doctrina y lectura en el centro, se educaban cristianamente en la oración y en la virtud de acuerdo con un horario inflexible. Significa el tiempo utópico. No había huecos vacíos para un sistema de vida ordenado monacalmente desde la hora de levantarse hasta la de acostarse porque «repártenles los oficios y el tiempo de tal manera que sepan leer y escreuir, y la doctrina, y que quando fueren a seruir a sus amos, hagan lo que les mandaren y sepan seruirles». Como se preveía en el memorial, los niños saldrían «a enseñar la doctrina a las iglesias y a decirla en las plaças y cárceles» y a los pueblos y los hospitales acompañando a sus preceptores. El objetivo publicitario quedaba satisfecho porque se habían hecho también colegios de niñas perdidas y los había de niños y de niñas «en Burgos y Seuilla y en otras muchas partes» donde se formaban en «el exercicio y charidad de todas las catorze obras de misericordia, espirituales y corporales».

El estudio de Marie Carmen Pérez sobre el colegio de los niños de Valladolid ha desvelado cuánto distaba su realidad de la representación ideal que expresa la descripción apologética que Pesquera incluyera en su *Doctrina christiana*. En México, al menos, había «un patio largo, ancho y grande» donde los niños podían esparcirse con «juegos honestos de cañas, o al toro o correr», aunque siempre bajo la mirada

---

[82] Para esto, especialmente, María Jesús Framiñán de Miguel: «La Doctrina Cristiana…», o. cit., pp. 17-26, y el apéndice 3, y de la misma autora: «Memoria popular…», o. cit., pp. 302-316.

[83] El texto lo edita y comenta María Jesús Framiñán de Miguel: «La Doctrina Cristiana…», o. cit., pp. 26-29; de la misma autora: «Textos y aprendizaje lector en colegios de doctrinos del siglo XVI. A propósito de la Doctrina Cristiana de Gregorio Pesquera (Valladolid, 1554)», en Antonio Castillo Gómez y Verónica Sierra Blas (coords.): *Senderos de ilusión. Lecturas populares en Europa y América latina (del siglo XVI a nuestros días)*, Gijón: Trea, 2007, pp. 25-28, 37-39.

y el control de sus maestros y la prohibición de otros juegos que los maleducaran cuando fueran a servir a sus amos.[84] No había patio en Valladolid y en septiembre de 1554 los administradores se dieron cuenta de que los niños, encerrados, «estaban aburridos y enfermos y de muy mala color» porque no había un corral donde corriesen, jugasen y saltasen y hubo que ordenar que el maestro los sacase al campo para que «allí se huelguen y regocijen». Además, a causa de la escasez de recursos económicos para sostener la institución, la necesidad de que los niños cubrieran el déficit con su trabajo tejiendo empleita con esparto traído de Toledo, la petición de limosnas y los ingresos por la asistencia a los entierros se hizo cada vez más perentoria.[85] De hecho, Gregorio de Pesquera era bien consciente de lo que estaba pasando y que la imagen ideal que había querido transmitir respondía más bien a lo que él y Lequetio quisieron que hubiera sido y no a lo que de verdad era. Únicamente así se entienden los términos de las cartas, o la carta, porque solo se conoce una, que envió a Ignacio de Loyola desde Valladolid el 9 de mayo del mismo año, ocho días después de la impresión de la *Doctrina*.[86]

Pesquera ordenó la carta de acuerdo con el fin que le movió a escribirla. Comenzó con un relato del proceso de creación de los colegios de Niños de Doctrina, como los denominaba, sin referirse a sí mismo ni a Juan de Lequetio como primeros fundadores. Aunque el lector debería saber que ellos habían sido protagonistas, la inmersión en el anonimato es coherente con sus actuaciones anteriores; sus nombres se esfuman sin atribuirse ningún mérito para cederlo a «ciertas personas deseosas del servicio de Dios» impresionadas por «la munchedumbre de bagamundos y niños perdidos», sin casas donde alojarse, de costumbres corrompidas y conductas dañosas y «ajenos de toda christiandad». De nuevo también la imprecisión cronológica, porque los colegios aparecieron hacía diez u once años, con lo que los situaba entre 1543-1544. Entre ellos otorgaba la prelación al de Valladolid, que, según afirmaba, había llegado a acoger a ciento treinta de estos «muchachos

---

[84] Lino Gómez Canedo: *La educación de los marginados…*, o. cit., p. 339.

[85] Sobre estas medidas de 1553 y 1554 y la importancia de los talleres manuales «para que los muchachos traviesos sean domados y aprovechados y quitados de sus malas costumbres», según una de estas disposiciones, Marie Carmen Pérez: «La formation…», o. cit., pp. 182-184.

[86] La carta en Societatis Ihesu (1900): *Epistolae mixtae ex variis Europae locis ab anno 1537 ad 1556 scriptae*, *Monumenta historica Societatis Jesu (mhsi)*, vol. 4, Madrid: Augustinus Avrial, n.º 807, pp. 170-173. La reprodujo, con algún error y un título que llama a engaño, Lino Gómez Canedo: *La educación de los marginados…*, o. cit., pp. 346-348. Sobre la cuestión de si se trata de una o dos cartas, una del 9 de mayo y otras del 17 de mayo, que Gómez Canedo considera mera postdata de la primera, Lino Gómez Canedo: *La educación de los marginados…*, o. cit., p. 254. Polanco, refiriéndose al año de 1554 y al colegio de Valladolid de la Compañía, habla de dos cartas, pero resume el contenido como si fuera una sola que se corresponde con la editada, *Vita Ignatii Loiolae (= Chronicon Societatis Iesu)*, Juan Alfonso de Polanco (1896): *Vita Ignatii Loiolae et rerum Societatis Jesu historia (1554)*, t. 4, Monumenta historica Societatis Ihesu (mhsi), Madrid: Augustinus Avrial, p. 397. Los editores escribieron que no podían decir nada cierto sobre este Gregorio de Pesquera, pero sí de Francisco de Pesquera, al que anotan por la referencia del P. Flórez.

perdidos» y en el que en ese momento, cuando escribía, residían cerca de cien. Los colegios que vinieron después los establecieron las mismas personas, es decir, sin decirlo, él mismo y su compañero y otras a su imitación. No necesitó enunciarlas para que cifrara en más de veinte las casas de recogimiento de niños fundadas en toda España, con Aragón y Cataluña, más en Portugal y las Indias, un número del que, por muy impreciso que pareciera, no se había atrevido a presumir en la *Doctrina* recién publicada. De esta manera, se habían acabado por cumplir los objetivos que conocemos, sin aludirlos, del memorial de 1552 repetidos en la *Doctrina,* porque «de lo qual a sucedido gran remedio para los huérfanos, y probecho y alibio a los pueblos de España» y, además, habían servido «para que toda la gente común e ygnorante se despertasen a aprender en lengua bulgar los prinçipios de la doctrina christiana, y se corregiesen de munchos herrores que tenían, principalmente en el jurar, y disoluciones, y cantares, y pullas, a que con la ciega ygnorancia eran acostumbrados».

Pero esta presentación encomiástica finalizaba aquí para continuar con una exposición descarnada de la decadencia de los colegios de los niños y de la distorsión de su intención original. Pesquera tuvo que romper la voluntaria postergación de su protagonismo para describirla porque serían él, que firma la carta, y posiblemente Lequetio quienes veían la deriva que había ocultado en la *Doctrina:* las casas habían caído porque faltaban personas capaces de administrarlas y ejercer una buena enseñanza en ella; el espíritu de la caridad hacia los niños y el pueblo con que se iniciaron se había perdido. Como siempre, no hacía referencias concretas, aunque cabe suponer que no creería que estaba en esa situación el colegio de Valladolid que él mismo administraba. ¿Cuántas y cuáles eran entonces, si casi a la par había expuesto los de Burgos y Sevilla como modelos? Lo cierto es que, «por los que en ello han entendido», tanto muchas de las casas ya fundadas como de las que se fundaran en el futuro estarían «en gran confusión, y en términos de se deshazer y caer por no tener cabeza que las rija y gouierne» y se habían entrometido en gobernarlas personas que solo buscaban sus intereses y clérigos que, habiendo sido frailes profesos, habían abandonado sus órdenes y encontrado en su administración un medio de vida.

Pesquera se lamentaba ahora de que no hubiese «hermandad», como si se arrepintiera de las condiciones en las que se había producido el proceso de aparición de los colegios porque, si se da crédito a su análisis, la ausencia de una estructura organizada había servido para que tales hombres incapaces y egoístas estuviesen provocando que se arruinasen muchos colegios. Sin embargo, sabiendo que carecía de autoridad que se lo permitiera y sin mencionar el papel que poseían los municipios en los mismos, se arrogaba ahora la facultad de ofrecer a Ignacio de

Loyola que la Compañía los tomase bajo su amparo, una petición que suponía, en la práctica, que esta los dirigiera de la forma que proponía. A ella se le reservaba el nombramiento de una persona que en cada casa leyese todos los días la doctrina a quienes quisieran oírla a las horas que había previsto, a la caída del día después del trabajo y después de vísperas en las fiestas, pero no menciona para nada la organización interna de «las casas de recogimiento», que es el nombre que prefirió usar en la carta, ni el tipo de enseñanza que se impartía en ellas. Solo, contradiciéndose en parte, reconocía que su extrema pobreza era la causa de la falta de personas que las rigiesen y para paliarla se le ocurrió que participaran de los beneficios económicos de la distribución de gracias espirituales. Pesquera sugería que se procurase que «las casas de recogimiento de niños de la christiandad» gozasen de las indulgencias concedidas a las casas de «los niños e niñas pobres de Roma» prestándoles obediencia directamente a ellas o al provincial de la Compañía de Jesús o al rector del colegio más próximo donde faltara administrador que pudiera hacerlo. Estas indulgencias se extenderían, además, a los donantes de limosnas en sus testamentos y a los que pidieren que los niños acompañasen sus entierros.

No hace falta decir que la propuesta que Pesquera presentó a Ignacio de Loyola con tanto ahínco no fue atendida y, aunque desconocemos cuál fue la reacción a la que dio lugar, cabe imaginar, si hubo respuesta, que se adujo una razón similar a la que expresó el P. Araoz respecto a la absorción de los colegios de Juan de Ávila. Los colegios de los Niños de la Doctrina permanecieron como estaban, dependientes de los concejos, sin relaciones entre sí y con escasos recursos. Pesquera pudo inspirarse en el colegio de San Juan de Letrán de México para la idea del beneficio de las indulgencias, pero si pensó en las casas de niños de Roma fue porque creyó que estaban vinculados a la Compañía. Es posible que tuviera en mente los orfanatos romanos de Santa María in Aquiro, instituido para niños, y Santi Quatro Coronati, para niñas, que dependían de una cofradía y en cuyos inicios había participado Ignacio de Loyola.[87] Ambos, conservando una fuerte relación con los jesuitas, habían

---

[87] Una breve información en Jean Delumeau (1957): *Vie économique et sociale de Rome dans la seconde moitié du XVIe siècle,* t. 1, París: De Boccard, pp. 1, 410, que se basa en Camillo Fanucci (1601): *Trattato di tutte le opere pie dell'alma citttà di Roma,* Roma: per Lepido Facij & Stefano Paolini ad instanza di Bastiano de' Franceschi, pp. 169-171. En efecto, el mismo Ignacio se refiere a estas obras de sus primeros años en Roma: «Si fecero in Roma con l'aiuto del pelegrino et delli compagni alcune opere pie, come sonó li Catechumeni, santa Marta, gli Orfanelli, etc.», *Acta Patris Ignatii scripta a P. Luduvico González de la Cámara,* en *Fontes Narrativi* en Societatis Ihesu (1943): *Fontes narrativi de Sancto Ignatio de Loyola. Volumen I. Narrationes scriptae ante annum 1557,* Monumenta historica Societatis Ihesu, Roma: Altera editio, pp. 502-502. La noticia había sido también recogida anteriormente, en 1547, con nota aclaratoria de los editores que citan la bula que mencionamos a continuación, en la *Epistola Patris Laynez de P. Ignatio,* en Societatis Ihesu: *Fontes narrativi...,* o. cit., pp. 126-127. Asimismo, con una descripción más extensa, por Polanco: «Comenzó también desde entonces la obra de los *niños,* en la cual se remedian tantas ánimas y cuerpos de personas huérfanas; y no sólo en Roma se comenzó, pero aun en otras muchas partes y con ayuda especialmente del Mº Íñigo en algunas. También se comenzó la obra de las

recibido el respaldo pontificio por medio de una bula de Paulo III en 1541 que aprobaba la cofradía que los regía y les otorgaba los privilegios e indulgencias a las que él aspiraba para sus colegios. Su función era semejante: el alojamiento de huérfanos a los que se les enseñaba a leer, escribir y doctrina cristiana para colocarlos después en oficios.[88] Fuesen o no fuesen estas instituciones en las que estaba pensando, al escribir la carta, Gregorio de Pesquera renunciaba a las pautas que él y Lequetio habían seguido en la creación de los colegios que había auspiciado, y se situaba fuera de las directrices inscritas en el memorial de 1552, porque no se concibe cómo creía que fueran compatibles. Como les ocurrió a muchos discípulos de Juan de Ávila, debió de convencerse en algún momento de que la época heroica de las reformas individuales, de la que él era un oscuro representante, había terminado y que la supervivencia de los colegios solo podía ser garantizada por su integración en una entidad superior, organizada y disciplinada. Pesquera había saqueado la *Primera parte de las obras del duque de Gandía y la Segunda parte de las obras del illustríssimo señor don Francisco de Borja, con otras muy devotas,* editadas ambas por Juan de Brocar en Alcalá en 1550, para incluir en la segunda parte de la *Doctrina* dos obras tomadas de la primera, que no eran de Francisco de Borja, y otra de la segunda que sí lo era,[89] pero que se sirviera de estas ediciones no explica por sí solo que escribiera al fundador de la Compañía de Jesús en el sentido en el que lo hizo.

La falta de testimonios que demuestren que sostuviera relaciones personales anteriores con los jesuitas es sobradamente compensada por el hecho indudable de que Juan de Lequetio no ignoraba la fuerte inclinación de su tío hacia los mismos y que esta era anterior a su elevación al episcopado. Ya en 1541, Pedro Fabro informaba a Ignacio de Loyola de que en el séquito del cardenal Tavera, con quien se encontró casualmente cerca de Toledo cuando él venía desde Alcalá de Henares, iba «un doctor, el qual es del consejo, que se llama el Doctor Bernard, muy afeccionado

---

niñas huérfanas [...]», *Summarium Hispanum de origine et progressu Soc. Iesus auctore P. Ioanne de Polanco,* en Societatis Ihesu: *Fontes narrativi...,* o. cit., p. 198.

[88] Siguiendo la descripción que hizo Fanucci, la cofradía de la Visitación de la Inmaculadísima Virgen María de los Huérfanos «Hanno accomodato uno Spedale, ouero monistero contiguo alla Chiesa, nel quale é un gran numero di fanciulli orfani, que si gouernano, con nutrirli, vestirli, custodirli e instruirgli nella Dotrina Christiana, imparandogli di leggere, scriuere e altre virtù con grande carità e pietà», Camillo Fanucci: *Trattato...,* o. cit., p. 170. La cofradía se llama simplemente de Santa María de la Visitación de los Huérfanos en la bula, Roma, 7 de febrero de 1541, *Bullarium Diplomatum et Privilegiorum Sanctorum Romanorum Pontificum Taurinensis editio,* en Luigi Tomasetti (1860): *Bullarum Diplomatum et Privilegiorum Sanctorum Romanorum Pontificum Taurinensis editio,* t. 6, Turín: Augustae Taurinorum, Seb. Franco et Henrico Dalmazzo Editoribus, pp. 306-312.

[89] La editada con el título *De la perfección de la vida espiritual* era, como se indicaba, una carta de san Bernardo y el texto de la *Doctrina* que se corrrespondía con la *Doctrina que un religioso embió a un cavallero amigo suyo,* en realidad de autoría dudosa. Sí pertenecía a Francisco de Borja *La obra de la confusión compuesta por un deuoto varón,* que ciertamente reproducía su *Breve tratado de la confusión,* Ana Martínez Pereira: «La Doctrina...», o. cit., pp. 7-8. Sobre estas obras y las atribuciones espurias, Cándido de Dalmases y Jean François Gilmont (1961): «Las obras de san Francisco de Borja», *Archivum Historicum Societatis Iesu,* 30, pp. 129-130, 151, 154-155.

de mucho tiempo a nuestras cosas».[90] El «mucho tiempo» no podía ser tanto, pero la conducta posterior del doctor Bernal con la Compañía siempre fue de una fidelidad inquebrantable que se acentuó después de que fuera nombrado obispo de Calahorra y durante su estancia en Trento. Antes, a lo largo de 1542, mantuvo correspondencia con Ignacio de Loyola, solicitó su mediación en varios asuntos y que enviara algunos miembros de la naciente Sociedad a España y las Indias.[91] Alfonso Salmerón escribía asimismo a su prepósito general desde Trento en junio de 1546 que entre los miembros de la «coxquillosa» nación española que le mostraban «buena voluntad» destacaba «el doctor Bernal, que escrevía algunas vezes á V. R., y es conocido de los nuestros allá en Spagna».[92] No vamos a seguir por este camino y basten estas referencias, que podrían multiplicarse, pero conviene recordar sus repetidas peticiones, también desde Trento y después de su regreso, para que la Compañía le prestase padres que misionaran su diócesis, requiriendo especialmente que hablasen vascuence, y que tanta insistencia le valió para que el mismísimo Ignacio de Loyola lo llamase «ángel de los vascongados».[93] Polanco contaba que el obispo de Calahorra envió a su sobrino a Burgos para rogarle al P. Francisco Estrada que hicieran lo propio Gaspar Loarte y don Diego de Guzmán, aunque en este caso fuese para lugares de lengua castellana.[94] El sobrino por excelencia era Juan de Lequetio, quien, como

[90] Carta de Pedro Fabro a Ignacio, Madrid, 27 de octubre de 1541, Societatis Ihesu (1914): *Fabri Monumenta. Beati Petri Fabri, primi sacerdotis Societatis Iesu, epistolae, memoriale et processus ex autographis aut archetypis potissimum deprompta*, Monumenta historica Societatis Ihesu, Madrid: Typis Gabrielis Lopez de Horno, p. 129.

[91] Véase la carta de Ignacio de Loyola a Juan Bernal Díaz de Luco, Roma, 16 de enero de 1543, Ignacio de Loyola (1903): *Sancti Ignatii de Loyola Societatis Jesu fundatoris epistolae et instructiones. Tomus Primus 1524-1548*, Monumenta historica Societatis Ihesu, Madrid: Typis Gabrielis Lopez de Horno, I, n.º 59, pp. 239-242.

[92] El P. Alfonso Salmerón a Ignacio de Loyola, Trento, 4 de junio de 1546, *Epistolae P. Alphonsi Salmeronis*, Ignacio de Loyola: *Sancti Ignatii…*, o. cit., n.º 6, pp. 18-19.

[93] Cf. su carta a Ignacio de Loyola, Trento, 31 de enero de 1551, Societatis Ihesu (1900b): *Epistolae mixtae ex variis Europae locis ab anno 1537 ad 1556 scriptae*, Monumenta historica Societatis Jesu (mhsi), vol. 5, Madrid: Augustinus Avrial, n.º 1297, pp. 720-721, y la respuestas de este, Roma, 17 de febrero de 1551, Ignacio de Loyola (1903b): *Sancti Ignatii de Loyola Societatis Jesu fundatoris epistolae et instructiones. Tomus Quintus 1553*, Monumenta historica Societatis Ihesu. Madrid: Typis Gabrielis Lopez de Horno, n.º 1582, pp. 319-320. Y las otras que el doctor Bernal le remite desde Trento el 9 de marzo de 1551, ibídem, n.º 1582 bis, pp. 321-322, y el 8 de abril del mismo año, ibídem, n.º 1671 bis, pp. 368-371. Algunas referencias en Tomás Marín Martínez (1954): *El obispo Juan Bernal Díaz de Luco y su actuación en Trento*, Madrid, Barcelona: Instituto Enrique Flórez, pp. 269, 273-277, del mismo autor: «Testamento del obispo Juan Bernal Díaz de Luco (1495-1556)», en *Miscelánea Antonio Marín Ocete*, vol. 2, Granada: Universidad de Granada, 1974, p. 596.

[94] *Vita Ignatii Loiolae)* (= Chronicon Societatis Iesu), Juan Alfonso de Polanco: *Vita Ignatii…*, o. cit., p. 399. Polanco sitúa esta petición en 1554, pero Loarte y Diego de Guzmán realizaron su campaña misional por La Rioja, la diócesis calagurritana, el primero predicando y el segundo enseñando la doctrina, durante 1553. En la correspondencia de ambos se dice claramente que el doctor Bernal dirigió la petición a Francisco de Borja, no a Francisco de Estrada. Polanco cuenta que el obispo hizo la misma petición para que se enviaran padres a Vizcaya, Juan Alfonso de Polanco: *Vita Ignatii…*, o. cit., p. 436. Juan de Hubilla, relatando a Polanco el periplo misional que hizo con el P. Miguel de Ochoa, vascoparlante, por las provincias vascas, dice: «El obispo de Calahorra todo el tiempo que estaua el Padre en Oñate, screuía a que fuesse para Vizcaya», en carta a Polanco, Loyola, 1 de agosto de 1554, Societatis Ihesu (1900): *Epistolae mixtae…*, o. cit., 1900, n.º 843, pp. 282-285. Por

sabemos, fue albacea de su tío y heredero de sus bienes. Francisco de Borja lo trataba de caballero cuando escribía a Diego Laínez desde Valladolid en febrero de 1559. Este trato confirma que Juan de Lequetio siempre había conservado su condición de laico hasta esa fecha y que, como tal, había realizado el rosario de fundaciones de los colegios de los niños. Por esta carta sabemos que, antes de morir, el doctor Bernal le ordenó que entregase 1500 ducados de la hacienda que le había dejado para que se fundase un colegio de la Compañía en Logroño. Esta manda fue «de palabra» y es inútil buscarla en su testamento.[95] Por supuesto, estaba dispuesto a cumplir su voluntad porque fue él mismo quien elevó la petición a la Compañía para que se llevara a cabo la fundación con el dinero que tan íntimamente se le había confiado.[96]

Gregorio de Pesquera terminaba su carta a Ignacio de Loyola rogándole encarecidamente que le respondiera «con brebedad, porque yo estoy de buelta para las Yndias, de donde vine, de México, a procurar por vn colegio y casa de cerca de docientos niños, que allí se a hecho, con el enperador y con su consejo, a llebar buenas personas que estén en ellas y en otras que se esperan hazer, que, como he dicho, por falta dellas cesan». Y añadía, dorando la píldora, como argumento definitivo de persuasión, que la casa mexicana había sido proveída con dos mil ducados anuales que no dudaba que servirían para que en ella hallasen «los desa santa Conpañía gran boluntad y rrefugio en el Señor quando bayan». Pese a que su empeño fue vano y se le pueden disculpar las exageraciones, se debe reconocer que todo lo que decía era verdad, salvo dos matizaciones: el cobro de las rentas concedidas al colegio no fue tan seguro y él no volvió tan en breve a México como esperaba porque no lo hizo hasta 1558.[97] En este intervalo de tiempo se vería implicado en un incidente

---

fin, es el mismo Francisco de Borja quien contaba a Ignacio de Loyola los encarecidos ruegos del doctor Bernal en la carta remitida desde Oñate, 28 de febrero de 1553, primero por carta y «Después de la que me escriuió, ha embiado vn capellán a visitarme con nueuas ofertas, y no de cumplimiento, a mí pareçer, mostrando tanto amor en sus letras a todos los de la Compañía, que dize que por ellos se ha de regir su obispado, y que han de tener su casa por propria; y esto mesmo ha dicho algunas vezes publicamente delante de otras personas. Espero en el Señor que, con darnos el prelado este calor, se hará gran prouecho en esta tierra. Su majestad lo encamine a mayor honrra y gloria suya», Francisco de Borja (1908): *Sanctus Franciscus Borgia, quartus Gandiae dux et Societatis Jesu praepositus generalis tertius*, t. 3, Monumenta Historica Societatis Ihesu, Madrid: Typis Gabrielis Lopez del Horno, n.º 67, pp. 133-136. Francisco de Borja no consideró necesario dar el nombre de este capellán, pero por lo que se verá a continuación no parece que se tratara de Lequeitio.

[95] Tras indicar que había una persona que había dado 4000 ducados para la fundación escribía: «dexado aparte que el señor obispo de Calahorra, que esté en el cielo, quando hizo su testamento, dexó a vn cauallero, sobrino suyo, que se llama Lequetio, su hazienda, y de palabra le ordenó que diese 1500 ducados para vn collegio de la Compañía: aunque por aberse entrado en ella el Rmo. nuncio, no ha habido effecto. Verdad es que se tiene grande esperança, con la venida del Rmo. de Verona que se aurá aquello: y juntado todo, será buena cosa», Francisco de Borja a Diego Laínez, Valladolid, 21 de febrero de 1559, Francisco de Borja: *Sanctus Franciscus...*, o. cit., n.º 156, p. 429.

[96] P. Antonio Astrain (1914): *Historia de la Compañía de Jesús en la Asistencia de España*, t. 2, Madrid: Administración de Razón y Fe, p. 51.

[97] Lino Gómez Canedo: *La educación de los marginados...*, o. cit., p. 247.

del que fue involuntariamente protagonista, pero que nos va permitir acercarnos al conocimiento de su modo de vida, de la permanencia de sus convicciones más profundas y de su carácter, al menos en esta época. Él mismo lo relataría cuando se querelló ante el Consejo de Indias en mayo de 1555 contra Ambrosio Rótulo, de modo que puede reconstruirse por su querella y las declaraciones de los testigos que fueron interrogados.[98] Su inicio manifiesta la aureola de prestigio que iluminaba a fr. Bartolomé de las Casas y el papel que este conservaba en la corte porque a su residencia en el Colegio de San Gregorio de Valladolid había acudido para pedirle ayuda Baltasar, un indio, traído siendo un niño de Guatemala, su tierra natal, que servía como esclavo en casa de Rótulo. Después de oírle, el obispo de Chiapas, que así continuaban llamándole todos, ordenó a Pesquera que lo llevase a casa del licenciado Briviesca, consejero de Indias, «para que lo oyese y le diese al dicho Anbrosio Rótulo para que no le hiçiese mal y le dexase pedir su justiçia». En estos términos se expresó Gregorio de Pesquera en la denuncia que presentó ante los consejeros. El primer testigo de la información abierta, Miguel de Trujillo, fue más preciso.

El escribano lo describió como un «mancebito» de unos 17 o 18 años que lo acompañaba, pero él prefirió confesar que era su criado desde hacía unos diez años y que ello no le obstaría para que dejara de contar la verdad. Mancebito y criado, este mestizo era uno de los dos muchachos de la doctrina de México que habían venido con Pesquera y que con él regresarían más adelante a la Nueva España.[99] Miguel de Trujillo dijo que su señor fue al colegio para hablar con fr. Rodrigo y que él y don Francisco Tenamaztle le acompañaban. Así pues, Gregorio de Pesquera, después de su regreso de las Indias, se había reincorporado al círculo de los íntimos de fr. Bartolomé de las Casas, aunque siempre en una posición de inferioridad que aceptaba plenamente. Si fr. Rodrigo no era otro que fr. Rodrigo de Ladrada, el confesor de fr. Bartolomé, que anduviera por las calles de Valladolid con don Francisco Tenamaztle posee un interés supletorio. Apenas un mes después, el caudillo de la guerra del Miztón, «cacique o tatoán de la provincia de Nuchistlán y Xalisco», como él mismo se titulaba, deportado a la península, presentaba ante el Consejo de Indias el formidable alegato en el que justificaba su rebelión ante el Consejo de Indias, que sería elaborado, en última instancia, por el antiguo obispo de Chiapas en su papel de abogado defensor en el proceso. No parece casual, en consecuencia, que se le encuentre al lado de Pesquera,

---

[98] La querella es del 25 de mayo. Ese mismo día y el 28, 30 y 31 del mismo mes y el 5 de junio declararon los testigos, AGI, J, 1164, N. 6, R. 4.

[99] El otro se llamaba Juan Ruiz. La denominación de *muchacho* en la cédula ordenando a la Casa de la Contratación que se le pagase el pasaje y el matalotaje a ambos, Valladolid, 27 de septiembre de 1557, AGI, I, 1965, lib. 13, fol. 418rv. Dando su etnia y su naturaleza entre los criados y acompañantes de Gregorio de Pesquera en la licencia de pasaje de 24 de diciembre de 1557, Cristóbal Bermúdez Plata (1946): *Catálogo de pasajeros a Indias durante los siglos XVI, XVII y XVIII. Volumen III (1539-1559)*, Sevilla: Instituto Gonzalo Fernández de Oviedo, n.º 3, pp. 798, 289.

quien, como hemos visto, hablaba náhuatl, la lengua mexicana, y que al menos durante un tiempo fue responsable de su alojamiento en la corte.[100]

Trujillo siguió contando que no sabía de qué hablaron Baltasar y fr. Bartolomé de las Casas porque conversaron a solas, aunque sí estuvo presente cuando este llamó a Gregorio de Pesquera y le dijo que fuese a casa del licenciado Briviesca. Las Casas esperaba que Gracián de Briviesca, como consejero, actuase y atendería al indio, pues, según dijo, era cosa que le tocaba «por el deudo que avía entrellos». Pesquera escribió en la querella que, cuando iban de camino, le salió al paso Ambrosio Rótulo «y me le tomó (al indio) por fuerza y le dio delante de mí cozes y calabazadas en una escalera y le metió en su casa, arrastrando en una cámara, y a mí me hechó y hizo hechar a rempujones medio arrastrando y dándome de puñadas él y los de su casa la puerta afuera». Todas sus advertencias y reconvenciones para que lo dejase porque lo llevaba al consejero para que se «le oyese de su justicia» fueron vanas. Las afrentas y las injurias que recibió y el maltrato que le daba a Baltasar continuaron y, cuando le avisó de «que me quexaría de la fuerza ante vuestra alteza, dixo que no se le daba un caracol por ello».

[100] Sobre Francisco Tenamaztle, al que el virrey don Luis de Velasco ordenó pasaportarlo a España en 1552, Miguel León Portilla (1995): *La flecha en el blanco. Francisco Tenamaztle y Bartolomé de las Casas en lucha por los derechos de los indígenas 1541-1556*, México: Diana. Puede leerse aquí la edición de lo que se conserva del proceso en Valladolid (AGI, M, 205, N. 11; cf. Lewis Hanke y Manuel Giménez Fernández: *Bartolomé...*, o. cit., n.º 404, pp. 171-172, 137-178. En el mismo nunca sale a relucir el nombre de Gregorio de Pesquera. Este libro ha sido reeditado *ad litteram* con el título de *Francisco Tenamaztle, primer guerrillero defensor de los derechos humanos*, Miguel León Portilla (2005): *Francisco Tenamaztle, primer guerrillero defensor de los derechos humanos*, México: Diana. Bartolomé Clavero ha abordado un análisis del proceso desde una renovadora óptica histórico-jurídica, subrayando el problema de la medición de la intervención de Las Casas en el alegato nominalmente de Temaztle. Para este autor, sería fundamental el juego entre el derecho indígena, que presuntamente defiende y representa en persona Tenamtazle, y «el modelo imperial y religioso» de Las Casas, Bartolomé Clavero (2002): *Genocidio y justicia. La destrucción de las Indias, ayer y hoy*, Madrid: Marcial Pons, pp. 31-52. Los datos que ha aportado Mira Caballos acaban con las especulaciones de León-Portilla sobre la estancia de Tenamaztle en la corte y su final. Llegaría a Valladolid en mayo de 1554 y se le asignaron cuatro reales diarios para el mantenimiento. Constan gastos de la atención médica que recibió en sus últimos meses antes de su fallecimiento, que este autor sitúa el 10 de noviembre de 1556, aunque se produjo antes, según se comprobará a continuación, Esteban Mira Caballos (2003): «Indios nobles y caciques en la Corte real española, siglo XVI», *Temas Americanistas*, 16, pp. 9-10, y, del mismo autor, «Indios y mestizos en la España Moderna. Estado de la cuestión», «Indios y mestizos en la España Moderna. Estado de la cuestión», *Boletín Americanista*, 57, 2007. Queda constancia de los mandamientos girados a Ochoa de Luyando para que liquidara a Cristóbal de San Martín, solicitador fiscal del Consejo, los gastos que estaban a su cargo de cama y salario de un criado de don Francisco, de Valladolid, 8 de enero, 28 de marzo y 11 de septiembre de 1556, AGI, Indiferente, lib. 23, ff. 215v, 227v, 224v-245. Un mandamiento del 26 de septiembre indica que estaba enfermo y otro de 31 de octubre ordenando que se le diesen cuatro ducados al doctor Peñaranda por haberlo visitado desde el 25 de septiembre al 5 de octubre ya lo daba por difunto, AGI, Indiferente, lib. 23, fols. 249, 253v. Una cédula de la princesa Juana mandaba a Ochoa de Luyando que le pagara «a Gregorio de Pesquera seis mill mrs. que le mandamos dar por lo que gastó con don Francisco Tenamaztle, yndio, en el tiempo que le tubo a cargo en el alquiler de su cama y posada y salario de una ama y un moço y en otras cosas», Valladolid, 14 de julio de 1556, AGI, Indiferente, lib. 23, fol. 239. Bartolomé Clavero advertía en la obra recién citada sobre su análisis del proceso, dado que no se ha encontrado hasta ahora fallo o sentencia, salvando la hipótesis que plantea: «naturalmente no se me escapa que puede haber otras explicaciones para la irresolución del caso, como la de que Tenamaztle falleciera». Pues bien, es lo que ocurrió.

Este exabrupto, que fue entendido como desacato al Consejo, fue la cuestión que más irritó a los consejeros en las diligencias que se abrieron de inmediato y contribuiría a que la demanda que había presentado para que le fuera hecha justicia y que el indio fuera depositado en poder de otra persona fuera oída. Pero las declaraciones que hicieron los seis testigos del altercado fueron mucho más detalladas y, excepto la de un tal Andrés de Herrera, que era primo hermano de la mujer de Ambrosio Rótulo y que hizo todo lo que pudo para ridiculizarle, fueron favorables a la versión de Gregorio de Pesquera. Además, describieron a las personas que participaron y recogieron las circunstancias y las palabras que se pronunciaron mejor que lo que él mismo había hecho y empeoraron la impresión que causaba la conducta de Rótulo, que aparecía, secundado por los que le ayudaron, como un hombre violento y colérico. Él había sido en todo momento el agresor. Por el contrario, Pesquera, el agredido, nunca abandonó su actitud pacífica, reclamó siempre la razón por la que llevaba al indio al Consejo y soportó pacientemente los insultos con que le apostrofaron. Incluso el indio esclavo demostró su dignidad. Cuatro testigos eran criados o pajes del doctor Suárez de Toledo, un alcalde de casa y corte. Uno de ellos contó que, cuando Rótulo le dijo «Vellaco, perro, para qué te fuyste», Baltasar le respondió «Señor, yo no soy esclauo». Estos testigos no supieron el nombre de Pesquera hasta que todo acabó, así que no tenían prejuicios sobre él. Juan Ruiz de Briviesca, otro criado del alcalde que testificó y el de mayor edad, lo retrató como «un honbre vermejo que anda en ávito de clérigo que dizen que haze por los yndios» y declaró que, cuando un criado del presidente del Consejo Real, que no era otro que el citado Andrés de Herrera, lo tildó de bellaco, borracho, loco y perdido, mientras que en tono amenazante aseguraba que le conocía, Pesquera contestó, apesadumbrado y con los colores subidos a la cara: «Si yo soy borracho y vellaco y loco, sed vos o vuestra merçed, señor, bueno, mas habláys muy mal».

La humildad, virtud cristiana, contrastaba para estos testigos con la soberbia del agresor, si bien tampoco ellos dieron noticia de su persona y es probable que las únicas referencias que Pesquera tuviera de él fueran las que le dio Baltasar a fr. Bartolomé de las Casas. Ambrosio Rótulo era un hombre de negocios florentino que debía de gozar de una situación económica de cierto desahogo. Avecindado en Almagro, unos años antes de este incidente se había casado con doña Teresa de Ribadeneira, hija de don Hernando Díaz de Ribadeneira, mariscal de Castilla y señor de Caudillo, regidor de Toledo. No recibió con su esposa una gran dote, por la que, por lo demás, tuvo que pleitear para cobrarla, pero con este matrimonio enlazó con una familia de la nobleza toledana.[101] Ruiz de Briviesca vio en el enfrentamiento un reflejo de la desigualdad y del menosprecio de clase que él, al fin y al cabo, un simple criado, no compartía. Sintió «muy gran conpasión y lástima del dicho Pesquera» y él mismo reprendió a Andrés de Herrera diciéndole «que si el Pesquera traxera çapato de terciopelo como los traya remendados, que creya que le hablara de otra manera». «Aunque pareçía honbre pobre», juzgó que el tratamiento que le había dado fue malo, feo, descomedido y afrentoso. Los dos últimos que testificaron, dos jóvenes pajes del alcalde Suárez de Toledo, no expresaron tanta conmiseración, pero sí añadieron dos elementos que terminan por perfilar quién era Gregorio de Pesquera, además de confirmar que andaba vestido con hábito de clérigo. Uno lo identificó como el administrador de los Niños de la Doctrina de Valladolid y el otro, que, sin saber su nombre, lo conocía de vista, lo había visto «yr a la cárçel real a hablar y dotrinar a los galeotes». Pero este hombre tan humilde no estuvo tan dispuesto a ser humillado y menos en una causa que le competía íntimamente y volvería a protestar para que no se aceptara el testimonio de Andrés de Herrera, el criado que le había pegado e insultado y que consideraba tan culpable como su agresor.

La pena que recibió Ambrosio Rótulo no debió de ser gran cosa. Primero, los consejeros ordenaron que se le confinara en la posada de un alguacil y, después, admitieron que tuviera por carcelería su casa, desde donde se quejaba a mediados de junio porque por no poder solicitarlos se le perdían los negocios que le habían llevado a ser vecino de la corte. Pese a sus lamentos, no los perdió. En abril de 1557 fue nombrado administrador y gobernador real de la mina de Almadén y, aunque llegara a ser acusado, entre otras cosas, infundadamente, de alquimista, se mantuvo en el cargo hasta que en 1562 los Fúcares recuperaron su administración.[102] De su esclavo Baltasar, por el contrario, sí fue desposeído. El licenciado Ágreda, fiscal del Consejo de Indias, logró demostrar que el indio, siendo un niño pequeño, había sido llevado con engaño desde Guatemala a Castilla hacía unos dieciocho años por un español que se lo había entregado y «se avía servido e seruya dél todo el dicho tienpo, como si fuera su esclabo syn título alguno e con mala fee siendo, como hera, libre de su nasçimiento». Más aún, el fiscal afirmó que había intentado venderlo y que, sabiendo que quería pedir su libertad, «le hacía malos tratamientos». Baltasar solicitó que le indemnizara con doce ducados por cada año que le había servido.

---

[101] Su suegro le debía todavía 425 000 mrs. de la dote, además de otras cantidades, cuando le cedió un censo en compensación el 20 de octubre de 1551. El asunto dio lugar a un pleito que no se sustanció hasta dos años después, ARCHV, Registro de ejecutorias, Caj. 768, 55.

[102] Antonio Matilla Tascón (1958): *Historia de las minas de Almadén*, Madrid: Minas de Almadén y Arrayanes, pp. 69-85.

La sentencia redujo esta cantidad a la tercera parte, pero le reconoció su libertad, y, pese a los argumentos contrarios y la apelación posterior de Ambrosio Rótulo, fue confirmada.[103]

De regreso a México

Gregorio de Pesquera terminó cumpliendo lo que le había anunciado a Ignacio de Loyola. La historia de su regreso a México y la de aquello que se sabe del resto de su vida ha sido contada por Gómez Canedo y no es necesario detenerse en ella. Volvió con unas constituciones para el colegio que lo convertían en un centro sin parangón entre sus homólogos metropolitanos, si no lo era ya desde que el rey lo cobijara bajo su patronazgo.[104] La real cédula que las contenía, de la que fue portador, le reconocía una posición especial, como una especie de gerente, en reconocimiento de que él había sido «el principio y fundación del dicho colegio y por la experiencia y noticia que tiene destas casas de niños», y por esta razón no cubría una función que fuera a institucionalizarse. Más importancia orgánica tenía que estuviera prevista la existencia de un rector y dos consiliarios que se rotarían en el ejercicio anualmente en un modo que guardaba cierta semejanza con los colegios menores universitarios. Para ocupar estos oficios, Pesquera viajaría acompañado de tres bachilleres teólogos que en el momento de la partida se vieron reducidos a dos, Juan Pérez de Barandalla y Francisco del Río,[105] pero apenas pasaron unos meses de su llegada para que sus esperanzas se vieran frustradas. El programa constitucional, tan ambicioso, concluyó, como explicara Gómez Canedo, en un absoluto fracaso, arrastrado desde el principio por los enfrentamientos personales. Seguramente, desde el punto de vista de Gregorio de Pesquera, los bachilleres no resultaron ser esas «buenas personas» que había dicho a Ignacio de Loyola que se necesitaban para que los colegios no decayeran. Según la carta que remitió a Felipe II en septiembre

---

[103] La sentencia, Valladolid, 13 de marzo de 1556, y la definitiva, 24 de junio, AGI, PR, 183, N. 2, R. 77. Con todo, no sería la última vez que Ambrosio Rótulo fuera denunciado por mantener en la esclavitud a un indio.

[104] Lino Gómez Canedo: *La educación de los marginados…*, o. cit., pp. 256-260. El texto de las constituciones, real cédula de 8 de septiembre de 1557, Lino Gómez Canedo: *La educación de los marginados…*, o. cit., pp. 349-352.

[105] Esta cuestión ha sido explicada por Gómez Canedo. En la cédula del 8 de septiembre de 1557 eran los bachilleres Juan Pérez de Barandalla, Francisco del Río y Miguel de Guía. Este último es sustituido por un tal Martín González en una segunda cédula emitida el día 16 (AGI, I, 425, lib. 23, fol. 304rv), que a la postre no llegaría a embarcarse, ib., 259. Una cédula dirigida a los oficiales de la Casa de la Contratación del 5 de diciembre y concedida a petición de Gregorio de Pesquera hablaba todavía de tres clérigos teólogos. Todos estaban enfermos y, temiéndose que empeorasen, ordenaba que se les diese en el navío que habían de embarcarse «un aposento razonable donde se puedan recoger y yr más acomodados», AGI, I, 1965, lib. 13, fol. 454rv. La enfermedad, sin duda, impidió que Martín González viajara. La licencia de pasaje del 24 de diciembre de 1557, ya citada, solo se refiere a Juan Pérez de Barandalla y Francisco del Río.

de 1558, las disensiones entre los dos ya procedían de Salamanca, donde presumiblemente habían sido reclutados, sin que las advertencias para que se corrigiesen hubiesen servido para nada, y se acentuaron durante la travesía y acabaron por afectar, una vez en México, a él mismo y al colegio.[106] «Son tantas las vejaciones, trabajos y angustias —escribía al rey— en que por sustentarlo me han puesto, que muchas veces he determinado dejar el colegio, y ansí lo pienso hacer fasta que por el visorrey y Abdiencia se ponga remedio porque no caiga esta obra y se remedie tan gran fuego». Sería demasiado suponer que este hombre no se presentara como víctima propiciatoria de las ambiciones de otros, que, según él, «han salido muy mozos y de poca discreción y esperiencia».

Es difícil saber a quién le asistía la razón. Pesquera creía que era por pundonor, el pundonor que atribuía a estos dos graduados universitarios, que menospreciasen su parecer sobre el modo de gobierno y funcionamiento del colegio, el menosprecio intelectual de la experiencia que él representaba. Alabando el recibimiento que le habían hecho, pensaba que el virrey y la Audiencia, a los que había acudido para que solucionaron el conflicto, eran de su opinión. Pero, aunque en parte la compartía, el criterio de don Luis de Velasco no dependía de una identificación sentimental. Se correspondía con el distanciamiento que cabía esperar de un alto y eficiente servidor de la corona. En una carta que dató unos días después de que Pesquera firmara la suya informó al Consejo de que las disputas entre ellos venían de que todos querían mandar. Había ordenado una visita del colegio y juzgaba que la aplicación de la nueva planta de las constituciones era imposible por su alto coste y porque sus pretensiones en la educación de los niños eran excesivas. Por estas razones, consideraba que bastaba con uno de los clérigos, mientras que a otro se le buscaría un acomodo, y con Pesquera, «aunque —concluía— dudo que se conformen por ser áspero de condición el Pesquera, aunque çelosso del seruiçio de Nuestro Señor y del bien y aprobechamiento del colegio». No obstante, todavía conservaba cierta esperanza en que la situación se arreglara, pues terminaba diciendo: «Hárase lo posible para conçertarlo y ponerlo en orden».[107]

---

[106] La carta, México, 26 de septiembre de 1557, que comenta Gómez Canedo, en Francisco del Paso y Troncoso (1940): *Epistolario de Nueva España. 1505-1818. Tomo VIII. 1555-1559*, México: Antigua librería Robredo, de J. Porrúa e hijos, pp. 225-227. No se puede dudar del testimonio de Pesquera respecto al origen salmantino en la falta de sintonía entre ambos bachilleres. Decía que el doctor Villagómez, del Consejo, «los hizo llamar y les dio una corrección en su casa». Diego de Villagómez, que había sido anteriormente regente de la Audiencia de Sevilla, era en ese año consejero de Indias, Ignacio J. Ezquerra Revilla: «Villagómez, Diego», en José Martínez Millán y Carlos J. de Carlos Morales (1998) (coords.): *Felipe II (1527-1598). La configuración de la Monarquía Hispana*, Salamanca: Junta de Castilla y León, p. 513.

[107] Lino Gómez Canedo: *La educación de los marginados…*, o. cit., pp. 247, 259-260. La carta del virrey, México, 30 de septiembre de 1558, de la que se sirve en AGI, M, leg. 19, 21. El párrafo completo es: «Gregorio de Pesquera, a quien V. Mt. mandó benir a tener cargo del colegio de los niños pobres recogidos desta Nueba España, vino y con él dos clérigos saçerdotes, con ynstruçión y orden de V. Mt. de lo que cada uno ha de hazer. Quieren mandar todos

Sería en este contexto en el que Gregorio de Pesquera escribió a fr. Bartolomé de las Casas relatando los sinsabores y desgracias que habían venido cayendo sobre él «después que de Sevilla partí y llegué a esta çiudad de México fasta el día de oy —se lamentaba— an sydo tantos los trabajos que en mucho papel y tiempo no se podría escrebir que a sydo nuestro Señor seruido de darme».[108] Ya estas frases iniciales son suficientemente expresivas del estado de ánimo en que se hallaba sumido y del tono que le inspiraba en todo lo que seguía. La terrible enfermedad que padecía desde hacía tres meses, o cien días, para ser más precisos, que no vacilaba en describir, lo tenía a las puertas de la muerte, no se podía esperar otra cosa de un hombre que, mientras redactaba, padecía una fiebre continua y estaba «hechando sangre por la boca de llagas del costado derecho por de dentro o del pulmón o del ygado». Por si fuera poco, sobrevivía gracias a que una caritativa mujer le cuidaba y le daba esperanza para seguir viviendo. Debió de hacerlo muy bien porque en aquel momento le quedaba de vida más de veinte años, pero eso obviamente él no lo sabía y, cuando escribía, estaba aparejado, «aunque no como debo, como puedo, de todo para que haga Dios su voluntad de mí».[109] Preparado entonces para morir, había ordenado su testamento. Encomendaba en el mismo, a manera de albaceas, a fr. Bartolomé de las Casas, a un tal Antonio Vázquez, contador, y a Juan de Lequetio, que así escribió el apellido de su amigo, posiblemente las tres personas a las que más apreciaba, para que con los mil pesos que tenía pensado enviar «se ordene una obra en probecho de todos los yndios».

La carta, que debe ser leída teniendo presente que cierto estilo tendente a la exageración y a los tintes melodramáticos parece inherente al carácter de su autor, no está datada, pero los personajes que cita y los acontecimientos que cuenta nos aproximan a la fecha en que fue remitida. Así, antes de continuar desgranando las acechanzas en que se veía envuelto, Pesquera aseguraba que el virrey, don Luis de Velasco, el licenciado Zorita y el doctor Bravo le hacían «mil merçedes». No pudo ser escrita, por consiguiente, después de que este último, el doctor Juan Bravo, oidor

---

y no están bien abenidos ni cumplen la orden que V. Mt. les mandó dar, antes ay menos en la cassa que hauía antes de su venida y mucho más costa con sus salarios y es muy temprano para poner los niños desta cassa en más que aprender la doctrina cristiana y buenas costumbres y a ler [sic] y escriuir y, en sabiéndolo y en llegando a catorze o quinze años, sacarlos a ofiçios y seruiçio porque de más hedad no conbiene que estén en el colegio. El uno de los clérigos ha paresçido a mí y el doctor Brabo, a quien tengo encomendada la visita del colegio y a los diputados, que el uno de los clérigos salga del colegio y se le dé fuera tan buen entretenimiento como allí tiene y a él no le pesara. El otro bastará con Pesquera, aunque dudo que se conformen por ser áspero de condiçión el Pesquera, aunque çeloso del seruiçio de Nuestro Señor y del bien y aprobechamiento del colegio. Hárase lo posible para conçertarlo y ponerlo en orden».

[108] La carta, ológrafa, en AGI, I, 857. Su localización en Lewis Hanke y Manuel Giménez Fernández: *Bartolomé…*, o. cit., nº 461, pp. 197-198.

[109] Este párrafo puede verse transcrito en el lugar indicado de Lewis Hanke y Manuel Giménez Fernández: *Bartolomé…*, o. cit.

de la Audiencia mexicana, falleciese a principios de 1560.[110] Más adelante veremos que otros indicios permiten situarla en una fecha cercana de su regreso a México. Además, cuando escribía, creía que fr. Juan de Torres debía de estar todavía en la corte, desde donde le había enviado cartas a las que no había contestado porque, como le pedía a Las Casas que se excusara por él, «son tan cortas que no tengo a qué responder y aunque fueran largas no pudiera y que aya ésta por suya». Esta correspondencia refleja que existía entre ellos una amistad cimentada tiempo atrás que no es fácil de determinar, pero que pudo iniciarse durante la presencia de Pesquera por tierras de Guatemala y Chiapas, en la Vera Paz, donde misionaba fr. Juan de Torres.[111] Probablemente, el licenciado Alonso de Zorita, que lo conocería desde su reciente etapa de servicio en la Audiencia de Guatemala y, si era así, los elogios que le dedicó no venían de oídas, ignoraba las dificultades que había sufrido fr. Juan de Torres para llegar a España después de que fuera enviado por los dominicos de su provincia, pero en la carta que dirigió al rey a principios de 1558 suponía que ya se encontraba en la corte.[112] Partió entonces fr. Juan de Torres antes de que Pesquera volviera a México, quien no tenía noticia todavía de que su amigo dominico regresaría a las Indias como vicario general de su orden de la provincia de Nicaragua.[113]

Según rezaba su envoltorio, Gregorio de Pesquera envió la carta «Por bía del señor liçençiado Zorita, mi señor». Que se sirviera de este oidor para hacerla llegar a España es perfectamente coherente con el destinatario y con sus propias peripecias porque, aunque no parece que la relación personal entre ellos pudiera retrotraerse a una época anterior a su regreso, ambos se movían en la órbita lascasiana o, lo que viene a ser lo mismo, una cierta comunidad de ideas y la admiración que sentían por fr. Bartolomé de las Casas debió de unirles. Se sabe mucho más de Zorita de lo que es normal para un oidor indiano.[114] Alonso de Zorita fue nombrado para la

---

[110] María Justina Sarabia Viejo: *Don Luis de Velasco…*, o. cit., p. 47. Su sustituto en la oiduría, el licenciado Luis de Villanueva, fue nombrado el 26 de setiembre de 1560, Ángel de Altolaguirre y Duvale (1926): *Índice General de los Papeles del Consejo de Indias. Tomo IV,* Madrid: Tip. de la «Revista de archivos, bibliotecas y museos», p. 88. En el inventario de L. Hanke y M. Giménez Fernández se fecha «1565 (?)». Debe de tratarse de un error de imprenta, pero tampoco cabe ubicarla, como indican estos autores en la nota explicativa, durante el virreinato de don Antonio de Mendoza.

[111] Asignado al convento de Santo Domingo de Guatemala en el capítulo provincial celebrado en México el 4 de septiembre de 1547, Antonio Remesal: *Historia general…*, o. cit., 2, lib. VIII, cap. VI, pp. 118-120.

[112] «Y allá estará ya, con el ayuda de Nuestro Señor, vn padre dominico que se llama frai Joan de Torres, que fue á dar noticia á Vuestra Magestad de los negocios de Guatemala y es antiguo en aquella prouincia y muy buen rreligioso, y con gran heruor, zelo y cuidado a tratado estos negocios de los yndios», le decía Zorita al rey en su carta, México, 10 de enero de 1558, publicada por Manuel Serrano y Sanz en su edición de Alonso de Zorita (1909): *Historia de la Nueva España. Tomo Primero,* Madrid: Librería General Victoriano Suárez, p. 402.

[113] Antonio Remesal: *Historia general…*, o. cit., 2, lib. IX, cap. XIIII, p. 241.

[114] Ya presentó un esbozo biográfico Joaquín García Icazbalceta en *Nueva colección de documentos para la historia de Mexico,* Joaquín García Icazbalceta (1891): *Nueva colección de documentos para la historia de México. Tomo III. Pomar y Zurita (siglo XVI),* México: Imprenta de Francisco Díaz de León, pp. XII-XXXIX, muy ampliado y

Audiencia mexicana en 1556 y no llegó a la ciudad, desde Santiago de los Caballeros, en Guatemala, hasta el 9 de julio del mismo año.[115] Por entonces, Pesquera andaba por Valladolid y, cuando lo conoció, aún no se había convertido en el historiógrafo que llegaría a ser tras dejar la oidoría y abandonar la Nueva España y las Indias definitivamente en 1566. Más que su biografía como funcionario letrado al servicio de la corona serían las obras que escribió en su retiro jubilar en Granada, que nunca vio impresas, las que han llamado la atención sobre su persona de los historiadores. Es cierto que carecen de originalidad y que su calidad literaria y su habilidad compositiva han merecido juicios contradictorios, pero su valor e importancia, desde el momento en que aprovechó las crónicas, algunas de ellas hoy perdidas, que le suministraron sus amigos y conocidos, especialmente los franciscanos, son indudables.[116] Fueron las convicciones que conservaba en ellas las que procurarían la simpatía de Gregorio de Pesquera, que no lo conoció como escritor, sino según su conducta como oidor. Tampoco en ello hay unanimidad entre los estudiosos. Ya Serrano y Sanz lo veía condicionado por «su carácter algún tanto codicioso», si bien le reconocía que estaba «limitado siempre por una estricta sujeción a la ley moral», en la biografía que escribió para introducir su edición de la *Relación de la Nueva España* que Benjamín Keen consideró que estaba viciada por su evidente antipatía a Zorita de la escuela de fr. Bartolomé de las Casas.[117] Para Germán Vázquez, «pocos

corregido, con un fundamental aporte documental, por Manuel Serrano y Sanz, «Vida y escritos del doctor Alonso de Zorita», que sirve de introducción a: Alonso de Zorita: *Historia...*», o. cit., pp. VII-CX. Hay que consignar que, bajo este título de *Historia de la Nueva España*, editó Serrano y Sanz la primera parte de la *Relación de la Nueva España*, de cuyo manuscrito se dispone hoy de una edición completa. A partir de estos autores montó su reseña biográfica Joaquín Ramírez Cabañas en el prólogo a Alonso de Zorita, *Breve y sumaria relación de los señores de la Nueva España*, Alonso de Zorita, *Breve y sumaria relación de los señores de la Nueva España. Prólogo y notas de Joaquín Ramírez Cabañas, México: Universidad Nacional Autónoma de México, 1963 [1942], pp.* V-XXI, que es una reedición de la misma obra de García Icazbalceta en el volumen citado. Volvió sobre el Benjamin Keen en la introducción a la traducción al inglés de la misma obra con el título *Life and Labor in Ancient Mexico: The Brief and Summary Relation of the Lords of New Spain*, Alonso de Zorita: *Life and Labor in Ancient Mexico: The Brief and Summary Relation of the Lords of New Spain*, New Brunswick: Rutgers University Press, 1963, pp. 3-77. También Germán Vázquez en su edición de Alonso de Zorita: *Relación...*, o. cit. Por fin, después de varios artículos previos, la biografía de Ralph H. Vigil (1987): *Alonso de Zorita. Royal Judge and Christian Humanist, 1512-1585*, Norman: University of Oklahoma Press. Se debe hacer notar que no aparece Gregorio de Pesquera en ninguna de estas obras.

[115] Ralph H. Vigil: *Alonso...*, o. cit., p. 159.

[116] Para la disparidad de juicios, los autores citados, pero para la importancia de Alonso de Zorita como transmisor, al menos, de la cronística perdida son imprescindibles las muchas referencias que se encuentran en Georges Baudot (1983): *Utopía e Historia en México. Los primeros cronistas de la civilización mexicana (1520-1569)*, Madrid: Espasa-Calpe. Baudot desveló documentalmente cómo todos sus intentos para que se publicaran sus obras resultaron baldíos ante el silencio del Consejo de Indias, del que se quejó amargamente, Georges Baudot: *Utopía...*, o. cit., pp. 455-456. Un estado de la cuestión en el capítulo que le dedicara Ralph H. Vigil como «Anthropologist and Historian», siempre desde una óptica benévola, en Ralph H. Vigil: *Alonso...*, o. cit., pp. 265-294.

[117] Manuel Serrano y Sanz en: Alonso de Zorita: *Historia...*, o. cit., p. XIII. Naturalmente, dado el gusto de Serrano y Sanz por el retrato psicológico, estos diagnósticos menudean. Así, para entender su actuación en el juicio de residencia en 1549 de Miguel Díaz de Armendáriz en la Audiencia de Nueva Granada que se le había encargado, Zorita era el «tipo aquel del hombre que marcha por el camino de la ley sin caer en los abismos de la

cronistas de Indias habrán disfrutado, o padecido, una vida tan anodina, vulgar y grisácea como el oidor Alonso de Zorita»,[118] una conclusión biográfica que depende en demasía del significado que se le dé a los calificativos que emplea si se quiere que hubiese sucedido así en un hombre que pasó casi veinte años desplazándose desde La Española a Nueva Granada y de ahí a Guatemala y México, viéndose implicado en asuntos nada anodinos, y, por fin, la visión amable de Ralph H. Vigil, que lo resumió, como dicta el título del libro que le dedicó, como juez real y humanista cristiano.

No obstante, tal vez, suavizando los perfiles con que lo retrata, haya que darle en parte la razón al citado Germán Vázquez cuando dice que, en el mundo de la política novohispana, Zorita «fue en primer lugar un apasionado seguidor de la facción proindia y, después, un funcionario de Su Majestad».[119] Pero sería precisamente por esta razón por la que, para Pesquera, fuese un hombre en quien se podía confiar, un «hombre muy cristiano, y por su bondad amado comúnmente de los indios», como escribiría años más tarde fr. Jerónimo de Mendieta.[120] Es lo que pensaban del oidor los otros frailes, aunque no solo los frailes, de su mismo partido. Fr. Francisco de Bustamante, comisario general de los franciscanos, fr. Pedro de la Peña, el provincial dominico, y fr. Alonso de la Vera Cruz, vicario provincial de los agustinos, llevaron las alabanzas hasta el extremo en la carta que dirigieron a Felipe II en julio de 1561. Se ensalzaba la carrera de Alonso de Zorita al servicio del monarca. Primero, en la Audiencia de los Confines, donde «todo con gran zelo del servicio de Dios y de V. M.; e, a costa suya y rriesgo de su vida, amparó y defendió a los rreligiosos de las Ordenes que ay allí, grandemente, de los españoles encomenderos. De todo lo qual no pocos daños, pérdidas, persecuçiones y enfermedades se le causaron». Después, en México, donde «ha trabajado mucho en lo que toca a los yndios e su doctrina. E my zeloso al servicio de V. M., gran trabajador, muy rrecogido y de sancta vida y exemplo». Para terminar, pidió que no se cursase licencia para su regreso a España, licencia que, por otra parte, él mismo había solicitado escudándose en su sordera,[121] y que se le hiciese merced de alguna ayuda, pues su misma pobreza

---

injusticia, pero también sin llegar á las cimas de la generosidad y de la abnegación», Alonso de Zorita: *Historia…*, o. cit., p. XXXI. El juicio de B. Keen sobre la opinión de Serrano Sanz que se recoge en el texto es una traducción libre de la frase del historiador norteamericano, cuya simpatía, por el contrario, por el oidor es asimismo evidente, Alonso de Zorita: *Life and Labor…*, o. cit., p. 59.

[118] En la introducción a Alonso de Zorita: *Relacións…*, o. cit., p. 9.

[119] Alonso de Zorita: *Relación…*, o. cit., p. 29.

[120] El juicio de Mendieta en su *Historia eclesiástica indiana,* Gerónimo de Mendieta (1870): *Historia eclesiástica indiana,* ed. por Joaquín García Icazbalceta, México: Antigua Librería, lib. III, p. LIX, que menciona Joaquín Ramírez Cabañas en su edición, citada, Alonso de de Zorita: *Breve y sumaria…*, o. cit., pp. XII-XIII.

[121] La petición, a la que hacen referencia todos los autores que se mencionan, en la carta dirigida al rey, México, 21 de enero de 1558, publicada por Serrano y Sanz: «Vida y escritos del doctor Alonso de Zorita», Alonso de Zorita: *Historia…*, o. cit., pp. LXVII-LXXI.

era «gran testimonio de su bondad y recogimiento y santo zelo, demás que a las tres Ordenes nos sería gran orfandad su ausencia».[122]

Casi en idénticos términos, incluso más extensamente, escribieron al rey, y esta vez centrándose monotemáticamente en su persona y sus servicios, los dos primeros y fr. Agustín de Coruña, el provincial de los agustinos.[123] Se entiende entonces que el mismo fr. Jerónimo de Mendieta, a principios de 1562, en consonancia con estos pareceres, propusiera a fr. Francisco de Bustamante que abogara para que Zurita se hallase entre los tres jueces que poseían las virtudes necesarias para constituir el tribunal que debía dedicarse en exclusiva a juzgar los asuntos de los indios.[124] Y una opinión semejante al mismo tiempo sostenía el relator de la Audiencia de México Francisco de Morales, que no dudó en presentarlo al rey como ejemplo de visitador capaz de desvelar las corruptelas de sus colegas y los oficiales reales y de los abusos y excesos que cometían los encomenderos en el trato a los indios.[125] Si Pesquera recurrió a Zorita fue porque pensaba de él lo mismo que los frailes y porque sabía que mantenía con fr. Bartolomé de las Casas una frecuente relación epistolar y que gozaba de su confianza. En la época de su carta todavía no había presentado su fantástico proyecto de conquista de la tierra de los chichimecas siguiendo la vía pacífica, tan lascasiana, ensayada en la Vera Paz, ni había dado muestras en sus obras del aprecio extremo que sentía por fr. Bartolomé.[126] Por este medio, Pesquera, que gozaba de suficiente familiaridad con quien llamaba su señor, respaldaba la veracidad de aquello que relataba en su carta.

Gregorio de Pesquera hacía al arzobispo de México, fr. Alonso de Montúfar, el primer responsable de sus desdichas. De él había recibido «munchas malas obras e bejaçiones y agrabios», y todavía esperaba recibir más porque sabía, aseguraba, «que soy cosa que toca a Vuestra Señoría». Según su versión, pese a sus protestas

[122] La carta, 26 de julio de 1561, editada por Ernest J. Burrus (1972): *The Writings of Alonso de la Vera Cruz. Spanish Writings: II. Letters and Reports*, vol. 12, Roma: Jesuit Historical Institute, pp. 177-189.

[123] Ralph H. Vigil: *Alonso…*, o. cit., p. 159. La carta, sin fecha, todavía en México, en Joaquín García Icazbalceta (1889): *Nueva colección de documentos para la historia de México. Tomo II. Códice Franciscano (siglo XVI)*, México: Imprenta de Francisco Díaz de León, pp. 249-250.

[124] Como miembro de ese tribunal especial en la carta de fr. Jerónimo de Mendieta de 1 del enero de 1562 a fr. Francisco de Bustamente, citada en Manuel Serrano y Sanz: «Vida y escritos del doctor Alonso de Zorita», Alonso de Zorita: *Historia…*, o. cit., p. LXVIII, y por B. Keen: *Alonso de Zorita: Life and Labor…*, o. cit., pp. 44-45, y Ralph H. Vigil: *Alonso…*, o. cit., p. 183.

[125] Sobre esta carta, de 9 de abril de 1562, Ralph H. Vigil: *Alonso…*, o. cit., pp. 194-197.

[126] Sobre aquel proyecto, con la bibliografía anterior sobre el tema a la que puede acudir el lector interesado, Ralph H. Vigil: *Alonso…*, o. cit., pp. 217-221, pero no está de más de recordar el juicio tan negativo de Serrano y Sanz: «Por mucho que en la expedición al Nuevo México buscase Zorita, como él decía en todas sus cartas, la salvación de los indios, la propagación de la fe católica y los intereses del Monarca, es indudable que su verdadero fin era allegar medios con que pasar una vejez tranquila, pues el oficio de Oidor se compadecía de mal en peor con la fatal sordera que le aquejaba», «Vida y escritos del doctor Alonso de Zorita», Zorita (1909: LXXXI). La alabanza a Las Casas, tintada de admiración, en Alonso de Zorita: *Historia…*, o. cit., pp. 10-11.

de que era lego, el prelado le había sometido a la jurisdicción eclesiástica, le había encarcelado y echado cadenas para forzarle a declarar que era clérigo de corona, confusión que estaba justificada si recordamos que tenía costumbre de ir vestido como tal. La Audiencia no le ayudó y no fue liberado hasta que el virrey, que estaba fuera de la ciudad, regresó. Su situación era tal que «donde pensé benir a seruir a Dios, he venido a muy grandes trabajos y estorbos y bejaçiones y en fin aguardo la muerte por momentos», y le pedía a fr. Bartolomé de las Casas que abogara para que obtuviera provisiones del Consejo para que el virrey y la Audiencia le amparasen «no permitiendo que yo sea bejado ni estorbado de nadie, y que si hiçiere cosa que no deba, que ellos me castiguen»; es decir, que se le considerase laico a todos los efectos y se le eximiese de las autoridades eclesiásticas. Pesquera no explicaba cuál era el pretexto del que se había valido el arzobispo para perseguirle, pero estaba seguro de que este estaba apasionado contra él y que «la causa primera de su pasión es que ya sabía dicho que yo hera criado de vuestra señoría y porque tiene entendido que vuestra señoría fue en que no le diesen los diezmos». Si esto era cierto, fr. Alonso de Montúfar creía que la influencia de Las Casas en la corte había contribuido a que la corona detuviera la imposición del diezmo eclesiástico a los indígenas en 1555 y en 1557, pero es que, además, con estas palabras, Gregorio de Pesquera se presentaba como víctima del agrio debate sobre esta cuestión que enfrentaba al arzobispo con los religiosos de las órdenes mendicantes, una pugna cuyo inicio ya tuvo ocasión de conocer antes de su partida de México y que alcanzaba, precisamente en 1558, el momento de máxima tensión.[127] Cuando regresó, los escritos polémicos y las exposiciones fundamentales sobre esta cuestión candente ya habían sido enviados por los diferentes partidos en litigio a la corte y no pudo, si es que tuvo ocasión de hacerlo, colaborar en su elaboración. Solo en un ambiente como el que se estaba viviendo, en el que estaba en juego la constitución de la Iglesia mexicana, se puede entender que el arzobispo otorgara a la opinión de un hombre como él la importancia que decía que le daba. Sin embargo, la conversación que, según relataba, ambos sostuvieron al poco de su llegada da esta impresión:

---

[127] Georges: Baudot (1965): «L'institution de la dîme pour les Indiens du Mexique. Remarques et documents», *Mélanges de la Casa de Velázquez*, 1, pp. 167-221, del mismo autor: *Utopía...*, o. cit., pp. 57-69; sobre la posición específica de fr. Toribio de Benavente Motolínea, *Utopía...*, o. cit., pp. 296-313. Para un panorama completo, Paulino Castañeda Delgado (1984): «Problemas sobre diezmos en las Antillas y en la Nueva España (1501-1585)», en *Estructuras, gobierno y agentes de la administración en la América española (siglos XVI, XVII y XVIII). Trabajos del VI Congreso del Instituto Internacional de Historia del Derecho Indiano en homenaje al Dr. Alfonso García-Gallo*, Valladolid: Casa-Museo de Colón, pp. 61-93. Desde una visión general, de la querella entre las órdenes y los obispos, el clásico Robert Ricard (2005): *La conquista espiritual de México. Ensayo sobre el apostolado y los métodos misioneros de las órdenes mendicantes en la Nueva España de 1523-1524 a 1572*, México: Fondo de Cultura Económica, pp. 359-386; sobre el asunto de los diezmos, en particular, Robert Ricard: *La conquista...*, o. cit., pp. 374-376.

Y abladole yo, quando llegué, trató comigo por probarme lo de los diezmos y que él tubiera cantidad de clérigos con que remediara su arzobispado y no se le fueran tantas ánimas al ynfierno como se le ban por culpa de los religiosos y de los que lo estorbaban, y que el religioso hazía lo que podía más que no hazía nada por causa que eran pocos y estaban sugetos a la obediencia y el clérigo hiría de una parte a otra. Y yo dixe como todos tenían que hazía más un religioso que ningún clérigo. Y entonzes me dixo, como aquel que deseaba tomarme en algo, que el honbre que tal dixese que él lo castigaría a su plazer, y asy de ally adelante buscó causa que para me prender, vejar o molestar.

Por la razón que fuera, fr. Alonso de Montúfar encontró en Gregorio de Pesquera una persona a quien declararle en síntesis apretada la posición que tan vehementemente defendía frente a los frailes y quienes los apoyaban, el virrey Velasco, especialmente, desde el inicio de su episcopado. En sus palabras resuenan, si no todos, sí aspectos centrales de su concepción eclesiológica fundamental de la Iglesia diocesana europea de clérigos mantenidos por la recaudación del diezmo eclesiástico, ya explícita en el concilio mexicano de 1555 que se reunió bajo su presidencia, y la aspiración de destruir el poder logrado por las tres órdenes mendicantes, tal como estas estaban implantadas en la Nueva España.[128] La frase que le atribuía Pesquera a Montúfar acerca de que un gran número de almas, de las que era pastor, se le iban al infierno por culpa de los frailes y sus secuaces puede calificarse de brutal, pero no estaba tan alejada en cuanto a su inspiración de la denuncia que enviara al Consejo de la Inquisición el 31 de enero de 1558 de la disertación *De decimis* que fr. Alonso de la Vera Cruz, por mencionar uno de los escritos más señalados de este agustino sobre la cuestión, leyó en la Universidad de México en el curso 1554-1555.[129] Por su parte, en su breve respuesta, Gregorio de Pesquera se hacía eco de las tesis sostenidas por fr. Alonso de la Vera Cruz y de los diferentes provinciales de las

---

[128] Magnus Lundberg (2002): *Unification and Conflict: the Church Politics of Alonso de Montúfar OP, Archbishop of Mexico, 1554-1572*, Uppsala: Swedish Institute of Missionary Research. El conflicto con los mendicantes atraviesa todo el episcopado de fr. Alonso de Montúfar que se estudia en esta obra, pero véase, sobre todo, Magnus Lundberg: *Unification...*, o. cit., pp. 137-148, y su clara relación de la polémica de los diezmos, Magnus Lundberg: *Unification...*, o. cit., pp. 149-172. Hay edición en español, Magnus Lundberg (2009): *Unificación y conflicto: la política eclesiástica de Alonso de Montúfar, Arzobispo de México, 1554-1572*, Zamora de Hidalgo: El Colegio de Michoacán.

[129] Son los indicados por Georges Baudot: «L'institution...», o. cit. Para el arzobispo, la pretensión de fr. Alonso de la Vera Cruz consistía en «hazer una nueva Iglesia contra lo ordenado por la Santa Madre Iglesia cathólica romana, y questa Iglesia esté en poder de frayles, como lo está, y que no aya clérigos; y esos que ay, que sean expelidos del ministerio de la Iglesia», según decía en la introducción de la durísima denuncia citada en el texto, Georges Baudot: «L'institution...», o. cit., apéndice, doc. 8, pp. 217-221. Escrita por su teólogo de cámara, el también dominico fr. Bartolomé de Ledesma, la publicó completa Burrus en *The Writings of Alonso de la Vera Cruz. Defense of the Indias: their Privileges*, Ernest J. Burrus (1976): *The Writings of Alonso de la Vera Cruz. Defense of the Indias: their Privileges*, vol. 11, Roma: Jesuit Historical Institute, pp. 731-836. Una asequible explicación de la posición de Vera Cruz en la cruda polémica con fr. Alonso de Montúfar ofrece Josep-Ignasi Saranyana (1992): «Tres teólogos académicos mexicanos del siglo XVI: Vera Cruz, Ledesma y Pravia», *Hispania sacra*, 44 (90), pp. 554-556.

órdenes, claramente alineado con ellos, con el virrey y con Alonso de Zorita.[130] De esta manera, siempre según su versión, se convirtió en objeto de la ira del arzobispo, quien, frustrado porque no pudo castigarlo con la prisión, «no allando por qué bexarme, permitió que en una comedia me sacasen a mala parte en su yglesia y de ally me sacaron en otras partes». Tanto sufrimiento como padecía, en consecuencia, y que llamaba a la compasión del lector de su carta, se resolvió, metamorfoseado en personaje cómico, en sujeto ridiculizado en la farsa, en un vejamen literario, de forma que provocó la irritación de sus amigos hasta el punto de que él mismo, contaba a fr. Bartolomé, tuvo que apaciguar al licenciado Zorita para que se limitase a reprender al arzobispo por lo que le estaba haciendo pasar.

Si estos eran los términos en que se desenvolvía su relación con fr. Alonso de Montúfar, Gregorio de Pesquera dedicó la segunda parte de la carta a relatar su difícil situación en el colegio. Tal como la describía, ya estaba en la que se encontraría cuando, posteriormente, el oidor Ceínos hizo la visita que mencionamos más adelante. Había sido apartado de su gestión, los diputados que velaban por el funcionamiento de la institución le habían marginado y, si se hace caso a su queja, estos no hacían el menor caso de las disposiciones que contenía la real cédula que había traído para su ordenación.

> Suplico [escribía a fr. Bartolomé de las Casas] a Vª Sª me ynbié una çédula desos señores muy faborable en que manden para que en las cosas que tocan al aumento espiritual y temporal de las cosas del Colegio, asy en la dotrina como en lo de la hazienda, como en la horden de todo, entre con los diputados cada y quando se juntaren para ello y pueda deçirlo sobre el bien y utlilidad y probecho de todo entiendo y me pareçe porque lo que Su Mgt. mandó por su probisión que yo solicitase sobre la hazienda y personas del Colegio no lo an querido entender, antes al rrebés, an procurado de me hechar del Colegio muy afrentossamente.

En qué consistió esto último él mismo lo explicaba. Los diputados le habían exigido que diese fianzas sobre la administración de la hacienda del colegio y, como

---

[130] Como eco de sus opiniones expresadas en los distintos informes y cartas remitidas al rey. Véase una buena muestra en los editados por Baudot y Ernest Burrus, Ernest J. Burrus (1968): *The writings of Alonso de la Vera Cruz. Spanish Writings: I. Sermons, Counsels, Letters, and Reports,* vol. 3, Roma: Jesuit Historical Institute, pp. 108-119, del mismo autor: *The Writings…,* o. cit., 1972, pp. 114-163. Baste la referencia al meditado informe de Zorita, contrario a la imposición del diezmo y al del virrey Velasco de principios de 1558. Ambos en Georges Baudot: «L'institution…», o. cit., apéndice, doc. 4, pp. 199-208; doc. 5, pp. 209-212. Zorita admiraba a fr. Alonso de la Vera Cruz y conocía bien los obstáculos que habían impedido la publicación del *De decimis*: «lo cognosçí y traté entendiendo en tan sanctas obras a que es muy aficionado, sin jamas mostrar alguna manera de fastidio ni cansancio, aunque es ya de mucha edad; y he oydo que ha escripto un tratado sobre si á los naturales de aquellas partes se les a de pedir diezmos por ahora, y que le an hecho gran contradiçión los obispos y que por esto no se a publicado», Alonso de Zorita: *Historia…,* o. cit., p. 14.

no pudo o no quiso hacerlo porque contravenía lo ordenado por el rey, se la habían dado a un tercero que estuvo dispuesto a hacerlo. «Todo se va a perder y nada se remedia y es muy gran lástimas y de llorar y yo no entenderé en lo de los niños», se lamentaba, y el virrey y la Audiencia, a los que tanto había alabado antes, no habían movido un dedo para evitarlo. Ahora se olvidaba del arzobispo porque «anme hecho tantas ynjurias, afrentas y molestias los diputados que tienen el colegio a carguo y ellos son los que procuraron que se me hiçiese ynjurias en lo de las comedias que me traxeron y otras mayores afrentas que me hiçieron y han hecho y hazen cada día». Relatando en estos términos su lamentable estado, acababa su carta, antes de enviar recuerdos a sus conocidos, que se movían en el entorno de fr. Bartolomé de las Casas, y le pedía a este que obtuviera para él una provisión que le permitiera moverse libremente, fuese para volver a España o por «sy quisiere llegar a Guajaca o a Guatemala o a otra parte a entender en hazer algún Colegio pueda syn impedimento alguno».

No parece que Gregorio de Pesquera llegara a embarcarse en otra actividad fundadora. En los años siguientes el Colegio de San Juan de Letrán siguió funcionando, pero la intención de don Luis de Velasco no se coronó con el éxito. El concierto entre los contendientes parece que se reveló imposible. Mientras que el bachiller Francisco del Río intentaba a mediados de 1561 obtener la dignidad de tesorero de la catedral de México, prácticamente al mismo tiempo, Gregorio de Pesquera había sido excluido del colegio. Para la consecución de su pretensión, Francisco del Río se ayudó de una información en la que los testigos, declarando que se había ocupado en cosas de caridad al servicio de Dios y alabando sus cualidades como teólogo y predicador, aseguraron que reunía la calidad, los méritos y la suficiencia necesaria para ocupar la prebenda.[131] Pesquera fue finalmente víctima de la visita al colegio del doctor Ceínos en 1561-1562.[132] Como ha estudiado Gómez Canedo, aunque, en principio, la Audiencia le era propensa, la mayoría de los testimonios que se reunieron durante la investigación del personal de la institución le fueron desfavorables y parece que en su transcurso hasta llegó a ser encarcelado. Incluso el oidor visitador, que lo apreciaba y reconocía el papel que había tenido en su fundación, no tuvo más remedio que admitir que su áspero carácter le había hecho insoportable hasta el punto de que nadie quería trabajar a su lado. En estas condiciones, la conclusión

---

[131] «Ynformaçión reçibida de ofiçio en la Audiençia real de la Nueua España sobre los méritos y sufiçiençia del bachiller Francisco del Río, presbítero. Ba ante su magestad a su Consejo de Yndias», México, 5-28 de julio de 1561, AGI, M, 206, N. 44.

[132] Para todo este asunto, de donde se toma lo que sigue, Lino Gómez Canedo: *La educación de los marginados...*, o. cit., pp. 246-249, 260. Francisco de Ceínos aparece normalmente solo como licenciado. Se respeta aquí el grado que le otorgara Gómez Canedo. Sus dos periodos como oidor de México, 1530-1546 y 1558-1567, en Ernst Schäfer (2003): *El Consejo Real y Supremo de las Indias*, t. II, Valladolid: Consejería de Educación y Cultura, p. 392.

no podía ser otra que la que fue. El informe que presentó a la Audiencia dibujaba un panorama positivo acerca de la marcha del colegio, aunque alejado de los planteamientos de 1557, lo que contrastaba por completo con el memorial que elevó Pesquera.[133] Este, comprendiendo que esta visión tan optimista hacía prescindible su presencia, procuró defenderse exponiendo un escenario completamente diferente en el que subrayó los aspectos más negativos, la mala educación de los niños, la falta de disciplina, la pésima administración de los recursos; la degradación, en fin, que había supuesto que se hubiese prescindido de su dirección.[134] De esta forma, Gregorio de Pesquera demostraba que seguía conservando en su cabeza el modelo ideal de colegio de Niños de la Doctrina a cuya plasmación había dedicado los últimos veinte años de su vida, pero no volvería a tener la oportunidad de ensayarlo.

Los Pesquera de Sevilla. El retorno a Burgos

No hay manera de evitar que pensemos que sea una afortunada casualidad que precisamente entonces, a partir del regreso a México, se recuperen los testimonios de la relación de Gregorio de Pesquera con su familia. Su hermano Francisco, el curial y canónigo, sabía que residía en las Indias, sin poder o querer especificar de manera más concreta dónde, cuando mandó en su testamento que se le diesen doscientos ducados porque era la cantidad que él se había llevado de más de la herencia de los padres. Parece, por tanto, que en su caso sí quiso ajustar las cuentas antes de abandonar este mundo, aunque al legar una limosna a los niños de la Doctrina de Burgos no lo hizo porque los relacionara con su hermano.[135] Por su parte, como también ha expuesto Gómez Canedo, durante el proceso de la visita del colegio mexicano, algunos testigos acusaron a Gregorio de Pesquera de dedicarse a los negocios. Se decía que, en su último viaje desde España, hacía unos tres años, había traído mercaderías, entre ellas libros y órganos, que luego exigía que le pagasen los compradores que se habían negado a hacerlo porque se las había vendido a precios excesivos. Un tal Andrés Gutiérrez, que actuaba como su agente, declaró que había prestado en su nombre una importante cantidad de dinero a censo y que había enviadosetecientos pesos a su hermano Antonio para adquirir mercancías.[136] No había nada ilegal en este comportamiento, excepto quizás la dureza con que, como

---

[133] Lino Gómez Canedo: *La educación de los marginados…*, o. cit., pp. 260-262.
[134] Lino Gómez Canedo: *La educación de los marginados…*, o. cit., pp. 262-265.
[135] «Yten, mando a los niños de la dotrina cristiana veynte e çinco ducados en limosna porque tengan cargo de rogar a Dios por mi ánima y ansimismo mando a los niños de la dotrina christiana doçe ducados para el dicho efeto», «Ejecutoria del pleito sobre cumplimiento del testamento de Fancisco de Pesquera, canónigo», f. 5.
[136] Lino Gómez Canedo: *La educación de los marginados…*, o. cit., p. 247.

acreedor, trataba a sus clientes deudores, pero esa actividad no parece que fuera compatible con su posición en el colegio. Todo indica que, aunque fuera a tiempo parcial, Gregorio de Pesquera había vuelto a su oficio original de mercader. Antonio de Pesquera, el hermano al que se refirió este último testigo, ya estaba comerciando desde Sevilla en 1542, cuatro años antes de que lo encontremos en ella formando una compañía para comprar pastel en las Azores, una actividad que le ocupaba en operaciones de cierta envergadura.[137] Gregorio, por tanto, pudo volver a verle en las diversas ocasiones que pasó por la ciudad para embarcarse hacia las Indias o cuando regresó de ellas. Antonio se desplazó a Burgos en 1560 para hacerse cargo de la herencia de Francisco de Pesquera, pero un Diego de Pesquera, que había sido criado de este y reclamaba que se le liquidaran siete mil ducados de sus bienes, pidió al corregidor ante quien se inició el pleito que impidiera que se volviera a Sevilla, ya que temía que entonces no cobraría nunca.[138] Si llegó a recibir el dinero que demandaba es otra cuestión porque Antonio de Pesquera viviría a orillas del Guadalquivir hasta su muerte.

Mercancía y dinero abrían las puertas para situarse en el mundo mercantil sevillano, pero Antonio de Pesquera debió de hacer uso además de sus habilidades sociales. Cuando se casó en 1549, disponía, según su propia confesión, de un capital de 5000 ducados, y en esta cifra se valoraron los bienes dotales que su mujer, Isabel de la Fuente, llevó al matrimonio, una cantidad notable para haberse desembolsado en un medio burgués.[139] No se le puede considerar que por entonces fuera un comerciante destacadamente rico, pero conservaba las relaciones que había tejido la familia durante generaciones y gozaba de la suficiente liquidez como para hacer frente a las letras de cambio que giraban sus parientes a su nombre desde Amberes.[140] Fernando de la Fuente, su suegro, se contaba entre los mercaderes de Indias más importantes, con capacidad para comprometerse en empresas arriesgadas que

---

[137] Sobre esta compañía, Enrique Otte Sander: *Sevilla…*, o. cit., pp. 102, 183, 316. Solo en el plazo de menos de una semana, 30 de junio y 2 de julio de 1546, el mercader burgalés avecindado en Sevilla Fernando de Castro se comprometía a pagarle a Antonio de Pesquera 337 500 mrs. por cien cargas de pastel y el jurado Alonso de Vanegas se obligaba por él y por Fernando de Sevilla, un vecino de Baeza, a liquidarle 535 106 mrs. del resto de 1 085 231 mrs., que había sido el importe de algo más de 321 cargas de pastel. Ambas deudas le fueron saldadas al año siguiente, AHPSE, PNS, leg. 10.570, fol. 742rv, fols. 768v-769. Basas lo consignaba como factor en Sevilla del mercader burgalés Cristóbal de Ayala en 1547, Manuel Basas Fernández (1965): «Mercaderes burgaleses en la Sevilla del siglo XVI», *Boletín de la Institución Fernán González*, 164, p. 494.

[138] «Ejecutoria del pleito sobre cumplimiento del testamento de Francisco de Pesquera, canónigo», f. 1 bis.

[139] El importe de la dote y de los 800 ducados que entregó en arras en el testamento de Antonio de Pesquera, Sevilla, 4 de agosto de 1583, AHPSE, PNS, leg. 6.026, fols. 955-957v. Ambas cantidades las repetiría su viuda en su testamento, Sevilla, 28 de agosto de 1598, AGS, CME, 566, 31 (ante Juan de Velasco, AHPSE, PNS, leg. 7415, año 1598, lib. 3).

[140] El 16 de febrero de 1553 pagaba 2000 ducados al mercader flamenco Maximiliano Lapostelle sobre una letra de cambio remitida por un Ayala, quizás Gregorio, desde Amberes el 24 de octubre del año anterior, AHPSE, PNS, leg. 9.170, fol. 442.

requerían la movilización de capitales fuertes.[141] El enlace suponía asimismo su integración en la potente burguesía sevillana de ascendencia conversa, como si se revistiera de cierto carácter simbólico y representativo de la competencia, si no amigable, matrimonial, de los dos grupos burgueses autóctonos implicados en el comercio atlántico al que se dedicaba.[142]

Cuando murió en su casa de la cal de Catalanes, en la collación de Santa María, en 1583, Antonio de Pesquera dejó viuda y once hijos, de los cuales cuatro eran varones y seis menores de 25 años, que quedaron bajo la tutela materna.[143] Entre estos últimos no se contaban dos de las hijas, doña Mencía y doña Leonor, que eran monjas profesas en el convento sevillano de Madre de Dios. La primera vivía en este convento con el hábito de novicia desde diez años antes de que en octubre de 1576 se dieran los pasos protocolarios previos a la profesión definitiva, la renuncia de la herencia que le correspondía y la entrega de la dote. Siendo mayor entonces de

[141] Sobre Fernando de la Fuente, Ruth Pike (2000): *Linajudos and Conversos. Greed and Prejudice in Sixteenth-and Seventeenth-Century Spain,* Nueva York: Peter Lang Publishing Inc., p. 97; Juan Gil (2001a): *Los conversos y la Inquisición sevillana,* vol. 4, Sevilla: Editorial Universidad de Sevilla, p. 106. En ninguna de estas dos obras se menciona a Isabel de la Fuente como hija de Fernando de la Fuente, pero se deduce que lo era de las declaraciones de Gabriel de Santa Gadea y Diego García de Almonte en el proceso de apertura del testamento de Antonio de Pesquera, Sevilla, 5 de septiembre de 1583, AHP, SPE, PNS, leg. 6.027, fols. 84v-85v. Santa Gadea, ya viudo, dijo que estuvo casado con una hermana de Isabel de la Fuente. Su mujer, fallecida en 1571, se llamaba Jerónima de la Fuente. Diego García de Almonte, que confesó tener más de 50 años, dijo que estaba casado con una sobrina, pero debe tratarse de un error de transcripción. Su mujer, que moriría en 1594, era Ana de las Casas. Las dos eran hijas del matrimonio de Fernando de la Fuente y Leonor de las Casas, Ruth Pike: *Linajudos…,* o. cit., p. 111. Diego García de Almonte, él mismo un mercader de grueso de Indias, se había casado con Ana de las Casas en 1566, Enriqueta Vila Vilar y Guillermo Lohmann Villena (2003): *Familia, linajes y negocio entre Sevilla y las Indias. Los Almonte,* Madrid: Fundación MAPFRE, p. 29. Algunas noticias sobre Fernando de la Fuente como mercader, Eufemio Lorenzo Sanz (1986a): *Comercio de España con América en la época de Felipe II,* vol. 1, Valladolid: Diputación Provincial de Valladolid, p. 358. Como arrendador del Almojarifazgo mayor de Sevilla en 1559-1560, aunque fuese la ciudad quien se quedó con el mismo, Eufemio Lorenzo Sanz (1986b): *Comercio de España con América en la época de Felipe II,* vol. 2, Valladolid: Diputación Provincial de Valladolid, pp. 395, 398. Como socio en 1553 de la compañía que negociara la merced de 23 000 esclavos negros, invirtiendo 37 500 ducados, Enrique Otte Sander: *Sevilla…,* o. cit., pp. 271-273. Pero véase Eufemio Lorenzo Sanz: *Comercio…,* o. cit., pp. 512-515.

[142] Dejamos para otra ocasión la exposición de su actividad mercantil, de la que, por ahora, solo podríamos ofrecer algunos retazos, pero resulta expresiva de la variedad de sus intereses. En el transcurso de la misma llegó a ejercer como depositario general de Sevilla, una posición que exigía una solvencia económica contrastada. El 5 de abril de 1565 se le ve cobrando tres partidas de 52 581, 18 760 y 18 658 mrs. que la Audiencia de la ciudad había reconocido que se le debían del alcance resultante a su favor de la cuenta de su gestión tres años antes, AHPSE, PNS, leg. 3.424, s. f. Por el contrario, en su testamento se refirió a los 8000 ducados que continuaba debiendo del total de 12 500 ducados a que había sido condenado en el pleito que había sostenido con Antonio de Brun y Baltasar de Brun, el hijo de este, con los que había formado compañía y que tenía que pagar a un Francisco Gómez con quien se había concertado. Una cantidad como esta debió de afectar duramente a la economía familiar. También hizo mención a una cédula de cambio por importe de 500 ducados que había tomado a crédito de Juan de Quintanadueñas, hijo de Hernando de Quintanadueñas, operación en la que había intervenido asimismo Francisco Morovelli. Como se ve, entre burgaleses seguía el juego.

[143] Los mayores de 25 años eran Andrés de Pesquera, doña Catalina de Pesquera y Francisco Saenz de Pesquera; menores de esta edad y mayores de 16 años eran doña Jerónima, doña Isabel, Alonso y Fernando de Pesquera, de 10 años era doña Elena y de 9 doña Antona de Pesquera, según la carta de tutela y curaduría, Sevilla, 30 de agosto de 1583, AHPSE, PNS, leg. 6.207, fols. 79v-89v y en fol. 80rv.

16 años y menor de 25, sus padres debieron recluirla cuando era una niña, aunque quizás tuviera más edad doña Leonor, su hermana, cuando un año antes había ido a parar a la misma comunidad, quien pasaría por los trámites propios de la renuncia de herencia exactamente dos años después de que lo hiciera su hermana.[144] Como recordó su padre en su testamento, el convento recibió por cada una de ellas una dote de mil ducados y allí ya se encontraba doña Francisca de la Fuente, hermana de su mujer, a la que le pasaba una renta anual que, aunque módica, con sus 48 ducados suponía el doble de la asignación que había vinculado a cada una de las hijas.

Como hacían todos los mercaderes compatriotas en Sevilla, Antonio de Pesquera ordenó que se le sepultara en la capilla de los burgaleses del convento de San Francisco, el espacio sagrado de recreación trascendente de la comunidad originaria. De un modo u otro, los vínculos con la ciudad natal se mantenían por la continuidad del negocio en la relación con las ramas de la familia presentes en ambas ciudades o los continuos viajes de ida y vuelta, permanentes o temporales. Él mismo, como acabamos de ver, era responsable del patronazgo de las obras pías con las que había dotado su hermano a la ciudad de Burgos y esta fue una obligación que, compartida con el comendador del convento mercedario y los cofrades de la cofradía de la Creación de aquella ciudad, nunca cedió. En septiembre de 1572, en concreto, apoderó a Antonio de Salazar, un regidor de Burgos, con quien estaba emparentado y mantenía negocios comunes, para que cobrara 1 500 000 mrs. de los réditos que se estaban debiendo a los acreedores, entre ellos el condestable de Castilla, del censo de 9000 ducados que su hermano había situado para financiar su obra pía.[145] Pero en su caso la impronta familiar de las carreras eclesiásticas, pese a la lejanía, constituye todavía más un signo de reforzamiento de la vinculación. Pedro González de Pesquera, otro de sus hermanos, aunque con dificultades y después de solventar un pesado litigio, logró hacerse con la canonjía que había pertenecido a Francisco de Pesquera, con quien, como se ha visto, había llegado a un acuerdo en el pasado, para resignarla inmediatamente, seguramente que no sin contrapartidas, porque prefirió continuar disfrutando de su oficio de escritor del archivo apostólico en la curia romana.[146] Ignoramos cuánto tiempo se prolongó su vida, pero sería el suficiente como para que pudiera acoger en Roma a sus sobrinos, los hijos de Antonio, Andrés y Fernando.

---

[144] Doña Mencía de Pesquera renunció a la herencia del 4 de octubre de 1576 (AHPSE, PNS, leg. 17649, año 1576, lib. 5, leg. 17.649). El contrato de dote el 8 de octubre (ib.). La renuncia de doña Leonor el 17 de octubre de 1578 (AHPSE, PNS, leg. 12448 y 12449 1579, libs. 6 o 7), donde se hace referencia a la escritura de promesa de dote de 20 de agosto de 1575 (AHPSE, PNS, leg. 17642, año 1575, lib. 4). Todo en AGS, CME, 566, 31.

[145] Sevilla, 20 de septiembre de 1572, AHPSE, PNS, leg. 5.982, s. f.

[146] Pedro González de Pesquera reclamó la canonjía en julio de 1560, al poco de morir su hermano, y no le fue reconocida la posesión hasta 1564. Información sobre el litigio y el juego de resignaciones en AHCB.

Andrés, a quien se le ve apellidándose de Pesquera o del Castillo Pesquera, según le conviniera, fue el designado por la familia para volver al cabildo de la catedral de Burgos. Por lo pronto, debía de ser él quien recibiera los préstamos eclesiásticos que Francisco de Pesquera, como clérigo curial que se preciase, había acumulado en Roma, al menos de los que estaban situados en la diócesis burgalesa.[147] Lo que no sabemos es si este había decidido antes de fallecer cómo había de ser su distribución, porque, si no todos, varios le llegarían a Andrés, previa resignación en su persona de Gregorio de Pesquera.[148] Una maniobra de este tipo exigió, por consiguiente, la circulación de correspondencia entre Sevilla, México, Burgos y Roma, los vértices del cuadrilátero en que se movían los intereses y la presencia de la familia en la segunda mitad del XVI. Para obtenerlos hubo que movilizar recursos, porque la posesión supuso afrontar un pleito con un poderoso rival, don Pedro de Mendoza, arcediano de Huete y canónigo de la Iglesia de Cuenca, que se extendió como mínimo durante siete años desde que en 1565 sus procuradores los estuvieron reclamando en Burgos. En 1572 se mostraron los ejecutoriales favorables dictados en la curia y el procurador de su padre firmó una concordia con el cabildo que le permitió cobrar por fin los importes retenidos de los préstamos.[149] Es indudable que tuvo que pasar varios años en la universidad para adquirir el grado de doctor que tenía cuando murió su padre. Andrés se matriculó en primero de cánones en la Universidad del Colegio de Santa María de Jesús de Sevilla en septiembre de 1567,[150] pero sus estudios debió de proseguirlos en Salamanca, donde se le encuentra matriculándose en noviembre de 1570 y diciembre del año siguiente.[151] Tras sus cursos no se puede determinar dónde se graduó, salvo que en la primavera de 1575 asistió como testigo con su hermano Fernando a los exámenes de doctorado *in utroque iure* de Lope y Melchor de Villegas

---

[147] El 6 de abril de 1565 se presentaba ante los prebendados de Burgos la ejecutoria que le reconocía la propiedad de los préstamos a Andrés de Pesquera. Disponible en línea en <https://www.fundacioncajacirculo.es/AHCB_D.php?cod=6799L&nombre=Pesquera,%20Andrés%20de>. El 13 de octubre del mismo año apoderaba en Sevilla a los canónigos burgaleses Cristóbal Ayala, Antonio de Ayala, Andrés de Salazar, todos parientes suyos, y a unos vecinos de Burgos para que lo representaran. Disponible en línea en <https://www.fundacioncajacirculo.es/AHCB_D.php?cod=948V&nombre=Pesquera,%20Andrés%20de>.

[148] Según un informe de un abogado romano, fechado el 26 de febrero de 1571. Disponible en línea en <https://www.fundacioncajacirculo.es/AHCB_D.php?cod=7092L&nombre=Pesquera,%20Gregorio%20de>.

[149] Testimonios del acuerdo, el 31 de agosto de 1571, 29 de mayo y 12 de septiembre de 1572 y 1579, haciendo este último referencia a la resignación de Gregorio de Pesquera. Disponible en línea en <https://www.fundacioncajacirculo.es/AHCB_D.php?cod=27404&nombre=Pesquera,%20Andrés%20de>; <https://www.fundacioncajacirculo.es/AHCB_D.php?cod=21316L&nombre=Pesquera,%20Andrés%20de1>; <https://www.fundacioncajacirculo.es/AHCB_D.php?cod=21316L&nombre=Pesquera,%20Andrés%20de>; <https://www.fundacioncajacirculo.es/AHCB_D.php?cod=1066V&nombre=Pesquera,%20Andrés%20de>; <https://www.fundacioncajacirculo.es/AHCB_D.php?cod=6543V&nombre=Pesquera,%20Andrés%20de>.

[150] La matrícula el 25 de septiembre de 1567, AHUS, lib. 479, fol. 25v.

[151] Siempre en cánones, el 29 de noviembre de 1570, AUSA, lib. 289, fol. 53v, y el 24 de diciembre de 1571, AUSA., lib. 290, fol. 51.

en la Universidad de La Sapienza. Estos dos hermanos fueron registrados como originarios de Amberes e hijos de Diego de Villegas y Adriana de Corona. No se puede asegurar que el padre fuese el mismo licenciado Diego de Villegas que había hecho negocios en un tiempo con Gregorio de Pesquera, pero tampoco se puede dejar de mencionar que hasta en un acto de estas características había lugar para expresar la fortaleza de las relaciones mercantiles y la impronta de un lejano parentesco porque la conciencia de la procedencia común burgalesa conservaba toda su vigencia.[152] No debe sorprender, por consiguiente, que esto mismo ocurririera con más razón cuando los lazos de sangre eran aún más estrechos. No está de más recordar que ya en 1560, en su testamento, el canónigo Francisco de Pesquera había elegido a don Antonio de Villegas, abad de Cervatos, como uno de sus cabezaleros.

Durante todo este tiempo ni Andrés ni Fernando de Pesquera hicieron acto de presencia en Burgos. Como tampoco estaban en esta ciudad cuando, en febrero de 1581, el mismo procurador, el regidor Antonio de Salazar, presentó ante su cabildo catedralicio el breve pontificio que le otorgaba al primero la abadía de Salas.[153] Los dos hermanos estaban en Roma. Desde esta ciudad escribía el doctor Cristóbal de Mesa Cortés al cabildo de la Iglesia de Sevilla, del que era medio racionero, en julio del año siguiente, anunciándole que dejaba de ser su procurador ante la corte pontificia porque el papa le había proveído con una canonjía de Córdoba. De paso, se permitía aconsejar a sus compañeros capitulares sobre las calidades que debía reunir la persona a la que habían de encomendar tan delicado oficio y hasta sugería algunos nombres. Les decía, entre otras cosas, que el abad Andrés de

[152] La graduación de ambos, 29 de marzo y 9 de abril de 1575, con la relación de los examinadores y los testigos, haciendo notar que eran hijos del comerciante Diego de Villegas y Adriana Corona, Rafael Ramis Barceló (2017): *Doctores hispanos en Leyes y Cánones por la Universidad de La Sapienza de Roma (1549-1774)*, Madrid: Universidad Carlos III de Madrid, pp. 71-72. Hubo asimismo mercaderes Villegas afincados contemporáneamene en Sevilla. En el negocio de 1546 del pastel que se ha mencionado arriba, Antonio de Pesquera apoderó al burgalés Gregorio de Villegas, estante en Lisboa. Siete años después se le ve a este Gregorio de Villegas negociando con letras de cambio giradas desde la capital portuguesa a mercaderes de Sevilla, Sevilla, 12 de enero de 1553, AHPSE, PNS, leg. 9.170, fols. 198v, 199. Hay noticias sobre los Villegas Corona, hijos del matrimonio citado, de Amberes en Louis Gilliodts-Van Severen: *Cartulaire…*, o. cit., pp. 512, 524. Pero la sepultura de Adriana Corona, fallecida en 1579, en la iglesia de Nuestra Señora de Brujas. Entre los cuarteles que la ornaban estaban los de los Pesquera y los Ayala, Patrice Antoine de Beaucourt de Noortvelde (1773): *Description historique de l'Eglise Collegiale et paroissiale de Nôtre Dame de Bruges*, Brujas: chez Joseph de Busscher, p. 285. Toda la familia aparece retratada en el Tríptico Villegas-Corona de esta iglesia de Brujas.

[153] El breve, Gregorio XIII, de 15 de enero. En una serie de actos, 23 y 27 de febrero, 14 de julio de 1581, disponible en línea en <https://www.fundacioncajacirculo.es/AHCB_D.php?cod=29829&nombre=Pesquera,%20Andrés%20de>; <https://www.fundacioncajacirculo.es/AHCB_D.php?cod=29553&nombre=Pesquera,%20Andrés%20de>; <https://www.fundacioncajacirculo.es/AHCB_D.php?cod=29542&nombre=Pesquera,%20Andrés%20de>; <https://www.fundacioncajacirculo.es/AHCB_D.php?cod=29549&nombre=Pesquera,%20Andrés%20de>; la posesión de la dignidad también fue tomada por un procurador, 10 de marzo de 1582, disponible en línea en <https://www.fundacioncajacirculo.es/AHCB_D.php?cod=29985&nombre=Pesquera,%20Andrés%20de>; <https://www.fundacioncajacirculo.es/AHCB_D.php?cod=31538&nombre=Pesquera,%20Andrés%20de>.

Pesquera había hablado con él para recomendarle que, si el cabildo no nombraba a un prebendado de su gremio, su hermano Fernando de Pesquera, de quien aseguraba «que es muy virtuoso y de muy buen juizio», sería un candidato adecuado.[154] Andrés de Pesquera acabó desplazándose a Burgos a principios de 1583 para jurar personalmente los estatutos capitulares y hacer la profesión de fe que exigían las disposiciones tridentinas a los prebendados catedralicios.[155] Es posible que todavía estuviera en aquella ciudad cuando su padre murió,[156] de la misma manera que su hermano Fernando permaneció en Roma, pero el 4 de junio del año siguiente firmaba en Sevilla con sus hermanos doña Catalina y Francisco Sáenz de Pesquera y con su madre, esta por sí y en nombre de los menores, el documento notarial que otorgaba el poder de la familia a Gregorio de Pesquera, residente en la Nueva España, para cobrar el dinero y las deudas que se habían quedado debiendo a Antonio de Pesquera.[157] Gómez Canedo localizó todavía vivo a Gregorio de Pesquera en México en 1581.[158] Su cuñada y sus sobrinos creían que seguía viviendo casi tres años después y, lo que no es menos, esperaban que conservase la fuerza y la energía que le habían impulsado para describir un periplo vital tan extraordinario.

Ninguno de los numerosos hijos que engendraron Antonio de Pesquera y doña Isabel de la Fuente llegó a contraer matrimonio. Doña Elena y doña Antonia de Pesquera, que eran menores cuando murió su padre, renunciaron a sus legítimas en 1592 para hacer sus votos en el mismo convento en el que estaban sus hermanas. Ambas habían seguido los mismos pasos y habían sido encaminadas al mismo destino. La primera tomó el nombre en el claustro de sóror Elena de Santa Ana y la segunda el de sóror Antonia Evangelista; sus respectivas dotes fueron idénticas, mil ducados por cada una de ellas, a los que se añadieron otros mil para que se beneficiasen del rédito que generasen.[159] A Alonso, uno de los hijos varones, lo mataron

[154] El doctor Cristóbal de Mesa al cabildo de Sevilla, Roma, 24 de julio de 1582, ACS, IX, FHG, Caj. 11.272 A.

[155] El 23 de enero hizo lo primero y el 7 de febrero lo segundo. Disponible en línea en <https://www.fundacioncajacirculo.es/AHCB_D.php?cod=30105&nombre=Pesquera,%20Andrés%20de>; <https://www.fundacioncajacirculo.es/AHCB_D.php?cod=30111&nombre=Pesquera,%20Andrés%20de>.

[156] No estuvo como otorgante ni como apoderado en el poder que su madre, doña Isabel de la Fuente, y su hermana doña Catalina dieron a sus hijos y hermanos, respectivamente, a Francisco Saenz de Pesquera y Alonso de Pesquera para demandar a los oficiales de la Casa de la Contratación lo procedente del oro, plata, reales, cuero, grana, cochinilla, etc., que para Antonio de Pesquera hubiese venido de Tierra Firme y Nueva España, Sevilla, 14 de septiembre de 1583, AHPSE, PNS, leg. 6.027, fols. 90-93v.

[157] AHPSE, PNS, leg. 14.310, fols. 742v-744v [Instituto Hispano-Cubano de Historia de América: *Catálogo de los fondos americanos del Archivo de Protocolos de Sevilla*, t. 3, Sevilla: Instituto Hispano-Cubano de Historia de América, 2007, n.º 1.540]. El mismo día Andrés de Pesquera apoderaba a un tal Suero de Borst, residente en Burgos, la cobranza de las rentas de su abadía de Salas, AHPSE, PNS, leg. 14.310, fol. 745rv.

[158] Lino Gómez Canedo: *La educación de los marginados…*, o. cit., p. 249.

[159] La renuncia de herencia de las dos, a la par, y la liquidación de la dote que efectuó Francisco Sanz de Pesquera, uno de los hermanos, depositando el dinero en el banco de Diego de Alburquerque, 25 de enero de 1592, AGS, CME, 566, 31 (ante Gaspar de León, AHPSE, PNS, leg. 12540, año 1591, lib. 1).

en Lima antes de que su madre, estando a las puertas de la muerte, testara en Sevilla a mediados de agosto de 1598. Doña Isabel de la Fuente quiso que, cuando fueran cobrados y enviados desde las Indias los bienes de Alonso, se repartiesen entre las tres hijas solteras que le quedaban, doña Catalina, doña Jerónima y doña Isabel, con la esperanza de que les cupiese a cada una dos mil ducados y justificó esta mejora de sus legítimas por su condición de mujeres, además de por el amor y la voluntad que les tenía y por los buenos servicios que le habían hecho. Excluidas las hijas monjas, su herencia la repartió entre estas tres y los hijos varones sobrevivientes, el doctor Andrés del Castillo, Fernando Sanz de Pesquera, al que titulaba tesorero de la santa iglesia de Zamora, y Francisco.[160] Todos ellos volverían a aparecer en el testamento que doña Jerónima de Pesquera otorgaría cuando aún no había trascurrido un año.[161] Al igual que hicieran su padre y su madre, doña Jerónima mandó que su cuerpo fuese sepultado en la capilla de la nación burgalesa en el convento de San Francisco. Ninguna de las hermanas se casó y ella tampoco lo había hecho, pero, si ocurrió de este modo, no fue por falta de recursos. Aunque modesta, a juzgar por el precio que pagó para adquirirla, poseía una casa en la collación de San Vicente y un juro sobre el Almojarifazgo de Indias en el que había invertido 299 250 mrs. En lo uno y lo otro había empleado 1500 ducados, justamente la cantidad que esperaba recibir algún día del legado con el que le había agraciado doña Jerónima de la Fuente, su tía, hacía casi treinta años. Aunque nunca había llegado a ver ese dinero porque no pudo hacerse efectivo hasta que Gabriel Pérez de Santa Gadea, el viudo de esta hermana de su madre, mandó en su testamento que se cumpliera y porque su recepción estaba condicionada a que tomara estado, sí estaba facultada para dejárselo a su hermana mayor, doña Catalina, y esto fue lo que hizo. A continuación, nombró albaceas a sus tres hermanos, de los que solo Francisco estaba en Sevilla porque el primero, Andrés, el abad de Salas, residía en Burgos, y el segundo, Fernando, el tesorero de Zamora, ya citado con el título de doctor, que también le pertenecía, permanecía en la corte romana. Pero no los hizo partícipes de la herencia de sus bienes, que dejó a sus dos hermanas solteras, de nuevo doña Catalina y doña Isabel, «porque son mis hermanas y muchas y buenas obras y regalos que dellas e reciuido y reçiuo». La única condición que les impuso fue que en vida sostuvieran con ellos una fiesta de la Encarnación y otra de la Limpia Concepción por su ánima, mientras que agraciaba a doña Leonor con 50 ducados para su regalo que, en el caso de que muriese antes de que pasara un año, podrían recibir las otras hermanas monjas, habitantes del mismo convento.

---

[160] El testamento citado.

[161] Testamento de doña Jerónima de Pesquera, Sevilla, 26 de mayo de 1599, AGS, CME, 566, 31 (ante Juan de Velasco, AHPSE, PNS, leg. 7418, año 1599, lib. 2).

Conocemos el tiempo y la causa del fallecimiento de Francisco Sanz de Pesquera por las declaraciones que hicieron los testigos de las informaciones que se hicieron en mayo y agosto de 1611 ante el juzgado del teniente de asistente de Sevilla a petición de doña Catalina y doña Isabel de Pesquera. Para entonces, por razones que veremos después, ambas hermanas vivían en Salas de Bureba y estaban interesadas en demostrar que eran las únicas herederas de los bienes familiares. Desde este lugar de la diócesis de Burgos habían apoderado a su tía, doña Francisca de la Fuente, que todavía, con el nombre de sóror Francisca de Nuestra Señora, se hallaba como monja profesa en el convento de la Madre de Dios de la ciudad, y a un antiguo conocido de la familia, fr. Francisco del Prado, un fraile mercedario, definidor de la provincia de Andalucía de su orden, residente en el convento sevillano de la Merced, para que iniciaran el proceso informativo. El fraile y el procurador al que se lo encomendaron ordenaron los interrogatorios, de manera que primero llamaron solo a hombres para que respondieran sobre las circunstancias de los fallecimientos de los dos hermanos y por el hecho de que ninguno de ellos hubiera testado. Después contestarían varias mujeres una serie de preguntas que insistían en estas mismas cosas y en la muerte y los testamentos de los padres y de doña Jerónima.[162] Todos los testigos estaban muy bien informados. Algunos porque eran parientes cercanos de los inquiridos, entre ellos la misma doña Francisca de la Fuente, otros porque se habían movido en el círculo íntimo de la familia, así el citado fr. Francisco de Prado o el licenciado Alonso Sánchez Gordillo, beneficiado de la iglesia de La Magdalena, o habían estado a su servicio, como Leonor González, una anciana que había sido ama de cría de los hermanos cuando fueron niños, y los demás, por fin, porque ya habían tenido noticias durante sus estancias en Indias de la muerte violenta de Alonso de Pesquera o porque estas mismas noticias les habían llegado de fuentes que juzgaban fidedignas. Todos sabían que Francisco Sanz de Pesquera había muerto, víctima de la epidemia de landres, en Sevilla en 1601, siendo mozo soltero y *ab intestato*, pero únicamente Jerónimo Núñez Pérez, que se acordaba de él y de su hermano Alonso desde que andaban a la escuela siendo niños y que estaba casado con la hija de una prima hermana de ellos,[163] recordó que había dejado ciertos hijos naturales y que estos estaban con doña Catalina. Que solo uno de los testigos hiciera esta mención no debe llevar a pensar que los demás ignoraran las consecuencias de los devaneos amorosos de Francisco porque, en efecto, eran bien conocidas y sus hermanos no las ocultaron.

---

[162] El poder de las hermanas, en Salas de Bureba, 29 de abril de 1611. La primera información 18-19 de mayo del mismo año y la segunda el 1-2 de agosto, AGS, CME, 566, 31.

[163] La mujer de Jerónimo Núñez Pérez, que declaró tener 40 años, era doña Magdalena de las Casas Almonte, Juan Gil (2001b): *Los conversos y la Inquisición sevillana*, vol. 5, Sevilla: Editorial Universidad de Sevilla, p. 55. Debía de ser nieta de Diego García de Almonte y Ana de la Casas, la hermana de Isabel de la Fuente.

Andrés y Fernando tampoco vivieron muchos más años. No sabemos cuándo regresó de Roma el doctor Fernando de Pesquera, pero, como hemos visto, estaba todavía en esa ciudad a mediados de 1599, cuando murió en Sevilla su hermana doña Jerónima, y ya entonces poseía la tesorería de la catedral de Zamora. Siendo su tesorero y canónigo, además, asistió, representando a su iglesia, a la Congregación del clero que se reunió en Madrid en 1608, en el convento de Nuestra Señora de la Merced, precisamente de la orden que estaba tan vinculada a su familia. El 25 de febrero, en la apertura de la primera sesión de la asamblea, estuvo presente, pero el 24 de julio se anunció a los diputados de las iglesias que estaba enfermo; al día siguiente, festividad de Santiago, dictó su testamento y, a las pocas horas, esa misma noche, falleció.[164] Ya disponemos de suficientes indicios que nos permiten imaginar de qué vivió Fernando de Pesquera en la capital de la Iglesia durante su larguísima estancia en ella, a donde fue con su hermano, reproduciendo de esta manera la tradición familiar como un clérigo jurista bien relacionado, por razones de parentesco, con el mundo de la curia. Los ingresos procedentes de sus prebendas zamoranas terminarían por afianzar la situación económica que disfrutaba antes de recibirlas, pero en Roma, antes y después de esta circunstancia, debió de actuar como agente o procurador de los intereses de terceros. A quien todavía en su testamento se denominaba clérigo presbítero de la ciudad de Sevilla lo ofreció su hermano, según acabamos de ver, para representar a su cabildo en 1582. Aunque no tuvo éxito en esa ocasión, tendría mejor fortuna con otras iglesias, como la de Jaén, a la que sirvió como su agente defendiendo sus pleitos ante los tribunales romanos como mínimo durante el último decenio del siglo xvi y hasta que él mismo regresara a España.[165]

No quedan huellas en el testamento de Fernando de Pesquera de esta actividad de representación institucional, pero sí deja vislumbrar parte de las que habían sido sus relaciones personales. Como persona ordenada y, sobre todo, comportándose de un modo acorde con la tradición contable de una familia de mercaderes y eclesiásticos que habían hecho de la intermediación su forma de vida, rellenaba varios libros con sus cuentas y las cuentas de sus acreedores y deudores, tanto de capitulares de Zamora como de otras personas, en las que se apuntaban, entre cosas varias, las cobranzas [sic] de beneficios. Estos libros testimoniarían sus tareas administradoras desde su periodo romano. Todavía le preocupaban las partidas

---

[164] *Tratados de la Congregación, que celebraron las Sanctas yglesias Metropolitanas y Cathedrales de los Reynos de la Corona de Castilla, y León, el año de mil y seyscientos y ocho, para el octauo quinquenio del escussado* [s. n.] ([*ca. 1699*]: fols. 2rv, 156, 157rv). El testamento, y su apertura al día siguiente ante el licenciado Justino de Chaves, teniente de corregidor de la villa, Madrid, 25 de julio de 1608, AGS, CME, 566, 31.

[165] Coronas Tejada hace referencia a su actuación como agente del cabildo giennense y cita concretamante una carta de 20 de octubre de 1597 y una segunda fechable *ca.* 1601, Luis Coronas Tejada: *Unos años en la vida…*, o. cit., pp. 51, 97, 105.

de dinero que coleaban de sus deudores romanos y de las que mantenía con banqueros de aquella ciudad, especialmente las que afectaban a la administración de la hacienda de su primo Andrés de Pesquera o Sanz de Pesquera, ya fallecido, del mismo nombre y apellidos que su hermano. Era a este mismo al que había confiado la liquidación de las medias annatas que adeudaba aún a la cancillería apostólica de dos beneficios que disfrutaba, en Castro del Río y en Espejo, sendas villas de la diócesis de Córdoba, que no estaba seguro que hubiera pagado, como ordenaba que se pagaran los 110 escudos que le restaban de los 330 en que estaban tasadas las de sus beneficios leoneses de Mansilla Mayor y Valderas. Y es que Fernando de Pesquera también había acumulado beneficios eclesiásticos a lo largo de su carrera eclesiástica y, como se sentían obligados tantos clérigos ante semejante trance, entonces parecía el momento adecuado de devolver algo de lo que había recibido a las iglesias en las que estaban.

Si había una persona, fuera de su familia, con la que Fernando de Pesquera guardaba una relación más estrecha, esta era el canónigo de Jaén Alonso de Salazar Frías, el futuro «abogado de las brujas», a quien ya no tuvo tiempo de conocer como inquisidor.[166] En su calidad de procurador general del estado eclesiástico de Castilla y León, Alonso de Salazar no residía en Jaén cumpliendo sus obligaciones capitulares y sus horas de coro, de las que estaba exceptuado, sino en Madrid, y en su casa se alojó Fernando de Pesquera mientras se celebraron las sesiones de la Congregación de 1608. En ella convalecería de su enfermedad, haría su testamento y le sorprendería, por fin, la muerte. No se trataba, por consiguiente, de una relación sobrevenida, sino asentada desde hacía muchos años y que estaba reforzada por el común origen burgalés y tal vez por un leve y lejano parentesco. El canónigo Francisco de Pesquera había legado en 1560 una manda de 200 ducados a doña Mariana del Castillo, como hija que era de doña María del Castillo, portadora del mismo apellido de su madre, mujer del doctor Frías de Salazar. Este mismo, hermano del licenciado Bernardino de Salazar, el padre de Alonso de Salazar Frías, fue quien, con fr. Pedro de Torres, el comendador de la Merced, y Gregorio de Ayala, solicitó al teniente de corregidor de Burgos la apertura del testamento que la contenía.[167]

---

[166] Es necesario remitirse a Gustav Henningsen (1983): *El abogado de las brujas. Brujería vasca e Inquisición*, Madrid: Alianza. Para el periodo vital de Alonso de Salazar anterior a su actividad como inquisidor, Henningsen se basó en el libro de Luis Corona citado y en su «Alonso de Salazar Frías: Ese famoso inquisidor desconocido», Gustav Henningsen (1978): «Alonso de Salazar Frías: ese famoso inquisidor desconocido», en Antonio Carreira, Juan Antonio Cid, Manuel Gutiérrez Esteve y Rogelio Rubio: *Homenaje a Julio Caro Baroja*, Madrid: Centro de Investigaciones Sociológicas, pp. 581-586. Aquí rinde justicia a las sucesivas aportaciones de Caro Baroja al conocimiento de su figura, que también hemos tenido en cuenta. Asimismo, José Luis Bravo Moya (1987): «El inquisidor Alonso de Salazar y Frías: el inventario de sus bienes», *Boletín de la Real Academia de la Historia*, 184 (1), pp. 139-172.

[167] En el testamento y su apertura de Francisco de Pesquera, ya citado. La genealogía de Alonso de Salazar, con el nombre de su padre y de su tío, en Luis Coronas Tejada: *Unos años en la vida…*, o. cit., pp. 25-30.

Francisco de Frías Salazar y Jerónimo Frías habían servido asimismo a Francisco de Pesquera como procuradores cuando este reclamó la posesión del canonicato que dejara vacante su hermano Diego en 1559. De esto hacía mucho tiempo, pero la relación bien pudo conservarse y, sobre todo, que se renovara por vía de la administración y las necesidades económicas. Fernando de Pesquera declaraba en su testamento que él y el licenciado Alonso de Salazar y Frías, canónigo de Jaén, habían tenido y tenían correspondencia y cuentas pendientes hasta el punto de que, en ese definitivo momento, este le dejaba debiendo 600 ducados y un tal Asensio de Arriaga, su criado, otros 185 456 mrs. Tenían acordado que le pagaría esta deuda y confiaba en que cumpliría con esta obligación, y debía de confiar mucho porque le nombró su albacea junto con su hermano, el abad de Salas, y doña Catalina y doña Isabel, sus hermanas.

Ya hemos visto cómo el doctor Andrés del Castillo Pesquera recurrió a los oficios de Antonio de Salazar para iniciar los trámites de la colación de su abadía de Salas.[168] En su testamento, escrito en Burgos el 27 de septiembre de 1610, unos días antes de su muerte, mandaría que se le diesen a doña Gregoria, a la que llamaba «mi señora» y «mi sobrina», e hija de doña Clara de Salazar, asimismo «mi señora», cien ducados para una joya, excusándose porque quedarse corto según la obligación que tenía con ambas por el servicio que de ellas siempre había recibido. La intimidad debía de ser tan grande que al final del documento, después de la data, aun tuvo fuerzas para añadir que legaba noventa reales a tres criadas de las misma doña Clara.[169] Antes había ordenado que se respetara una cédula que tenía hecha a favor de don Sebastián Salazar en la que se mandaba que se le diesen cien ducados cada año durante el tiempo que en ella se decía y aseguraba que el doctor don Baltasar de Salazar le debía cierta cantidad de dinero que entonces no solo le perdonaba, sino que además le legaba cincuenta ducados. Pero no se molestó en contar qué relación tenían estos Salazar entre sí ni en explicar por qué estaban tan presentes en su memoria, excepto que doña Gregoria era su sobrina. Más interés tiene que consignara que don Alonso de Salazar, inquisidor del reino de Navarra, de la ciudad de Logroño, todavía le debía a su hermano fallecido, el tesorero y canónigo de Zamora, el dinero que había declarado en su propio testamento y le pedía que lo pagase porque sabía que afectaba a este y al interés de sus hermanas. Durante dos años, por tanto, Alonso de Salazar no había encontrado ocasión ni oportunidad de liquidar su deuda y, no

---

[168] Entre los dos existió también una relación de carácter mercantil heredada de la que había tenido Antonio de Salazar con su padre. En 1585 ambos actuaron juntos en un pleito que sostuvieron sobre una partida de pastel con Francisco de Balmaseda, ARCHV, Registro de ejecutorias, Caj. 1534, 23.

[169] El testamento en Burgos, en la fecha que se indica en el texto, fue abierto el 9 de octubre, el mismo día que murió, AGS, CME, 566, 31.

obstante, Andrés de Pesquera confiaba en que lo haría pese a que sabía que hasta entonces no había sido precisamente un pagador diligente. Había gestionado sus asuntos burgaleses y por esta razón le era acreedor de 1200 ducados de los gastos que había hecho en su nombre, especialmente en la provisión de su madre, doña María de Encinas Leyva, en la que había desembolsado más de quienietos ducados.

Como había hecho antes su hermano en semejante circunstancia, el abad de Salas terminó suplicándole a Alonso de Salazar que pagase lo que debía apelando a la voluntad con que le había servido y a la necesidad que había de esa hacienda. Seguramente terminaría abonando la deuda que tenía con los hermanos Pesquera, pero en el memorial que en 1622 presentó ante la Suprema, cuando ya llevaba trece años de inquisidor, Alonso de Salazar se lamentaría de su situación económica. No había disfrutado de patrimonio familiar, porque se había agotado en el sustento de catorce hermanos, y sus ingresos como canónigo de Jaén, que cifraba en 1500 ducados, más otros doscientos que percibía de unos beneficios y los salarios y ayudas de costa que había recibido de los diferentes oficios que había tenido en la corte resultaban totalmente insuficientes. Nada le había sobrado y apenas había podido socorrer a sus hermanos, excepto el sostenimiento en sus estudios del doctor Bernardino de Salazar, del que decía que después de pasar por el colegio de San Antonio de Sigüenza y el alcalaíno de San Ildefonso, había ganado la canonjía magistral de Jaén.[170] Si sus quejas estaban justificadas, habrá que pensar que vivió siempre arrastrado por sus agobios financieros, aunque no mencionara que para entonces este hermano había sido provisto como obispo de Chiapas, donde le esperaba una carrera breve y poco gratificante.[171]

[170] Gustav Henningsen: «Alonso de Salazar...», o. cit., pp. 584-585. Según su expediente de limpieza de la catedral, Bernardino de Salazar había nacido en Burgos el 7 de noviembre de 1575, era unos diez años más joven que su hermano, y se había doctorado en teología en Sigüenza el 27 de mayo de 1602. Su genealogía, claro está, es la misma que la de Alonso. Estos datos en Rafael Cañada Quesada: «Expedientes...», o. cit., p. 194. Fue colegial de San Antonio de Sigüenza de 1597 a 1605 y electo colegial de San Ildefonso el 31 de mayo de 1606, Luis Miguel Gutiérrez Torrecilla (1992): *Catálogo biográfico de los colegiales y capellanes del Colegio Mayor de San Ildefonso de la Universidad de Alcalá (1508-1786)*, Alcalá de Henares: Universidad, Servicio de Publicaciones, p. 95; *Libro de recepciones de colegiales de San Ildefonso de Alcalá*, AHN, U, L. 1233, fol. 219v. Aquí se anota que antes de cumplir el primer año de colegio se llevó por oposición la canonjía magistral de Jaén. También en el *Libro de recepciones de Colegiales y Capellanes mayores de San Ildefonso*, AHN, Universidades, L. 1233, f. 53v.

[171] La provisión, 25 de octubre de 1621, en Conrad Eubel (1935): *Hierarchia católica Meddi et recentioris Aevi sive Summorum Pontificum, S. R. E. Cardinalium Ecclesiarum Antistitum series e documentis tabularii praesertim Vaticani collecta, digesta, edita*, vol. 4, Monasterii: Sumptibus et typis Librariae Regensbergianae, p. 148. El aparato de cédulas y provisiones para la posesión y la percepción de los ingresos del episcopado, del 25 de noviembre de 1621 a 2 de junio de 1622, en AGI, I, 450, L. A6. El 8 de junio de 1623 registró el electo obispo de Chiapa su primera petición de licencia de pase a Indias para los clérigos y servidores que llevaba consigo. El expediente no se cerró hasta el 28 del mismo mes, AGI, C, 5387, N. 29. Estando en Tapachula, en la provincia de Sonusco, de su diócesis, el 2 de enero de 1626, Bernardino de Salazar escrituró la obra pía que había pensado fundar en Burgos, que debía financiarse con la renta de los 10 000 ducados que, según decía, tenía depositados el convento de Santo Domingo de Chiapas. Sus condiciones, que determinaba minuciosamente, comprenden una interesante información sobre

A Juan Fernández de Larrea, sin embargo, a diferencia de lo que le había exigido a Alonso de Salazar, Andrés de Pesquera le perdonó los 150 ducados que todavía le debía de los doscientos que le había prestado, pero es que tenía buenas razones para mostrarse tan generoso, porque el dinero que le condonaba debería servir para el aumento de la dote de María, una hija de este, que era además su ahijada y, sin que esto pesara menos, en reconocimiento de que las ocupaciones, correspondencias y cobranzas que había tenido con él no habían sido por interés, sino por hacerle merced. Esta actitud con su compadre no es contradictoria con que procurase recuperar los dineros que sabía que eran suyos. En calidad de heredero de su primo del mismo nombre, aquel cuya hacienda había administrado su hermano Fernando y al que este había confiado sus asuntos romanos después de su partida de la corte pontificia, Andrés de Pesquera esperó hasta su testamento para finalizar el largo proceso que había supuesto la averiguación de su hacienda. Por esta razón pidió a Juan Fernández Moreno, un doctor en teología, canónigo de Burgos, que pagara las cantidades que adeudaba a la misma y a monseñor Quesada, un refrendario pontificio, que liquidara en Roma las cuentas que aún estaban abiertas con dos banqueros romanos que igualmente le afectaban.[172] Es evidente que si acudió también a este último fue porque lo había tratado en la época en que había estado en Roma y, al fin y al cabo, eran negocios entre burgaleses y eclesiásticos. Seguramente, Quesada daría buena cuenta de ellos, pero sobre todo no cejó en su pretensión de

---

su familia. Naturalmente, confiaba en que sería su hermano Alonso, «canónigo de la santa yglesia catedral de Jaén e inquisidor apostólico del reyno de Nabarra que reside en la ziudad de Logroño», quien llevaría a cabo su voluntad y mencionaba a otros siete hermanos, uno de ellos ya fallecido, don Sebastián de Salazar, seguramente el mayorazgo porque le atribuía el señorío de las casas solariegas de Salazar, Quintana, Martíngalíndez y Torres de Tamayo y villas de Valmayor y Nogales, y otro, el P. Tomás de Salazar, era jesuita y residía entonces en la casa de la Compañía en Burgos. La intención última del patronato que creaba era el sostenimiento de cuatro monjas, preferentemente de su linaje, en el convento de clarisas de Nuestra Señora de Ribas, en Santotis, cerca de Burgos, en el que, según decía, se encontraban dos hermanas suyas y varias parientas. Otras dos hermanas eran monjas profesas en Santa Clara de Briviesca. En su testamento, suscrito en la misma Chiapas el 22 de julio del año siguiente, poco antes de de su muerte, modificaría en parte la distribución de los quininetos ducados anuales que pensaba que rendiría su capital y ya reconocía que se había reducido a 8000 ducados, de los que había detraído 2000 pesos, AGI, C, 391, N. 5.

[172] Las cláusulas que se refieren a esta cuestión dejan vislumbrar la complejidad de las operaciones. La relación con el doctor Moreno, que es como le llamaba en el testamento, deben remontarse a su estancia en Roma. Provisto en un canonicato de Burgos en 1600, disponible en línea en <https://www.fundacioncajacirculo.es/AHCB_D. php?cod=37818L&nombre=Fernández%20Moreno,%20Juan>, este había comenzado a residir en su prebenda el 2 de febrero de 1602 después de su llegada a la ciudad, disponible en línea en <https://www.fundacioncajacirculo.es/ AHCB_D.php?cod=36576&nombre=Fernández%20Moreno,%20Juan>. Andrés de Pesquera evaluaba la deuda en 276 escudos, apreciados a 450 mrs., más las costas de los despachos y del dinero que había ido remitiendo a Roma siempre en relación con la hacienda de su primo y en los que Juan Fernández Moreno, sin duda, había intervenido. Por otro lado, no especifica cuánto era el dinero que estaba todavía en poder de los banqueros Lorenzo Gaboto y Ambrosio Pocobonelo que monseñor Quesada tenía que recuperar, excepto que parte había de emplearse en el aumento del mayorazgo que había fundado su primo. En concreto se trataba de los «montes» no vacables. Si por estos «montes» debe entenderse «monti», este habría invertido capitales en la deuda pública de la Santa Sede.

hacerse con la abadía de Salas que su amigo, con su muerte, dejó vacante.[173] En cualquier caso, tanto cuidado tiene su explicación. Las obligaciones a las que Andrés de Pesquera sujetó los bienes que dejaba en este mundo certifican que verdaderamente las necesidades a las que aludía eran muchas.

Para la salvación de su alma, estas necesidades se podían dividir, fundamentalmente, entre las que debía a su dignidad como eclesiástico y las que dependían de su familia, por este orden. Como buen Pesquera, sabiendo que moría en Burgos, ordenó que se depositara su cuerpo en la capilla mayor del convento de Nuestra Señora de la Merced, de la que era patrón, pero, curiosamente, dio permiso a sus testamentarios y herederos para que llevasen en el futuro sus huesos a la iglesia del mismo monasterio o a donde quisiesen; extraña que no expresara su deseo de que se le sepultase definitivamente en la iglesia de Salas. En ella mandó que se dotase una capellanía en la que habría de oficiarse una misa cada día con su responso por su ánima y las de sus padres y antepasados. Como declaraba en su testamento, se encontraba obligado a su abadía de Salas. Si se le cree, por obligación a ella, de cuyos frutos y rentas se había beneficiado, había ornamentado y reparado la iglesia, levantado una torre y campanario y edificado «una casa honrada», digna de la abadía y para residencia de sus abades, en la que había gastado mucho dinero.[174] Andrés de Pesquera resulta ejemplar en cuanto a la conciencia del valor de la dignidad eclesiástica de la que había gozado en vida. El motivo de la casa que había hecho construir le sirvió como pretexto para aleccionar a los abades sucesores para que asistiesen a la abadía porque así recibirían grandísimo beneficio los pobres y los ricos del lugar y para excusarse porque solo pudiera dejar a su iglesia quininetos ducados. Como también le legaba la rica ropa litúrgica que tenía en su sacristía, un incensario y unas vinajeras de plata, unas alfombras y dos reposteros con sus armas, quería que con ellos compraran una manga y una cruz y unos platos de plata para las vinajeras y que los abades se lavasen las manos cuando celebrasen y emplear los

---

[173] La abadía de Salas la obtuvo Gabriel Manrique tras la muerte de Pesquera. El 3 de diciembre de 1610 hacía la profesión de fe tras la toma de posesión, disponible en línea en <https://www.fundacioncajacirculo.es/AHCB_D.php?cod=37635&nombre=Manrique,%20Gabriel>, pero en 1615 pedía licencia al cabildo para hacer frente al pleito que le había puesto monseñor Francisco de Quesada sobre la abadía, disponible en línea en <https://www.fundacioncajacirculo.es/AHCB_D.php?cod=38178&nombre=Quesada,%20Francisco%20de>. El litigio le fue favorable a este último. El 10 de septiembre de 1618 el cabildo decidió darle la posesión de la dignidad, disponible en línea en <https://www.fundacioncajacirculo.es/AHCB_D.php?cod=40102L&nombre=Quesada,%20Francisco%20de>. Se puede seguir el proceso, pero en lo que nos importa tiene un superior interés que fuese el canónigo Francisco del Castillo Pesquera quien tomase la posesión en su nombre según decidieron los capitulares el 25 de enero de 1619, disponible en línea en <https://www.fundacioncajacirculo.es/AHCB_D.php?cod=39240&nombre=Quesada,%20Francisco%20de>. Ahora veremos quién era este Francisco del Castillo Pesquera.

[174] La casa, aunque en un estado semirruinoso, conocida como la «casa del cura, todavía se conserva y en su torre luce, muy bien conservado, su escudo. Puede verse en «La casa del cura de Salas de Bureba», en *Tierras de Burgos* [recurso electrónico], 2014. Disponible en línea en <http://tierrasdeburgos.blogspot.com/2014/02/la-casa-del-cura-de-salas-de-bureba.html>.

trescientos ducados restantes en fabricar la obra nueva. También en esto manifestaba su afición por la edificación. Pensaba que esta cantidad había de añadirse a los 2000 ducados que don Lucas de Miranda, su antecesor en la abadía, había legado y que con ella podría llevarse a cabo la ampliación de la iglesia y se dividiese su capilla mayor entre los abades y los señores de Bañuelos. Y si, como recordaba, en Salas ya tenía fundada una obra pía para casar doncellas huérfanas de hijosdalgos, ahora insistía en que se cumpliera, mientras que ordenaba la distribución de 310 fanegas de trigo entre las iglesias de los lugares del distrito abacial y de otras treinta para los pobres de Salas.

Andrés de Pesquera, por supuesto, no se olvidó de sus criados. A juzgar por su número, había gozado de un placentero pasar. Andrés de Cámara, su mayordomo, al que también pagaba con el cereal de dos de sus préstamos, y Francisco Saiz Tamayo, comisario del Santo Oficio y su capellán, habían administrado sus rentas, a su juicio, con honradez y, aunque creía que habían recibido sus salarios con creces, agraciaba a cada uno de ellos con cien ducados y les pedía que asistieran a la cobranza de la hacienda que aún quedaba por recaudar. En su casa tenía dos criados y una criada y para ellos y sus familias tuvo un recuerdo en su testamento y repartió a cada uno una generosa manda. La criada, a la que legó treinta ducados, estaba impedida y enferma y pidió a sus hermanas que la tuviesen en su casa y la sustentasen. Se ayudaba además con dos pajes, que recibieron veinte ducados y los vestidos que se les había dado, y dos esclavas, que lo eran asimismo de sus dos hermanas que vivían con él, a las que facultó para liberarlas cuando quisieran. Su hermano Fernando había dividido su herencia en partes iguales entre él y estas hermanas, doña Catalina y doña Isabel de Pesquera, y les había pedido a los tres que cuidasen de las tres hermanas, doña Leonor, doña Elena y doña Antonia, así como de la tía, doña Francisca de la Fuente, monjas en el monasterio de la Madre de Dios de Sevilla, y que procurasen los alimentos y la buena educación de sus sobrinos, don Antonio, don Francisco y doña Juana de Pesquera, los hijos de Francisco. A juzgar por lo que mandaría en su testamento, a Andrés del Castillo Pesquera esta petición le parecería superflua porque eso era algo que iba a hacer de todas formas. Nombró a doña Catalina y doña Isabel sus herederas universales. Bajo su autoridad estaban los sobrinos. A Juana, la niña que su hermano Francisco había tenido con una mujer flamenca que respondía al nombre de doña María Enríquez, le legó 2000 ducados para aumento de su dote, que sus tías debían darle cuando tomase estado. A los sobrinos varones les recordó cómo les habían cuidado desde que nacieron y cuánto habían invertido en sus estudios y en el mantenimiento en la

Universidad de Salamanca, donde ambos, en efecto, estaban cursando cánones.[175] Si no les dejaba nada era porque ya les había cedido parte de su hacienda en España y en Roma, que creía de sobra para que sufragasen los gastos que acarrearían el coste de las diligencias y de las bulas que tendrían todavía que hacer.

Tanta solicitud se entiende porque los dos hermanos, que escogieron apellidarse del Castillo Pesquera, eran los llamados a asegurar la presencia de la descendencia de una familia que se agotaba con ellos. Francisco fue el que siguió la carrera eclesiástica para la que se había preparado. En 1613, tras la muerte de su tío, tomaría posesión de un canonicato de la iglesia de Burgos, que unos años después permutaría por el arcedianato de Treviño, siempre en el cabildo al que habían pertenecido sus parientes desde hacía un siglo y en el que residiría hasta su fallecimiento.[176] Al hacerse con una regiduría y contraer matrimonio con doña Ana de la Torre Ayala, asimismo de una familia de la nobleza local, Antonio reincorporó su linaje a la oligarquía municipal burgalesa en la que tradicionalmente se había hallado. Desde esta posición pudo modelarse la memoria de la ascendencia. En 1682, su nieto Francisco Antonio del Castillo y Pesquera, señor de la casa solariega de Pesquera y patrón del convento de la Merced, solicitó al corregidor de Burgos que se iniciara una información que diera fe de su limpieza de sangre como requisito para que su hermano, Manuel Antonio del Castillo y Pesquera, obtuviera la licencia del pase a Indias. Como era previsible, los testigos que participaron, títulos, caballeros de órdenes y regidores, miembros de las familias más floridas de la ciudad, la afirmaron por todos los costados del árbol genealógico, pero ninguno sabía tanto de ancestros como un beneficiado de la iglesia de San Lesmes, una parroquia extramuros de Burgos. Para este auténtico linajudo, los apellidos, Castillo y Pesquera, aparecían entrelazados una generación tras otra con los Sarmiento de Mendoza, los Salazar y otros igualmente esclarecidos. Conocía que el informado descendía de Antonio de Pesquera y doña Isabel de la Fuente, pero no dijo nada del pasado mercantil y sevillano de este matrimonio, para él, como todos los otros nombres que fue mencionando, nobilísimo. Sabía cómo se llamaban el padre y la madre del regidor

---

[175] Francisco y Antonio figuran matriculándose en primero de cánones en Salamanca el 15 y el 17 de noviembre de 1606, respectivamente, AUSA, lib. 315, fols. 26v, 29v. El segundo se matriculó en segundo el 12 de noviembre del año siguiente y al día siguiente lo hizo su hermano, AUSA., lib. 316, fols. 23, 25v. Se matriculó en tercero Francisco el 12 de noviembre de 1608 y el 17, en el mismo curso, Antonio, AUSA, lib. 317, fols. 24v, 37. Por fin, Francisco aparece matriculándose en quinto el 26 de noviembre de 1610, AUSA., lib. 318, fol. 49v.

[176] Francisco de Pesquera hizo su profesión de fe como canónigo de Burgos el 15 de abril de 1613, disponible en línea en <https://www.fundacioncajacirculo.es/AHCB_D.php?cod=37970&nombre=Castillo%20Pesquera,%20Francisco%20del>. El 21 de abril de 1627 tomaría posesión del arcedianato de Treviño, disponible en línea en <https://www.fundacioncajacirculo.es/AHCB_D.php?cod=39940&nombre=Castillo%20Pesquera,%20Francisco%20del>. Tras su fallecimiento haría lo propio su sucesor en la dignidad el 24 de octubre de 1645, disponible en línea en <https://www.fundacioncajacirculo.es/AHCB_D.php?cod=42152&nombre=Castillo%20Pesquera,%20Francisco%20del>.

Antonio del Castillo Pesquera y de su hermano Antonio, el arcediano de Treviño, que, según relató, había sido también consultor del Santo Oficio de Toledo, y lo hizo matrimonio ignorando cuál había sido la naturaleza de su relación.[177] El recuerdo de Gregorio de Pesquera se había perdido.

Bibliografía

[Gregorio de Pesquera], *Doctrina chri | stiana, y Espejo de bien biuir: diuidido en tres partes. La primera es vn | dialogo o coloquio entre dos niños | con muchas cosas dela fe prouecho- | sas, y la doctrina declarada y luego | la llana. En la segunda se contienen | muchas obras breues y de buena y sa | ua [sic] doctrina. La tercera tiene mu | chas coplas y cantares deuo | tos para se holgar y can | tar los niños.* | CON PRIVILEGIO | Tassado en [Valladolid, Sebastián Martínez, 1554].

[s. n.] ([ca. 1699]): *Tratados de la Congregación, que celebraron las Sanctas yglesias Metropolitanas y Cathedrales de los Reynos de la Corona de Castilla, y León, el año de mil y seyscientos y ocho, para el octauo quinquenio del escussado.* Impreso, s. l., s. a.

[s. n.]: *Recopilación de las Leyes destos Reynos, hecha por mandado de la Magestad Cathólica del Rey don Philippe Segundo nuestro Señor. Segunda Parte*, Madrid: Juan Iñiguez de Lequerica, 1598.

Alonso Asenjo, Julio (2007): «Caricatura del diablo a base de apodos y matracas en la "Tragedia Ocio" del P. Cigorondo (Puebla, 1586)», en Germán Vega García-Luengos y Rafael González Cañal (eds.): *Locos, figurones y quijotes en el teatro de los Siglos de Oro. Actas selectas del XII Congreso de la Asociación Internacional de Teatro Español y Novohispano de los Siglos de Oro. Almagro, 15-17 de julio de 2005*, Almagro: Ediciones de la Universidad de Castilla La Mancha, pp. 55-69.

Altolaguirre y Duvale, Ángel de (1926): *Índice General de los Papeles del Consejo de Indias. Tomo IV*, Madrid: Tip. de la Revista de archivos, bibliotecas y museos.

Anónimo (1990): *Lazarillo de Tormes*, ed. por Francisco Rico, Madrid: Cátedra.

Astrain, P. Antonio (1914): *Historia de la Compañía de Jesús en la Asistencia de España*, t. 2, Madrid: Administración de Razón y Fe.

Baranda, Nieves (1993): «La literatura del didactismo», *Criticón*, 58, pp. 25-34.

Basas Fernández, Manuel (1954): «Mercaderes burgaleses del siglo xvi», *Boletín de la Institución Fernán González*, 126, pp. 55-67.

— (1963a): *El Consulado de Burgos en el siglo xvi*, Madrid: Consejo Superior de Investigaciones Científicas.

— (1963b): «Priores y Cónsules de la Universidad de Mercaderes y Consulado de Burgos en el siglo xvi», *Boletín de la Institución Fernán González*, 101, pp. 679-691.

---

[177] La referencia de esta información y, particularmente, de la declaración del beneficiado y protonotario apostólico don José Barriga Porres y Mata, que ya hemos alegado para ilustrar el parentesco con los Sarmiento Mendoza, en Ismael García Rámila: «Del Burgos de antaño...», o. cit.

— (1965): «Mercaderes burgaleses en la Sevilla del siglo XVI», *Boletín de la Institución Fernán González*, 164, pp. 483-502.

BATAILLON, Marcel (1951): «*La Vera Paz*. Roman et histoire», *Bulletin hispanique*, 53 (3), pp. 235-300.

— (1976): «La Vera Paz, leyenda e historia», en *Estudios sobre Bartolomé de las Casas*, Barcelona, pp. 181-243.

BAUDOT, Georges (1965): «L'institution de la dîme pour les Indiens du Mexique. Remarques et documents», *Mélanges de la Casa de Velázquez*, 1, pp. 167-221.

— (1983): *Utopía e Historia en México. Los primeros cronistas de la civilización mexicana (1520-1569)*, Madrid: Espasa-Calpe.

BEAUCOURT DE NOORTVELDE, Patrice Antoine de (1773): *Description historique de l'Eglise Collegiale et paroissiale de Nôtre Dame de Bruges*, Brujas: chez Joseph de Busscher.

BERMÚDEZ PLATA, Cristóbal (1946): *Catálogo de pasajeros a Indias durante los siglos XVI, XVII y XVIII. Volumen III (1539-1559)*, Sevilla: Instituto Gonzalo Fernández de Oviedo.

BORJA, Francisco de (1908): *Sanctus Franciscus Borgia, quartus Gandiae dux et Societatis Jesu praepositus generalis tertius*, t. 3, Monumenta Historica Societatis Ihesu, Madrid: Typis Gabrielis Lopez del Horno.

BRAVO MOYA, José Luis (1987): «El inquisidor Alonso de Salazar y Frías: el inventario de sus bienes», *Boletín de la Real Academia de la Historia*, 184 (1), pp. 139-172.

BURRUS, Ernest J. (1968): *The writings of Alonso de la Vera Cruz. Spanish Writings: I. Sermons, Counsels, Letters, and Reports*, vol. 3, Roma: Jesuit Historical Institute.

— (1972): *The Writings of Alonso de la Vera Cruz. Spanish Writings: II. Letters and Reports*, vol. 12, Roma: Jesuit Historical Institute.

— (1976): *The Writings of Alonso de la Vera Cruz. Defense of the Indias: their Privileges*, vol. 11, Roma: Jesuit Historical Institute.

CAÑADA QUESADA, Rafael (2008): «Expedientes de limpieza de sangre conservados en el Archivo de la Catedral de Jaén», *Elucidario*, 5, pp. 185-213.

CASADO ALONSO, Hilario (1995): «El comercio internacional burgalés en los siglos XV y XVI», en Floriano Ballesteros Caballero, Hilario Casado Alonso, Alberto C. Ibáñez Pérez, Segundo Escolar Díez (dirs.): *Simposio Internacional El Consulado de Burgos (1994. Burgos). Actas del V centenario del Consulado de Burgos, 1494-1994*, vol. 1, Burgos: Diputación Provincial de Burgos, pp. 175-248.

— (2003): *El triunfo de Mercurio. La presencia castellana en Europa (Siglos XV y XVI)*, Burgos: Caja Círculo.

— (2015): «Los negocios de la Compañía Pesquera-Silos en Florencia en los inicios del siglo XVI», en Ernesto García Fernández y Juan A. Bonachía Hernando (eds.): *Hacienda, mercado y poder al norte de la Corona de Castilla en el tránsito del Medievo a la Modernidad*, Valladolid: Castilla Ediciones, pp. 69-97.

CASTAÑEDA DELGADO, Paulino (1980): «El colegio de San Juan de Letrán (apuntes para su historia)», *Anuario de Estudios Americanos*, 37, pp. 69-126.

— (1984): «Problemas sobre diezmos en las Antillas y en la Nueva España (1501-1585)», en

Estructuras, gobierno y agentes de la administración en la América española (siglos XVI, XVII y XVIII). Trabajos del VI Congreso del Instituto Internacional de Historia del Derecho Indiano en homenaje al Dr. Alfonso García-Gallo, Valladolid: Casa-Museo de Colón.

CÁTEDRA, Pedro M. (1996): «Límites de control del libro infantil (reformas religiosas y cartillas escolares en el primer tercio del siglo XVI)», en Augustin Redondo (dir.): *La Formation de l'enfant en Espagne aux XVIᵉ et XVIIᵉ siècles. Colloque International (Sorbonne et Collège d'Espagne, 25-27 septembre 1995),* París: Publications de la Sorbonne, pp. 327-349.

— (1997): *La Doctrina cristiana del Ermitaño y Niño de Andrés Flórez, O. P. (Valladolid, 1552), ahora nuevamente editada en facsímile, con estudio y un apéndice,* Salamanca: Compañía de Ediciones & SEHL.

CAUNEDO DEL POTRO, Betsabé (1993): «Compañías mercantiles castellanas a fines de la Edad Media», *Medievalismo,* 3, pp. 39-57.

— (2007): «Comercio y hombres de negocios castellanos en tiempos de los Reyes Católicos. Técnicas y aprendizaje», en Hilario Casado Alonso y Antonio García Baquero (coords.): *Comercio y hombres de negocios en Castilla y Europa en tiempos de Isabel la Católica,* Madrid: Sociedad Estatal de Conmemoraciones Culturales, pp. 251-277.

CLAVERO, Bartolomé (2002): *Genocidio y justicia. La destrucción de las Indias, ayer y hoy,* Madrid: Marcial Pons.

CORONAS TEJADA, Luis (1981): *Unos años en la vida y reflejos de la personalidad del inquisidor de las brujas,* Jaén: Instituto de Estudios Gienenses.

DALMASES, Cándido de y Jean François GILMONT (1961): «Las obras de san Francisco de Borja», *Archivum Historicum Societatis Iesu,* 30, pp. 125-179.

DE ÁVILA, Juan (1952): *Obras completas del Beato Juan de Ávila,* t. 1, Madrid: Editorial Católica.

— (1970): *Obras completas del Santo Maestro Juan de Ávila. V: Epistolario,* ed. por Francisco Martín Hernández, Madrid: Biblioteca de Autores Cristianos.

DE GANDÍA, Enrique (936): «Gregorio de Pesquera. Un proyecto ignorado de gobernación en la costa del Brasil, 1536», *Humanidades,* 25 (1), pp. 399-424.

DE LA TORRE, Tomás (1945): *Desde Salamanca, España hasta Ciudad Real, Chiapas, Diario del viaje, 1544-1545,* ed. Frans Bloom, México: Editora Central.

— (1985): *Diario de Viaje de Salamanca a Chiapa, 1544-1545,* Burgos: Editorial Ope.

DE LAS CASAS, Bartolomé (1958): *Obras escogidas de Fray Bartolomé de las Casas. Vol. V. Opúsculos, Cartas y Memoriales,* ed. por Juan Pérez de Tudela Bueso, Madrid: Atlas.

— (2011): *De Salamanca, España, a Ciudad Real, Chiapas (1544-1546),* ed. por Pedro Tomé Martín y Andrés Fábregas Puig, Madrid: Universidad Intercultural de Chiapas; Consejo Superior de Investigaciones Científicas.DEL PASO Y TRONCOSO, Francisco (1940): *Epistolario de Nueva España. 1505-1818. Tomo VIII. 1555-1559,* México: Antigua librería Robredo, de J. Porrúa e hijos.

DELUMEAU, Jean (1957): *Vie économique et sociale de Rome dans la seconde moitié du XVIᵉ siècle,* t. 1, París: De Boccard.

EUBEL, Conrad (1935): *Hierarchia católica Meddi et recentioris Aevi sive Summorum*

Pontificum, S. R. E. Cardinalium Ecclesiarum Antistitum series e documentis tabularii praesertim Vaticani collecta, digesta, edita, vol. 4, Monasterii: Sumptibus et typis Librariae Regensbergianae.

Ezquerra Revilla, Ignacio J. (1998): «Villagómez, Diego», en José Martínez Millán y Carlos J. de Carlos Morales (coords.): *Felipe II (1527-1598). La configuración de la Monarquía Hispana*, Salamanca: Junta de Castilla y León.

Fabié, Antonio María (1879): *Vida y escritos de Don Fr. Bartolomé de las Casas, obispo de Chiapa*, t. 2, Madrid: Imprenta de Miguel Ginesta.

Fagel, Raymond (1995): «Gregorio de Ayala. Un mercader español y su familia en los Países Bajos de Carlos V: un caso extraordinario», en J. Lechner y H. den Boer (eds.): *España y Holanda. Ponencias leídas durante el Quinto Coloquio hispanoholandés de historiadores*, Ámsterdam y Atlanta: Brill, pp. 157-167.

— «Gregorio de Ayala», en Diccionario Biográfico de la Real Academia de la Historia [recurso electrónico]. Disponible en línea en <http://dbe.rah.es/biografias/68910/gregorio-de-ayala>.

— (2002): «Los mercaderes españoles en Flandes y la corte: poder económico y poder político en dos redes de intermediarios», en Jesús Brabo (ed.): *Espacios de poder: Cortes, ciudades y villas, ss. xvi-xviii*, vol. 1, Madrid: Universidad Autónoma de Madrid, pp. 159-185.

Fanucci, Camillo (1601): *Trattato di tutte le opere pie dell'alma citttà di Roma*, Roma: Lepido Facij & Stefano Paolini ad instanza di Bastiano de' Franceschi.

Framiñán de Miguel, María Jesús (2006a): «La Doctrina Cristiana de Gregorio Pesquera (Valladolid, 1554): esbozo de análisis y contextualización histórico-literaria», *Criticón*, 96, pp. 5-46.

— (2006b): «Memoria popular de la catequesis: el repertorio de la Tercera Parte de la Doctrina Cristiana de Gregorio de Pesquera (Valladolid, 1554)», en Pedro Manuel Cátedra García (dir.), Eva Belén Carro Carbajal, Laura Mier Pérez, Laura Puerto Moro y María Sánchez Pérez (eds. lit): *La literatura popular impresa en España y América colonial*, Salamanca: Seminario de Estudios Medievales y Renacentistas, pp. 299-316.

— (2007): «Textos y aprendizaje lector en colegios de doctrinos del siglo xvi. A propósito de la Doctrina Cristiana de Gregorio Pesquera (Valladolid, 1554)», en Antonio Castillo Gómez y Verónica Sierra Blas (coords.): *Senderos de ilusión. Lecturas populares en Europa y América latina (del siglo xvi a nuestros días)*, Gijón: Trea, pp. 21-40.

Frenz, Thomas: *Repertorium Officiorum Romane Curie auctore Th. Frenz, littera F*, sin fecha [recurso electrónico]. Disponible en línea en <http://www.phil.uni-passau.de/fileadmin/dokumente/lehrstuehle/frenz/Forschung/littera_F.pdf>.

García Hernán, Enrique (1995): «La Iglesia de Santiago de los españoles en Roma. Trayectoria de una institución», *Anthologica Annua*, 42, pp. 297-364.

García Icazbalceta, Joaquín (1889): *Nueva colección de documentos para la historia de México. Tomo II. Códice Franciscano (siglo xvi)*, México: Imprenta de Francisco Díaz de León.

— (1891): *Nueva colección de documentos para la historia de México. Tomo III. Pomar y Zurita (siglo xvi)*, México: Imprenta de Francisco Díaz de León.

García Rámila, Ismael (1943): «Dos noticias inéditas referentes al Monasterio de la Merced», *Boletín de la Institución Fernán González*, 82, pp. 153-160.

— (1946): «Del Burgos de antaño. Claros linajes burgaleses: Los Castillo Pesquera», *Boletín de la Institución Fernán González*, 95, pp. 80-95.

— (1965): «Del Burgos de antaño. Testamento de los hermanos don Francisco de Miranda Salón, Abad de Salas, y Cristóbal de Miranda Salón (1556 y 1570)», *Boletín de la Institución Fernán González*, 165, pp. 599-622.

Gil, Juan (2001a): *Los conversos y la Inquisición sevillana*, vol. 4, Sevilla: Editorial Universidad de Sevilla.

— (2001b): *Los conversos y la Inquisición sevillana*, vol. 5, Sevilla: Editorial Universidad de Sevilla.

Gilliodts-Van Severen, Louis (1899a): *Inventaire diplomatique des Archives de l'ancienne École Bogarde a Bruges*, t. 1, Brujas: L. de Plancke.

— (1899b): *Inventaire diplomatique des Archives de l'ancienne École Bogarde a Bruges*, t. 2, Brujas: L. de Plancke.

— (1901): *Cartulaire de l'ancien Consulat d'Espagne a Bruges. Recueil de documents concernant le commerce maritime et intérieur, le droit des gens public et privé, et l'histoire économique de la Flandre. Première Partie de 1380 à 1550*, Brujas: L. de Plancke.

Giménez Fernández, Manuel (1953): «Los restos de Cristóbal de Colón en Sevilla», *Anuario de Estudios Americanos*, 10, pp. 1-170.

— (1966): «Bartolomé de las Casas en el IV Centenario de su muerte», *Arbor*, 65, pp. 269-329.

Gómez Canedo, Lino (1982): *La educación de los marginados durante la época colonial. Escuelas y colegios para indios y mestizos en la Nueva España*, México: Porrúa.

González López, Etelvino (2002): *Genealogía de los Doctrinos de San Idelfonso en el Madrid del Siglo de Oro*, tesis doctoral defendida en la Universidad Complutense de Madrid.

Griffin, Clive (1991): *Los Cromberger. La historia de una imprenta del siglo XVI en Sevilla y Méjico*, Madrid: Ediciones de Cultura Hispánica.

Gutiérrez Torrecilla, Luis Miguel (1992): *Catálogo biográfico de los colegiales y capellanes del Colegio Mayor de San Ildefonso de la Universidad de Alcalá (1508-1786)*, Alcalá de Henares: Universidad, Servicio de Publicaciones.

Hanke, Lewis y Manuel Giménez Fernández (1954): *Bartolomé de las Casas, 1474-1566. Bibliografía crítica y cuerpo de materiales para el estudio de su vida, escritos, actuación y polémicas que suscitaron durante cuatro siglos*, Santiago de Chile: Fondo Histórico y Bibliográfico José Toribio Medina.

Henningsen, Gustav (1978): «Alonso de Salazar Frías: ese famoso inquisidor desconocido», en Antonio Carreira, Juan Antonio Cid, Manuel Gutiérrez Esteve y Rogelio Rubio: *Homenaje a Julio Caro Baroja*, Madrid: Centro de Investigaciones Sociológicas, pp. 581-586.

— (1983): *El abogado de las brujas. Brujería vasca e Inquisición*, Madrid: Alianza.

Infantes de Miguel, Víctor y Antonio Viñao Frago (2003): «La lectura de la formación y del didactismo», en Víctor Infantes de Miguel, François Lopez, Jean-François Botrel y Nieves Baranda: *Historia de la edición y de la lectura en España, 1472-1914*, Madrid: Fundación Germán Sánchez Ruipérez.

INFANTES DE MIGUEL, Víctor (1995): «De la cartilla al libro», *Bulletin Hispanique*, 97 (1), pp. 33-66.

— (1998): *De las primeras letras, cartillas y doctrinas españolas de los siglos XV y XVI. Edición en facsímile con estudio bibliográfico*, Salamanca: Universidad de Salamanca.

INSTITUTO HISPANO-CUBANO DE HISTORIA DE AMÉRICA (2007): *Catálogo de los fondos americanos del Archivo de Protocolos de Sevilla*, t. 3, Sevilla: Instituto Hispano-Cubano de Historia de América.

KAGAN, Richard L. (1981): *Universidad y sociedad en la España Moderna*, Madrid: Tecnos.

LEÓN PORTILLA, Miguel (1995): *La flecha en el blanco. Francisco Tenamaztle y Bartolomé de las Casas en lucha por los derechos de los indígenas 1541-1556*, México: Diana.

— (2005): *Francisco Tenamaztle, primer guerrillero defensor de los derechos humanos*, México: Diana.

LÓPEZ MARTÍNEZ, Nicolás (1959): «El estatuto de limpieza de sangre en la Catedral de Burgos», *Hispania*, 19, pp. 52-81.

LÓPEZ MATA, Teófilo (1968): «Nuestra Señora de la Merced», *Boletín de la Institución Fernán González*, 170, pp. 69-73.

LORENZO SANZ, Eufemio (1986a): *Comercio de España con América en la época de Felipe II*, vol. 1, Valladolid: Diputación Provincial de Valladolid.

— (1968b): *Comercio de España con América en la época de Felipe II*, vol. 2, Valladolid: Diputación Provincial de Valladolid.

LOYOLA, Ignacio de (1903): *Sancti Ignatii de Loyola Societatis Jesu fundatoris epistolae et instructiones. Tomus Primus 1524-1548*, Monumenta historica Societatis Ihesu, Madrid: Typis Gabrielis Lopez de Horno.

— (1903b): *Sancti Ignatii de Loyola Societatis Jesu fundatoris epistolae et instructiones. Tomus Quintus 1553*, Monumenta historica Societatis Ihesu. Madrid: Typis Gabrielis Lopez de Horno.

LUNDBERG, Magnus (2002): *Unification and Conflict: the Church Politics of Alonso de Montúfar OP, Archbishop of Mexico, 1554-1572*, Uppsala: Swedish Institute of Missionary Research.

— (2009): *Unificación y conflicto: la política eclesiástica de Alonso de Montúfar, Arzobispo de México, 1554-1572*, Zamora de Hidalgo: El Colegio de Michoacán.

MARÍN MARTÍNEZ, Tomás (1954): *El obispo Juan Bernal Díaz de Luco y su actuación en Trento*, Madrid, Barcelona: Instituto Enrique Flórez.

— (1974): «Testamento del obispo Juan Bernal Díaz de Luco (1495-1556)», en *Miscelánea Antonio Marín Ocete*, vol. 2, Granada: Universidad de Granada, pp. 581-606.

MARTÍN ABAD, Julián (1991): *La imprenta en Alcalá de Henares (1502-1600)*, vol. 2, Madrid: CSIC.

MARTÍNEZ PEREIRA, Ana (2002): «La "Doctrina Cristiana" de Gregorio de Pesquera (Valladolid, 1554)», *Pliegos de Bibliofilia*, 17, pp. 3-10.

Mathers, Constance Jones (1987): «Students from Burgos at the Spanish College at Bologna (1500-1560)», *The Sixteenth Century Journal*, 18 (4), pp. 545-556.

Matilla Tascón, Antonio (1958): *Historia de las minas de Almadén*, Madrid: Minas de Almadén y Arrayanes.

Mendieta, Gerónimo de (1870): *Historia eclesiástica indiana*, ed. por Joaquín García Icazbalceta, México: Antigua Librería.

Mira Caballos, Esteban (2003): «Indios nobles y caciques en la Corte real española, siglo XVI», *Temas Americanistas*, 16, pp. 1-15.

— (2007): «Indios y mestizos en la España Moderna. Estado de la cuestión», *Boletín Americanista*, 57, pp. 179-198.

Mora del Pozo, Gabriel (1984): *El Colegio de Doctrinos y la enseñanza de las primeras letras en Toledo. Siglos XVI a XIX*, Toledo: Instituto Provincial de Investigaciones y Estudios Toledanos.

Morreale, Margarita (1954): «Reflejos de la vida española en el "Lazarillo"», *Clavileño*, 30, pp. 28-32.

Olaechea Labayen, Juan Bautista (1972): «El colegio de San Juan de Letrán de Méjico», *Anuario de Estudios Americanos*, 29, pp. 585-596.

Otte Sander, Enrique (2008): *Sevilla, siglo XVI: Materiales para su historia económica*, Sevilla: Centro de Estudios Andaluces.

Palenzuela Domínguez, Natalia (2003): *Los mercaderes burgaleses en Sevilla a fines de la Edad Media*, Sevilla: Editorial Universidad de Sevilla.

Pérez, Marie Carmen (1996): «La formation de l'enfant à Valladolid aux XVIᵉ et XVIIᵉ: "Los Niños de la Doctrina Cristiana" (1542-1627)», en Augustin Redondo (dir.): *La Formation de l'enfant en Espagne aux XVIᵉ et XVIIᵉ siècles. Colloque International (Sorbonne et Collège d'Espagne, 25-27 septembre 1995)*, París: Publications de la Sorbonne, pp. 175-187.

Pike, Ruth (2000): *Linajudos and Conversos. Greed and Prejudice in Sixteenth-and Seventeenth-Century Spain*, Nueva York: Peter Lang Publishing Inc.

Polanco, Juan Alfonso de (1896): *Vita Ignatii Loiolae et rerum Societatis Jesu historia (1554)*, t. 4, Monumenta historica Societatis Ihesu (MHSI), Madrid: Augustinus Avrial.

— (1898): *Vita Ignatii Loiolae et rerum Societatis Jesu historia (1556)*, t. 6, Monumenta historica Societatis Ihesu (MHSI), Madrid: Augustinus Avrial.

— (1916): *Polanci complementa. Epistolae et commentaria p. Joannis Alphonsi de Polanco e Societatis Jesu*, t. 1, Monumenta historica Societatis Ihesu, Madrid: Typis Gabrielis López del Horno.

Ramis Barceló, Rafael (2017): *Doctores hispanos en Leyes y Cánones por la Universidad de La Sapienza de Roma (1549-1774)*, Madrid: Universidad Carlos III de Madrid.

Redondo, Augustin (1996): «Les livrets de lectures (*Cartillas para enseñar a leer*) au XVIᵉ siècle: lecture et message doctrinal», en Augustin Redondo: *La formation de l'enfant en Espagne aux XVIe et XVIIe siècles*, París: Presses de la Sorbonne-Nouvelle, pp. 71-103.

Remesal, Antonio (1964): *Historia general de las Indias Occidentales y particular de la Gobernación de Chiapa y Guatemala*, ed. por P. Carmelo Saenz de Santa María, Madrid: Atlas.

Ricard, Robert (2005): *La conquista espiritual de México. Ensayo sobre el apostolado y los métodos misioneros de las órdenes mendicantes en la Nueva España de 1523-1524 a 1572*, México: Fondo de Cultura Económica.

Saint-Lu, André (1968): *La Vera Paz, esprit évangelique et colonisation*, París: Centre de Recherches Hispaniques.

Sánchez Martín, Margarita (1997): «Mercaderes burgaleses en Flandes. Actividad económica y vida privada según el Cartulario del antiguo Consulado de España en Brujas (primera parte, de 1280 a 1550)», en Isabel Montes Romero-Camacho (coord.), Antonio Claret García Martínez y Manuel González Jiménez (eds. lit): *Actas III Jornadas Hispano-Portuguesas de Historia Medieval. La Península Ibérica en la Era de los Descubrimientos (1391-1492). Sevilla, 25-30 de noviembre de 1991*, vol. 1, t. 1, Sevilla: Junta de Andalucía, Consejería de Cultura, pp. 453-468.

Santolaria Sierra, Félix (1996): «Los colegios de doctrinos o de niños de la doctrina cristiana. Nuevos datos y fuentes documentales para su estudio», *Hispania*, 56 (192), pp. 267-290.

— (1997): *Marginación y educación. Historia de la educación social en la España moderna y contemporánea*, Barcelona: Ariel.

— (2005): «Una edición no conocida de la Doctrina Cristiana de San Juan de Ávila, incluida en la compilación de Gregorio de Pesquera: Doctrina Cristiana y Espejo de Buen Vivir (Valladolid, 1 de mayo de 1554)», *Hispania Sacra*, 57 (116), pp. 491-558.

— (2008): «Una carta impresa del maestro Ávila en un compendio de uso escolar de 1554», *Hispania Sacra*, 60 (121), pp. 173-180.

Sarabia Viejo, María Justina (1978): *Don Luis de Velasco, virrey de Nueva España, 1550-1564*, Sevilla: Escuela de Estudios Hispano Americanos.

Saranyana, Josep-Ignasi (1992): «Tres teólogos académicos mexicanos del siglo XVI: Vera Cruz, Ledesma y Pravia», *Hispania sacra*, 44 (90), pp. 545-585.

Schäfer, Ernst H. (2003): *El Consejo Real y Supremo de las Indias*, t. II, Valladolid: Consejería de Educación y Cultura.

Scholes, France V. (1945): «The Colegio de San Juan de Letrán in 1552», *The Americas*, 2 (1), pp. 99-106.

Societatis Ihesu (1900): *Epistolae mixtae ex variis Europae locis ab anno 1537 ad 1556 scriptae*, Monumenta historica Societatis Jesu (MHSI), vol. 4, Madrid: Augustinus Avrial.

— (1900b): *Epistolae mixtae ex variis Europae locis ab anno 1537 ad 1556 scriptae*, Monumenta historica Societatis Jesu (MHSI), vol. 5, Madrid: Augustinus Avrial.

— (1914): *Fabri Monumenta. Beati Petri Fabri, primi sacerdotis Societatis Iesu, epistolae, memoriale et processus ex autographis aut archetypis potissimum deprompta*, Monumenta historica Societatis Ihesu, Madrid: Typis Gabrielis Lopez de Horno.

— (1943): *Fontes narrativi de Sancto Ignatio de Loyola. Volumen I. Narrationes scriptae ante annum 1557*, Monumenta historica Societatis Ihesu, Roma: Altera editio.

Tierras de Burgos (2014): «La casa del cura de Salas de Bureba», en *Tierras de Burgos* [recurso electrónico]. Disponible en línea en <http://tierrasdeburgos.blogspot.com/2014/02/la-casa-del-cura-de-salas-de-bureba.html>.

Tomasetti, Luigi (1860): *Bullarum Diplomatum et Privilegiorum Sanctorum Romanorum Pontificum Taurinensis editio*, t. 6, Turín: Augustae Taurinorum, Seb. Franco et Henrico Dalmazzo Editoribus.

Vigil, Ralph H. (1987): *Alonso de Zorita. Royal Judge and Christian Humanist, 1512-1585*, Norman: University of Oklahoma Press.

Vila Vilar, Enriqueta y Guillermo Lohmann Villena (2003): *Familia, linajes y negocio entre Sevilla y las Indias. Los Almonte*, Madrid: Fundación MAPFRE.

Wagner, Klaus (1982): *Martín de Montesdoca y su prensa. Contribución al estudio de la imprenta y de la bibliografía sevillana del siglo XVI*, Sevilla: Universidad, D. L.

Ximénez, Francisco (1929): *Historia de la Provincia de San Vicente de Chiapa y Guatemala de la Orden de Predicadores*, t. 1, Guatemala: Tip. Nacional.

Zorita, Alonso de (1963 [1942]): *Breve y sumaria relación de los señores de la Nueva España. Prólogo y notas de Joaquín Ramírez Cabañas*, México: Universidad Nacional Autónoma de México.

Zorita, Alonso de (1909): *Historia de la Nueva España. Tomo Primero*, Madrid: Librería General Victoriano Suárez.

— (1963): *Life and Labor in Ancient Mexico: The Brief and Summary Relation of the Lords of New Spain*, New Brunswick: Rutgers University Press.

— (1992): *Relación de los señores de la Nueva España*, Madrid: Cambio 16.

Dinamizadores del primer comercio indiano: el caso de Franco Leardo (1504-1545)[1]

Samir el Moussaoui Calderón[2]

El primer comercio indiano

Los territorios bañados por el mar Caribe conquistados por Castilla tras la llegada de Cristóbal Colón en 1492 a la isla que más tarde denominarían Española supusieron para la corona y para sus súbditos una oportunidad de enriquecimiento sin precedentes. La colonización castellana de las islas caribeñas y las costas bañadas por este mar trajo consigo la apertura de nuevos mercados y la creación de nuevas rutas comerciales que conectaban las diferentes posesiones indianas de Castilla con la península —fundamentalmente Sevilla— y por las que discurrían todo tipo de géneros, desde los codiciados metales preciosos americanos hasta la muy necesitada mano de obra esclava oriunda del continente africano.

En un primer momento, este comercio se centró en el abastecimiento de los colonos castellanos que habitaban en las Indias debido a que las necesidades de estos no podían ser cubiertas con la escasa producción de los recién nacidos asentamientos indianos, por lo que la dependencia respecto a la metrópoli era casi total. Estos requerían de numerosos productos, como vino, aceite, trigo, paños, bienes de equipo y objetos de lujo para los más ricos no solo con el fin de cubrir necesidades básicas, sino con el de imitar los modos de vida del Viejo Continente. El hecho de que la corona impusiese limitaciones a las Indias en su producción agrícola —prohibición del cultivo de la vid y el olivar en el continente americano— contribuiría más a la dependencia con respecto a la metrópoli.[3]

Con el pasar de las décadas, las colonias castellanas en el Caribe comenzaron a exportar diferentes materias primas además de las habituales, perlas y oro, como

---

[1] Fuentes de archivo utilizadas: AGI, IG: Archivo General de Indias, Indiferente General; AGI, J: Archivo General de Indias, Justicia; AHPSE, PNS: Archivo Histórico Provincial de Sevilla, Protocolos Notariales de Sevilla.

[2] Universidad de Sevilla.

[3] Agustín Guimerá Ravina (1977): «¿Por qué comercia Canarias con Indias en el siglo XVI?: incentivos y obstáculos», en Francisco Morales Padrón (coord.): *I Coloquio de Historia Canario-Americano*, Gran Canaria: Cabildo Insular de Gran Canaria, p. 93.

consecuencia de la implantación del cultivo de la caña de azúcar y el desarrollo de la ganadería que se llevó a cabo en estas tierras. Si bien la dependencia en relación con la península continuaba siendo muy acentuada, las recién conquistadas tierras castellanas en América comenzaban a ofrecer diferentes productos más allá de los ansiados metales preciosos, en gran parte debido a la labor de hombres de negocios y mercaderes que desde ambos lados del Atlántico, tanto en Sevilla como en la propia América, diversificaron la economía indiana mediante la inversión en infraestructuras destinadas a la producción —ingenios para la molienda de la caña de azúcar, establos para ganado, roturación para generar tierras aptas para el cultivo, etc.— y el embarque hacia las nuevas colonias de todos los productos que estas demandasen diversificando y haciendo crecer de esta manera, tanto cuantitativamente como cualitativamente, el recién nacido comercio en las Indias. Los mercaderes genoveses que residían en la ciudad de Sevilla, pese a la prohibición real a extranjeros de comerciar con las Indias o de embarcar hacia este destino, no quedaron al margen de esta dinamización del comercio americano, por lo que se convirtieron en importantes agentes en el crecimiento de este: de forma indirecta, mediante la financiación de las empresas comerciales de mercaderes castellanos y de sus viajes a América; y de forma directa, a través del envío de factores a los diversos asentamientos castellanos del Caribe para que se encargasen de sus negocios en estos territorios y por medio de la formación de compañías comerciales destinadas al comercio indiano. Franco Leardo, de quien trataremos a lo largo de las siguientes páginas, como buen representante del mercader genovés de Sevilla, no desaprovechó la atractiva oportunidad económica que suponía el comercio con las Indias, con lo que terminó por adquirir un papel protagonista en el desarrollo de la economía indiana en las primeras etapas de la existencia de esta.

Franco Leardo y Sevilla

Es poco lo que sabemos acerca del mercader genovés Franco Leardo antes de su llegada a Sevilla, salvo que era hijo de Batista Leardo y Teodorina de Riberol, hermana de Francisco y Cosme de Riberol, importantes mercaderes genoveses que desarrollaron sus actividades financieras y comerciales en Castilla, principalmente en Sevilla y Canarias.[4] No conocemos con exactitud el momento en el que Franco Leardo arribó a Sevilla, aunque debió de ser poco antes de 1504, año en el que aparece en la documentación notarial sevillana la primera escritura asentada a su

---

[4] Leopoldo de la Rosa Olivera (1972): «Francisco de Riberol y la colonia genovesa en Canarias», *Anuario de estudios atlánticos*, 18, p. 70.

nombre.[5] En 1509, Leardo poseía una casa en el barrio de los genoveses, próxima a la capilla del colegio de Santa María de Jesús,[6] y ya estaba plenamente involucrado en el universo económico de la ciudad del Guadalquivir, como atestiguan las numerosas escrituras notariales en las que es nombrado, muchas de estas relativas a la venta de tejidos,[7] al comercio del aceite[8] y a préstamos a particulares.[9] Además, en estos primeros años en Sevilla, Leardo ejerció como factor de su tío, el mencionado y más que historiado Francisco de Riberol,[10] uno de los mercaderes ligures más importantes establecido en la urbe hispalense a finales del siglo xv y comienzos de la centuria siguiente, miembro asimismo de una de las dinastías comerciales genovesas más notables de toda Castilla, cuyas redes se extendían por todo el Atlántico, lo que convirtió a Franco Leardo en una pieza más dentro del sistema clientelar de los Riberoles, al menos hasta la muerte de su tío en 1514.[11] Por estos años, Francisco Riberol era arrendatario de las almonas de Triana,[12] por lo que la producción y el

[5] Luco Batista Adorno, mercader genovés en Sevilla, otorga poder a Silvestre de Brine y a Franco Leardo, mercaderes genoveses en Sevilla, para cobrar en general y para pleitos, AHPSe: PNS, leg. 9102, f. 177r, 30-XI-1504.

[6] Joaquín Pascual Barea (1998): «Le Banquier génois Franco Leardo, un poète latin de Séville dans la première moitié du xvieme siècle», en Rhoda Schnur (ed.): *Acta Conventus Neo-Latini Bariensis,* Tempe: Medieval and Renaissance Texts and Studies, p. 475.

[7] Fernando de Jerez, vecino de Sevilla en la collación de Santa María, otorga que debe a Franco Leardo, mercader genovés en Sevilla, presente, 6951 maravedíes, los cuales se corresponden con los 4500 maravedíes por dos piezas de chamelotes que él había comprado; y los otros 2451 maravedíes que le debe por un albalá firmado a su nombre; a pagar en Sevilla desde ese omento hasta siete meses cumplidos, AHPSe: PNS, leg. 8887, f. 369v, 4-V-1506; Gonzalo de Segura, trapero, vecino de Sevilla en la collación de Santa Cruz, otorga que debe a Franco Leardo, mercader genovés en Sevilla, presente, 52200 maravedíes, por una pieza de carmesí pelo que le compró; a pagar dentro de catorce meses, AHPSe: PNS, leg. 9103, f. 863r, 26- V-1506.

[8] Pedro Fernández de Saavedra, y Gonzalo de Broduna, vecinos de Sevilla en la collación de San Andrés, otorgan que deben a Franco Leardo, mercader genovés en Sevilla, «cincuenta quintales de buen aceite de olivas bueno, por maravedíes que de él tienen recibido, al precio que en uno se igualaron; a entregar en Sevilla, puestos en el almacén del comprador, la mitad en todo el mes de febrero de 1507 año, y la otra mitad en todo el mes de marzo siguiente», AHPSe: PNS, leg. 8887, f. 400v-401r, 13-V- 1506.

[9] Bartolomé Tinar, vecino de Sevilla en la collación de Santa María Magdalena, otorga que debe a Franco Leardo, mercader genovés en Sevilla, quininetos maravedíes de préstamos que se obliga a pagar por el día de San Miguel de septiembre de este año, AHPSe: PNS, leg. 9103, f. 107r-107v, 26-I-1506.

[10] Franco Leardo es mencionado como factor de Francisco Riberol, AHPSe: PNS, leg. 9108, fol. 977r-977v, 10-I-1508.

[11] La figura de Francisco de Riberol resulta más que conocida para la historiografía, por haberse realizado notables trabajos sobre su persona y sus redes clientelares y mercantiles, como el ya citado estudio de Leopoldo de la Rosa Olivera: «Francisco…», o. cit., o el de Enrique Otte (1987): «Los Sopranis y los Lugo», en Francisco Morales Padrón (coord.): *II Coloquio de Historia Canario-Americana* Las Palmas de Gran Canaria: Cabildo de Gran Canaria, pp. 239-259; Juan Manuel Bello León realizó un magnífico aporte a la literatura historiográfica acerca de este mercader, Juan Manuel Bello León (2005): «Contribución a la biografía del mercader Francisco Riberol (1458-1514)», en Carlos Rodríguez Morales (coord.): *La Torre. Homenaje a Emilio Alfaro Hardisson,* La Laguna: Artemisa Ediciones, pp. 123-144; más recientemente, Béatrice Pérez ha realizado clarificadoras aportaciones acerca del sistema clientelar del genovés de Sevilla, Béatrice Pérez (2016): «Francisco de Riberol. Un genovés sevillano canario en el sistema europeo de relaciones internacionales», en Juan José Iglesias Rodríguez y José Jaime García Bernal (eds.): *Andalucía en el Mundo Atlántico Moderno. Agentes y Escenarios,* Madrid: Sílex, pp. 195-213.

[12] Enrique Otte (2008): *Sevilla, siglo XVI: Materiales para su historia económica,* Sevilla: Centro de Estudios Andaluces, p. 78.

comercio del jabón constituía uno de sus principales negocios, del que hizo partícipe a Leardo, en calidad de factor,[13] además de otros asuntos, como la concesión de préstamos, la representación en pleitos, el reconocimiento de deudas o el comercio de aceite, en el que tanto Francisco como otros miembros del linaje Riberol tuvieron un importante papel, gracias a las tierras de olivares que poseían en Sanlúcar la Mayor.[14] No solo trabajaría junto a su tío Francisco, sino también con su primo segundo, Jácome de Riberol, quien le dejó a cargo de su almacén para aceite situado en la collación de Santa María, junto al hospital de Santa María de los Caballeros, cuando tuvo que marchar en 1506 a Génova, con total libertad para almacenar su propio óleo en él o para arrendarlo y recibir los beneficios.[15]

Otro de los genoveses con los que Leardo aparece vinculado desde su llegada a Sevilla fue el también mercader Silvestre de Brine, quien, al igual que el comerciante que nos ocupa, sirvió a los intereses de los Riberol de la ciudad del Guadalquivir durante la primera década del siglo y quien, a la postre, se convertiría en su más importante compañero de negocios, como veremos a continuación. Ambos fueron principales armadores en 1524 de la malograda expedición a las Molucas capitaneada por el veneciano Sebastián Caboto,[16] a la que conribuyeron en conjunto con la nada desdeñable cantidad de 610 670 maravedíes, siendo los genoveses que más aportaron a la empresa, seguidos por Leonardo Cataño —407 880 maravedíes— y Pedro Benito de Basiñana —305 910 maravedíes—.[17]

De forma independiente, Franco Leardo, durante sus primeros años sevillanos, tuvo una importante participación en el comercio textil de la capital hispalense, importaba grandes cantidades de telas desde el norte de Europa y Asia con las que proveer a los sastres, jubeteros y calceteros locales, así como a otros mercaderes.[18]

Entre 1537 y 1545 fue uno de los banqueros más importantes de la ciudad de Sevilla, en un primer momento asociado junto a Batista de Brine, hijo del que fuera su

---

[13] AHPSE: PNS, leg. 9108, f. 977r-977v, 10-I-1508.

[14] «Sepan quantos esta carta vieren, como yo Christóual Alonso e Diego Martín del Álamo veçinos que somos de la villa de Sanlúcar la Mayor [...] otorgamos e conosçemos que fasemos pacto e postrimería en vos, Jácomo de Riberol, mercador ginoués estante en Seuilla que estades absente, bien así como si fuesedes presente, en tal manera e en tal rasón que nosotros seamos themidos e obligados e nos obligamos de vos arar sesenta arançadas de oliuar que vos aveys e teneys en término de Solúcar, logar del Axarafe desta dicha çibdad de Seuilla [...]», AHPSE: PNS, leg. 9101, f. 101r-101v, 26-I-1506.

[15] AHPSE: PNS, leg. 9108, f. 77v, 7-I-1506.

[16] Silvestre de Brine no solo aportó capital monetario a la empresa, sino que también envió a su propio hijo, Otavián de Brine, que falleció durante el transcurso de la misma, lo que llevó al mercader ligur a iniciar un pleito contra Sebastián Caboto con el fin de recuperar los bienes de su hijo, AGI: J, leg. 705, 22-III-1531.

[17] Juan Gil (1998): «Los armadores de Sebastián Caboto: un inglés entre italianos», *Anuario de estudios americanos*, 45, p. 49.

[18] En el anexo se incluye una tabla donde figuran todas las ventas textiles realizadas por Franco Leardo de 1506 a 1511.

compañero de negocios durante las tres primeras décadas del siglo, y más tarde en solitario, hasta el momento en que Leardo desaparece de la documentación notarial sevillana. Sería su hermano, Pedro Juan Leardo, quien tomaría el relevo en la dirección del banco fundado por Franco hasta el año 1552, momento en el que quebraría, pues no figura en la lista oficial elaborada en 1553 por el cabildo de la ciudad, donde se encuentran todos los bancos que existían n el momento en Sevilla.[19]

Dejando a un lado el terreno económico, la integración de Leardo en Sevilla fue total, tanto que llegó a entablar amistad con las principales figuras del humanismo sevillano, como Baltasar del Río, Pedro Núñez Delgado y Pedro Mejía, quienes lo tenían en gran consideración como poeta.[20] Entre sus compatriotas de Sevilla gozó de gran respeto, hasta el punto de sobresalir entre estos, quienes cinco años después de su llegada a la ciudad —concretamente en 1509— lo eligieron como cónsul de su nación junto a Jácome de Grimaldo.[21] En 1514 aparece como albacea del testamento de Luis de Riberol y a su vez mantuvo una estrecha relación económica y personal con Hernando Colón, hijo del descubridor, quien también lo nombró albacea de su testamento junto a otros tres genoveses —Gregorio Cataño, Leonardo Espínola y Pedro Benito de Basiñana— con quienes también mantuvo vínculos comerciales y personales. Franco Leardo ocupó un asiento de honor en la misa de réquiem en honor de Hernando Colón ofrecida por las autoridades de la ciudad, a la que asistieron todos los genoveses que en ella habitaban.[22]

Primeros negocios indianos (1506-1527)

Todo lo dicho anteriormente refleja la gran preeminencia social y el poder económico de Franco Leardo, sin lugar a dudas, uno de los mercaderes más importantes de Sevilla durante la primera mitad del siglo XVI y, como tal, uno de los primeros ligures en expandir sus negocios por las recientemente descubiertas islas caribeñas. La primera escritura notarial relativa a las Indias que encontramos en la que aparece el nombre de Franco Leardo trata de una obligación fechada el 25 de mayo de 1506 por la cual el maestre Juan Franco otorga que debe pagar 150 ducados al mercader genovés por el préstamo que este le había hecho a fin de que abasteciera

---

[19] Ruth Pike (1966): *Enterprise and adventure. The Genoese in Seville and the opening of the New World*, Nueva York: Cornell University Press, p. 90.

[20] Joaquín Pascual Barea: «Le Banquier…», o. cit., p. 475.

[21] José Damián González Arce (2010): «El consulado genovés de Sevilla (siglos XIII-XV). Aspectos jurisdiccionales, comerciales y fiscales», *Studia Historica. Historia Medieval,* 28, p. 181.

[22] Ruth Pike: *Enterprise…*, o. cit., pp. 91-92.

su nao en el viaje que iba a realizar al puerto de Santo Domingo.[23] Para este año ya estaba asociado con su compatriota Silvestre de Brine, junto con el cual envió, en fecha desconocida, al corredor de lonja Juan de Argumedo en calidad de factor a La Española para que atendiese todos sus negocios en las Indias. Este Juan de Argumedo falleció en 1506 y fue sustituido por Francisco Morillo,[24] quien ya también trabajaba para Francisco de Riberol. La imposibilidad legal de los extranjeros para comercias con las Indias le hizo asociarse desde muy temprano con castellanos para este menester, como el caso de Juan Gómez, cuya sociedad junto a Leardo conocemos por una carta de liquidación de compañía que data de 1512. Por desgracia, no se ha conservado la escritura de formación de dicha compañía, por lo que nos es imposible saber las condiciones bajo las que se asentó la misma.[25] La relación comercial con Juan Gómez no terminó junto a esta compañía, ya que el mismo día que fue liquidada la sociedad entre el sevillano y el genovés fue asentada una escritura por la cual el propio Juan se obligaba a ir a «las Yndias del mar Oçéano» con una cargazón de 413 360 maravedíes en mercancías —cantidad aportada a partes iguales por Franco Leardo y Juan Gómez— con el fin de venderlas al mejor precio posible:

> Sepan quantos esta carta vieren como yo, Juan Gómez, mercader, veçino desta çibdad de Seuilla en la collaçión de Santa Cruz otorgo e conosco a vos Franco Leardo, mercader ginoués, estante en esta dicha çibdad de Seuilla, que por quanto yo quiero yr e voy agora con la ayuda de Dios a las Yndias del mar Oçéano, por tanto otorgo e conozco que llevo cargadas en vuestro nombre e mío para las dichas Yndias, quatroçientos e trezemil e trezientos e sesenta e tres maravedís desta moneda que se agora vsa, empleados en diversas mercaderías [...] otorgo, conozco e confieso que son la mitad de vos, el dicho Franco Leardo [...] prometo e me obligo de las vender en las dichas Yndias como a mí mejor visto fuere [...][26]

[23] AHPSE: PNS, leg. 2170, f. 258v, 25-V-1506.

[24] Ana Martínez, viuda de Juan de Argumedo, en su nombre y en el de sus hijos, otorga poder a Francisco de Morales, que estaba en La Española, para que se hiciera cargo de los bienes de su difunto marido en las Indias, donde era factor de Franco Leardo y Silvestre de Brine, AHPSE: PNS, leg. 9104, f. 498v, 1-IX-1506; Silvestre de Brine y Franco Leardo otorgan poder a Francisco Morillo, vecino de Sevilla que se encontraba en La Española, para que se hiciera cargo de los bienes de Juan de Argumedo que pudieran pertenecerles, AHPSE: PNS, leg. 9104, f. 506r, 2-IX-1506.

[25] «Sepan quantos esta carta vieren como yo, Franco Leardo, mercader ginoués estante en esta çibdad de Seuilla, e yo, Juan Gómez, mercader, veçino desta çibdad de Seuilla en la collaçión de Santa Cruz, otorgamos e conoscemos el vno de nos a otro e el otro al otro, que por quanto entre nos a avido e ay compañía de muchas mercaderías e otras cosas que enbiamos a las Yndias del mar Oçéano e a otras partes, e asy mismo de otras qualesquier cuentas e cargos que el vno de nos aya tenido por el otro, e el otro por el otro [...] por ende, otorgamos e conosçemos el vno de nos al otro e el otro al otro que somos e nos damos por contentos e pagados e entregados e satisfechos el vno del otro e el otro del otro de todo lo que le pertenesçió e pertenesçiere e pudo pertenesçer en qualquier manera de toda la dicha compañía [...]», AHPSE: PNS, leg. 8, f. 546v, 19-IV-1512.

[26] AHPSE: PNS, leg. 8, f. 548r, 19-IV-1512.

A lo largo de los siguientes años, Franco Leardo siguió envuelto en negocios relativos a las Indias, en solitario o junto a Silvestre de Brine, de quien ya hemos dicho que fue su socio inseparable.[27] Ambos mercaderes ligures tuvieron una importante relación con Pedro Benito de Basiñana, uno de los miembros más destacados de la comunidad genovesa sevillana, como atestigua una escritura notarial del 2 de mayo de 1526, por la que el futuro cronista de Indias, Gonzalo Fernández de Oviedo, se obliga a pagar a los mencionados genoveses 75 000 maravedíes, 48 805 maravedíes por el hierro que les compró y los 26 195 maravedíes restantes por un préstamo que le concedieron. En esta misma escritura se deja constancia de que Fernández de Oviedo era socio de los genoveses en una compañía mercantil que operaba en Tierra Firme.[28] La sociedad con el castellano resultó provechosa para los mercaderes ligures, que en compensación por esta deuda recibieron unas casas en Santo Domingo, lo que les abrió las puertas —si es que no lo estaban ya— del negocio inmobiliario en La Española.[29]

Años antes de este asunto, Franco Leardo y Silvestre de Brine, esta vez sin Pedro Benito de Basiñana, ampliaron sus negocios en las Indias al enviar como factor a Veracruz a Juan Montero en una fecha que nos es desconocida, pero sin lugar a dudas anterior a 1527.[30] Como podemos observar, la expansión mercantil de estos hombres de negocios genoveses por las nuevas tierras descubiertas fue al hilo de la propia conquista castellana de América, sin desaprovechar ninguna de las nuevas oportunidades de enriquecimiento que aparecían en el horizonte de este nuevo mundo.

El asiento del bálsamo

El burgalés Antonio de Villasante fue uno de los numerosos hombres que se embarcó en el segundo viaje colombino (1493) con el deseo de obtener una vida mejor en las nuevas tierras descubiertas por el marinero ligur. El joven grumete, que solo

---

[27] Contrato de fletamento entre Juan Sánchez de Morales, maestre, y Franco Leardo, para que el mencionado maestre cargue en su nao veinte toneladas de ropa con destino al puerto de Santo Domingo, AHPSE: PNS, leg. 9115, f. sin enumerar, 6-IX-1512; poder otorgado por Silvestre de Brine y Franco Leardo a Juan Aldera, quien estaba en Puerto Rico, para que demandase de Francisco Cardona, también en Puerto Rico, el valor de dos esclavos negros que los citados genoveses le habían enviado en 1521, AHPSE: PNS, leg. 3256, f. 144r, 8-X-1523; Gonzalo de Ugarte, en Sevilla, otorga que recibe de Silvestre de Brine y Franco Leardo doce botas de vino de Jerez cargadas en la carabela El Espíritu Santo, con destino a Veracruz, AHPSE: PNS, leg. 27, f. 205v, 19-I-1526.

[28] AHPSE: PNS, leg. 27, f. 755r, 2-V-1526.

[29] AHPSE: PNS, leg. 27, f. 756r, 2-V-1526.

[30] Franco Leardo y Silvestre de Brine otorgan poder a Juan Franco, de partida para Nueva España, para que en caso de fallecimiento de Juan Montero, factor de los otorgantes en dicha provincia, se hiciese cargo del producto de la venta de las mercaderías que estos le habían enviado con dicho fin, AHPSE: PNS, leg. 3271, f. 536r, 9-XII-1527.

contaba con la edad de dieciséis años cuando pasó a las Indias, fue de los primeros pobladores de la recién fundada ciudad de la Isabela (1494) y tras el fracaso de esta se incorporó al contingente de pobladores que fundó la villa de Santo Domingo (1496). Entre 1497 y 1498, en el marco de la rebelión encabezada por Francisco Roldán, se sublevó junto a Adrián de Mojica, a quien más tarde delataría ante Cristóbal Colón. Su deseo de alcanzar una vida acomodada se cumplió, pues en 1514 recibió una encomienda con 43 indios en el repartimiento que realizó Rodrigo de Albuquerque. Su condición social y preeminencia dentro de La Española se vio reforzada además por las buenas relaciones de amistad que mantuvo con los sucesivos gobernadores: Francisco de Bobadilla, Nicolás de Ovando y Diego Colón.[31]

Durante los primeros años de su nueva vida en Santo Domingo, Antonio de Villasante contrajo matrimonio con una indígena, relación que a la postre resultaría enormemente beneficiosa para el burgalés, pues de ella obtendría un enorme beneficio económico, ya que los parientes de su esposa conocían la localización de un bosque en el cual crecían diversas plantas con propiedades medicinales a partir de cuyas raíces se obtenía un ungüento o «bálsamo» que el propio Villasante se encargaría de explotar económicamente,[32] gracias a la merced concedida por el gobernador Diego Colón, quien le otorgó una renta de 200 000 maravedíes anuales, 100 000 maravedíes por el bálsamo, 50 000 por el ruibarbo y otros 50 000 «por la renta de las otras drogas».[33] Es precisamente en este punto donde los mercaderes genoveses de Sevilla cobran especial importancia, pues se convertirían en socios y financiadores de Antonio de Villasante en su negocio del bálsamo. El burgalés, como mercader, ya había tenido diversos contactos con este grupo de hombres de negocios, especialmente con Pedro Benito de Basiñana, Franco Leardo y Silvestre de Brine,[34] quienes se convertirían en sus asociados en los asuntos del bálsamo.

A principios de 1528, Antonio de Villasante se encuentra en Sevilla, donde firmaría junto a Pedro Benito de Basiñana una escritura por la cual se concierta con este para explotar de forma conjunta las plantas medicinales de las que obtenía el

---

[31] Vilma Benzo de Ferrer (2000): *Pasajeros a la Española (1492-1530)*, Santo Domingo: Amigo del Hogar, p. 503; Ángela Pereda López (2001): *Conquistadores y encomenderos burgaleses en Indias (1492-1600)*, Burgos: Universidad de Burgos, pp. 25-26.

[32] «[...] por quanto por parte de vos, Antonio de Villasante, veçino de la çibdad de Santo Domingo de la isla Española, me fue fecha relación que ha más de treynta años que vos vibís en la dicha isla y estays casado en ella con muger natural de la dicha ysla, y que de la larga estada y bibienda en ella y de la conversación de la dicha vuestra muger y sus parientes habéis alcançado a saber muchas y muy grandes raízes e yervas muy necessarias y prouechosas para la salud de los hombres [...]», AGI: IG, 421, leg. 11, f. 292v, 11-IX-1526.

[33] Ibídem, f. 292v.

[34] Antonio de Villasante se compromete a devolver a Pedro Benito de Basiñana 250 ducados que este le había prestado, AHPSE: PNS, leg. 33, f. 68v, 11-VII-1528; Antonio de Villasante se obliga a pagar a Silvestre de Brine y Franco Leardo 109 250 maravedíes que les adeuda por la compra de 2375 varas de lienzo de presilla, AHPSE: PNS, leg. 3273, f. 460r, 30-V-1528.

bálsamo, para la pesca de perlas y para la extracción de piedras preciosas de un yacimiento que había hallado.[35] La escritura estipulaba una duración del concierto de unos veinte años, cuya asociación recaía en sus herederos en caso del fallecimiento de alguno de los dos titulares, además de un reparto de las ganancias equitativo. De esta forma, Pedro Benito de Basiñana quedaba como distribuidor del bálsamo, piedras preciosas y perlas en la península, pues gozaba de plena libertad para tratar con ellos y era la única persona a la que Antonio de Villasante podía enviar consignados estos productos.[36] Como contrapartida, el mercader genovés debía enviar a Santo Domingo la parte correspondiente de los beneficios obtenidos por la venta del bálsamo, piedras preciosas y perlas a Antonio de Villasante en dinero o bajo la forma de mercancías o esclavos negros, lo cual puede ser un indicio de que Antonio de Villasante operaba como agente de Pedro Benito de Basiñana en La Española en el negocio de la trata negrera.

Otra de las cláusulas del concierto estipulaba que si el burgalés obtenía firma de un asiento para el bálsamo con la corona, Pedro Benito de Basiñana pasaría a disfrutar de una quinta parte de lo acordado por Antonio de Villasante con el monarca.[37] Esta cláusula explica la presencia del vecino de Santo Domingo en la metrópoli sevillana, pues se disponía a marchar rumbo a la corte para precisamente solicitar este asiento, viaje que fue financiado por Pedro Benito de Basiñana «syn nyngund interés».[38] Dicho asiento terminaría por convertirse en realidad, pues el 4 de abril de aquel mismo año era firmado en Madrid el asiento del bálsamo entre la corona y Antonio Villasante.[39] Unos días después, se asentaba una real cédula que prohibía la recolección de las plantas utilizadas para la elaboración del bálsamo en La Española a toda persona que no fuera Antonio de Villasante o que no tuviera poder de este para ello, lo que garantizaba el monopolio de este producto al burgalés y a su

---

[35] «[…] primamente, que quando con ayuda de Dios yo esté en la dicha ysla Española sea themido e obligado de procurar e solicitar con toda diligençia de faser e sacar todo el bálsamo e licor que pudiere, asy de lágrima como de todas las otras cualidades que se pueden e suelen sacar […] procurar e aver todas las piedras preçiosas e pescar las perlas e coger todas las drogas que se podiere aver e que todas las costas que se fizieren sean de ambos a dos igualmente […]», AHPSE: PNS, leg. 31, f. 503r, 28-II-1528.

[36] «[…] Iten, que este dicho asyento e concordia entre nosotros por tiempo e espacio de veynte años complidos primeros syguientes, e que durante este dicho tiempo, todo el bálsamo de qualquier tipo que sea y piedras preçiosas y drogas e perlas que yo o otro por mí e con mi industria o solicitud fiziere e fallare e sacare e pesare e cogiere sacado primamente para su Magestad, toda la parte que yo oviere de aver, sy alguna le paresçiere todo lo que restare e me paresçiere, lo enviaré a esta dicha çibdad de Seuilla consynado a vos el dicho Pero Benito de Basyñana, e non lo pueda enviar consinado a otra persona alguna […]», ibídem.

[37] «[…] Yten, que sy yo el dicho Antonio de Villasante fisyere algund asyento con su Magestad de manera que su Magestad tome para la dicha negoçiación del dicho bálsamo e piedras e perlas e drogas, e por remuneración de dello su Magestad me fesyere alguna merçed, que de la tal merçed ayeys e gozeys vos el dicho Pero Benito de vna quinta parte […]», ibídem.

[38] Ibídem.

[39] AGI: IG, 421, leg. 13, f. 85r-86v, 4-IV-1528.

144 | La economía mercantil española. Siglos xvi-xvii

consocio genovés.[40] La propia corona se encargaría de «promocionar» este monopolio, del que indudablemente debía de obtener sustanciales beneficios, cuando a
través de una real cédula fechada en Madrid el 5 de abril de 1530 ordenaba a todas
las autoridades del reino que mandasen a los médicos y cirujanos dar a conocer
los beneficios del bálsamo mediante la experimentación con él y la redacción de
escritos donde se vieran reflejadas las propiedades del mismo:

> [...] yo vos mando y encargo que como cosa importante a nuestro servicio y al bien
> de nuestros súbditos tengays muy dado que los médicos y çirujanos desas çibdades y
> sus comarcas lo vean y se ynformen y hagan con ello las curas, para que entendieren y
> hallaren provechoso el dicho bálsamo, a los quales médicos y çirujanos encargamos que
> tengan ansy mesmo cuidado de poner por escrito las esperiençias que del dicho bálsamo
> ovieren hecho, y de la forma que tienen lo aplicaren en las heridas e enfermedades para
> que hallaren ser prouechoso [...].[41]

Un año después de la firma del concierto entre Pedro Benito de Basiñana y
Antonio de Villasante, los compatriotas de Basiñana y también mercaderes en Sevilla, Silvestre de Brine y Franco Leardo, comenzaron a tomar parte en el asunto
del bálsamo mediante la cesión que realizó Pedro Benito, por motivos que nos son
desconocidos, de una cuarta parte del quinto de los beneficios del bálsamo que le
correspondían por el asiento firmado entre la corona y Antonio de Villasante.[42]

Un año más tarde, el 5 de abril de 1530, Pedro Benito de Basiñana y Franco
Leardo firmaban con el monarca un asiento por el cual obtenían permiso real para
distribuir y vender por el reino todo el bálsamo que llegase a la Casa de la Contratación proveniente de las Indias durante un periodo de tres años. Este asiento se
debe al conocimiento que tenía el emperador de la participación de estos genoveses
en la capitulación suscrita dos años antes con Antonio de Villasante y se efectuaba
a modo de recompensa por el esfuerzo económico invertido por estos en la reali-
zación de experimentos con el bálsamo y en la promoción del mismo por diversas
ciudades y villas del reino:

---

[40] AGI: IG, 421, leg. 13, f. 110r-111r, 16-IV-1528.

[41] AGI: IG, 422, leg. 14, f. 64r-65r, 5-IV-1530.

[42] «Sepan quantos esta carta vieren como yo, Pero Benito de Basiñana, mercader ginovés estante en esta muy
noble e muy leal çibdad de Seuilla, otorgo e conosco a vos, Sylvestre de Brine, e a vos, Franco Leardo, mercaderes
ginoveses estantes en esta dicha çibdad, que estades presente vos el dicho Franco Leardo, e digo que por quanto
Antonio de Villasante, veçino de la çibdad de Santo Domingo de la ysla Española me ovo renunçiado e fiso donación para siempre jamás de la quinta parte del prouecho e renta del bálsamo e drogas perteneciente al dicho
Antonio de Villasante en cada vn año conforme al asiente e capitulación e contratación sobre ello fecha por el
dicho Antonio de Villasante con sus Majestades [...] renunço e trespaso e fago donación para siempre jamás a
vos e ambos, los dichos Sylvestre de Brine e Franco Leardo, e para vos conviene saber la quarta parte de todo el
prouecho e renta del bálsamo [...]», AHPSE: PNS, leg. 3276, f. 334v, 13-II-1529.

[…] porque vosotros aveys puesto mucha cantidad de vuestra hazienda para en los gastos que en la manyfestaçión dello se ha hecho, y que ansy por respeto desto como por nos seruir, abeys trabajado a vuestra costa que con el dicho licor se hiziesen las esperiençias posibles para que se conociese el benefiçio que en los cuerpos humanos se podría obrar en qualquier forma de enfermedades […].[43]

En la práctica, este asiento venía a sancionar una situación que *de facto* ya se venía produciendo desde 1528: la distribución y comercialización en la península por parte de Pedro Benito de Basiñana primero, y Franco Leardo después, del bálsamo que enviaba Antonio de Villasante desde Santo Domingo.

Últimos negocios indianos (1535-1542)

Los últimos dos grandes negocios de Franco Leardo en las Indias tomaron forma en dos compañías, cuyas escrituras de asentamiento han sido conservadas en la documentación de los protocolos notariales sevillanos. La primera de estas dos sociedades data de 1535 y la conformaron, además del citado Franco Leardo, los genoveses Pedro Juan de Riberol y Batista de Brine —hijo del gran socio de Leardo, Silvestre de Brine, probablemente ya desaparecido en 1535— junto con los sevillanos Francisco Pérez y el cómitre Bartolomé Carreño. La escritura no es muy prolija en cuanto a las condiciones en torno a las cuales se formaba dicha compañía ni al tiempo de duración de la misma, pues asienta solo el capital inicial y la parte de este que aportaba cada uno de los miembros:

[…] en la qual ponemos e metemos de cabdal entre todas las dichas partes, vn quento e quinientos e vn mill e nouenta e quatro maravedís en esta manera que nos, los dichos Franco Leardo e Batista de Brine ponemos e metemos de nuestra parte por cabdal propio, trezientos e çinquenta e çinco mill e syeteçientos maravedís, e yo, el dicho Pero Juan de Riberol, pongo e meto por mi parte po cabdal mío propio, trezientos e çinquenta e çinco mill e seysçientos e nouenta e quatro maravedís, e yo el dicho Françisco Péres, pongo e meto de cabdal mío propio, trezientas e çinquenta e çinco mill e syeteçientas maravedís, e yo, el dicho Bartolomé Carreño, pongo e meto de cabdal mío propio, todos los maravedís restantes, que son quatroçientas e treynta e quatro mill maravedís […].[44]

Dicha cantidad, los 1 501 094 maravedíes, fue empleada en la compra de una nao, llamada La María, y en la compra de mercancías, con el fin de navegar con ellas a las

[43] AGI: IG, 422, leg. 14, f. 61r, 5-IV-1530.
[44] AHPSe: PNS, leg. 50, sin foliar, 6-XI-1535.

Indias y venderlas al mejor precio posible en los puertos castellanos de este nuevo territorio. El encargado de realizar la travesía al Nuevo Mundo y de tratar allí con las mercancías adquiridas en Sevilla sería Bartolomé Carreño, quien además se comprometía a comprar azúcar y cueros al mejor precio posible con los beneficios obtenidos por las ventas previamente realizadas:

> […] e otorgo e prometo e me obligo, yo, el dicho Bartolomé Carreño, de lleuar la dicha nao e mercaderías a las Yndias de mar Oçéano, a qualesquier puertos e logares de las dichas Yndias que a mí me paresçieren e vender las dichas mercaderías a los mejores presçios que por ellas pudiere aver, e poner en ello e en la administración dello, toda la yndustria e solicitud e trabajo que fuere menester para prouecho de la dicha compañía, de manera que por ni culpa, ni mengua, ni nigligençia, non vengan nin puedan venir a la dicha compañía pérdida ni daño ni menoscabo alguno, e que no pueda vender ni venda las dichas mercaderías nin cosas algunas dellas saluo de contado, e que el proçedido de las dichas mercaderías, yo, el dicho Bartolomé Carreño, pueda comprar cualesquier açúcares e cueros que yo quisiere para prouecho de la dicha compañía, e los açúcares e cueros que dello comprare en qualesquier puerto o puertos e en qualesquier nauío o nauíos que a mí paresçiere e los enbiare a esta dicha çibdad de Seuilla registrado en el registro del rey consinado a la dicha compañía […].[45]

Parece claro, pues, que la compañía formada por estos mercaderes se basaba en la exportación y venta a precio de oro de bienes manufacturados a las Indias y en la importación a la península de materias primas muy codiciadas por escasas. En cuanto al dinero obtenido por la compañía, el reparto del mismo era el siguiente: de los 1 501 094 maravedíes depositados inicialmente, cada parte recuperaría la cantidad aportada en un principio; en lo relativo a los beneficios resultantes de todas las operaciones llevadas a cabo, Bartolomé Carreño se llevaría la mitad mientras que la mitad restante se dividiría en tres partes iguales, correspondiendo cada una de ellas a Pero Juan de Riberol, Francisco Pérez y Franco Leardo y Batista de Brine; estos dos últimos recibirían una parte de forma conjunta.[46] Al no estipular la escritura el tiempo de duración de la compañía, no podemos saber hasta cuándo se mantuvo la sociedad entre estos genoveses y sevillanos. Un contrato fechado el 14 de mayo de 1537, por el cual Bartolomé Carreño se obligaba a ir a San Juan de Ulúa con la nao propiedad de los miembros de la compañía y dar cuenta de los fletes realizados

---

[45] Ibídem.

[46] «[…] se saquen primamente para nos, las dichas partes, los dichos vn quento e quinientos e vn mill e nouenta e quatro maravedís del dicho cabda, para cada vna de nos las dichas partes la contía de suso declarada e las costas que yo, el dicho Bartolomé Carreño fiziere en la dicha nao e mercaderías, e de lo que restare sacando lo susodicho me lleue yo, el dicho Bartolomé Carreño, la mitad, e la otra mitad se fagan tres partes iguales, e la vna parte dellas sea para nos, los dichos Franco Leardo e Batista de Brine, e otra parte para mí, el dicho Pero Juan de Riberol, e la otra parte para mí, el dicho Françisco Péres […]», ibídem.

durante el viaje,[47] nos indica que la sociedad aún seguía operativa, pero, a juzgar por la naturaleza de este tipo de compañías, muy posiblemente esta expirase poco tiempo después.

Mucho más completa es la escritura de la compañía formada en 1539 por Franco Leardo junto a su hermano, Pedro Juan Leardo, Batista de Brine, su socio en la compañía anteriormente tratada, y los sevillanos Juan Rodríguez y Rodrigo Bolante, este último yerno de Rodríguez.[48] Decimos que esta escritura es mucho más completa porque en ella se estipulan con precisión todas las cláusulas que debían ser cumplidas y el tiempo exacto de duración de la sociedad. El capital inicial estipulado era de unos 3200 ducados —1 200 000 maravedíes— divididos de la siguiente forma: los genoveses Franco Leardo, Batista de Brine y Pedro Juan Leardo[49] aportarían 2000 ducados, mientras que los sevillanos Juan Rodríguez y Rodrigo Bolante cubrirían el capital restante con 400 y 800 ducados respectivamente:

> [...] en la qual se ponen e meten de cabdal tres mill e dozientos ducados de oro en dineros contados, en esta manera, nos los dichos Franco Leardo e compañía, dos mill ducados, e yo el dicho Juan Rodrígues, quatro çientos ducados, e yo, el dicho Rodrigo Bolante, ochoçientos ducados, que son los dichos tres mill e dozientos ducados [...].[50]

Estos 3200 ducados debían ser empleados, como dispone la escritura, en la compra de mercancías con el fin de llevarlas al puerto de Santo Domingo, donde debían ser distribuidas y vendidas. Rodrigo Bolante sería el encargado de viajar al puerto caribeño para asentarse allí durante el tiempo de duración de la compañía (desde la fecha en la que se asienta la escritura de formación de la compañía hasta el fin del año 1542)[51] y desde aquel lugar administrarla vendiendo tanto las mercancías compradas con el capital inicial como los sucesivos envíos que irían realizando sus socios desde Sevilla.[52] También desde Santo Domingo debía mandar con destino a Sevilla todo el azúcar y cueros que comprase en las Indias, además de los pesos de oro y los marcos de perlas y plata que obtuviera como resultado de los negocios

[47] AHPSe: PNS, leg. 11517, f. 605v, 14-V-1537.

[48] AHPSe: PNS, leg. 57, f. 1282r-1284r, 18-VII-1539.

[49] La escritura estipula que serán denominados como «Franco Leardo e compañía».

[50] AHPSe: PNS, leg. 57, f. 1282r, 18-VII-1539.

[51] «[...] Yten, que la dicha compañía comyença a correr desde oy día que esta carta es fecha, e ha de fenecer en fin del año que venga de mill e quinientos e quarenta e dos años [...]», ibídem, f. 1282vto.

[52] «[...] Yten, que yo, el dicho Rodrigo Bolante, sea temido e obligado e me obligo de yr a la dicha çibdad de Santo Domingo, e llevar las dichas mercaderías e estar e residir en la compañía todo el dicho tiempo de suso, fasta ser acabada e feneçer de la dicha compañía, e que durante el dicho tiempo tenga cargo de administrar a la dicha compañía en la dicha çibdad de Santo Domingo e vender e benefiçiar las dichas mercaderías, asy las que agora tengo de lleuar como las que después me fueren enviadas, e poner en ello toda la yndustria e trabajo e diligençia que fuere menester, como bueno e fiel compañero [...]», ibídem, f. 1282v.

llevados a cabo por él en nombre de la compañía.[53] Por fortuna, todos los envíos de metales preciosos y perlas consignados a nombre de Franco Leardo y Juan Rodríguez a lo largo del tiempo de duración de la compañía han sido conservados, pues fueron asentados en el registro de retornos de la Casa de la Contratación, al igual que todo el oro y plata procedente de las Indias. Para el caso de la anterior compañía tratada, la del año 1535, no podemos manejar las cantidades de oro y plata consignadas a Franco Leardo y el resto de socios, pues los registros para los años en los que dicha compañía estuvo operativa no han sido conservados.

La suerte vuelve a sonreírnos en lo que respecta a esta compañía, ya que gracias a un pleito mantenido entre el propio Franco Leardo y otro mercader genovés llamado Jacobo Grillo de Basiñana, se conserva importante información relativa a la misma. Este último alegaba que Franco Leardo le debía 130 pesos de oro por razón de la compra de dos esclavos realizada en Santo Domingo por Rodrigo Bolante, quien, como ya hemos visto anteriormente, era su socio destinado en las Indias para tratar los negocios de la compañía sevillano-genovesa.[54] Este pleito, conservado en el Archivo General de Indias, resulta muy valioso para conocer la historia de esta sociedad, pues entre la documentación requerida para la resolución de la causa se encuentra parte de la correspondencia enviada por Rodrigo Bolante a Franco Leardo (si bien las misivas enviadas por el genovés a su consocio en América no están incluidas en el pleito), en la cual el sevillano hace relación de las mercancías enviadas a sus asociados en la urbe hispalense, además de dar cuenta de las situaciones por las que pasa en Santo Domingo y las necesidades y tribulaciones que van surgiendo, todo con el fin del recto rumbo y prosperidad de la compañía. Desgraciadamente, el pleito se conserva incompleto, por lo que nos es imposible conocer la totalidad de la correspondencia mantenida entre Rodrigo Bolante y Franco Leardo, además de la resolución adoptada por los jueces de la Casa de la Contratación.

Esta correspondencia, que cubre gran parte del año 1541, nos resulta de gran utilidad para cuantificar la cantidad de mercancías enviadas por Rodrigo de Bolante a sus asociados en Sevilla, así como para descubrir los diversos sucesos que afectan a la sociedad castellano-ligur reportados por el sevillano estante en Santo Domingo, algunos de los cuales permiten conocer la coyuntura económica e incluso climática de las Antillas. La vida de la compañía no estuvo exenta de reveses, pues recién iniciado el año, el 17 de enero de 1541, Rodrigo Bolante se dirigía a Franco Leardo

---

[53] «[…] Yten, que yo, el dicho Rodrigo Bolante, pueda enbiar de la dicha çibdad de Santo Domingo a esta dicha çibdad de Seuilla, oro e açúcar e cueros e libranças e otras qualesquier mercaderías que quisiere del proçedido de la dicha compañía, e que todo lo que asy enviare venga registrado en el registro del rey e consynado a los dichos Franco Leardo e compañía e Juan Rodrígues […]», ibídem, f. 1283r.

[54] AGI: J, 707, N. 2, 10-II-1542.

para comunicarle que los cargamentos que el genovés le había enviado tiempo antes no habían llegado al puerto antillano debido al mal tiempo —«[…] las naos me paresçe que no an venido a causa que, segund an dicho acá, an arribado con malos tiempos […]»—,[55] razón por la cual estaba perdiendo oportunidades de negocio:

> […] e, por esto, yo agora syn ropa nin sedas e lienços, dexe de vender más de dos mill pesos de contado, que vinieron unos del Perú y vinieron a posar a casa del thesorero, y el thesorero me enbió a llamar para ver sy tenía yo en ropa e como no la tuve tomaron la de otro […].[56]

Para que una situación así no vuelva a repetirse, ruega a su asociado en Sevilla que este le envíe toda la mercadería que requiere en tres cargazones distintas, para asegurar de esta manera la llegada a tiempo a Santo Domingo de al menos uno de ellos.

Las dificultades para Bolante no terminaron aquí, pues este, poco tiempo después, hacía patente en sus misivas su descontento a Leardo por la subida del precio de los fletes, por lo que se negaba a embarcar mercancías hasta que no encontrase un navío en el que realizar esta operación resultase más económico:

> […] Señor, en esta caravela de Bartolomé Sánches no pude cargar cueros ningunos, pensando de fletar más barato en estas naos, e paresçeme que cada vez va más subiendo el flete, que en la caravela van a çient maravedís el cuero, y en estas naos an fletado a çiento e dos maravedís e a mill maravedís la pieça. En esta caravela he trabajado por enbiar algunos cueros e no tuve lugar de fletar en ella ningunos más en estas naos […][57]

En otra de sus cartas, Bolante informa a sus consocios en Sevilla de las oportunidades de mercado relativas a la venta de esclavos que estaban surgiendo por aquellos años en los recientemente conquistados territorios del Perú,[58] a la vez que expresa su temor ante la posibilidad de que la corona requisase las remesas de oro provenientes de las Indias, debido a los rumores que habían llegado a sus oídos de una nueva guerra contra Francia.[59]

Volviendo al oro, plata y perlas enviados por Rodrigo Bolante a sus socios desde Santo Domingo, las cantidades de dichas mercancías son las siguientes: en 1540

---

[55] Ibídem, f. 19r.

[56] Ibídem, ídem.

[57] Ibídem, ídem.

[58] «[…] negros boçales tienen agora razón noble salida, a causa que los demandan del Perú […]», ibídem, f. 21r.

[59] «[…] aquí se a dicho de çierto que se cree que avrá guerras Françia con España e que se cree que será muy presto, lo qual nunca Dios permita nin consienta que sea, porque luego el rey querrá tomar el oro como a fecho otras veces […]», ibídem, ídem. Para conocer más sobre las requisas de metales preciosos indianos véase Eufemio Lorenzo Sanz (1977): «La requisición de las remesas de oro y plata de mercaderes y particulares por la corona en el siglo XVI», *Anuario de estudios americanos*, 34, pp. 271-293.

el sevillano envió 40 marcos de plata y 2846 pesos de oro; en 1541 fueron 921 los pesos de oro enviados; 1542 es el único año en el que aparece un envío de perlas, ocho marcos concretamente, mientras que los pesos de oro ascendieron a 2012; la cantidad de oro consignada a los socios de la compañía en 1543 fue la menor, unos 526 pesos.[60] En cuanto al reparto de estos beneficios, después de recuperar cada parte su inversión inicial, el resto de las ganancias se dividirían en dos: una de las mitades para los genoveses, la otra mitad se subdividiría en tres partes: dos de estas para Rodrigo Bolante y la restante para Juan Rodríguez.[61] Como podemos comprobar, la sociedad conformada por estos mercaderes genoveses y sevillanos resultó más que lucrativa para todas las partes involucradas.

A finales de 1542 esta compañía expiró dejando importantes beneficios en las arcas de todos sus miembros. Este fue el último gran negocio de Franco Leardo relativo a las Indias, pues pocos años después, probablemente entre 1545 y 1546, aunque desconocemos con exactitud la fecha, Franco Leardo, el gran banquero y comerciante genovés de Sevilla, con seguridad ya de edad provecta, desaparecería de la escena hispalense. Como sucesor de sus negocios quedó su hermano menor, Pedro Juan Leardo.[62]

Anexo

FECHA	COMPRADOR/ES	TEJIDOS	MARAVEDÍES
4-5-1506	Fernando de Jerez	Dos piezas de chamelotes	4500
26-5-1506	Gonzalo de Segura	Una pieza de carmesí de pelo	52 200
16-7-1506	Fernando de Carvajal y Fernando de Vejer	Ciertos carmesíes y chamelotes	73 066

[60] AGI: IG, leg. 1801, f. 448r, 451r, 463r, 463v, 464r, 474vto, 475v, 485r, 485v, 490r, 501v, 524v, 552r, 569v, 570r, 573v, 612r, 614r, 623r, 633r, 633v, 634r, 635r, 635v, 649r, 649v, 661r, 661v, 665r, 670r, 711r, 711v.

[61] «[…] Yten, que todo lo que Dios diere a aver e ganar en esta dicha compañía, en todo el tiempo que durare, sacados primeramente los dichos cabdales que se entiende para nos, los dichos Franco Leardo e compañía, dos mill ducados, e para mí, el dicho Juan Rodrígues, quatroçientos ducados, e para mí, el dicho Rodrigo Bolante, ochoçientos ducados, e las costas e gastos que se ovieren fecho e todo lo demás que quedare se parte entre nos, las dichas partes, en esta manera: que ayamos e llevemos nos, los dichos Franco Leardo e compañía la mitad, e la otra mitad se faga a tres partes, que aya e lleve yo, el dicho Rodrigo Bolante, las dos terçias partes de la dicha mitad, e yo, el dicho Juan Rodrígues, la otra terçia parte, e sy alguna pérdida o riesgo oviere, lo que Dios no quiere, que la partamos asy como avemos de partir la dicha ganançia […]», AHPSE: PNS, leg. 57, f. 1283v, 18-VII-1539.

[62] La última escritura notarial que encontramos en la cual aparece el nombre de Franco Leardo data de 1545 (AHPSE: PNS, leg. 10568, sin enumerar, 7-7-1545). A partir de 1546, el banco que anteriormente figuraba en las escrituras como «banco de Franco Leardo y Pero Juan Leardo» aparece solo a nombre de su hermano menor, lo que nos hace pensar que probablemente a estas alturas de siglo Franco Leardo ya había dejado Sevilla o había fallecido, pues no podemos olvidar que llegó a la urbe hispalense en 1504, 41 años antes.

FECHA	COMPRADOR/ES	TEJIDOS	MARAVEDÍES
16-7-1506	Fernando de Vejer y Gonzalo de Vejer	Ciertos carmesíes y chamelotes	45 334
1-7-1509	Gonzalo de Segura	Ciertas sedas	51 572
18-7-1509	Alfonso Sánchez Lobo	Ciertos chamelotes	30 000
23-10-1509	Gonzalo de Segura	Tres piezas de terciopelo negro y una pieza de terciopelo grana	89 857
16-7-1510	Gonzalo de Segura	Cuatro piezas de chamelote	168 000
16-7-1510	Alonso Sánchez	31 piezas de chamelotes	81 365
29-10-1511	Fernando de Cantillana y Diego de Sanlúcar	Ciertos fustanes malvasines	10 000
29-10-1511	Antón Díaz	Ciertos fustanes malvasines	10 000
29-10-1511	Luis de Medina	Ciertos fustanes malvasines	5000
29-10-1511	Gonzalo de la Vega	Ciertos fustanes malvasines	5000
12-11-1511	Fernando Bolante	Ciertos chamelotes	16 875
12-11-1511	Gonzalo de Marchena	Ciertos chamelotes	16 875

Tabla 1. Ventas de tejidos realizadas por Franco Leardo entre 1506 y 1511. Fuente: véase nota al pie.[63]

BARCO	CARGAMENTO
Nao de Diego Juárez	23 cajas de azúcar y 300 cueros vacunos
Nao de Pedro Agustín	Azúcar y cueros por valor de 900 pesos de oro. 309 pesos y 4 tomines de oro de Cibao
Nao de Sebastián Morales	100 cueros
Nao de Martín Ávila	700 arrobas de azúcar y 50 cueros
Nao de Vicente Martín	315 arrobas de azúcar y 300 cueros
Nao de los Farfanes	Azúcar y cueros por valor de 600 pesos de oro

Tabla 2. Cargamentos consignados por Rodrigo Bolante a Franco Leardo y cía. durante los primeros meses de 1541. Fuente: véase nota al pie.[64]

[63] AHPSE: PNS, legs. 9103, 9104, 9108, 9109, 9110, 9113.
[64] AGI: J, 707, N. 2.

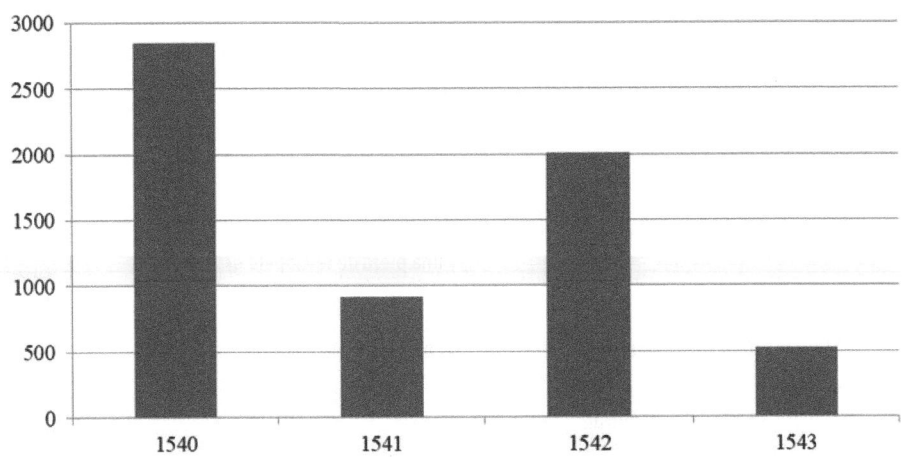

Gráfico 1. Pesos de oro consignados por Rodrigo bolarte a Franco Leardo y cía.
Fuente: véase nota al pie.[65]

Bibliografía

BELLO LEÓN, Juan M. (2005): «Contribución a la biografía del mercader Francisco Riberol (1458-1514)», en Carlos Rodríguez Morales (coord.): *La Torre. Homenaje a Emilio Alfaro Hardisson,* La Laguna: Artemisa Ediciones, pp. 123-144.

BENZO DE FERRER, Vilma (2000): *Pasajeros a la Española (1492-1530),* Santo Domingo: Amigo del Hogar.

DE LA ROSA OLIVERA, Leopoldo (1972): «Francisco de Riberol y la colonia genovesa en Canarias», *Anuario de estudios atlánticos,* 18, pp. 61-198.

GIL, Juan (1998): «Los armadores de Sebastián Caboto: un inglés entre italianos», *Anuario de estudios americanos,* 45, pp. 3-65.

GONZÁLEZ ARCE, José Damián (2010): «El consulado genovés de Sevilla (siglos XIII-XV). Aspectos jurisdiccionales, comerciales y fiscales», *Studia Historica. Historia Medieval,* 28, pp. 179-206.

GUIMERÁ RAVINA, Agustín (1977): «¿Por qué comercia Canarias con Indias en el siglo XVI?: incentivos y obstáculos», en Francisco Morales Padrón (coord.): *I Coloquio de Historia Canario-Americano,* Gran Canaria: Cabildo Insular de Gran Canaria, pp. 86-104.

LORENZO SANZ, Eufemio (1977): «La requisición de las remesas de oro y plata de mercaderes y particulares por la corona en el siglo XVI», *Anuario de estudios americanos,* 34, pp. 271-293.

OTTE, Enrique (1987): «Los Sopranis y los Lugo», en Francisco Morales Padrón (coord.):

---

[65] AGI: IG, leg. 1801.

II Coloquio de Historia Canario-Americana, Las Palmas de Gran Canaria: Cabildo de Gran Canaria, pp. 239-259.

— (2008): *Sevilla, siglo XVI: Materiales para su historia económica,* Sevilla: Centro de Estudios Andaluces.

PASCUAL BAREA, Joaquín (1998): «Le Banquier génois Franco Leardo, un poète latin de Séville dans la première moitié du XVIeme siècle», en Rhoda Schnur (ed.): *Acta Conventus Neo-Latini Bariensis,* Tempe: Medieval and Renaissance Texts and Studies, pp. 475-483.

PEREDA LÓPEZ, Ángela (2001): *Conquistadores y encomenderos burgaleses en Indias (1492-1600),* Burgos: Universidad de Burgos.

PÉREZ, Béatrice (2016): «Francisco de Riberol. Un genovés sevillano canario en el sistema europeo de relaciones internacionales», en Juan José Iglesias Rodríguez y José Jaime García Bernal (eds.): *Andalucía en el Mundo Atlántico Moderno. Agentes y Escenarios,* Madrid: Sílex, pp. 195-213.

PIKE, Ruth (1966): *Enterprise and adventure. The Genoese in Seville and the opening of the New World,* Nueva York: Cornell University Press.

El comercio del vino de la isla de La Palma: entre Portugal y América, 1545-1570[1]

Luis Francisco Cumplido Mancera[2]

Introducción

El comercio a lo largo de la Edad Moderna es uno de los aspectos más importantes dentro de este periodo de la historia. El estudio de este es fundamental para entender el devenir de destacados eventos históricos, especialmente durante el siglo xvi que se comienza a establecer un nuevo sistema comercial mundial, dando pie a intercambios mercantiles de larga distancia nunca vistos con anterioridad.

El interés en mantener las relaciones comerciales y seguir importando a Europa géneros exóticos de producción alóctona fue el factor que en el siglo xv y ya en la centuria siguiente provocaría grandes hitos como los viajes de exploración en búsqueda de nuevas rutas comerciales que fuesen alternativa a la tradicional ruta de la seda, recientemente cortada en su comunicación con el Viejo Continente debido a la expansión otomana. Ello dio lugar al descubrimiento de continentes como el americano, la circunnavegación de África, la exploración de nuevos mares, la expansión por Asia, etc., y todo esto con el fin de mantener o aumentar los grandes beneficios que generaba el comercio, siendo la fuente de ingresos fundamental de portugueses y castellanos tras sus respectivas expansiones y establecimiento de las nuevas rutas comerciales y conexiones mercantiles con Asia, África y América.

Bajo esta premisa se sitúa el contexto del comercio en los reinos peninsulares en general, y el archipiélago de Canarias en particular, debido al enclave fundamental que fue para la navegación de lusos y castellanos en los diferentes viajes atlánticos que realizaron en sus conexiones con sus territorios colonizados. Así, el objetivo de este trabajo es mostrar un estudio sobre el desarrollo de la actividad mercantil

[1] Esta publicación forma parte del Proyecto de I+D+i *PID2022-138444OB-I00* (*La esclavitud en la economía y la sociedad de la España del siglo xvi*), financiado por el MCIN/ AEI/10.13039/501100011033. Siglas utilizadas: AGI, C: Archivo General de Indias, Contratación; AHPCA, PNC: Archivo Histórico Provincial de Cádiz, Protocolos Notariales de Cádiz; AHPSE, PNS: Archivo Histórico Provincial de Sevilla, Protocolos Notariales de Sevilla.

[2] Universidad de Sevilla.

vitivinícola en la isla de La Palma, cuyo puerto de Santa Cruz sería de gran importancia para el comercio entre Europa, África y América.

Para ello, hemos trabajado con un abanico documental procedente de los registros comerciales del Archivo General de Indias, así como de los protocolos notariales del Archivo Histórico Provincial de Sevilla, donde encontramos numerosos aportes para poder desarrollar un estudio comercial sobre la isla palmera. Junto a estas, hemos trabajado con dos oficios de escribanía notarial de la propia ínsula a través de las fuentes editadas de Luis Agustín Hernández Martín tituladas *Protocolos de Domingo Pérez, escribano público de La Palma 1546-1567*[3] y *Protocolos de Blas Ximón, escribano de la villa de San Andrés y sus términos 1546-1572*,[4] en los cuales dicho autor nos pone a disposición un gran repertorio de documentos de los que podemos obtener datos y conectarlos con los que hemos extraído de las fuentes primarias.

Asimismo, debemos saber que contamos con dos periodos cronológicos en los que tenemos un número inferior de documentos, que corresponden a los años 1545-1553 (por la destrucción del archivo de La Palma que sufrió durante el ataque pirático de 1553)[5] y 1568-1570 (por el fin de los protocolos notariales de Domingo Pérez), los cuales cubrimos de manera parcial con los aportes obtenidos del AGI y del AHPSE y con los datos proporcionados por Elisa Torres Santana.[6] Por tanto, los datos que aportemos y mostremos en este trabajo debemos entenderlos como parciales y no totales, pues los vacíos por falta documental: el hecho de haber trabajado únicamente con dos escribanías de la isla, una escribanía en Sevilla y algunos datos concretos que localizamos en otras y unos registros comerciales en el AGI que no son continuos a lo largo de todos los años para, al menos, el régimen comercial canario, es lo que nos lleva a pensar que la actividad comercial tuvo que ser superior a la que mostraremos a continuación.

---

[3] Luis Agustín Hernández Martín (1999): *Protocolos de Domingo Pérez, escribano público de La Palma (1546-1553)*, vol. 1, Santa Cruz de La Palma: Caja General de Ahorros de Canarias; del mismo autor: *Protocolos de Domingo Pérez, escribano público de La Palma (1554-1556)*, vol. 2, Santa Cruz de La Palma: Caja General de Ahorros de Canarias, 2000; *Protocolos de Domingo Pérez, escribano público de La Palma (1557-1558)*, vol. 3, Santa Cruz de La Palma: Caja General de Ahorros de Canarias, 2002; *Protocolos de Domingo Pérez, escribano público de La Palma (1559-1567)*, vol. 4, Santa Cruz de La Palma: Caja General de Ahorros de Canarias, 2005.

[4] Luis Agustín Hernández Martín (2014): *Protocolos de Blas Ximón, escribano de la villa de San Andrés y sus términos (1546-1573)*, La Palma: Cartas Diferentes Ediciones.

[5] Antonio Rumeu de Armas (1947): *Piraterías y ataques navales contra las Islas Canarias*, Madrid: Instituto Jerónimo Zurita, t. 1, pp. 146-152.

[6] Elisa Torres Santana (1993): «La Palma y los mercados americanos en el Quinientos», en *I Encuentro de Geografía, Historia y Arte de la ciudad de Santa Cruz de La Palma*, Santa Cruz de La Palma: Patronato del V Centenario, pp. 148-168.

Contexto histórico: el desarrollo del vino en Canarias y La Palma

Al contrario que la industria azucarera, el desarrollo de la producción y exportación del vino comenzaría en Tenerife y La Palma de la mano de un colonato de origen portugués y, en segunda instancia, por mercaderes extremeños y andaluces que llegaron a estas islas como importadores de estos vinos canarios, que fueron los que destinaron sus ganancias a la inversión en el desarrollo vitivinícola.[7] En torno a 1526 ya se produciría una importante cantidad de pipas anuales entre las dos islas, a cuyo negocio se uniría no mucho más tarde Gran Canaria. Durante muchos años, las tres islas realengas serían grandes productoras de estos caldos, que coparon el comercio exportador canario durante los siglos XVI y XVII, en la llamada Era del Vino,[8] y como ejemplo de ello encontramos que en el año 1558 entre las tres producían en torno a las 80 000 pipas anuales.[9]

La corona fomentó la producción y exportación del vino, autorizando en la década de 1520 a La Palma a exportar los excedentes de producción, al igual que ocurrió unos años después se hizo la misma concesión a Tenerife.[10] Destacan especialmente las exportaciones hacia las Indias, donde se intercambiaban por productos como cueros o azúcares, que a su vez se intercambian en Sevilla por aceite, jabón, lienzos o productos textiles, que se enviaban hacia las islas. También se cargó hacia Inglaterra por la demanda inglesa del vino de malvasía, así como a Portugal, así, los mercaderes portugueses llevaron este vino a Brasil, Cabo Verde o Guinea.[11]

Debemos saber de antemano que hasta los años en los que se comenzó a exportar dicho género, el comercio fue de ámbito local, es decir, que estuvo destinado al abastecimiento y consumo interno en las islas, el cual no era de gran rentabilidad precisamente. A lo largo de la primera mitad del siglo XVI, el consumo interno de Gran Canaria, La Palma y Tenerife fue en ascenso en sus centros urbanos. Mientras que los 8000 habitantes de 1505 consumían 960 000 litros anuales, los 11 381 en 1525 y los 22 000 en 1550, consumieron 1,3 y 2,6 millones de litros respectivamente.[12]

---

[7] Antonio Manuel Macías Hernández (2007): «Expansión ultramarina y economía vitivinícola. El ejemplo de Canarias (1500-1550)», *Investigaciones de Historia Económica*, 3 (8), pp. 19-20.

[8] Francisco Morales Padrón (1955): *El comercio canario-americano (siglos XVI, XVII y XVIII)*, Sevilla: Escuela de Estudios Hispanoamericanos, pp. 24-26.

[9] José Peraza de Ayala Vallabriga (1977): *El régimen comercial de Canarias en los siglos XVI, XVII y XVIII*, Sevilla: Universidad de Sevilla, p. 55.

[10] Manuel Lobo Cabrera (2000): «El comercio canario europeo en tiempos de Carlos I», en *XIV* Coloquio de historia Canario-Americana, Gran Canaria: Cabildo Insular de Gran Canaria, p. 2011.

[11] José Peraza de Ayala Vallabriga: *El régimen...*, o. cit., pp. 53-55.

[12] Antonio Manuel Macías Hernández (2015): «Crédito y rédito en el comercio atlántico del vino, 1563-1639», en Carlos Martínez Shaw, Pedro Tedde de Lorca y Santiago Tinoco Rubiales (coords.): *Andalucía, España, las Indias: pasión por la historia: homenaje al profesor Antonio-Miguel Bernal,* Sevilla: Universidad de Sevilla, p. 25.

La exportación de vino desde La Palma en 1545-1570

Durante los años que nos ocupan, hemos encontrado registradas en la documentación con exactitud 8343 pipas, las cuales no componen el total de las pipas exportadas, pues tendríamos que añadir las cantidades de vino procedentes de cartas de crédito, cartas de pago y letras de cambio enviadas a La Palma para invertir los maravedíes reflejados en estos documentos en la compra de este artículo, cuyos datos podemos obtener debido a que conocemos el precio de venta por pipa (de forma bastante concreta pero no exacta, ya que es una aproximación) en la isla a lo largo de los distintos años estudiados, lo que nos daría 320 pipas adicionales aproximadamente, que compondrían 8663 pipas cargadas en 142 navíos que marcharon a distintos destinos.[13]

A esto tenemos que añadir una serie de embarcaciones que sabemos que llevaron vino en su interior, pero de las que desconocemos su flete, las cuales expondremos a continuación. Además, hay 225 pipas que conocemos que son vendidas por el mercader flamenco Luis van de Walle, que es vecino de La Palma, pero no se nos indica hacia dónde se exportaron,[14] así como cien pipas que iban a ser cargadas en Tenerife y La Palma para llevar a Puerto Rico, pero sin que se especifique la cantidad tomada en cada isla.[15]

Todo esto no lo podemos entender como datos totales, pues, como hemos indicado, hay que tener en cuenta diversos factores que nos hace mantener la hipótesis de que las exportaciones de vino y de cualquier otro producto de La Palma serían bastante superiores de las que hasta el momento podemos exponer.

Ahora vamos a mostrar una tabla donde reseñaremos de manera más concreta la cantidad, número de navíos y destinos hacia los que se dirigió el vino, mostrando los porcentajes del peso que tuvo cada puerto a la hora de demandar dicha mercancía.

[13] Archivo General de Indias (AGI): Contratación (C), leg. 2847, s. f.; Archivo Histórico Provincial de Sevilla (AHPSE): PNS, leg. 9164, fol. 233r; leg. 9165, fol. 1043r; leg. 9175, fol. 274r; leg. 9188, fol. 531v-532r, 717v-722r; leg. 9189, fol. 470v-471r; leg. 9190, fol. 739v-743v; leg. 9191, fol. 312r-314r, 519r-523v; leg. 9192, fol. 19r-v, 36r-39v, 49r-v, 58v, 587r-588r, 588v-589r; leg. 9193, fol. 544r-v; leg. 9194, fol. 865r-868r; leg. 10569, fol. 884r-885r; Luis Agustín Hernández Martín (1999): Protocolos…, o. cit., docs. 20, 25, 55, 311, 354, 377; del mismo autor: Protocolos…, o. cit., 2000, docs. 401, 406, 554, 568, 577, 602, 646, 665, 729, 778, 780, 821, 823, 847, 856, 868, 869, 870, 873, 883, 950, 955, 959, 960, 982, 997, 1009, 1011, 1017, 1022, 1025; del mismo autor: Protocolos…, o. cit., 2002, docs. 1059, 1060, 1062, 1079, 1081, 1094, 1101, 1109, 1205, 1327, 1400, 1427, 1428, 1440, 1556, 1578, 1584, 1610, 1621, 1642, 1715, 1717, 1720, 1722; vol. 4, doc. 1765, 1768, 1769, 1770, 1771, 1772, 1783, 1785, 1793, 1811, 1884, 1906, 1907, 1950, 1997, 1998, 2000, 2010, 2013, 2019, 2028, 2084, 2093, 2094, 2104, 2115, 2117, 2118, 2119, 2120, 2191, 2271, 2272, 2274, 2276, 2284, 2291, 2300, 2309, 2320, 2324, 2369, 2375, 2390, 2508; del mismo autor: Protocolos de Blas Ximón…, o. cit., docs. 1065 y 1105; Elisa Torres Santana: «La Palma…», o. cit., pp. 156, 159, 162-164, 166.

[14] AHPSE: PNS, leg. 9189, f. 470v-471r; Luis Agustín Hernandez Martín: Protocolos…, o. cit., 2005, doc. 1819.

[15] AHPSE: PNS, leg. 9193, f. 153v-154v y 194v-195r.

N.º DE NAVÍOS	CANTIDAD (pipas)	DESTINOS	PORCENTAJES
26	3054	San Juan de Ulúa	35,25 %
19	1565	La Española	18 %
33	1154	Indias	13,3 %
3	474	Puerto Rico y La Española	5,5 %
10	385	Lisboa	4,45 %
5	365	Puerto Rico	4,2 %
3	346	Cartagena de Indias	4 %
5	285	Nueva España	3,3 %
5	236	Nombre de Dios	2,75 %
8	167	Cabo Verde	1,95 %
5	155	Cuba	1,8 %
2	115	Gran Canaria	1,3 %
5	75	Amberes-Flandes	0,85 %
1	65	Honduras	0,75 %
3	59	São Tomé	0,7 %
2	44	Tazacorte	0,5 %
1	40	La Española y Cuba	0,45 %
1	35	Le Havre	0,4 %
2	28	Cádiz	0,35 %
2	11	Pernambuco	0,15 %
1	5	El Hierro	0,05 %
Total	142 salidas en las que se exportaron 8663 pipas		

Tabla 1. Cantidad de vino exportado desde La Palma entre 1545-1570. Fuente: elaboración propia a partir de las fuentes citadas en la nota 13.

Debemos mencionar que el término *Indias* es debido a que el destino de esas pipas de vino en la documentación viene reflejado así, sin especificar el puerto en el que se descargó la mercancía. Asimismo, los términos *Puerto Rico y La Española «La Española y Cuba* o *Nueva España* es similar al caso anterior, aparece en la documentación que la cargazón se dirigió hacia las referidas zonas, sin concretar puerto o isla final de arribada.

A esto tenemos que añadir otras 23 embarcaciones que cargaron vino, pero de las que desconocemos las cantidades que se transportaron.[16] A pesar de ello, es necesario también mostrar estos datos, pues representan parte de esa actividad comercial del vino en la isla:

N.º DE NAVÍOS	DESTINOS
6	Santo Domingo
4	Indias
3	Amberes-Flandes
2	Nueva España
2	San Juan de Ulúa
2	Puerto Rico
1	Lisboa
1	Castilla
1	Tierra Firme
1	Sesimbra
1	Pernambuco
Total	24 embarcaciones

Tabla 2. Navíos que exportaron alguna cantidad de vino desde La Palma entre 1545-1570. Fuente: elaboración propia a partir de las fuentes citadas en la nota 16.

Hay una clara evidencia de la importancia que tienen las Indias para la salida de mercado de los caldos palmeros, ya que casi el 75 % de las salidas de navíos que llevaban cargados vinos desde La Palma se dirigieron hacia algún puerto del Nuevo Mundo, exportándose hacia la América castellana más del 89 % del total de las pipas. Estos datos muestran perfectamente la gran actividad y conexión de la isla palmera con los puertos indianos, principal mercado consumidor del vino, tanto para el abastecimiento como para la venta, la cual generó los consiguientes beneficios, además del intercambio por productos americanos para traer en el tornaviaje a Sevilla y posteriormente a la propia isla.

[16] AHPSE: PNS, leg. 9165, f. 1042r y 1063r; leg. 9167, f. 542r-547r; leg. 9191, f. 664r-675r; leg. 9192, f. 174r-176v; leg. 9193, f. 153v-154v; leg. 9194, f. 141r-142v; leg. 10569, f. 884r; Luis Agustín Hernández Martín (1999): *Protocolos…*, o. cit., docs. 8, 121, 377 y 8 (apéndice documental); del mismo autor: *Protocolos…*, o. cit., doc. 955; del mismo autor: *Protocolos…*, o. cit., 2002, docs. 1101 y 1720; del mismo autor: *Protocolos…*, o. cit., 2005, docs. 1953, 2119, 2284, 2300 y 2438; del mismo autor: *Protocolos…*, o. cit., 2014, doc. 351; Miguel Royano Cabrera (2020): *La comunidad mercantil de la Corona de Aragón en la baja Andalucía (1516-1556),* tesis doctoral defendida en la Universidad de Sevilla, p. 354; Elisa Torres Santana: «La Palma…», o. cit., pp. 157, 164 y 166.

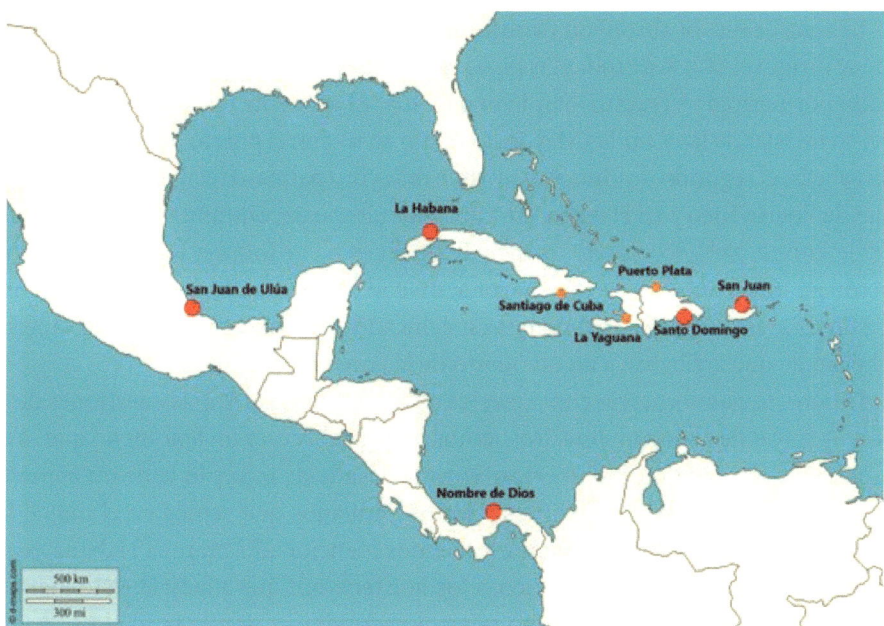

Figura 1. Puertos principales y secundarios en el comercio palmero-americano en 1550-1560. Elaboración propia.

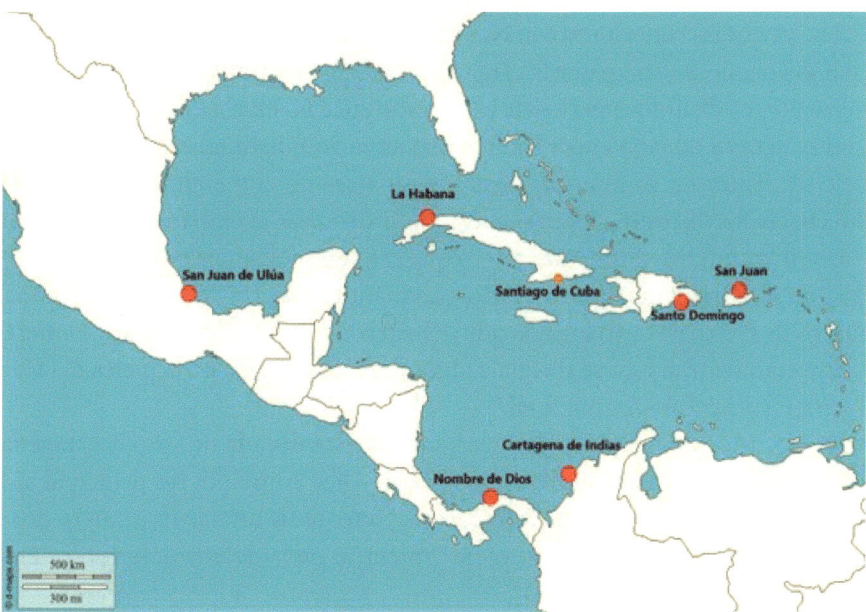

Figura 2. Puertos principales y secundarios en el comercio palmero-americano en 1560-1570. Elaboración propia.

La zona de mayor absorción y consumo de este artículo fue Nueva España, hacia la que se dirigió el 38,5 % de todas las pipas exportadas, las cuales entraban por el entramado portuario de Veracruz-San Juan de Ulúa. El siguiente destino de importancia fueron las islas de las Antillas Mayores, con un 30 %, con el puerto de Santo Domingo a la cabeza, el segundo destino indiano que más vino palmero recibió, seguido de San Juan de Puerto Rico y La Habana, en Cuba. Por último encontramos la zona de Tierra Firme, con un 7,5 %, los puertos principales Cartagena de Indias y los de Tierra Firme fueron los que mantuvieron una mayor actividad comercial con La Palma, y Nombre de Dios. El resto (13,3 %) no tenemos especificado el destino concreto, solo sabemos el hecho de que arribaron a algún puerto de la América castellana.

Dentro de este comercio con América debemos destacar varias cuestiones de interés. A través de la documentación hemos podido observar un fenómeno que se dio en las conexiones palmeras-americanas en la década de 1550 y es la de un comercio de cabotaje a través de los distintos puertos antillanos que vemos en el mapa. Los principales puertos caribeños, como ya hemos mencionado, eran La Habana, Santo Domingo y San Juan de Puerto Rico, a los que tenemos que añadir Puerto Plata, La Yaguana y Santiago de Cuba como puertos secundarios donde también se hacían escalas comerciales para descargar una parte de la carga antes de alcanzar el puerto al que arribaba la embarcación finalmente, que solían ser alguno de los centros primordiales antillanos o Nombre de Dios principalmente, y en menor medida San Juan de Ulúa, ya que las conexiones con Nueva España eran más directas. Asimismo, también hubo ocasiones en los que la cargazón iba dirigida a una isla en concreto, la cual se repartió por distintos puertos de esta, como sucedió en el caso de La Española.[17]

En la década de 1560 encontramos una situación distinta: ese comercio de cabotaje se reduce en su gran mayoría y pasa a ser un comercio directo desde La Palma hacia los distintos destinos a los que se dirigiese la embarcación sin realizar escalas en los puertos antillanos, por lo que cae la importancia de Puerto Plata y La Yaguana. El único puerto secundario que mantiene cierta actividad comercial es Santiago de Cuba, en cuyo lugar sí que se hicieron descargas de parte de la mercancía, especialmente si esta se dirigía a alguno de los puertos principales del Caribe o Tierra Firme como destino final.[18]

Como curiosidad hay que destacar que, en esta década de 1560, Cartagena de Indias sustituye en importancia a Nombre de Dios como puerto principal al que llegaban los vinos palmeros en Tierra Firme, pues tenía un mayor número de relaciones mercantiles en estos años, ya que mientras en la década anterior los envíos

---

[17] AGI: C, leg. 2847, s. f.
[18] AGI: C, leg. 2847, s. f.

realizados a esta zona estuvieron monopolizados por Nombre de Dios, en esa década esa importancia la copa el puerto cartagenero.[19]

Las mercancías que completaron las cargazones de vino que iban hacia América fueron diversas. Como productos autóctonos de la isla encontramos la brea, segundo género en importancia que salió de La Palma a Indias y Portugal, así como quesos, miel, cordobanes y piedra pómez. En reexportación encontramos distintos tipos de textiles (holandeses, franceses, ingleses, anjeos, sedas, terciopelo, hilo, mantas, sombreros, ropajes, etc.), productos asiáticos (especias como azafrán, jengibre, pimienta, clavo y canela, tintes como el palo de China, productos de la India, etc.), aceite, vinagre, harina y otros productos alimentarios (ajos, cebollas, frutas, frutos secos…), vajillas y lozas y jabón, entre otros muchos artículos.[20]

Hubo un especial interés en el intercambio de estos vinos por metales preciosos, principalmente por plata, aunque también fue de importancia el intercambio por cueros vacunos indianos, azúcar antillano, palos tintóreos como el campeche, el tinte de la grana cochinilla o la cañafístula, entre otros diversos productos de origen americano que eran enviados hacia los puertos bajoandaluces y después algunos de ellos hacia la propia isla.[21]

Todo ello, da muestra de la importancia del negocio que había con el otro lado del océano Atlántico, a lo que hay que añadir a partir de la década de 1560 el inicio de la financiación y aseguración a través de préstamos marítimos de los caldos canarios que partían hacia Indias, especialmente las rutas que conectaban las Islas Canarias con Cuba, Nueva España y Tierra Firme, cuyo dinero adeudado se pagaba en plata indiana que era enviada a la ciudad del Betis,[22] pues anteriormente a las fechas mencionadas no hubo aseguración en las exportaciones de vinos, lo que implicaba grandes riesgos en los intercambios mercantiles. En este contexto, el contrato de encomienda fue el precedente de esa aseguración y el que mejor se adaptaba a dicho contexto y condiciones mercantiles.[23]

Esta bonanza en el negocio vitivinícola palmero viene fomentado por la fuerte competencia que generaban los vinos canarios con respectos a otros, como los de producción portuguesa o andaluza, cuyos vinos de malvasía eran más competentes en los mercados indianos y de mayor rédito por los precios más bajos que tenían para su adquisición y un menor coste en las transacciones comerciales en

[19] AGI: C, leg. 2847, s. f.
[20] AGI: C, leg. 2847, s. f.; AHPSE: PNS, leg. 9165, f. 1042r; leg. 9191, f. 664r-675r, leg. 9192, f. 588v-589r; leg. 9194, f. 865v-868r.
[21] Observamos varios ejemplos de ello en AGI: C, leg. 2847, s. f.; AHPSE: PNS, leg. 10570, fol. 828v; leg. 9174, fol. 476r-v, 790r-791r; leg. 9182, fol. 246r; leg. 9195, f. 252r.
[22] Antonio Manuel Macías Hernández: «Crédito…», o. cit., p. 401.
[23] Antonio Manuel Macías Hernández: «Crédito…», o. cit., p. 391.

el momento de su exportación, ya que el almojarifazgo que se pagaba en Canarias era inferior que el que se pagaba en Sevilla.[24]

Los siguientes destinos de importancia fueron Portugal, sus islas atlánticas y Brasil. Hacia estos destinos marcharon casi el 7,1 % de las pipas exportadas, fueron cargadas en un total de 21 navíos, lo que supone casi el 15 % de las embarcaciones que llevaron caldos.

El principal de los puertos que importó más vino desde La Palma fue Lisboa. Esto no es de extrañar, ya que las Canarias son un eje fundamental en el tráfico mercantil luso, pues las islas mantuvieron unos fuertes lazos comerciales con Portugal, usando las Canarias como base de aprovisionamiento, cuyos vinos de gran calidad eran obtenidos a precios más bajos que los caldos de producción portuguesa.[25] Otro hecho que hay que remarcar es la exportación de estos vinos al puerto lisboeta para el abastecimiento de la flota de la India que partía de la capital portuguesa, en diversas ocasiones acudieron los mercaderes lusos al archipiélago para la obtención de vinos que serían cargados en dicha flota, así como para el consumo en Portugal y por el simple hecho de comerciar con este género por los beneficios que aportaba.[26]

Por otro lado, los cargamentos dirigidos a São Tomé y Cabo Verde en numerosas ocasiones tenían como objetivo final su venta para una posterior inversión en la compra de esclavos o el intercambio directo de las pipas por piezas de esclavos negros, cuya compra viene muchas veces indicada en la propia documentación en la que se fletan los vinos. Un ejemplo de ello lo encontramos en el caso de dos de los cargamentos que fueron a Cabo Verde: «Lo procedido se obliga de emplearlo en esclavos o en otras cosas de la tierra» o «[…] ir a las islas de Cabo Verde y allí vender y contratar las pipas lo más y mejor que pueda en dineros de contado, trueque de esclavos o de otras mercaderías»,[27] aunque también se obtuvieron otros productos de la tierra, como fueron cueros caprinos, carne, sebo o añil vegetal.[28]

De hecho, la financiación de la ruta Canarias-Cabo Verde y Canarias-São Tomé tenía como objetivo la venta de los vinos en dichas plazas africanas, para

[24] Javier Luis Álvarez Santos (2014): «Los intereses portugueses en la ruta canario-americana durante el periodo de la Unión Ibérica», en Elena Acosta Guerrero (coord.): *XX Coloquio de Historia Canario-americana*, Gran Canaria: Cabildo Insular de Gran Canaria, p. 277.

[25] Enriqueta Vila Vilar (1977): «Las Canarias como base de aprovisionamiento de los navíos portugueses», en Francisco Morales Padrón (coord.): *II Coloquio de Historia Canario-americana*, Gran Canaria: Cabildo Insular de Gran Canaria, pp. 285-287.

[26] Ana Viña Brito (2007): «Las relaciones Canarias-Brasil antes de la unión de los reinos ibéricos», *Politeia: Hist. e Soc., Vitória da Conquista*, 7 (1), pp. 155-156.

[27] Luis Agustín Hernández Martín (2000): *Protocolos…*, o. cit., docs. 401 y 406.

[28] Germán Santana Pérez (2018): «Mercaderes hispanos en África subsahariana antes de la Unión Ibérica, 1503-1580», en Rafael M. Pérez García, Manuel F. Fernández Chaves y José Luis Belmonte Postigo (coords.): *Los negocios de la esclavitud. Tratantes y mercados de esclavos en el Atlántico Ibérico, siglos XV-XVIII*, Sevilla: Universidad de Sevilla, p. 81.

allí comprar esclavos y venderlos en las Indias, por lo que recibía el prestamista el importe invertido en plata doble.[29]

A esto sumamos las conexiones con Brasil (Pernambuco), hacia donde se cargaron vinos con el objetivo de venderlos y cuyos beneficios se invertirían o se intercambiarían directamente por productos del lugar, como azúcar o palo Brasil (que era utilizado en tintes). De allí se llevaban a Portugal o Castilla, a esta última entraba desde la frontera portuguesa principalmente por Badajoz,[30] pero también por los puertos de Sevilla, Málaga, Jerez de la Frontera y Coruña.[31] También fue habitual el intercambio de estos vinos por esclavos indios brasileños que se importaron a La Palma.[32]

Durante los últimos años que nos ocupan, comienzan también a funcionar los seguros marítimos en la ruta Canarias-Brasil, pues lo procedido de las ventas de los vinos realizadas en las colonias lusas era invertido en mercancías del Brasil y se abonaba en plata en los puertos de Portugal, donde había gran disponibilidad de adquisición de manufacturas que tenían como destino los puertos canarios y/o de las Indias castellanas.[33]

No es de extrañar que se diera la exportación hacia Gran Canaria, pues fue dicha isla deficitaria en los caldos debido a su gran apuesta por los azúcares, los cuales coparon toda la producción agrícola isleña, por lo que importaría vinos con asiduidad de las otras islas realengas, especialmente durante la primera mitad del siglo XVI. Posteriormente habría un avance del cultivo de la vid en Gran Canaria.[34]

En las conexiones con Amberes y Flandes hay dos etapas distintas; la exportación en la década de 1550, donde las cargazones de vino eran poco relevantes, ya que era acompañamiento de otro género principal: el azúcar. Mientras tanto, en la década de 1560 vemos un continuo crecimiento exponencial en las conexiones entre Flandes y La Palma cuyo protagonista del fletamento era el vino. El interés de estas conexiones viene dado por la conveniencia de adquirir textiles de producción flamenca para importar hacia la isla.[35]

---

[29] Antonio Manuel Macias Hernández: «Crédito…», o. cit., p. 401.

[30] Henri Lapeyre (1981): *El comercio exterior de Castilla a través de las aduanas de Felipe II*, Valladolid: Universidad de Valladolid: Facultad de Filosofía y Letras, p. 153.

[31] Eufemio Lorenzo Sanz (1980): *Comercio de España con América en la época de Felipe II*, Valladolid: Servicio de Publicaciones de la Diputación Provincial, t. 1, p. 599.

[32] Se observa la presencia de esclavos del Brasil, tenemos el ejemplo de uno de los fletes donde se cargan cerca de cinco pipas de vino para Pernambuco, que es lo procedido de la venta de tres indios brasileños en la isla, Ana Viña Brito: «Las relaciones…», o. cit., pp. 152-153.

[33] Antonio Manuel Macias Hernández: «Crédito…», o. cit., p. 401.

[34] Antonio Manuel Macías Hernández: «Expansión…», o. cit., p. 41.

[35] Ana Viña Brito (2009): *De Brujas a La Palma. Luis Vandewalle el Viejo y la consolidación de un linaje*, Santa Cruz de Tenerife: Idea, p. 58.

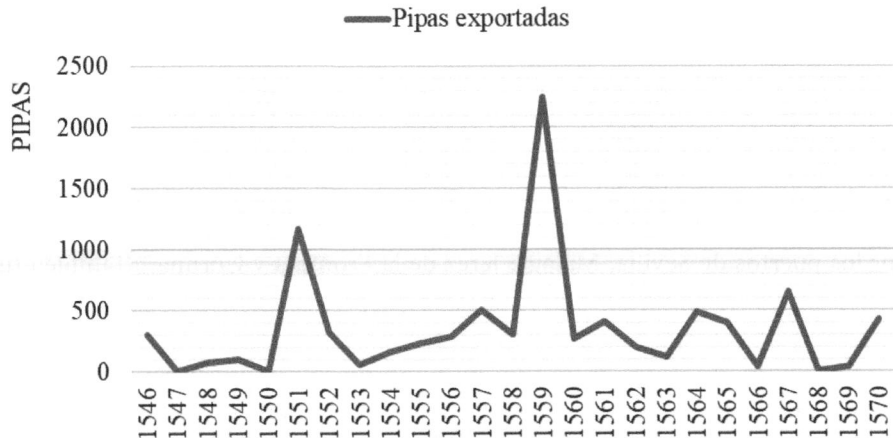

Gráfica 1. Evolución del vino exportado desde La Palma entre 1545-1570.
Fuente: elaboración propia a partir de las fuentes citadas en la nota 13.

El vino enviado hacia la baja Andalucía y el puerto francés de Le Havre era género de acompañamiento para terminar de completar la cargazón, cuyo producto principal eran azúcares en la mayoría de las ocasiones.

Encontramos las conexiones dadas con el puerto palmero de Tazacorte, que se encuentra en el oeste de la isla. Es curioso que pudieran llegar a exportarse vinos desde Santa Cruz a otro puerto de la misma isla, pero no devió de ser precisamente esto lo que ocurrió, pues de las pipas reflejadas en la tabla 1, dieciséis fueron enviadas a Tazacorte para ser cargadas allí en una nao francesa, la cual no sabemos hacia dónde marchó; el segundo de los casos es de 28 pipas que fueron cargadas para el mantenimiento y provisión de la hacienda azucarera de Tazacorte que fueron transportadas por mar hacia allí.[36]

En lo que respecta a la exportación de vinos desde La Palma, debemos matizar ciertos aspectos. En primer lugar, un importante vacío de información desde 1546 hasta 1553 y la falta de datos para los años 1568-1569 por los motivos ya mencionados anteriormente. Asimismo, a partir de 1561 contamos con el periodo de crisis climática que se dio en la isla[37] que afectaría al cultivo de la vid, al igual que a otros cultivos, como el trigo, que tuvo que ser importado; se indica incluso en la documentación la esterilidad que tuvieron las Canarias en esos años y la necesidad de enviar trigo a las islas para abastecimiento, en especial en 1563 y 1564.[38]

[36] Luis Agustín Hernández Martín (2005): *Protocolos…*, o. cit., docs. 2028 y 2271.

[37] Ana Viña Brito: *De Brujas…*, o. cit., p. 143.

[38] Encontramos importaciones de trigo hacia La Palma y Gran Canaria en el lustro de 1560-1565, AHPSE: PNS, leg. 9191, fol. 107v-108r, fol. 388r-389r; Luis Agustín Hernández Martín (2014): *Protocolos…*, o. cit., docs. 569 y 1111.

Principales mercaderes en el negocio del vino de La Palma

Toda la articulación del circuito comercial del vino en La Palma se dio debido al interés que hubo por parte de los distintos mercaderes que participaron en la exportación de este género de producción palmera, por lo que vamos a realizar una exposición de los principales comerciantes que se dedicaron a tener tratos mercantiles en este negocio vitivinícola.

Portugueses

En primer lugar, tenemos que hablar de la comunidad portuguesa, que fue la que tuvo un mayor peso en la comercialización de este producto desde tierras palmeras. El mercader más destacado fue Pedro Álvarez Ariscado, de origen lusitano,[39] avecindado en Sevilla (ciudad desde la que realizó todos sus negocios) y perteneciente a la élite mercantil hispalense. Fue el tratante que más cantidad de pipas exportó desde la isla: 1046 pipas enviadas a Indias, especialmente desde finales de la década de 1550 en adelante. Destacó su labor financiera por las inversiones que hizo en el negocio vitivinícola de la isla, ya que, a través de cartas de crédito, aseguración de mercancías, letras de cambio y compañías extendió una gran red mercantil en La Palma.[40]

Ariscado estableció una red de contactos comerciales con diversos vecinos de La Palma que eran compatriotas de este. Los más destacados fueron Álvaro Díaz de Villalobos y Antonio Hernández, con los que tuvo negocios tanto para el trato de mercancías entre Sevilla y La Palma como de La Palma con América. Fueron ambos los encargados de realizar las transacciones comerciales en dicha ínsula en nombre de Ariscado.[41] En la década de 1560, el referido mercante luso extendió sus negocios a las islas vecinas de Tenerife y La Gomera para llevar mercancías desde estas hacia el Nuevo Continente, cuyas operaciones realizó a través de estos dos

---

[39] Aunque la historiografía lo ha tratado hasta el momento como sevillano, ya que la documentación relativa a este personaje no aporta apenas datos sobre su familia, origen, descendientes, etc., hemos encontrado documentación que nos confirma el origen portugués del mencionado mercader, como podemos ver en AHPSE: PNS, leg. 9194, f. 872v.

[40] AGI: C, leg. 2847, s. f.; AHPSE: PNS, leg. 9164, 233r; leg. 9165, f. 1042r y 1063r; leg. 9190, f. 739v-743v; leg. 9191, f. 312r-314r, f. 519r-523r; leg. 9192, f. 58v, 587r-588r, 588v-589r; leg. 9193, f. 153r-154v, 194v-195r; leg. 9194, f. 141r-142v, 865v-868r; Luis Agustín Hernández Martín (2002): *Protocolos...*, o. cit., doc. 1079; del mismo autor: *Protocolos...*, 2005, doc. 2191; Elisa Torres Santana: «La Palma...», o. cit., p. 159.

[41] AGI: C, leg. 2847, s. f.; AHPSE: PNS, leg. 9185, f. 1029r-1037v; leg. 9187, f. 448r-449r; leg. 9190, f.739v-743v; leg. 9191, f. 285v-286v, 307r-308r, 791v; leg. 9192, f. 58v, 587r-588r; Elisa Torres Santana: «La Palma...», o. cit., p. 159.

factores principalmente,[42] así como se encargó del cobro de deudas, fenecimiento de cuentas, etc.

A su vez, el propio Álvaro Díaz de Villalobos[43] fue partícipe de los réditos de la Carrera de Indias, pues también se dedicó por cuenta propia a la saca de vinos: envió casi 120 pipas que tuvieron como destino único el continente americano.[44]

Antonio Hernández, por su parte, cargó vino para Flandes en nombre de Melchor de Monteverde, de destacada familia alemana de La Palma, así como por cuenta propia y en compañía comercial con Luis van de Walle, importante mercader flamenco, hacia Indias: exportó bajo su firma 26 pipas de este artículo.[45]

Los hermanos Baltasar y Juan Hernández o Fernández Sodre destacaron también como grandes tratantes portugueses en el plano comercial de los caldos palmeros. No tenemos muchos datos sobre el linaje familiar de estos dos hermanos más allá de que eran de origen luso, aunque de Juan también sabemos que emparentó con Catalina de Brito.[46] En cuestiones de comercio, Baltasar mantuvo vínculos mercantiles con Nueva España y en segunda instancia con Cabo Verde, a través de compañías que fundó con socios que tuvo en Sevilla,[47] Lisboa y La Palma.[48] Exportó 135 pipas. Su consanguíneo Juan se dedicó en exclusividad a negociar con la otra orilla del Atlántico. Sacó de la isla 300 pipas dirigidas a Nueva España por cuenta propia, además de actuar como factor del Mariscal Diego Caballero, Rodrigo de Illescas y Francisco de Soto,[49] quienes tuvieron formada compañía para comerciar con América. Nuestro protagonista exportó diez pipas en sus nombres hacia San Juan de Ulúa en 1559.[50]

Por tanto, los principales mercaderes portugueses que acabamos de exponer exportaron más del 19,1 % de las pipas, por lo que fue la comunidad de mercaderes que tuvo mayor peso en el comercio del vino de La Palma.

---

[42] AHPSE: PNS, leg. 9193, f. 439r-v; leg. 9194, 823r-v.

[43] Sabemos que desde al menos 1547 se encuentra ya residiendo en La Palma, a pesar de esto, no tenemos registros de su vida económica dentro del negocio palmero del vino hasta 1557, momento en el que actúa como factor de mercaderes gaditanos y del portugués Domingo González, afincado en la isla.

[44] AGI: C, leg. 2847, s. f.; Hernández Martín (2002) doc. 1428; Hernández Martín (2005) docs. 1783 y 2013.

[45] AGI: C, leg. 2847, 4v-11v; Luis Agustín Hernández Martín (2005): *Protocolos…*, o. cit., docs. 2084 y 2272.

[46] Luis Agustín Hernández Martín (2005): *Protocolos…*, o. cit., doc. 2190.

[47] Luis Agustín Hernández Martín (2002): *Protocolos…*, o. cit., doc. 1094. Se asoció en compañía comercial con los mercaderes sevillanos Sebastián Sánchez y Alonso Meléndez, ambos vecinos de la ciudad del Betis, que junto al propio Baltasar desde La Palma exportaron a Veracruz 120 pipas de vino, además de ciertas cantidades de pasas, herrajes y aceite provenientes de Andalucía, con un valor total del cargamento de 770 000 maravedíes.

[48] Luis Agustín Hernández Martín (2002): *Protocolos…*, o. cit., doc. 1059. En la isla tuvo negocios junto a los portugueses Manuel Hernández, Antonio Núñez, vecino de Lisboa, como factor, y Bartolomé García, vecino de La Palma, como socio comercial, con los que exportó hacia Cabo Verde.

[49] Luis Agustín Hernández Martín (2002): *Protocolos…*, o. cit. doc. 1610. Conocemos que desde al menos 1556 Diego Caballero y Rodrigo de Illescas tuvieron esta compañía comercial en la que se interesaron por exportar vino desde La Palma, pues cargaron en nombre de la empresa 75 pipas que enviaron hacia Santo Domingo en 1558.

[50] AGI: C, leg. 2847, s. f.

Catalanes, valencianos y aragoneses

Otro gran mercader junto a Ariscado fue Marcos Dalmao Roberto, catalán vecino de La Palma, el segundo exportador de vino en la isla, con la saca de 1046 pipas, de ellas 503 de su propia cuenta y las otras 543 pipas como socio o factor de otros mercaderes. Tejió una amplia red de negocios conectando a La Palma a través del vino con Sevilla, Cádiz, América, Lisboa, São Tomé, Cabo Verde y Brasil.[51]

En Sevilla tuvo como socio principal a Dalmao Ros, catalán con quien formó compañía para el comercio entre Sevilla, La Palma y Santo Domingo en los años que discurren entre 1550 y 1554; entre otros productos exportó vino desde dicha isla, cuyo primer cargamento tuvo un valor de 1 632 909 maravedíes.[52] Uno de los enclaves que tuvo en América fue el aragonés Tomás Vellido en Santo Domingo, tercer integrante de la compañía de Ros y Dalmao Roberto y receptor de los caldos y mercancías que enviaron hacia el puerto de La Española.[53]

El otro centro bajoandaluz con el que conectó nuestro protagonista fue Cádiz. En dicha ciudad su socio principal fue el mercader valenciano[54] Juan Batista de la Raya, avecindado en ella, junto al que exportó treinta pipas a Indias en calidad de socios comerciales y también como receptor de las ganancias que procedieran de América, formando un eje comercial que unía La Palma, Cádiz y el Nuevo Continente.[55] Además, contó también con los servicios de Juan Vendrel, mercader catalán residente en el puerto gaditano[56] que actuaba como receptor de los beneficios que Dalmao Roberto consiguió en sus relaciones con el Nuevo Mundo, así, se indica en la documentación que el oro, plata o perlas obtenidos fuesen enviados a Cádiz al mencionado comerciante.[57]

El segundo enclave que tuvo Marcos Dalmao Roberto en América fue Diego Agundes, vecino de México, y Alonso Rodríguez, catalán, vecino de Veracruz, a quienes envió los vinos que cargó con Juan Batista de la Raya hacia Nueva España, así como a Alonso Hernández de Castro y Juan de Morales, ambos vecinos de Sevilla

[51] AGI: C, leg. 2847, s. f.; Luis Agustín Hernández Martín (2000): *Protocolos…*, o. cit., docs. 823, 1017, 1022; del mismo autor: *Protocolos…*, o. cit., 2002, docs. 1327, 1642, 1715, 1717, 1722; del mismo autor: *Protocolos…*, o. cit., 2005, docs. 1765, 1768, 1811, 2119, 2291, 2375.

[52] AHPSe: PNS, leg. 9167, f. 542r; Miguel Royano Cabrera: *La comunidad…*, o. cit., p. 354.

[53] Miguel Royano Cabrera: *La comunidad…*, o. cit., p. 259.

[54] Archivo Histórico Provincial de Cádiz (AHPCA): PNC, leg. 4334, f. 20v-21r.

[55] AGI: C, leg. 2847, s. f., Los principales tratos de comercio entre Marcos Dalmao Roberto y Juan Batista de la Raya se dieron en el comercio de azúcar entre La Palma y Cádiz, aunque aquí observamos que esas relaciones que entablaron se extendieron al plano vitivinícola.

[56] Se encuentra en Cádiz desde la década de 1530 expandiendo sus negocios por el mundo atlántico, para más información véase Miguel Royano Cabrera: *La comunidad…*, o. cit., pp. 303-317.

[57] Luis Agustín Hernández Martín: *Protocolos de…*, 2000, doc. 1017.

y sus otros grandes compañeros en el negocio vinero desde la capital hispalense. Nuestro protagonista actuaba como socio y factor de estos en la isla para la saca de 353 y 119 pipas respectivamente hacia puertos novohispanos.[58]

En la propia ínsula tuvo como socios para las relaciones La Palma-Lisboa a Roque Hernández y Diego de Castro, ambos vecinos de la isla, con los que exportó casi 110 pipas hacia la capital portuguesa. Como maestre contaba con Blas González, conocido luso habitante también en la ínsula canaria.[59] Para el comercio con Brasil, Marcos Dalmao cargó cinco pipas en nombre de los florentinos Juan Bautista y Bernaldino García, residentes en Lisboa; también exportó por cuenta propia a cambio de recibir esclavos indios brasileños.[60]

Esas 1046 pipas exportadas por mercaderes naturales de la corona de Aragón suponen más del 12,65 % de las pipas sacadas desde La Palma.

BURGALESES

La comunidad burgalesa estuvo compuesta por Lesmes de Miranda y Cristóbal de Espinosa,[61] ambos vecinos de La Palma. Lesmes de Miranda se encuentra desde época temprana inmerso en los negocios del vino, pues ya en 1546 le vemos cargando hacia Francia 35 pipas, entre otros productos, como factor de Francisco y Andrés de Maluenda, burgaleses y dueños de la carga. Tuvo compañía comercial con Cristóbal de Espinosa para el envío de vinos, brea y quesos a Santo Domingo (la cual feneció en 1561); exportaron al menos 150 pipas hacia La Española, donde residía su compañero Juan López de Velasco, avecindado en el puerto capitaleño; asimismo, exportó por cuenta propia y junto a su otro yerno conocido, Juan de Valle, veinte pipas hacia Puerto Rico en 1570.[62]

Cristóbal de Espinosa se adentró en dicho negocio en 1556, actuando como factor del mercader Diego de Polanco, burgalés vecino de Cádiz, ya que envió a la capital lusa en su nombre setenta pipas de vino, además de brea y bizcocho a los hermanos Antonio y Pedro de Porres y a Francisco Bravo, residentes en Lisboa y

---

[58] AGI: C, leg. 2847, s. f.; Luis Agustín Hernández Martín (2005): *Protocolos…*, o. cit., doc. 1811.

[59] Luis Agustín Hernández Martín (2002): *Protocolos…*, o. cit., docs. 1642, 1715, 1717, 1722.

[60] Luis Agustín Hernández Martín (2000): *Protocolos…*, o. cit., doc. 823; Ana Viña Brito: «Las relaciones…», o. cit., pp. 152-153.

[61] Luis Agustín Hernández Martín (2000): *Protocolos…*, o. cit., doc. 726. Además de compartir naturalidad, también compartieron familiaridad, pues Cristóbal de Espinosa, hijo de Alonso de Espinosa y Ana de Llerena, se casó con María López, hija de Lesmes de Miranda y María López de Cazaña.

[62] AGI: C, leg. 2847, f. 4v-11v; Luis Agustín Hernández Martín (1999): *Protocolos…*, o. cit., doc. 25; del mismo autor: *Protocolos…*, o. cit., 2005, docs. 2093 y 2094.

también burgaleses. Entre 1559 y 1561 exportó hacia las Indias en compañía de Juan Martín de Gallegos, vecino de la isla, dieciocho pipas, y con la referida empresa que tuvo con Miranda las ya mencionadas 150 pipas. Por último, lo encontramos en 1570 en solitario sacando veinte pipas hacia Puerto Rico.[63]

En Sevilla encontramos a Melchor de Roa, burgalés que estuvo en la isla en la década de 1550, trabajando como criado y factor de los Monteverde en la hacienda de Tazacorte.[64] Desarrolló sus negocios mercantiles atlánticos desde la capital his-palense a través de una compañía comercial en La Palma con los gallegos Antonio Rodríguez Salgado, vecino de Bayona, y Miguel Martín, vecino de la isla, con los que exportó cien pipas a Nueva España. A esto le tenemos que añadir cargazones que hizo por cuenta propia, utilizando como factores al ya conocido Cristóbal de Espinosa y al mercader flamenco Luis van de Walle, sacando otras 150 pipas que cargó a San Juan de Ulúa. Asimismo, Roa fue el receptor de los beneficios que obtu-vo Espinosa en su comercio con América, que posteriormente enviaba a Sevilla, así como sucedió en Cádiz igualmente con Polanco, pues ambos eran los principales socios de Miranda y Espinosa en los dos puertos andaluces.[65]

La comunidad burgalesa exportó casi 570 pipas desde La Palma, lo que supone el 6,75 % de las pipas exportadas en este periodo que hemos estudiado.

Andaluces

Los andaluces que más destacaron fueron los hermanos Melchor y Gaspar Sánchez, junto al guipuzcoano Juan de Valmaseda, todos ellos vecinos de Sevilla, que con-formaron una sociedad mercantil para hacer negocios en La Palma, exportando hacia América a través de su factor en la isla Melchor de Castro, vecino de Tenerife. Estos se encargaron de llevar 350 pipas hacia Santo Domingo y Puerto Rico, prin-cipalmente en los primeros años de la década de 1550, posteriormente no vuelven a aparecer por la isla. Por otra parte, Melchor de Castro sacó por su propia cuenta casi cien pipas más.[66]

La otra empresa destacada fue la de Francisco y Alonso Núñez, también vecinos de Sevilla, que exportaron desde la isla debido a los contactos que establecieron con Diego de Santa Cruz, de conocido linaje familiar de mercaderes de la isla, que

---

[63] AGI: C, leg. 2847, f. 4v-11v; Luis Agustín Hernández Martín (2000): *Protocolos…*, o. cit., doc. 856; del mismo autor: *Protocolos…*, o. cit., 2005, docs. 1793, 2093 y 2094.

[64] Luis Agustín Hernández Martín (1999): *Protocolos…*, o. cit., doc. 226.

[65] AGI: C, leg. 2847, s. f.; AHPSE: PNS, leg. 9188, f. 717v-722r; leg. 9193, f. 455r-v.

[66] AGI: C, leg. 2847, s. f.

actuó como factor de estos enviando hacia América cien pipas que fueron acompañadas de aceite, aceitunas, jabón, higos y almendras. Diego, a su cargo, llevó 32 pipas y brea.[67]

Las empresas andaluzas y sus factores en La Palma sacaron 580 pipas, que suponen un 6,85 % del total exportado en los años analizados.

Como hemos podido observar, las diferentes comunidades de mercaderes utilizaron como lazos de unión en esas redes de contactos comerciales a otros mercantes con los que compartían origen. Claro caso de esto se observa en las relaciones establecidas por Ariscado en la isla a través de sus dos factores, Villalobos y Hernández, que eran portugueses, igual que él. Lo mismo sucede en el caso de Marcos Dalmao Roberto, que tenía como socios o actuaban como factor de Juan Batista de la Raya, valenciano; Dalmao Ros, catalán; Tomás Vellido, aragonés; Juan Vendrel, catalán, etc.

Los burgaleses de la isla, Miranda y Espinosa, establecieron nexos con los Maluenda en Francia, los Porres en Lisboa, con Polanco en Cádiz y con Roa en Sevilla, tejiendo una gran red burgalesa a lo largo de los principales puertos de Europa. Todo ello nos da muestra de la importancia que tuvo la red de contactos de todos estos mercaderes para el desarrollo del negocio del vino en La Palma, así como de la imprtancia que se daba a mantener contactos con sus paisanos en el momento de desarrollar los distintos negocios de comercio que generaron en esta época.

Estadísticas finales

En este apartado dentro del estudio que hemos venido exponiendo, mostraremos algunos datos de interés que complementan todo lo observado a lo largo del presente trabajo.

En primer lugar, vamos a mostrar la evolución que tuvieron a lo largo de estos veinticinco años en cuanto al número de salidas de embarcaciones que llevaron vino, 166 navíos.

Si realizamos una comparativa con la evolución de la gráfica 1, es notable que hay años en los que a pesar de que hay una alta salida de navíos, como en 1556 o 1565, ya que son los años (por detrás de 1559) que más embarcaciones con vino salieron de La Palma, en la exportación anual de pipas que reflejamos en dicha gráfica 1 se observa que son precisamente años que no destacan por tener un despunte con respecto a otros años, en lo que a número de pipas se refiere. Esto puede deberse

---

[67] AGI: C, leg. 2847, s. f.

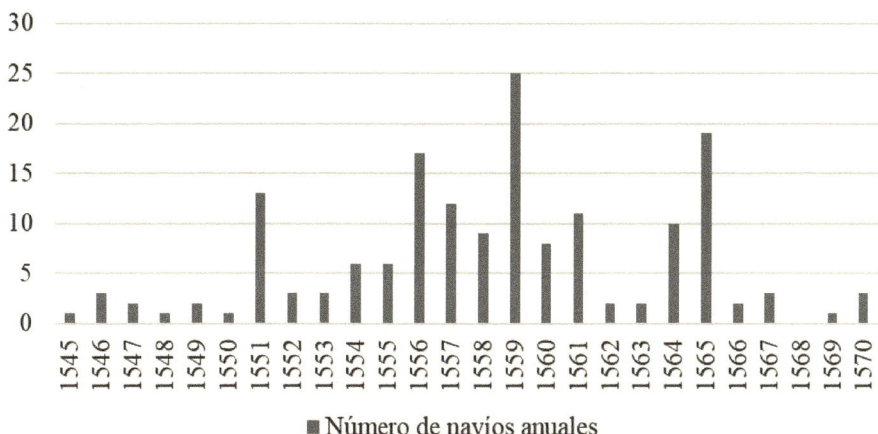

Gráfica 2. Salidas de navíos con vino desde La Palma desde 1545-1570.
Fuente: elaboración propia a partir de las fuentes citadas en las notas 13 y 15.

a que son fechas en las que tenemos registrados una gran cantidad de navíos que sabemos que llevaron vino, pero no la cantidad que portaban, como ocurre en 1565, o años de los que solo nos ha llegado una parte de esa cargazón,no el registro completo, como sucede en 1556.

El siguiente aspecto que queremos comentar es el hecho de que en muchas ocasiones tenemos consignados barcos que llevaban mercancías, pero sin especificar qué tipo de productos o bienes transportaron, como nos ocurre en veinticuatro cargamentos.[68] Teniendo en cuenta que con gran probabilidad muchos de estos fletes llevarían, mostramos a continuación una nueva tabla con los siguientes datos.

NAVÍO	MAESTRE/CARGADOR	DESTINO	AÑO
Santi Spiritus	Juan Lorenzo	Cádiz	1547
S.ª M.ª de los Ángeles	Diego Caballero	Nueva España	1549
-	Juan de Monteverde	Lisboa	1551
-	Pedro González	Santo Domingo	1552

[68] AHPSE: PNS, leg. 9825, f. 1046r; leg. 2299, f. 2845v; leg. 9171, f. 1163r; leg. 9178, f. 896v-901r y 902v-903r; leg. 9186, f. 14r-v, 560r-562v; leg. 9192, f. 8r-9r, f. 241r-242v; leg. 9193, f. 514r-515r; Luis Agustín Hernández Martín (1999): *Protocolos…*, o. cit., docs. 162 y 201; del mismo autor: *Protocolos…*, o. cit., 2000, docs. 559, 569 y 902; del mismo autor: *Protocolos…*, o. cit., 2002, docs. 1071, 1123 y 1274; del mismo autor: *Protocolos…*, o. cit., 2005, docs. 2081, 2319 y 2407; del mismo autor: *Protocolos…*, o. cit., 2014, doc. 1069; Elisa Torres Santana: «La Palma…», o. cit., pp. 156, 162.

NAVÍO	MAESTRE/CARGADOR	DESTINO	AÑO
Santiago	Martín de Olarte	La Española	1553
-	Miguel Monteverde	Madeira	1554
N.ª S.ª de los Remedios	Baltasar González	Indias	1554
Santiago	Gonzalo Monte	Cabo Verde	1556
N.ª S.ª de la Ayuda	Jorge González	Puerto Rico y Santo Domingo	1556
-	Juan de Sada	Cádiz e Indias	1556
N.ª S.ª de la Concepción	Amador González de Pina	Nueva España	1557
La Magdalena	Alonso Meléndez	Honduras	1557
San Antonio	Gabriel Urgules	Nueva España	1557
-	Salvador Gómez	La Gomera, El Hierro y Lisboa	1560
S.ª M.ª de Begoña	Fernán Rodríguez	Nueva España	1561
San Martín	Juan de Fraga	Santo Domingo	1561
San Juan	Bastián Hernández	Puerto Plata	1561
San Bartolomé	Juan Márquez	Tierra Firme	1561
La Concepción	Amador Díaz de La Coruña	Cartagena de Indias	1561
San Nicolás	Diego Pérez	Santo Domingo	1562
San Bartolomé	Francisco Pérez	Santo Domingo	1564
Santiago	Diego Vaez	Nombre de Dios	1564
San Gabriel	Domingos González	Tierra Firme	1565
-	Hernán López	La Habana	1565
La Concepción	Blas González Crespo	Santo Domingo	1565
-	-	Nueva España	1566

Tabla 3. Navíos que salieron con mercancías desde La Palma entre 1545-1570.
Fuente: elaboración propia a partir de las fuentes citadas en la nota 68.

Por último, añadiremos otra tabla donde se da cuenta del resto e mercaderes (junto a los que ya hemos expuesto) que tuvieron importancia en el negocio del vino en La Palma.

MERCADER	ORIGEN	VECINDAD	CANTIDAD (pipas)
Pedro Álvarez Ariscado	Portugués	Sevilla	1046
Marcos Dalmao Roberto	Catalán	La Palma	503
Alonso Hernández de Castro	-	Sevilla	353
Juan Fernández Sodre	Portugués	La Palma	300
Francisco Pérez	-	La Palma	265
Melchor de Roa	Burgalés	Sevilla	250
Melchor y Gaspar Sánchez	-	Sevilla	212
Lesmes de Miranda	Burgalés	La Palma	205
Hernán Vas	-	Sevilla	150
Juan de Valmaseda	Guipuzcoano	Sevilla	138
Baltasar Fernández Sodre	Portugués	La Palma	120
Álvaro Díaz de Villalobos	Portugués	La Palma	120
Juan de Morales	-	Sevilla	119
Luis Van de Walle	Flamenco	La Palma	116
Bartolomé Madera y Diego Núñez Beltrán	-	Ayamonte y Sevilla	116
Gaspar Díaz	Portugués	La Palma	110
Cristóbal de Espinosa	Burgalés	La Palma	108
Miguel Vaquero	-	La Palma (estante)	105
Domingos García	-	La Palma	105
Juan de Llerena	-	Sevilla	100
Melchor de Castro	-	Tenerife	100
Francisco y Alonso Núñez	-	Sevilla	100
Hernán Gómez de San Juan	-	Sevilla	100
Manuel Hernández	Portugués	Lisboa	95
Diego Caballero y Rodrigo de Illescas	Sevillano y toledano	Sevilla	85

Tabla 4. Mercaderes exportadores de vino desde La Palma entre 1545-1570.
Fuente: elaboración propia a partir de las fuentes citadas en la nota 13.

Conclusiones

La gran producción de vinos que se dio en la isla fue vital para las escalas y paradas que hacían las naves camino al Nuevo Mundo, pues con ella se terminaba de llenar la carga del navío o se hacía la carga completa, en muchas ocasiones. El mercado indiano era el principal destino de los caldos palmeros y estos, además, eran el principal producto, junto con la brea, para el intercambio por esclavos y productos de las islas de Cabo Verde y São Tomé, así como para el consumo en la propia capital portuguesa y el abastecimiento de flotas.

Esta bonanza comercial vino fomentada por las ventajas fiscales que tenía la isla en el almojarifazgo y los precios de venta más bajos de las pipas, a lo que hay que sumar la calidad del producto, el exquisito gusto por su sabor y la necesidad de abastecimiento en territorios como América que hizo tan necesario la demanda de este.

Además, fue fundamental la labor desempeñada por las distintas comunidades de mercaderes que se dedicaron a la exportación de este género, del mismo modo eran esenciales las redes de contactos con sus socios y factores en los distintos puertos andaluces, canarios, portugueses y americanos, además del capital invertido en dicho negocio. Todo ello conformaba el entramado mercantil que se organizó en torno al vino de la isla de La Palma.

Bibliografía

Álvarez Santos, Javier Luis (2014): «Los intereses portugueses en la ruta canario-americana durante el periodo de la Unión Ibérica», en Elena Acosta Guerrero (coord.): *XX Coloquio de Historia Canario-americana*, Gran Canaria: Cabildo Insular de Gran Canaria, pp. 274-285.

Hernández Martín, Luis Agustín (1999): *Protocolos de Domingo Pérez, escribano público de La Palma (1546-1553)*, vol. 1, Santa Cruz de La Palma: Caja General de Ahorros de Canarias.

— (2000): *Protocolos de Domingo Pérez, escribano público de La Palma (1554-1556)*, vol. 2, Santa Cruz de La Palma: Caja General de Ahorros de Canarias.

— (2002): *Protocolos de Domingo Pérez, escribano público de La Palma (1557-1558)*, vol. 3, Santa Cruz de La Palma: Caja General de Ahorros de Canarias.

— (2005): *Protocolos de Domingo Pérez, escribano público de La Palma (1559-1567)*, vol. 4, Santa Cruz de La Palma: Caja General de Ahorros de Canarias.

— (2014): *Protocolos de Blas Ximón, escribano de la villa de San Andrés y sus términos (1546-1573)*, La Palma: Cartas Diferentes Ediciones.

LAPEYRE, Henri (1981): *El comercio exterior de Castilla a través de las aduanas de Felipe II*, Valladolid: Universidad de Valladolid: Facultad de Filosofía y Letras.

LOBO CABRERA, Manuel (2000): «El comercio canario europeo en tiempos de Carlos I», en *XIV Coloquio de historia Canario-Americana*, Gran Canaria: Cabildo Insular de Gran Canaria, pp. 2010-2027.

LORENZO SANZ, Eufemio (1980): *Comercio de España con América en la época de Felipe II*, Valladolid: Servicio de Publicaciones de la Diputación Provincial.

MACÍAS HERNÁNDEZ, Antonio Manuel (2007): «Expansión ultramarina y economía viti-vinícola. El ejemplo de Canarias (1500-1550)», *Investigaciones de Historia Económica*, 3 (8), pp. 13-44.

— (2015): «Crédito y rédito en el comercio atlántico del vino, 1563-1639», en Carlos Martínez Shaw, Pedro Tedde de Lorca y Santiago Tinoco Rubiales (coords.): *Andalucía, España, las Indias: pasión por la historia: homenaje al profesor Antonio-Miguel Bernal*, Sevilla: Universidad de Sevilla, pp. 389-412.

MORALES PADRÓN, Francisco (1955): *El comercio canario-americano (siglos XVI, XVII y XVIII)*, Sevilla: Escuela de Estudios Hispanoamericanos.

PERAZA DE AYALA VALLABRIGA, José (1977): *El régimen comercial de Canarias en los siglos XVI, XVII y XVIII*, Sevilla: Universidad de Sevilla.

ROYANO CABRERA, Miguel (2020): *La comunidad mercantil de la Corona de Aragón en la baja Andalucía (1516-1556)*, tesis doctoral defendida en la Universidad de Sevilla.

RUMEU DE ARMAS, Antonio (1947): *Piraterías y ataques navales contra las Islas Canarias*, Madrid: Instituto Jerónimo Zurita.

SANTANA PÉREZ, Germán (2018): «Mercaderes hispanos en África subsahariana antes de la Unión Ibérica, 1503-1580», en, Rafael M. Pérez García, Manuel F. Fernández Chaves y José Luis Belmonte Postigo (coords.), *Los negocios de la esclavitud. Tratantes y mercados de esclavos en el Atlántico Ibérico, siglos XV-XVIII*, Sevilla: Universidad de Sevilla, pp. 71-92.

TORRES SANTANA, Elisa (1993): «La Palma y los mercados americanos en el Quinientos», en *I Encuentro de Geografía, Historia y Arte de la ciudad de Santa Cruz de La Palma*, Santa Cruz de La Palma: Patronato del V Centenario, pp. 148-168.

VILA VILAR, Enriqueta (1977): «Las Canarias como base de aprovisionamiento de los navíos portugueses», en Francisco Morales Padrón (coord.): *II Coloquio de Historia Canario-americana*, Gran Canaria: Cabildo Insular de Gran Canaria, pp. 284-300.

VIÑA BRITO, Ana (2007): «Las relaciones Canarias-Brasil antes de la unión de los reinos ibéricos», *Politeia: Hist. e Soc., Vitória da Conquista*, 7 (1), pp. 143-161.

— (2009): *De Brujas a La Palma. Luis Vandewalle el Viejo y la consolidación de un linaje*, Santa Cruz de Tenerife: Idea.

El eje Sevilla-La Palma y los mercaderes del norte de Portugal, 1560-1580[1]

Manuel F. Fernández Chaves[2]

Introducción

El presente trabajo pretende ampliar nuestro conocimiento de base sobre las profundas relaciones de interdependencia económica trabadas entre la Monarquía Hispánica y Portugal, y persigue ofrecer una aportación a nuestro conocimiento de la presencia de mercaderes del norte de Portugal y especialmente de Oporto en el gran capitalismo ibérico del siglo XVI.[3] Analizamos aquí las cuentas de la sociedad mercantil formada por los mercaderes portugueses Bento Váez y Juan Fernández Sodre entre 1566 y 1578,[4] así como la documentación de otras compañías paralelas. Aunque es bastante probable que Vaz tuviese su origen en el Algarve, a lo largo de su carrera mantuvo intensas relaciones con Oporto.[5] En la década de los años cincuenta

---

[1] Esta publicación es parte del Proyecto de I+D+i *PID2022-138444OB-I00* (*La esclavitud en la economía y la sociedad de la España del siglo XVI*), financiado por el MCIN/ AEI/10.13039/501100011033.

[2] Universidad de Sevilla.

[3] El mejor conocedor de estos mercaderes es Amândio Barros, con trabajos como «Oporto: The building of a maritime space in the Early Modern period», *e-Journal of Portuguese Studies*, vol. 3, n.º 1, 2005, pp. 1-13. Amândio J. Morais Barros (2007): «O negócio atlântico: as redes comerciais portuenses e as novas geografias do trato internacional (séculos XVI-XVII)», *Revista da Facudade de Letras*, vol. 8, pp. 29-47. Véase «As redes portuenses em Castela durante o século XVI», en Milagros Burón Álvarez y Miguel Areosa Rodríguez (coords.): *Actas Coloquio Internacional Patrimonio Cultural y Territorio en el Valle del Duero*, Valladolid: Junta de Castilla y León, pp. 309-322. También, «Um Atlântico de Açúcares. Os portos do Norte de Portugal e o Novo Mundo», *Nuevo Mundo, Mundos Nuevos*, 2016, disponible en línea en <https://doi.org/10.4000/nuevomundo.69940>, entre otras importantes contribuciones.

[4] Se encuentran en AHPSE, PNS, leg. 10743, 27-II-1578, f. 475r-488v. En adelante, *Cuentas*. El nombre y apellidos de Vaz en la documentación aparece mencionado a veces con su forma castellana (Benito Váez), a veces con mezclas, como Bento Vaez, Baz, etc. Lo citamos como Bento Váez, pues aparece así en varias ocasiones, y mantenemos la grafía portuguesa cuando es el caso de sus parientes o socios que actuaban en Portugal. Optamos por transcribir el nombre y apellidos de João Fernandes Sodré y de su hermano Baltasar como Juan y Baltasar Fernández Sodre, al ser como se le conoce en la historiografía española; no aparece además en la documentación su nombre en su forma portuguesa.

[5] Mientras su hermano Miguel se instaló en la ciudad del Duero, su otro hermano, el doctor Diego Vaez (Diogo Vaz) se encontraba en la isla Tercera en 1560, cfr. AHPSE, PNS, leg. 10609, 30-III-1560, donde es apoderado por Bento. En la documentación no se expresa ninguna vinculación familiar de Bento Váez con Oporto, más allá de la actuación de su hermano Miguel.

fue factor en Sevilla del gran mercader y comerciante de esclavos Manuel Caldeira y actuaba también en nombre de la compañía Affaitatti & Girardi. Durante los años sesenta y setenta trabajaba por su cuenta, así, se convirtió en uno de los mercaderes portugueses mejor asentados en la ciudad, desarrollando una carrera de gran proyección internacional que representó un sólido apoyo para los mercaderes de Lisboa y Oporto (Fernández Chaves, 2018, 2021). Su socio, Juan Fernández Sodre, tiene un perfil más desconocido aunque ha sido tratado de manera parcial por distintos autores. De perfil más modesto que Vaz, no obstante, su papel fue importante para el desarrollo de los intereses comerciales lusos en la isla de La Palma. Proveniente de Guimarães, antes de asociarse a Bento Váez había trabajado a la sombra de su hermano Baltasar Fernández Sodre, quien como veremos serviría de enlace entre ambos mercaderes y por cuya actividad económica debemos comenzar.

Baltasar Fernández Sodre

Una de las primeras noticias de Baltasar Fernández Sodre en La Palma data de 1557, año en que aparece como residente.[6] Natural de Guimarães, tuvo una fuerte relación con mercaderes del norte de Portugal, fue el albacea testamentario del poderoso Gonzalo Yanes o Gonzalianes, mercader *hacedor* y criado del gran productor de azúcar Juan de Monteverde y procedente de la *freguesia* de Aguiar de Sousa perteneciente a La Madalena, muy cerca de Oporto.[7]

El modelo de negocio que seguirá la sociedad constituida por Juan Fernández Sodre y Bento Váez ya había sido practicado por Bartolomé Fernández Sodre y consistía en la actuación de un socio en La Palma que fungía como cargador, contratista de fletes y, sobre todo, enlace entre Sevilla, Portugal y las Indias, mientras que, por otro lado, en Sevilla residía un socio que aprovechaba su presencia en el emporio andaluz para obtener crédito y girar letras de cambio sobre su contraparte en La Palma y/o sobre otros inversores y/o suministradores de crédito y mercancías (ya fuesen castellanos o portugueses), que también se ocupaba de enviar estas últimas a La Palma o bien de mandar dinero para su obtención y posterior singladura hacia «Portugal, Galicia u otras cualesquier partes», tal y como se indica en la compañía formada en-

---

    [6] Luis Agustín Hernández Martín (2002): *Protocolos de Domingo Pérez, escribano público de La Palma (1554-1556)*, Santa Cruz de La Palma: Caja General de Ahorros de Canarias, vol. 3, pp. 115-116, 5-II-1557.
    [7] Luis Agustín Hernández Martín (2020): «Mercaderes de La Palma en el siglo xvi. Un acercamiento a la producción insular», en Manuel Poggio Capote, Víctor J. Hernández Correa, Antonio Lorenzo Tena (coords.): *Cinco mitos para cinco siglos: 525 aniversario de la fundación de Santa Cruz de La Palma*, Santa Cruz de La Palma: Excmo. Cabildo Insular de La Palma, vol. 1, t. 1, p. 106. Su hermano Juan también representaría los intereses de un vecino de La Madalena, como se verá más abajo.

tre Baltasar Fernández Sodre, «mercader portugués vecino de Guimarães», y el gran mercader portugués Pedro Álvarez Arriscado,[8] establecida durante cinco años, entre el 13 de agosto de 1551 y 30 de marzo de 1555.[9] En dicho año, Baltasar se desplazaba desde La Palma a Sevilla para rendir cuentas a Arriscado, ambos habían «recibido y vendido algunas cargazones de mercadurías y recibos de cédulas procedentes de ello», y ambos daban por liquidadas todas las deudas mutuas, que incluían los servicios financieros de Arriscado, descritos como «todas las cuantías de dineros que vos el dicho Baltasar Hernández Sodre habéis sacado a pagar a Cristóbal Páez de Lisboa sobre mí, el dicho Pedro Álvarez, de maravedís que por mí habéis recibido en la dicha isla de La Palma y fuera de ella».[10] El mismo día que fenecían la compañía fundaban otra de similares características para el comercio con la isla de «La Palma y las otras islas de Gran Canaria y de ellas para esta ciudad y otras cualesquier partes que nos pareciere» durante tres años, con opción a aumentar su duración.[11] En esta nueva sociedad, Pedro Álvarez Arriscado continuaría en Sevilla, mientras Baltasar se quedaba por el momento en la ciudad, aunque planeaba volver en un futuro «a las islas». Para poner en marcha los negocios, Baltasar enviaba a La Palma a su hermano Juan con una cargazón. El capital de la nueva compañía ascendía a 590 589 mrs., correspondiendo a Arriscado 403 096 mrs. y a Baltasar Fernández Sodre 187 500 mrs. Repartirían ganancias y pérdidas a partes iguales. El dinero se había invertido de la siguiente manera:

VALOR CARGAZÓN (mrs.)	DESTINO	MAESTRE Y VECINDAD	EMBARCACIÓN
421 750	La Palma y Garachico	Lucas Gonçalves (Lagos)	Carabela San Francisco
76 243	La Palma	Francisco Alfonso (Vila Nova de Portimão)	Nao Santiago
65 668	La Palma	Domingo Gonçalves (La Palma)	Carabela La Candelaria
26 928	La Palma	Cargada en Cádiz por Martín de Valenzuela	-

Tabla 1. Inversión del capital de la compañía de Pedro Álvarez Arriscado y Baltasar Fernández Sodre (1555). Fuente: elaboración propia a partir de AHPSE, PNS, leg. 9174, f. 613r, 30-III-1555.

[8] Fue un gran importador de pastel azoriano en los años cincuenta y se dedicó a todo tipo de tráficos mercantiles, cfr. Enrique Otte (2008): *Sevilla, siglo XVI, materiales para su Historia Económica*, Sevilla: Junta de Andalucía, pp. 97-91, 100, 117, 139, 141.

[9] AHPSE, PNS, leg. 9174, f. 613r, 30-III-1555. Arriscado conocía a otros mercaderes de Guimarães como Antonio Alvares, a quien debía 281 437 mrs. por dos cédulas de cambio que se enviaron sobre Juan González, vecino de Lisboa, AHPSE, PNS, leg. 9174, f. 4r, 29-XII-1555.

[10] AHPSE, PNS, leg. 9174, f. 611v, 30-III-1555.

[11] AHPSE, PNS, leg. 9174, f. 613r, 30-III-1555.

La puesta en marcha de los negocios fue tan rápida que más bien parece que no hubiese solución de continuidad entre ambas compañías, pues se indica en la escritura de nueva fundación que Baltasar Fernández Sodre y Arriscado ya tenían noticia de que La Candelaria había llegado a La Palma y había sido recibida por Bartolomé García, pues Juan marchaba a la isla en uno de los barcos anteriormente mencionados. Si bien Baltasar confesaba trabajar a «comisión» de Arriscado, como ya hemos señalado, tenía libertad para enviar las mercancías obtenidas en La Palma a Portugal, Galicia o a donde considerase más conveniente, utilizando el capital inicial con plena libertad a riesgo de la compañía, «para las partes que por bien tuviere, para compras de azúcares y otras mercaderías en las dichas islas que me parecieren», y enviar la ganancia a Sevilla. Al término de la compañía, Baltasar debía viajar a Sevilla para dar cuenta puntual de todas las transacciones efectuadas «con mi libro», con todas las «costas y gastos, acarretos y fletes y derechos del rey y otras costas que se deban contar a la mercadería y las costas de mi persona y casa y lonja y almacén si lo tuviere». Así, se repartían a medias las ganancias en proporción a la inversión inicial y a su trabajo «sin contar otra factoría».[12]

La compañía se liquidó en 1559, quedó para cada uno de ellos 2500 doblas castellanas de oro, que equivalían a 1 250 000 mrs., resultado beneficioso para ambos socios, que se daban por libres de todas cuentas. Quedaba la cobranza de una serie de deudas a cargo de Baltasar, por las cuales se comprueba que tal y como perseguía la compañía la isla de La Palma no era la única con la que negociaron y, por lo que vemos, parte del tráfico con Galicia se reinvertía en la importación de madera para Sevilla.[13]

VALOR DE LA DEUDA (mrs.)	DEUDOR
140 000	Manuel Carvalho, entregados en Tenerife
183 835	Pedro Gonzálvez de Pedr[a]zábal. Mala moneda. Entregado por orden de la Real Audiencia de Gran Canaria
218 175	Antonio Godino
22 972 13 quintales de orchilla	Vecino de la isla del Hierro
11 250	Alvar García y Jerónimo de Franquis
Por determinar	Producto de la venta de «tres navíos de madera» en Sevilla, procedentes de Galicia

Tabla 2. Deudas pendientes de la compañía Sodre-Arriscado (1559).
Fuente: elaboración propia a partir de AHPSE, PNS, leg. 9183, f. 9r, 3-I-1559.

[12] AHPSE, PNS, leg. 9174, f. 613r, 30-III-1555.
[13] AHPSE, PNS, leg. 9183, f. 9r, 30-XII-1559.

La relación de los Sodre con Arriscado continuó, pues este hizo también una compañía con el piloto Gaspar Díaz para enviar vino desde Sevilla a las Indias, participando Juan Fernández Sodre en un tercio del navío habilitado al efecto y Baltasar como apoderado de Arriscado.[14]

En La Palma, Baltasar se dedicó a otros negocios, como los seguros marítimos, pues se tiene contancia de que aseguró el vino de una carabela que se dirigía a Cabo Verde a cargar esclavos por orden del contratador de Guinea Antonio Núñez de Algarve. Entró en relación también con los contratadores Bento Rodrigues y Manuel Caldeira.[15] al asegurar el pago de un crédito de 750 000 mrs. para un barco destinado a cargar esclavos en Cabo Verde.[16] Igualmente, se dedicaba a la compra de pez para los barcos, a hacer préstamos y a servir como apoderado de otros portugueses para cobros en Cádiz.[17]

La liquidación de cuentas con Arriscado en 1559 y la continuidad de Juan en La Palma señalan una presencia de Baltasar en Sevilla mucho más continuada en los años sesenta. Así, fue apoderado en 1560 junto a su hermano Juan por el sevillano Gaspar de Jerez para que Juan cobrase del palmero Baltasar Hernández todo lo que debía a Jerez por las mercancías que le había entregado en Sevilla y enviado en distintos navíos a La Palma,[18] asuntos en los que ambos hermanos tenían sobrada experiencia. Ese mismo año, Baltasar compró junto al catalán Marcos Dalmao Roberto, también socio de su hermano y vecino de La Palma, una nao vizcaína en La Palma por encargo de un maestre de nao de Sevilla, fue mencionado como

---

[14] Luis Agustín Hernández Martín (2005): *Protocolos de Domingo Pérez, escribano público de La Palma (1554-1556)*, Santa Cruz de La Palma: Caja General de Ahorros de Canarias, vol. 4, pp. 152-153, 15-X-1560. También continuaron por separado con el negocio de enviar vino a Indias, como las cuatrocientas pipas por Arriscado en 1565, Enrique Otte: *Sevilla...*, o. cit., p. 139, y cargazones hacia Honduras y Tierra Firme a partir de 1566 con otra sociedad con el piloto Blas Bernal y un factor en Gran Canaria, Luis de Quesada Castillo, Manuel Lobo Cabrera (1993): «Compañías andaluzas en el comercio canario americano», *Historia, Instituciones, Documentos*, 20, p. 204. Se docuemnta también la participación de Baltasar en la compañía del trianero Alonso Meléndez para enviar a Nueva España una nao con 116 pipas y cuatro botijas peruleras de vino, además de pasa, herraje y aceite, cfr. Luis Agustín Hernández Martín: *Protocolos de Domingo Pérez...*, o. cit., vol. 3, pp. 142-143, 26 y 27-II-1557.

[15] Maria da Graça Mateus Ventura (1999): *Negreiros portugueses na rota das Índias de Castela: 1541-1556*, Lisboa: Edições Colibri. Maria Manuel Ferraz Torrão (2011): «"Quando é importante controlar e conservar a informação". Relações de confiança e casamentos de conveniência: meios de gestão do tráfico negreiro entre as ilhas de Cabo Verde e a América Espanhola na segunda metade do século XVI», en *Pequena nobreza de aquém e de além-mar*, Miguel Jasmins Rodrigues, Maria Manuel Torrão (orgs.), Lisboa: CHAM, IICT, pp. 43-63.

[16] Luis Agustín Hernández Martín: *Protocolos de Domingo Pérez...*, o. cit., vol. 3, pp. 115-116, 5-II-1557, junto al palmero Baltasar Hernández. Aparece Baltasar Fernández Sodre como estante en La Palma. Ibídem, pp. 330-333, 28-IX-1557, dos escrituras.

[17] Luis Agustín Hernández Martín: *Protocolos de Domingo Pérez...*, o. cit., vol. 3, p. 228, 26-IV-1557, 200 quintales de pez. Ibídem, p. 230, 22-V-1557, presta 25 000 mrs. para la compra de una casa. Ibídem, pp. 439-440, 20-X-1558, concretamente de Gonzalo Yanes.

[18] Luis Agustín Hernández Martín: *Protocolos de Domingo Pérez...*, o. cit., vol. 4, pp. 173-174.

vecino de la isla y estante en Sevilla en 1561[19] y también en 1562, al declararse fiador del gran mercader florentino Jácome Botti junto al flamenco Anes Vantrilla y el burgalés Melchor de Roa.[20] En 1565 conservaba esta condición y aparece como acreedor junto al sevillano Francisco Belmonte de 30 000 mrs. por 54 quintales de cañafístula, cuyo dueño era el palmero Roberto Fernández. Para finales de 1566 se presenta ya como vecino de Sevilla en la collación de Santa María, disponiendo de un poder general de su hermano Juan, que seguía en La Palma, otorgado en mayo de 1566.[21] Posiblemente la iniciativa de radicar en Sevilla se debiese a que ese año su hermano Juan formó la compañía que vamos a estudiar con el portugués Bento Váez, quien contribuiría y mucho a su ascenso social, por lo que es posible que ambos hermanos decidiesen que el más experimentado se afincase ya en Sevilla protegiendo sus mutuos intereses.

Baltasar Fernández Sodre aparece como vecino de Sevilla actuando como apoderado del palmero Baltasar Hernández de los Llanos para cobrar 375 000 mrs. del sevillano Juan Rodríguez de Villalpando, por una cédula de cambio enviada por Pedro Hernández de Jerez, vecino de La Palma.[22] Poco después finiquitó las cuentas que su hermano Juan tenía pendientes con el tinerfeño Pedro López Delgado de una compañía «para tratar e negociar en vinos de la isla de La Palma a las Indias del Mar Océano», aportando 800 doblas (400 000 mrs.) Delgado y 2416 doblas (1 208 000 mrs.) y la mitad de la nao Santa Clara Juan Fernández Sodre, señal de que su posición económica había prosperado en los años sesenta, como veremos. Con el dinero, Delgado compró vino para llevar a Nueva España según la compañía que formalizaron en 1565, pero la nao dio al través y solo pudo salvarse parte del vino y los aparejos, que fue allí vendida junto con lo que quedaba. Con ello Delgado compró cueros y cochinilla y los llevó a Sevilla, donde los vendió con Baltasar Fernández Sodre, por lo que obtuvo este 1 342 500 mrs. y Delgado 450 000 mrs. Vendieron 962 cueros al florentino Luis de Ricasoli que debían ser pagados en la feria de mayo de Medina por su compatriota Neroso del Nero.[23] Ese mismo año

---

[19] Luis Agustín Hernández Martín: *Protocolos de Domingo Pérez...*, o. cit., vol. 4, p. 178.

[20] AHPSE, PNS, leg. 9187, f. 823r, 12-VI-1562. Agradezco a Luis Francisco Cumplido Mancera que me pusiera en conocimiento de este documento.

[21] AHPSE, PNS, leg. 12388, f. 382v, 23-I-1567.

[22] AHPSE, PNS, leg. 12388, f. 97r, 30-XII-1566. Baltasar Fernández de los Llanos traspasaba el cobro de la cantidad a Sodre al haber este adelantado ya el dinero. Sodre recibió el dinero en el banco de Pedro de Morga y Juan de Arregui, AHPSE, PNS, leg. 12388, f. 361v, 23-I-1567.

[23] AHPSE, PNS, leg. 12388, f. 382v, 23-I-1567. Sodre le pagó 300 000 mrs. en reales de contado y el resto en el banco de Pedro de Morga. Dejaba a Delgado el dinero que pudiera recuperarse del daño de otros cueros en una reclamación que se había presentado al maestre de la nao San Salvador, que los trajo, y el valor de catorce cueros que quedaron en Nueva España. En 1565, Baltasar era también apoderado para recibir los retornos de venta de vinos canarios en Indias de otras compañías, como la formada por el portugués Leonel Álvarez y el tinerfeño Baltasar Díaz, cfr. Manuel Lobo Cabrera (1990): *Gran Canaria e Indias durante los primeros Austrias. Documentos*

dio un poder general para cobrar todas sus deudas a Pedro Hernández,[24] y parece que a partir de ese momento el interlocutor en Sevilla de Juan sería ya Bento Váez.

Juan Fernández Sodre

La actividad de este mercader aparece registrada en los protocolos de La Palma desde al menos 1555, el año en el que como sabemos fue enviado por su hermano a la isla. En la documentación aparece actuando fundamentalmente en la exportación de azúcar[25] y de vinos,[26] además de prestar dinero a algunos mercaderes.[27] El aprendizaje mercantil de Juan continuó en 1559 junto a su hermano Baltasar, con quien fundó una compañía que en 1559 compraba pipas de vino vacías, seguramente para la exportación de vino. Asimismo, en los protocolos de La Palma aparece adquiriendo una nao y la sexta parte de otra en 1560, ayudándole financieramente su hermano Baltasar. Se casó en 1563 con Catalina de Brito, hija de Juan Pérez do Paso (¿Paço?) y María de Brito, vecina de La Palma, obteniendo una dote valorada en 3150 doblas (1 575 000 mrs.), además de un tributo anual de siete doblas (2500 mrs.), operación en la que aporta Sodre en concepto de arras 400 doblas (200 000 mrs.).[28] Su matrimonio con una hija de emigrantes portugueses y las casas que la dote incluía señalan cómo ya en 1563 el proyecto vital de Juan Fernández Sodre pasaba por su instalación definitiva en la isla.

---

para su historia, Santa Cruz de Tenerife: Comisión de Canarias para la Conmemoración del V Centenario del del Descubrimiento de América, pp. 118-119, acuerdo entre Álvarez y Díaz extractado del Archivo Histórico Provincial de Las Palmas, García Ortiz, n. 852, f. 203r, 17-V-1565

[24] AHPSE, PNS, leg. 23822, f. 1134r, 28-VII-1567.

[25] Cobró en 1555 doscientas doblas de una letra de cambio pagada por Marcos Dalmao Roberto, por el envío de azúcar de La Palma al comendador Pedro de Benavente, vecino de Jerez, y al genovés Batista Lercaro Burón. Luis Agustín Hernández Martín (2000): *Protocolos de Domingo Pérez, escribano público de La Palma (1554-1556)*, Santa Cruz de La Palma: Caja General de Ahorros de Canarias, vol. 2, pp. 212-213, 5-X-1555. Sobre los catalanes en Sevilla y sus relaciones con Canarias es fundamental Miguel Royano Cabrera (2023): *La comunidad mercantil de la corona de Aragón en la Baja Andalucía (1516-1556)*, Sevilla: Universidad de Sevilla.

[26] Ya en 1557 aparece cobrando junto a Baltasar González una letra de cambio a su favor enviada sobre el sevillano Juan de Armenta del beneficio de tres pipas de vino enviadas a las Indias por Luis Señorino, cfr. Luis Agustín Hernández Martín: *Protocolos de Domingo Pérez...*, o. cit., vol. 3, p. 151, 24-III-1557.

[27] Luis Agustín Hernández Martín: *Protocolos de Domingo Pérez...*, o. cit., vol. 4, pp. 177, 202. Deudas contra Antonio Hernández, vizcaíno, y novecientas doblas que junto a Bartolomé García y Gonzalo Yanes (también portugués) prestó al capitán general de la isla, Juan de Monteverde, para sanear un tributo a cambio del esquilmo y fruto de la zafra de los cañaverales de azúcar propiedad de Monteverde en 1562.

[28] Luis Agustín Hernández Martín: «Mercaderes de La Palma...», o. cit., p. 109. «2300 doblas en unas casas altas sobradadas y con las demás terreras que están a sus espaldas, sitas en la ciudad, que caen hacia la calle de la carnicería, un tributo sobre Nicolao Rodríguez, de 7 doblas anuales, impuesto sobre unas tierras en Mirca, una esclava mulata, Magdalena, de unos veintiséis años, apreciada en 100 doblas y 150 doblas en ajuar, vestidos, joyas y otras piezas de plata, cama y servicio de casa, más 600 doblas de contado. Él promete en arras 400 doblas».

En 1565 Juan Fernández Sodre finiquitó las cuentas de una compañía que formó con el tinerfeño Hernán López, dedicada a llevar mercancías a La Habana, para lo que apoderaba a su hermano Baltasar, a la sazón residente en Sevilla. De su importancia y solvencia es elocuente el hecho de que era factor en la isla de los contratadores de Guinea Antonio González y Duarte de León, por quienes hacía algunos cobros sobre derechos de esclavos.[29] Igualmente el portugués Jorge Pinto le apoderaba en Amberes para sus tratos con flamencos establecidos en La Palma.[30] Otros portugueses ya afincados en la isla, como Luis Álvarez y su madre Ginebra de Brito, le pedían dinero que luego le era devuelto en letras de cambio sobre mercaderes sevillanos.[31]

Al menos en 1565 y 1566 era receptor y fiel cogedor del almojarifazgo del 6 %,[32] y en ese último año es llamado «recaudador y fiel cogedor […] de las tercias y rentas reales de Su Magestad».[33] En 1565 fue también fiador entre otros mercaderes del arrendador del diezmo de los parrales que ofrecía la catedral de Canaria, recibiendo varias de sus pagas.[34] Todos estos mercaderes estaban en el negocio del azúcar y eran compradores o acreedores o ambas cosas del Adelantado de Canaria y de la producción del ingenio de Los Sauces.[35] Todos estos cargos y experiencia los aprovechó en su sociedad con Vaz, pues sabemos que este había arrendado el diezmo del vino en fecha indeterminada y que Sodre lo recaudaba por él, alcanzando un valor de 36 500 mrs. en el año 1574.[36]

Parece que la presencia como «vecino» de Baltasar en Sevilla en 1566 debió de estar relacionada con el inicio de la sociedad formada entre Bento Váez y Juan Fernández Sodre, pues Vaz se aseguró de colocar a Juan en una posición política y

[29] Luis Agustín Hernández Martín: *Protocolos de Domingo Pérez…*, o. cit., vol. 4, pp. 305-306. El dinero se pagaría por medio de dos letras de 63 750 mrs. cada una dadas en La Palma por el lisboeta Antonio Álvarez sobre Gabriel Méndez, vecino de Lisboa. 5 y 7-V-1565.

[30] Luis Agustín Hernández Martín: *Protocolos de Domingo Pérez…*, o. cit., vol. 4, p. 383, 6-VII-1566. Pinto había sido residente en la isla y por tanto ya se conocían, Luis Agustín Hernández Martín: *Protocolos de Domingo Pérez…*, o. cit., vol. 4, p. 146, 23-IX-1560.

[31] Luis Agustín Hernández Martín: *Protocolos de Domingo Pérez…*, o. cit., vol. 4, p. 366. Concretamente 713 891 mrs. por un contrato de 9-III-1565.

[32] Luis Agustín Hernández Martín: *Protocolos de Domingo Pérez…*, o. cit., vol. 4, pp. 288-290, 27-II-1565, 5-III-1565. No sabemos qué relación tenía con el arrendamiento de la aduana, pero en 1566 el portugués Francisco Álvarez le debía a él y a Francisco Ferrez 79 doblas por dichos derechos, cfr. Luis Agustín Hernández Martín: *Protocolos de Domingo Pérez…*, o. cit., vol. 4, p. 370.

[33] Luis Agustín Hernández Martín: *Protocolos de Domingo Pérez…*, o. cit., vol. 4, pp. 382-383, 4-VII-1566.

[34] Valorado en 1 186 000 mrs., fue arrendado por Alonso Márquez, vecino de La Palma, y fue fiador junto al flamenco Hanes Vantrila. Ambos actuaban por petición de Pedro de la Barrera, Alonso Márquez y Macio de Letancor, los verdaderos arrendadores del diezmo. Luis Agustín Hernández Martín: *Protocolos de Domingo Pérez…*, o. cit., vol. 4, p. 321, 20-VII-1565, p. 384, 6-VII-1566, p. 387, 16-VII-1566.

[35] Luis Agustín Hernández Martín: *Protocolos de Domingo Pérez…*, o. cit., vol. 4, pp. 326-327, 5-VIII-1565. A Sodre se le debían 560 doblas (280 000 mrs.) junto a Bartolomé García.

[36] *Cuentas*, f. 480r.

mercantil bien afianzada. En diciembre de 1566 se registraba ante notario por parte de Guillén Lugo de Casaos la renuncia del oficio de regidor que hasta entonces había desempeñado, dejándolo en Juan Fernández Sodre.[37] El hecho de que Sodre fuese regidor era clave para el desarrollo de los negocios de Bento Váez en la isla, y a ello se sumó su acceso al cargo de fiel ejecutor en mayo 1571. El desempeño de este oficio público generó muchas reticencias en otros regidores; recientemente Ana Viña Brito ha analizado un pleito en el que el cabildo de La Palma se oponía al papel desempeñado por los fieles ejecutores en la isla Sodre y Pedro del Monte, pues el cabildo no podría pedirles cuentas de su desempeño y cobraban un salario que mermaba el que hasta el momento habían recibido los regidores por llevar a cabo aquella tarea. El regidor Juan de Alarcón fue forzado a abandonar la sesión en la que se discutía si se obedecía la cédula de nombramiento al ser pariente en cuarto grado de la mujer de Sodre, como sucedía también con el regidor Luis Álvarez, mientras que el regidor Pedro de Brito era su cuñado, y tras largo tiempo de luchas y polémicas los regidores no tuvieron más remedio que aceptarlos; aunque la corona suspendió el oficio de Sodre en 1577, como el cabildo no tenía dinero para pagar el consumo del oficio, Sodre continuó gozándolo hasta 1593.[38]

El de fiel era un importante cargo que le permitía fiscalizar la venta de mercancías en la ciudad de Santa Cruz de la Palma, de manera que Sodre podía influir en una fiscalidad más ventajosa para los negocios de Bento Váez.[39] Como indica Viña Brito se trataba de una venta de oficios, pero el comprador no había sido Sodre. Gracias a las cuentas que aquí analizamos sabemos que Bento Váez fue quien compró el oficio para su socio, por un monto de 360 000 mrs. o, lo que es lo mismo, 960 ducados, abonados en 1571.[40] A ello se sumaron varias costas y «gastos de Brito» (probablemente su cuñado), de 1600 mrs., además de 884 mrs. por porte de cartas, otros 272 mrs. por el pago de la expedición del título de su oficio y 26 250 mrs. del soborno que se hizo para conseguir el mentado oficio, conceptuados en lo que «costó la fuente de plata que se envió a la corte a quien hubo el

---

[37] Luis Agustín Hernández Martín: «Mercaderes de La Palma…», o. cit., p. 109. En noviembre Guillén dio un poder general a su mujer, doña Ana de Betancor, y a Juan Fernández Sodre, Baltasar González de Acosta y Francisco de Loreto, Luis Agustín Hernández Martín: *Protocolos de Domingo Pérez…*, o. cit., vol. 4, p. 411.

[38] Ana Viña Brito (2022): «La pugna por un cargo capitular. Los fieles ejecutores de La Palma en el siglo XVI», *Anuario de Estudios Atlánticos*, 68, pp. 1-15, aquí pp. 8-12. Lamentablemente, la autora no indica en su trabajo la signatura del pleito que se custodia en la sección Consejo Real del Archivo General de Indias. Pedro de Brito era regidor desde 1570, cfr. Sergio Hernández Suárez (2023): *El cabildo de La Palma durante el reinado de Felipe II*, Ediciones del Cabildo de Gran Canaria, Gran Canaria, p. 245.

[39] Y para otros mercaderes como también su socio el catalán Marcos Dalmao Roberto, al que Sodre había cobrado el almojarifazgo del 6 y del 2,5 % de las pipas de vino que había cargado, y habían tenido juntos «cuentas de débitos y créditos así de contrataciones». Cfr. Luis Agustín Hernández Martín: *Protocolos de Domingo Pérez…*, o. cit., vol. 4, p. 382, 4-VII-1566.

[40] *Cuentas*, f. 478r, «pago por su oficio de fiel ejecutor de La Palma».

oficio», a lo que se sumaron otros gastos administrativos,[41] lo que suma un total de 396 439 mrs.,[42] que puede equivaler al valor de una cargazón y media de las que manejaba la sociedad Váez-Sodre, como luego veremos. Ya en 1572 culminaron su intención de establecer sólidamente a Juan Fernández Sodre en la isla pagando 18 750 mrs. a Hernando de Almansa, estante en la corte «para pagar la carta de naturaleza»,[43] de manera que no pudiera ponerse impedimento a Sodre para ejercer el oficio de fiel ejecutor por el hecho de ser extranjero y, sobre todo, para poder comerciar sin problemas.[44] No contento con ello, Bento Váez había gastado el año anterior otros 1700 mrs. para adquirir el título de la escribanía de La Palma, «que se puso en cabeza de Pedro de Urbina»,[45] en quien había renunciado en 1571 el escribano Pedro Belmonte,[46] hecho que nos habla del alcance de Vaz a la hora de forzar una posición favorable a sus intereses mercantiles en el seno del cabildo palmero. Pedro de Belmonte, escribano público y del concejo ya en 1560,[47] recibía también algunas mercancías que expresamente se enviaban a su nombre.[48] Otros oficiales de república como Gaspar de Barrios, piloto que junto a su homólogo Pedro Sánchez de Iglesia era el encargado en 1575 de comprobar que la artillería de los barcos que de las islas Canarias se dirigían hacia América era adecuada,[49] también aparece en estas cuentas.[50] Sin embargo, no todo fue un camino despejado, puesto que los regidores contrarios a la creación de los dos cargos de fiel ejecutor consiguieron en 1572 que Sodre no pudiese cobrar el almojarifazgo al pertenecer al cabildo y ser un impuesto real. De igual modo, su oposición se mantuvo durante años, con denuncias en 1580 sobre una actuación que generaba «desasosiegos y escándalos», por tratar de evitar que pudiesen elegir al procurador mayor «por el

---

[41] A saber, la obtención ya en 1572 de su procurador en la corte, Sebastián de Santander, de la sobrecarta del oficio, por 3217 mrs., otros 5100 mrs. por la cédula «que hubieron de su magestad para el oficio».

[42] *Cuentas*, f. 478r-v.

[43] *Cuentas*, f. 478v, 3-IV-1571.

[44] No en vano las ordenanzas del comercio de las islas señalaban la necesidad de excluir a todos los extranjeros, considerando que se naturalizaban aquellos que cumplían diez años de residencia y estaban casados con naturales, requisitos que Sodre cumplió en 1563 y en 1565. Las ordenanzas, en las que la queja sobre la presencia portuguesa aparecía de nuevo, en Archivo General de Indias (AGI), Indiferente General (IG), leg. 425, lib. 23, f. 43r-45v, Madrid, 14-VII-1561.

[45] *Cuentas*, f. 478v.

[46] Sergio Hernández Suárez: *El cabildo...*, o. cit., p. 261.

[47] Luis Agustín Hernández Martín (2014): *Protocolos de Blas Ximón, escribano de la villa de San Andrés y sus términos (1546-1573)*, Breña Alta (La Palma): Cartas Diferentes Ediciones, vol. 2, pp. 332-336, doc. 607.

[48] Se le enviaban desde Sevilla mercancías en la nao de Gaspar Díaz por valor de 13 118 mrs. en 1571, *Cuentas*, f. 478v. Belmonte ya había sido acusado en 1560 de llevar comisión a los navíos que venían desde Sevilla, prueba de su ascendiente sobre los intereses mercantiles, cfr. Sergio Hernández Suárez: *El Cabildo...*, o. cit., p. 257.

[49] AGI, IG, leg. 425, libro 24, f. 239v-240r, San Martín, 18-V-1575.

[50] Había comprado una esclava morisca en 1577 y fue cobrador de averías de diez pipas de vino, y se le pagaron 20 610 mrs. que le envió Gonzalo Pérez de Acosta, *Cuentas*, f. 478v, 479v, 481v.

exceso que hacen con sus oficios, así entrándose en la jurisdicción real como en nuevos derechos y preeminencias que pretenden llevar».[51]

Por tanto, si bien el modelo de negocio se asemejaba al de otras compañías que hemos visto en las que el socio de Sevilla desarrolla un papel financiero, redistribuye mercancías y desarrolla contactos, mientras que el instalado en La Palma conecta la producción isleña con América y trabaja en un ámbito puramente comercial, hay que considerar que Sodre no fungía como un factor cualquiera, sino que su desempeño en la recaudación fiscal y en el control de los abastos se reforzaba con su papel político de regidor, elementos que a la postre redundarían en la actividad económica que llevó a cabo junto a su socio. A Sodre le arropaba un grupo de regidores y un escribano de la isla y tenía buenas relaciones con los veedores de artillería de La Palma (detalle importante porque no se cargaba la suficiente artillería en los navíos para dejar más espacio a las mercancías), de manera que el negocio mercantil había echado sólidas raíces sobre el desempeño de los cargos públicos. Y no fue menos importante el hecho de que Sodre era del norte de Portugal y estaba relacionado con mercaderes de Guimarães y Oporto, formaba parte del grupo de paisanos con el que Bento Váez negociaba a través de su hermano Jorge y luego su sobrino Miguel, instalados en Oporto.[52]

Por último, no podemos dejar de considerar que el ascenso social y establecimiento político de Juan Fernández Sodre respondió a un incremento de la presión de la corona para controlar la entrada de mercaderes extranjeros y especialmente portugueses en el tráfico comercial canario. Los años de mediados de siglo supusieron en La Palma una verdadera apertura a capitales y barcos extranjeros, sobre todo portugueses, con un intenso movimiento portuario en el que también se dieron algunas cargazones fuera de registro,[53] signo de la plena imbricación de la isla en las rutas atlánticas comerciales. De hecho, en 1558 el rey señalaba a su embajador en Lisboa la necesidad de cortar la presencia portuguesa en Canarias, que servía para conectar el tráfico comercial entre las Indias y el Algarve,[54] y en 1564 se hacía eco de la presencia masiva de portugueses en el comercio de Gran Canaria, Tenerife y La Palma, con la connivencia de algunos poderes fácticos en las islas, «y que asimismo el gobernador de las islas ha despachado muchos navíos de portugueses con mercadurías de estos reinos [...] y muchas personas sin licencia y que asimismo muchos

---

[51] Sergio Hernández Suárez: *El cabildo...*, o. cit., pp. 214-215.

[52] Así por ejemplo representaba a Nicolao Hernández, vecino de Oporto, para comprar el monasterio de Paço de Sousa, no muy lejano de Oporto, un casal en la feligresía de La Magdalena, llamado El Soto, cfr. Luis Agustín Hernández Martín: *Protocolos de Domingo Pérez...*, o. cit., vol. 4, p. 147, 26-IX-1560.

[53] Francisco Morales Padrón: *El comercio Canario-Americano (siglos XVI, XVII, XVIII)*, Sevilla: Escuela de Estudios Hispano-Americanos, 195, pp. 280-283.

[54] AGI, IG, leg. 425, lib. 23, f. 332v-332v, Valladolid, 14-VI-1558.

maestres de navíos y capitanes y fiadores de navíos así portugueses como otros están muy culpados [...]» sin pasar los retornos por la Casa de la Contratación,[55] por lo que se encargaba una investigación con la que se quería poner coto desde la monarquía a la masiva presencia portuguesa en el archipiélago canario, de la que los hermanos Sodre formaban parte destacada. La creación del juzgado del registro en La Palma en 1564 y su extensión a las otras islas de realengo, Tenerife y Gran Canaria, en 1566,[56] sumadas a la obligación impuesta por la corona para que los barcos canarios se integrasen en las flotas en 1572 fueron pasos que trataban de embridar las tendencia expansiva y fuera de control del capitalismo mercantil que encontraba grandes ventajas en el comercio ejercido desde Canarias y que escapaba de la vigilancia de la Casa de la Contratación sevillana. En este sentido el ejercicio de oficios de república por parte de Juan Fernández Sodre no fue una excepción, habida cuenta de los casos paralelos de otros portugueses que se insertaron en el cabildo de la vecina isla de Tenerife y que tuvieron un gran éxito social,[57] por no hablar de otros extranjeros como los flamencos.

Las cuentas de la sociedad mercantil Váez-Sodre (1566-1578)

La andadura de la compañía de Bento Váez y Juan Fernández Sodre comenzó al ir terminando una compañía anterior que Vaz había formado con el maestre Antonio Alfonso, portugués vecino de Tenerife, que estuvo activa entre 1562 y 1568. Ambos mercaderes liquidaban sus cuentas, por las que Alfonso dejaba debiendo a Vaz 1 334 753 mrs., de los cuales abonaba en febrero de ese mismo año 826 056 mrs.[58]

Se repite aquí el modelo en el que el socio en Sevilla suministra capital y crédito mediante el abono de letras de cambio emitidas en Tenerife por parte de su socio (la mayoría del debe de Alfonso, de 9 010 871 mrs.), garantizando así la liquidez de la sociedad y el pago de mercancías.[59] Entre los principales receptores de letras

---

[55] AGI, IG, leg. 425, lib. 24, f. 210r-211r, Madrid, 22-IX-1564.

[56] Sergio Hernández Suárez y Luis Francisco Cumplido Mancera (2024): «Los lugartenientes de los jueces de registros de Indias en Canarias», *Anuario de Estudios Atlánticos*, 70, pp. 5-6.

[57] Javier Luis Álvarez Santos (2019): *Identidad insular y espacio atlántico: Portugal y Tenerife en tiempos de la Unión Ibérica*, Madrid: Los libros de la Catarata.

[58] AHPSE, PNS, leg. 10669, f. 1156r, 17-II-1568.

[59] A estas alturas era un modelo sólidamente implantado, cfr. Manuel Lobo Cabrera: «Compañías andaluzas...», o. cit., y tendría su continuidad en esta y otras islas del archipiélago canario en el siglo XVII, como indica Elisa Torres Santana (2003): *Historia del Atlántico: el comercio de La Palma con el Caribe, 1600-1650 (relaciones de interdependencia e intercambio)*, La Palma: Cabildo de La Palma, pp. 162-171. También funcionaba así en otros tratos como el de esclavos, participando los agentes comerciales desplazados en Cabo Verde como suministradores

de cambio pagadas por Bento Váez aparece la conexión con el norte de Portugal, con el mercader portuense Teodosio Enríquez (con 369 449 mrs.) y Jorge Vaz («mi hermano», con 31 250 mrs.), el portugués afincado en Sevilla Pedro Álvarez Arriscado (328 500 mrs.) y, por encima de ellos, el florentino de Sevilla Lorenzo del Roso (748 250 mrs.),[60] socio de su compatriota Jácome Boti, con grandes intereses azucareros en Canarias. Alfonso recibía fundamentalmente aros de hierro, seguramente para las pipas de vino que exportaba desde las islas hacia las Indias, y quienes enviaban los retornos a Sevilla eran los socios de Vaz, a saber: Miguel Rodríguez de Acevedo en Nueva España, Gaspar Díaz en La Habana, Jerónimo Pedrálvarez en Santo Domingo.[61] Además de plata, también se enviaban cueros y azúcares de Santo Domingo para la sociedad.[62] La letra de cambio se utilizaba como el medio esencial que permitía allegar capitales y mover mercancías con celeridad entre un lugar muy escaso en liquidez como son las islas y un centro financiero como Sevilla.

La sociedad mercantil Váez-Sodre fue más compleja que la que acabamos de examinar. A finales de febrero de 1578, Juan Fernández Sodre se reunía en las casas de su socio Bento Váez, sitas en la sevillana collación de Santa María la Blanca, para escriturar las cuentas y finiquito de la sociedad comercial que habían llevado juntos durante doce años. Decimos sociedad porque no mencionan en ningún momento la firma de ninguna compañía, como sí sucedía en el caso de Baltasar Fernández Sodre y que hemos examinado anteriormente. Describían su actividad en tres bloques: el primero consistía en la contratación «de vinos que yo el dicho Juan Fernández Sodre por orden de vos el dicho Benito Vaez he comprado en la dicha isla de La Palma y otras partes», que había cargado hacia las Indias en nombre de Vaz y de otros mercaderes. El segundo negocio que les unía era el giro de letras de cambio «que uno sobre el otro y el otro sobre el otro nos habemos sacado a pagar», y el tercer nudo de sus intereses comunes consistía en las «cobranzas que habemos hecho», además de otros negocios.[63]

---

de esclavos y mercancías variadas que cobraban con letras de cambio que se remitían para su reintegro en dinero en Sevilla o Lisboa, cfr. Maria Manuel Ferraz Torrão: «Rotas comerciais, agentes económicos, meios de pagamento», en Maria Emília Madeira Santos (coord.): *História Geral de Cabo Verde*, Lisboa/Praia: IICT, INIC, vol. 2, pp. 13-123.

[60]   AHPSE, PNS, leg. 10669, f. 1016r, 26-I-1568.

[61]   Sobre estos, véase Manuel F. Fernández Chaves (2018): «La consolidación del capitalismo portugués en Sevilla. Auge, caída y resurgir político del mercader Bento Váez, 1550-1580», en Juan José Iglesias Rodríguez, J. Jaime García Bernal, José Manuel Díaz Blanco (eds.): *Andalucía en el mundo atlántico moderno. Ciudades y redes*, Madrid: Sílex, pp. 183-238.

[62]   AHPSE, PNS, leg. 10669, f. 1016r, 26-I-1568.

[63]   *Cuentas*, f. 475r-v. Encontramos a Sodre trabajando como garante de pago de letras de cambio emitidas por el flamenco Luis Vendaval en La Palma sobre el poderoso mercader florentino Jácome Boti en 1562, cfr. Luis Agustín Hernández Martín: *Protocolos de Domingo Pérez...*, o. cit., vol. 4, p. 221.

Tanto el debe como el haber de Sodre daban idéntica cantidad: 36 273 588 mrs., por lo que ambos mercaderes quedaban libres de deudas entre sí. No obstante, nuestros cálculos arrojan un total de 36 273 429 mrs. en el debe, una ligera diferencia que puede achacarse a algún error en las sumas efectuadas por los interesados. El haber de Sodre era de 36 282 540 mrs., un descuadre algo mayor del registrado en el debe, con lo que Bento Váez habría resultado alcanzado en 9111 mrs., si bien esta diferencia no constaría en estas cuentas. Esta exactitud milimétrica entre ambos haberes resulta poco creíble y sin duda respondía a necesidades particulares de ambos mercaderes, y si llegaron a quedar deudas pendientes solo constó en la documentación privada de ambos socios. Por ello hemos de tomar estas cuentas como una orientación sobre sus actividades, pero no como un reflejo exacto de las mismas. Otro elemento a considerar lo constituye el hecho de que no pocas partidas no especifican el objeto de los desembolsos, aunque sí a quién estaban dirigidos, por lo que hemos optado por no reproducir una lista de nombres que no aportaría gran cosa a nuestro conocimiento sobre el tema que nos ocupa, centrándonos en los principales mercaderes que se relacionaron con ellos.

Los conceptos en los que Bento Váez aparece como acreedor de Sodre cuentan los pagos hechos por mercancías compradas para este o deudas en su contra, que se abonaban en Oporto, Lisboa, Sevilla, Cádiz y La Palma, fungiendo Váez como garante de crédito, aprovechando además su presencia en la plaza sevillana para obtenerlo y distribuirlo según las necesidades de su socio afincado en la isla canaria. Ello se hacía mediante pagos en metálico o a través de letras de cambio. Además, Vaz enviaba a Sodre mercancías y barcos hacia La Palma, que servían para impulsar sus negocios en la isla, y desde ella hacia otras latitudes, como Portugal o las Indias.

Un primer vistazo de las deudas de Sodre (gráfico 1) nos informa de cómo los adelantos de dinero, mercancías y crédito de Bento Váez fueron irregulares, a una media anual de 2 568 339,1 mrs., alcanzando su cota máxima en 1576, con 5 820 774 mrs., para después prácticamente desaparecer en 1577 y 1578, con los pagos más bajos de toda la serie. Ello se debió sin duda a la quiebra de Váez, que paralizó casi por completo su actividad económica, pues fue arrastrado por la suspensión de pagos de 1575 y el desfalco hecho en América por su socio Melchor de Morín.[64] Le quedaban cobranzas por recibir de otros tratos con La Palma que no aparecen en su relación económica con Sodre, como trescientas doblas de oro (150 000 mrs.) que se le enviaron en 1576 desde la isla por Diego Cortés de los Ríos sobre Salvador de Grimaldo en Sevilla.[65] La quiebra de bancos como el de Pedro de

---

[64] Manuel F. Fernández Chaves: «La consolidación…», o. cit.
[65] AHPSE, PNS, leg. 10729, f. 729r, 30-III-1576. Encargaba el cobro a su yerno Antonio Faleiro.

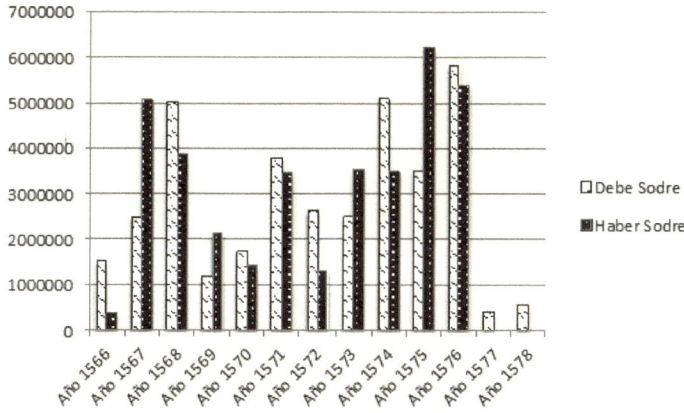

Gráfico 1. Debe y haber de Juan Fernández Sodre.
Fuente: elaboración propia a partir de *Cuentas*.

Morga agravó la situación económica de Bento Váez, de modo que no había podido cobrar de Diego Franquis[66] 120 937 mrs. que le había prestado en dicho banco, con la garantía de una letra de cambio enviada por Miguel Vaz y los herederos de Jorge Vaz sobre Franquis. Finalmente, Bento Váez se avino con Franquis a que este pagaría la cantidad al veinticuatro Hernando de Almansa, acreedor suyo.[67] En estos años finales, Bento Váez pagaba a Sodre con deudas a su favor contraídas por otros mercaderes, como el lisboeta Nuno Alvares Pereira, quien en 1570 había emitido a favor de Vaz una cédula de cambio de 187 500 mrs., que Sodre podría cobrar en lugar del dinero que Vaz le adeudaba en 1578,[68] una mala dita que no debió de ser del agrado de Sodre. Asimismo, Vaz dejaba en poder de Sodre a Esperanza, una «esclava morisca blanca herrada en el rostro», que entregó en Sevilla al maestre Gaspar de Barrios, vecino de La Palma y que tenía en la isla. Corría el riesgo sobre la esclava «si estuviera muerta o viva», que estaba valorada en 52 500 mrs.[69]

En el caso de Sodre, su ritmo de inversión, compras, cobros y pagos fue también irregular, superó varios años al de su socio, con una inversión media anual de 3 298 413 mrs., e hizo un esfuerzo sostenido en los últimos años de la sociedad, cesando por completo en el último bienio, pues terminó casi por completo la actividad de la compañía en esos últimos años.

[66] Vecino de Sevilla en la collación de San Vicente, fue acreedor de Sodre en algunos pagos que efectuó por él en Sevilla Bento Váez, *Cuentas*, f. 483r-v.

[67] AHPSE, PNS, leg. 10729, f. 1018r, 4V-1576. La letra de cambio fue de 241 875 mrs., por lo que debía de tratarse de un resto de deuda.

[68] AHPSE, PNS, leg. 10743, f. 449r, 20-II-1578.

[69] AHPSE, PNS, leg. 10743, f. 452r, año 1578.

Como se viene indicando, la letra de cambio fue el instrumento fundamental de pagos y obtención de crédito. Entre los pagos efectuados por Sodre aparece en 1566 y 1570 el gran mercader Teodosio Enríquez, que Bento Váez garantizaba con su crédito.[70] Uno de los grandes mercaderes de Oporto que aparecen en las cuentas es «M. Bentalhado»,[71] apellido muy relacionado con los Vaz, al que se le dio un pago de 54 750 mrs., del que nada más se especifica.

De igual modo, el hermano de Bento, Jorge Vaz, fue muy importante para esta sociedad, pues respaldaba con sus pagos y su crédito las letras de cambio que Juan Fernández Sodre emitía sobre toda una red de mercaderes portugueses presentes tanto en Portugal como en Castilla. El dinero era posteriormente reintegrado por Bento Váez aprovechando su solidez económica, basada en sus tratos comerciales, crédito financiero y prestigio mercantil, amén de un acceso abundante al oro y la plata en Sevilla.[72] Así, por ejemplo, Juan Fernández Sodre enviaba a Oporto otras dos letras de cambio para que Jorge Vaz las pagase en la isla de Madeira por deudas del cuñado de Sodre, Pedro Lopes Peixoto,[73] que debía abonar a los maestres Alonso de Freitas y Antonio Lopes de Santa Maria, de 31 875 y 15 000 mrs. respectivamente.[74] De igual modo, había que pagar a Jorge Vaz 441 000 mrs. por cinco letras para abonar a diversos interesados y otros 506 250 mrs. y 732 000 mrs. por dos letras respectivamente.[75] En total se movieron en torno a Jorge Vaz casi 5,5 millones de mrs., por tanto, era el principal socio capitalista de la empresa.

Jorge Vaz debió de fallecer alrededor de 1574, año en el que comienza a aparecer su hijo, y sobrino de Bento, Miguel Vaz, como garante del abono de las letras de cambio emitidas por Sodre. Se anota en las cuentas una deuda a su favor y de los «herederos de Jorge Vaz».[76] Se enviaron sobre Miguel Vaz en Oporto en 1574 y en 1576 un total de veintidós cédulas por valor de 1 373 812 mrs., cuyo importe debió

---

[70] *Cuentas*, f. 473r-v, de 93 750 y 24 750 mrs. respectivamente.

[71] Los Bentalhado arrendaron las *alfândegas* de Entre Douro e Minho, Aveiro y Buarcos entre 1559 y 1562, y aparecen en tratos con los Vaz en los años sesenta y setenta, destacando entre ellos a Manuel, el que nos ocupa, y Francisco, cfr. Amândio J. de Morais Barros (2016): *Porto, a costrução de um espacio marítimo no inicio dos tempos modernos*, Lisboa: Academia de Marinha, pp. 74. 301, 405, 412, 444, 457.

[72] Manuel F. Fernández Chaves: «La consolidación…», o. cit.

[73] Aparece un homónimo en la isla de San Miguel exportando pastel en sociedad con Manuel Rodrigues Veiga y mercaderes flamencos emigrados a Ámsterdam, cfr. Jessica Vance Roitman (2010): *The same but different? Intercultural trade and the Sephardim, 1595-1640*, Leiden/Boston: Brill, p. 121.

[74] *Cuentas* f. 478v, año 1572.

[75] *Cuentas*, f. 478v y 479r. Los acreedores eran Andrés Antonio, de Lisboa, Francisco Fernández, Salvador Pérez, el tendero Diego Francisco y Pedriáñez en La Palma. También se pagó en letras a Fernando Alonso, de Viana do Castelo, a Bento González y a Francisco de Freitas. Se pagó también en Oporto una letra a favor de Bento Váez y otra a favor de Baltasar González.

[76] *Cuentas*, f. 480r, deudo de 15 562 mrs. de 1574.

de servir para la adquisición de mercancías, el pago a maestres y otros servicios,[77] o bien para el abono de deudas contraídas en nombre de Sodre. Bento Váez reintegraba el monto de estas deudas y el pago de las letras de cambio. En total, Miguel Vaz abonó 1 641 919 mrs. entre 1574 y 1577, sobre todo en letras de cambio, pero también en algunos pagos directos. Su estrecha relación llevaba a Bento Váez a autorizar a Miguel Vaz para comprar en Oporto o donde estimase conveniente un tributo, con la garantía hipotecaria de las casas principales de Bento, una «heredad de viña de huerta y casas principales y lagar y vasija» y los juros que tenía sobre el Almojarifazgo Mayor de Sevilla.[78]

Frente al papel central que los Vaz de Oporto y Sevilla tuvieron en la financiación de esta empresa, el rol del portugués Juan Fernández de León, afincado en Cádiz, era más discreto. Se encargaba de adelantar dinero en dicha ciudad para el aderezo de navíos, compra de mercancías o pago de deudas directamente contraídas por Bento Váez o por Sodre, así, aparece en estas cuentas de manera ocasional.[79] León había sido socio y factor en Cádiz de los hermanos Blas Reynel y Duarte Rodrigues, en un negocio de giro de letras de cambio entre Lisboa, Sevilla, Valencia y Cádiz que acabó con la salida de León y la acusación de los Reynel de apropiación de capitales.[80] Ello no le impidió seguir contando con la confianza de otros mercaderes portugueses tan prestigiosos como los Vaz. Así, por ejemplo, en 1575 Bento Váez actuaba en nombre de Sodre apoderando a Juan Fernández de León para que Jerónimo de Valenzuela, escribano de Cádiz, pagase una letra de cambio que debía a Luis de Vendaval, flamenco vecino de La Palma.[81]

El resto de mercaderes portugueses que aparecen en estas cuentas no es ya tan importante, aunque siguen apareciendo del norte de Portugal, destaca entre ellos Jorge Lopes de Braga, que abonó 198 375 mrs. por algunas letras en Lisboa en el año 1568.[82] Al margen de esta sociedad, Vaz seguía actuando junto a otros mercaderes del norte de Portugal y en relación con las islas Canarias, como es el caso de Antonio González, vecino de Guimarães. Ambos cobraron de Pedro de Almonte, vecino de La Gomera, una deuda que este tenía con el palmero Bartolomé Rodríguez de 183 520 mrs.[83]

---

[77] Amador de Freitas, 15 000 mrs., Fructuoso Gómez, 56 250 mr., Juan Ribero, 48 750 mrs., Antón Mateo, 75 000 mrs.
[78] AHPSE, PNS, leg. 10720, f. 911r, 9-IX-1575. Esta garantía hipotecaria era muestra de la confianza entre Miguel y Bento, el primero aceptó imponer este tributo seguramente como forma de pago.
[79] Se le pagaron 212 882 mrs., repartidos en 1567, 1569, 1572-1576, *Cuentas*, f. 476v-477v, 479r-481v.
[80] Manuel F. Fernández Chaves (2022): «Negocios de cristãos-novos en Sevilla a fines del reinado de Carlos I. El caso de Blas Reynel, 1548-1555», en António M. Andrade, Saul A. Gomes, Maria F. Reis (coords.): *Diálogos Luso-Sefarditas*, Aveiro: Universidade de Aveiro, pp. 288-325.
[81] AHPSE, PNS, leg. 10721, pieza 2, f. 547r, 5-XII-1571. La deuda ascendía a 1028 doblas (375 220 mrs.).
[82] *Cuentas*, f. 476v-477r.
[83] AHPSE, PNS, leg. 10677, f. 705r, 31-X-1570, y también, f. 685r. Los pagadores de Almonte eran los florentinos

LETRAS Y ÓRDENES DE PAGO EMITIDOS POR JUAN FERNÁNDEZ SODRE SOBRE	PAGADO EN	MRS.	AÑOS
Teodosio Enríquez	Lisboa	485 483	1566
Jorge Vaz	Oporto	5 594 436	1566-1573
Miguel Vaz y herederos de Jorge Vaz	Oporto	30 562	1574
Miguel Vaz	Oporto	1 641 919	1574-1576
Total	-	7 752 400	-

Tabla 3. Principales cambiadores y suministradores de crédito de Juan Fernández Sodre a través de Bento Váez. Fuente: elaboración propia a partir de *Cuentas*.

Podemos decir sin temor a equivocarnos que la empresa Váez-Sodre se sostenía sobre una gran inversión de capitales de Oporto que diversificaban sus inversiones en la empresa americana de Castilla, a cambio de jugosos retornos que complementaban el negocio de los Vaz de Oporto con el Brasil y el azúcar. No obstante, esta cooperación conoció algunos problemas, originados en la quiebra de Bento Váez de 1576. En aquel año el portugués Jorge Enríquez de Alpedriña reclamaba a Bento el pago de 396 365 mrs. de dos letras de cambio que Vaz envió sobre su sobrino, «el muy magnífico señor Miguel Vaez», para que fuesen abonadas en Oporto, a lo que este se negó. Bento devolvía el dinero a Alpedriña con una deuda a su favor de los mercaderes Pedro de Alcocer y Pedro Pablo Bernegali; Alpedriña recibía, a su vez, su parte (354 375 mrs.) y la de Simón López, otro portugués sobre el que se cambiaron 22 500 mrs.[84]

Además de estos portugueses, el concurso de otros mercaderes castellanos se revelaba también fundamental en el quehacer de estos dos socios. Alonso Pérez de la Fuente fue clave en todos estos negocios, d entre 1568 y 1571 se le debieron 5 818 622 mrs.[85] Si bien las cuentas no indican el concepto de los pagos, lo más probable es que también estuviese implicado en allegar capitales por medio de letras de cambio para la sociedad Váez-Sodre, que se le devolverían con intereses o en mercancías. Así, en 1567 daba carta de pago a Juan Fernández Sodre como vecino de La Palma y «fiel de las rentas de las mercaderías y otras cosas que en ella se cargaron y descargaron el año pasado de 1566» de 2 046 256 mrs. correspondientes a dicha

---

Lorenzo del Roso y Francisco Santi, quienes no habían querido pagar la letra de cambio enviada por Almonte a Sevilla. Según la escritura en 1570, Vaz se había trasladado momentáneamente a La Palma, donde se puso de acuerdo con Rodríguez para cobrar el dinero adeudado y los intereses.

[84] AHPSE, PNS, leg. 10727, foliación perdida, carta de pago de 22-VIII-1576.

[85] *Cuentas*, f. 476v-478v, no se especifica en casi ningún caso bajo qué concepto se le hacen los pagos. Alonso Pérez de la Fuente también les debió dinero, que se cobró con deudas a su favor, como el poder que se envió a Juan Fernández Sodre para cobrar una deuda que Pedro Cerón tenía con Alonso Pérez de la Fuente por valor de 46 126 mrs. en 1576, *Cuentas*, f. 481v.

recaudación. Para ello Sodre enviaba el producto a Sevilla en letras de cambio sobre diferentes mercaderes, así, Bento Váez fue obligado a pagar 496 343 mrs., además de 534 762 mrs. por el pago de juros situados sobre la renta de la fieldad al mercader Juan Pérez de Córdoba.[86]

La participación de Alonso Pérez de la Fuente, de estirpe conversa y origen toledano,[87] debió de darse con el adelanto de crédito para financiar las actividades de la empresa Vaz & Fernández Sodre, en la que es probable también su participación con otras mercancías como el vino, pues Alonso Pérez de la Fuente aparece también asociado desde Sevilla con Hernando de la Fuente Velluga, vecino de Cádiz, también converso del mismo origen; a ellos se sumaban el vecino de La Habana Jerónimo de Avellaneda y el almojarife de Gran Canaria Antonio de Campos, formando una sociedad de 1 500 000 mrs. de capital para enviar vino a América.[88] En las cuentas aparece también frecuentemente Melchor de Roa, mercader de origen burgalés muy presente en el comercio de la isla, cuyo hermano estaba presente en Amberes y conectaba los negocios de dicha capital con los de La Palma. A Melchor se le abonaron 373 030 mrs. por el envío de algunas cédulas de cambio y otros servicios que no se explicitan en estas cuentas.[89] Esto nos indica que el capital converso con base en Oporto no era el único que estaba tras esta sociedad, sino que se aliaba con mercaderes conversos toledanos y burgaleses, teniendo todos en común una base más o menos amplia en Sevilla y Andalucía.

Las mercancías y los barcos

Según uno de los asientos de las cuentas, en fecha indeterminada Bento Váez indicaba que cobraba 549 mrs. de menos en el monto total de los diecisiete barcos que había enviado a Sodre,[90] lo que nos da una media de casi dos barcos al año, pues los dos últimos apenas hubo actividad.

---

[86] AHPSE, PNS, leg. 9198, f. 132r, 26-VII-1567. 483 260 mrs. a Tomas Miller, pagado por Pedro Pablo Bernegali; 219 000 mrs. a Juan López de Ayala; 36 500 mrs. a Francisco de la Concepción. Bento Váez había de pagar 272 963 mrs. a Gonzalo y Gaspar Jorge, y otros 223 380 mrs. Agradezco a Luis Francisco Cumplido Mancera que me facilitase este documento.

[87] Enrique Soria Mesa (2016): «El negocio del siglo. Los judeoconversos y la renta de la seda en Granada (siglo XVI)», *Hispania*, vol. 66 (253), pp. 430-431. Sobre los toledanos en Sevilla, Rafael M. Pérez García (2015): «Las ciudades de Sevilla y Toledo en la conexión de las redes económicas judeoconversas entre Castilla y América a mediados del siglo XVI», en Juan José Iglesias Rodríguez, Rafael M. Pérez García, Manuel F. Fernández Chaves (eds.): *Comercio y cultura en la Edad Moderna. Comunicaciones de la XIII Reunión Científica de la Fundación Española de Historia Moderna*, Sevilla: Universidad de Sevilla, pp. 539-552.

[88] Manuel Lobo Cabrera: «Compañías andaluzas...», o. cit., p. 203.

[89] *Cuentas,* f. 476r y 477r, años 1566 y 1568.

[90] *Cuentas,* f. 478r, cargo sin fecha, ¿1570?

En estas cuentas no hay indicación exhaustiva de las cargazones, pero sí noticias que nos permiten hacernos una idea de las mismas. Váez percibía parte del importe de la venta de pipas de vino en La Palma,[91] por el envío de aros de hierro,[92] de toneles de Oporto y otros lugares,[93] textiles[94] (muchos de ellos enviados a Juan de Brito, sobrino de Juan Fernández Sodre,[95] y a Duarte Rodríguez[96]), y trigo con licencia del rey, obtenida porque iba para el «regimiento de la isla»,[97] pues como indicaba Váez lo adquirió «para lo enviar a la dicha isla de La Palma en cumplimiento de una escritura que Juan Fernández Sodre vecino de la dicha isla de La Palma tiene fecha con la dicha isla».[98] Se revela de nuevo la utilidad de contar con un regidor en el cabildo para llevar adelante los negocios en la isla, en este caso, de suministro de mercancías de primera necesidad. El trigo fue comprado en 1575 al sevillano Juan de Morales, quien colocaría 3400 fanegas en Puerto Real o donde se indicase, y cargado en navíos «con licencia de su magestad»; la fanega costaba 442 mrs.[99] (véase la tabla 4).

[91] 87 600 mrs. por quince pipas de vino en 1568, otras cien pipas y averías en ¿1570? por valor de 56 250 mrs., *Cuentas*, f. 477r., 478r.

[92] *Cuentas*, f. 477r, 65 arcos valorados en 5125 mrs.

[93] Se debían, en 1573, 18 750 mrs. al tonelero Pedro Anes, cfr. *Cuentas*, f. 479v.

[94] Dos gorras y dos talabartes por 3927 mrs., *Cuentas*, f. 478r, ¿1570?, un fardel de angeo que le remitió Juan Fernández de León desde Cádiz en 1573 por 10 369 mrs. (479v). En 1574 se envían a Juan de Brito cuatro gorras, dos talabartes, una alfombra, siete arrobas de seda y cuatro varas de «tiritani» (sic), que puede ser «tiritaña», según el *DRAE* una «tela endeble de seda», f. 480r.

[95] *Cuentas*, f. 480r, año 1574. En 1572 aparece como testigo en una venta de textil en Los Galguitos, Luis Agustín Hernández Martín: *Protocolos de Blas Ximón...*, o. cit., p. 849, doc. 1713.

[96] *Cuentas*, f. 481v, 21-II-1576, a saber: «7 paños aules de Inglaterra a 4500 mrs., y 4 gordellates a 4125 mrs. y un paño de Londres color "de rey" en 48 750 mrs. y otro paño de Londres añil en otros 49 500 mrs. y otros 4 paños de Londres a 26 250 mrs. cada uno».

[97] *Cuentas*, f. 481r, 22-I-1576.

[98] AHPSE, PNS, leg. 10721, pieza 1, foliación perdida, 30-VI-1575. En efecto, Sodre se había comprometido a buscar 3000 fanegas para el cabildo, se le pagaban a tres reales la fanega, todo un negocio organizado entre ambos socios. Cfr. Sergio Hernández Suárez (2020): «La importación de trigo en las islas de realengo: el caso de La Palma en la segunda mitad del siglo XVI», en Elena Acosta Guerrero (coord.): *XXIV Coloquio de Historia Canario-Americana*, Las Palmas de Gran Canaria: Cabildo de Gran Canaria, p. 8.

[99] AHPSE, PNS, leg. 10721, pieza 1, foliación perdida, 30-VI-1575. La fanega de trigo costaba en Tenerife en ese año más cara, 499,25 mrs., cfr. Antonio M. Macías Hernández, José I. González Gómez, Juan J. Cáceres Hernández (2012): «Los precios del trigo en el mercado de Tenerife, 1500-1650», *Anuario de Estudios Atlánticos* n.º 58, p. 280. No era Vz el único en enviar aquel año trigo a la isla, el florentino Lorenzo del Roso sacaba 1200 fanegas de trigo de Jerez de la Frontera para La Palma a entregar a Baltasar Pérez y Antonio de Teça, por lo que debía pagar 102 000 mrs. por cédula de cambio emitida en Cádiz al ¿flamenco? Enrique Hooftman, que actuaba en nombre del vendedor, el jerezano Francisco del Campo, AHPSE, PNS, leg. 10721, pieza 2, foliación perdida, 18-IX-1575. Teça fue regidor como Sodre entre 1572-1573 y 1576, y había accedido al cargo por renuncia de Juan Luis Temudo, poderoso mercader de origen portugués. A su vez, Teça era factor de la hacienda de Tazacorte, perteneciente a los flamencos Monteverde, cfr. Luis Agustín Hernández Suárez: *El cabildo...*, o. cit., pp. 226-227, 231. Su relación debió de ser estrecha, pues en 1563 Teça arrendaba las casas contiguas a las de Sodre y utilizaba el corral de este y su horno de pan. Imposible analizar su papel aquí, que lo relacionaba financieramente también con otros flamencos como Luis Vendaval o portugueses como el portuense Juan González Ribero y los lisboetas Mateos Hernández o Blas Antonio y su suegro Luis Antonio, cfr. Luis Agustín Hernández Martín: *Protocolos de Domingo Pérez...*, o. cit., vol. 4, pp. 240-241, 304-305, 16-III-1563, 5-V-1565.

Váez ganó con el trigo 143 630 mrs. y cobró 415 000 mrs.[100] por 415 pipas vacías que envió a Sodre, y otros 42 066 mrs. por 600 aros de hierro «que allí teníamos».[101] Váez también envió aceite, a veces por cuenta de otros socios. como su sobrino Miguel, quien debía percibir 116 586 mrs. de ganancia en 1577,[102] además de vino, ropa, textiles y otras menudencias.

AÑO	VALOR (mrs.)	CARGAZÓN Y AVERÍAS	MAESTRE/NAVÍO	
1567	374 433	65 toneladas	Francisco Núñez y Bartolomé Jacquart/San Andrés	477r
1568	294 993	-	Francisco de Cáceres	477r
1569	17 548	10 varas de raja, 3 gorras, 1 espada, 1 talabarte «y otras cosas»	Bartolomé García	477v
1569	98 364	Gastos notariales flete, encomienda y averías	Nao de Bernal García	477v
1571	13 118	Mercaderías para Pedro Belmonte	Navío de Gaspar Díaz	478r
1571	18 056	Cosas para el licenciado Daza	Navío de Gaspar Díaz	478v
1571	20 231	15 varas de tafetán, 2 gorras de rizo	Isidro de la Puebla	478v
1571	13 125	Una ropa de tafetán para Nuestra Señora y unos chapines de terciopelo y 20 arrobas de aceite	Baltasar Pérez	478v
1571	120 428	40 pipas	Domingos Ruiz	478v
1573	7500	Averías de 10 pipas de vino	Alejos Díaz	479v
1573	8060	20 arrobas de aceite y 8 arrobas de triaca	Juan de Silla	479v
1574	38 302	102 arrobas de vino en 5 cuartos y 7 arrobas de aceite en botijas	Juan de Santiago	480v
1575	46 250	Cargazón	Juan de Santiago	481r
1575	54 462	520 arcos de hierro para las pipas	Juan de Santiago	481r
1576	1 465 202	3000 fanegas de trigo para el regimiento de la isla	1800 fanegas en el navío de Melchor Ginete y 1200 fanegas en el navío de Manuel Pérez	481r
Total	2 215 639			

Tabla 4. Noticia de la mercancía enviada por Bento Váez a La Palma en algunos barcos. Fuente: elaboración propia a partir de *Cuentas* f. 477r-479v, 480v-481r.

[100] *Cuentas*, f. 481v, año 1576.
[101] *Cuentas*, f. 481v, año 1576.
[102] *Cuentas*, f. 481v.

Por su parte, Sodre adquirió en mercancías 8 936 219 mrs., fundamentalmente vino, brea y quesos, productos que podían encontrarse en La Palma y que formaban parte de sus exportaciones, tal y como hacían otros mercaderes. Se cargaron 2989 pipas y 495 botijas de vino, 822,5 quintales de brea y otros 71 quintales de quesos; todos estos productos tenían como destino las Indias.[103] Asimismo se enviaron 162 cajas de azúcar palmero hacia Cádiz (al menos 101 cajas) y a Sevilla (61 cajas). En las cuentas se indica bien el coste o valor de estas mercancías, que ascendió a 21 991 688 mrs., el 60,6 % de todo el dinero que puso Sodre. En pocas ocasiones se hace explícita la ganancia obtenida, que se expresa solo en la mitad que correspondía a Sodre.

Algunos maestres que trabajaron para la sociedad debían de ser conocidos de estos mercaderes, como Domingos de Freitas, también oriundo de Guimarães, quien tenía una fuerte relación con la isla, pues aparece en 1563 como vecino de La Palma dando un poder general, y en 1565 como propietario de un pedazo de media viña en término de La Palma, además, estaba casado en la villa.[104] Conocía bien la ruta hacia Santo Domingo, pues al menos ya en 1547 había llevado un navío enviado por el regidor Pedro de Alarcón con vinos y «otras mercaderías» hacia la isla caribeña.[105]

AÑO	VALOR (mrs.)	CARGAZÓN	MAESTRE	OBSERVACIONES
1568	178 120	28 pipas de vino	Luis de Carvajal	-
1567	489 8925[106]	84 pipas de vino	Francisco de Borrueca	La Brava («Se perdió»)
1567	1 764 642	300 pipas de vino	Pamplona	(«Se perdió»)
1567	521 475	100 pipas de vino	Alonso Lechón	-
1567	636 454	100 pipas de vino	Francisco Melchor	-
1568	938 189	140 pipas de vino, 82,5 q. de brea, 17 q. de quesos	Francisco Núñez	Para Santo Domingo

[103] Fue desde luego una cantidad importante, pues entre 1545 y 1570 se exportaron 2747,75 quintales de brea, con destino en su mayor parte a Indias, lo que arroja una media de 109,9 quintales al año; los portugueses desempeñaron un papel muy destacado en su exportación, cfr. Luis Francisco Cumplido Mancera (2023): «La exportación de la brea desde la isla de La Palma en 1545-1570: un producto esencial para las relaciones comerciales palmeras con Portugal e Indias», en Ofelia Rey Castelao y Francisco Cebreiro Ares (coords.): *Los caminos de la Historia Moderna. Presente y porvenir de la investigación*, Santiago de Compostela: Universidade de Santiago de Compostela, p. 883.

[104] Luis Agustín Hernández Martín: *Protocolos de Blas Ximón...*, o. cit., p. 374, doc. 727, pp. 539-540, doc. 1076.

[105] Luis Agustín Hernández Martín: *Protocolos de Blas Ximón...*, o. cit., p. 188, doc. 351

[106] Se salvaron 40.334 mrs. para Bento Váez, *Cuentas*, f. 477r, año 1568. La nao pertenecía a Bento Váez.

1568	1 106 080	210 pipas de vino nuevo		«San Luis»
1569	141 375	29 pipas de vino	Manuel Carvallo	En Tenerife
1569	492 729	82 pipas de vino, 102 q. de brea 11 q. de quesos	Francisco de Alarcón	Para Santo Domingo
1570	124 495	8 cajas de azúcar	Enviadas a Juan Fernández de León, en Cádiz	
1570	291 110	16 cajas de azúcar 2 q. de quesos	Manuel Gomes	A Bento Váez
1571	372 504	21 cajas de azúcar	Angelo Díaz	Bento Váez
1571	1 879 154	250 pipas de vino	Salvador Fernández	-
1571	209 581	40 pipas de vino	Domingos Rizo	-
1571	299 311	100 pipas de vino y 495 botijas	Diego Lorenzo NS de la Victoria	-
1572	324 209	Mitad de 100 pipas de vino	Gaspar de Barrios	-
1572	841 792	Tercio de las 353 pipas 300 botijas 152 q. de brea	La luz y la estrella	Para Santo Domingo
1573	333 150	50 pipas de vino	Gonzalo Pérez	-
1573	608 895	Costo de 96 pipas de vino y 84 q de brea	Alejos Díaz	-
1573	646 277	Costo de 94 pipas de vino y 144 q. de brea	Francisco Maldonado	-
1573	69 896	10 pipas de vino	Gonzalo Pérez	-
1573	302 840	17 cajas de azúcar enviadas a Cádiz	Lope Rodríguez	15 985 mrs. de la mitad de ganancia
1573	38 585	60 cueros y 1 caja de azúcar	Domingos de Freitas	
1574	272 105	Valor del tercio de los azúcares y cueros enviados por Jerónimo Palavesín	-	-
1574	1 813 048	200 pipas de vino y 132 q. de brea	Domingos de Freitas	-
1574	468 891[107]	23 cajas de azúcar	Francisco Vaz	-

[107] En 1574 se indicó que se perdió de estas cajas un valor equivalente a 40 070 mrs., seguramente por problemas en su conservación o de la navegación, *Cuentas*, f. 48or. Estas pérdidas se repartían entre ambos socios a la mitad.

1575	1 879 154	250 pipas de vino	Salvador Fernández	-
1575	1 687 384	172 pipas de vino 200 q. de brea y 41 q. de quesos	Luis de Acosta y Juan de Santiago	-
1576	1 656 451	86 cajas de azúcar	Francisco Vaz	86 841 mrs. de la mitad de ganancia
1576	1 603 900	201 pipas de vino y 222 q. de brea	Guadalupe	-
TOTAL	21 991 668			

Tabla 5. Noticia de mercancías enviadas por Sodre a Indias y Cádiz. Fuente: *Cuentas*, f. 473r-475r.

Los envíos de vino debieron de tener como objetivo los puertos americanos, espacio que conocían ambos socios. El vino era el principal producto exportado desde La Palma, preferentemente a los puertos americanos, como es bien sabido,[108] y en ello ambos socios ya tenían experiencia. Por ejemplo, en 1566, Bento Váez enviaba el navío San Cristóbal a dicha isla a cargar cuatrocientas pipas de vino para Nueva España.[109] Dos años después, Váez cobraba el seguro de 75 000 mrs. que había hecho sobre el vino cargado en la nao San Jorge, que se perdió en su singladura entre La Palma y Nueva España.[110] Váez y Sodre ponían a disposición de terceros su experiencia en este negocio, de manera que en 1571 los italianos Juan Bautista Espínola y Polo Spínola, padre e hijo, contaron con un crédito de Bento Váez y el concurso en La Palma de Juan Fernández Sodre para cargar 290 pipas de vino en la nao San Cristóbal y enviarlas a Nueva España; el flete y demás gastos costaron 1 832 010 mrs.[111]

Como se desprende del viaje de La Candelaria de 1571, y por otros datos, los navíos enviados hacia América estaban asegurados, y aunque solo tenemos noticias indirectas según estas cuentas, sabemos que Sevilla constituía un centro asegurador en el que se cubrían las rutas entre La Palma y Cádiz, y también Canarias y

[108] Antonio Manuel Macías Hernández (2007): «Expansión ultramarina y economía vitivinícola. El ejemplo de Canarias (1500-1550)», *Investigaciones de Historia Económica*, vol. 3, n.º 8, pp. 13-44. Manuel Lobo Cabrera (1993): *El comercio del vino entre Gran Canaria y las Indias en el siglo XVI*, Las Palmas de Gran Canaria: Ediciones del Cabildo Insular de Gran Canaria. Luis Francisco Cumplido Mancera: «El comercio del vino de la isla de La Palma: entre Portugal y América», en este mismo volumen.

[109] AHPSE, PNS, leg. 10648, f. 785r, 21-X-1566. El maestre era Benito Pérez Carrasco, su apoderado en la nao, Luis de Medina, y sus factores en Nueva España, Miguel Rodríguez Acevedo y Jerónimo Fenol.

[110] AHPSE, PNS, leg. 10669, f. 96?, 14-IX-1568. El asegurador fue el jurado Juan Taboada y el maestre, Antonio de Fuentes.

[111] AHPSE, PNS, leg. 10688, f. p., 17-VII-1571. El vino valía 1 550 875 mrs., el despacho de la nao 2835 mrs., los aros de hierro 128 300 mrs. y el seguro del vino 150 000 mrs. (el 10 % aproximado del valor del vino). Sodre y Baltasar Hernández de los Llanos suministraban bizcocho a terceros que hacían la singladura hacia Nueva España, como en 1567, cfr. Luis Agustín Hernández Martín: *Protocolos de Domingo Pérez...*, o. cit., vol. 4, p. 426.

Amberes,[112] se incluía también la ruta hacia el Brasil. Estaban implicados en estos seguros mercaderes de Oporto y, por supuesto, Bento Váez, como asegurador y asegurado.[113] Aún no está estudiada la relación de estos seguros con aquellos que se firmaban en Burgos, que también incluían la ruta La Palma-América.[114] Las noticias que estas cuentas nos ofrecen hablan del seguro que hemos visto anteriormente del San Jorge, y también del premio que Bento Váez cobró de un seguro de 806 250 mrs. hecho sobe la nao La Reynalda, que viajó con el maestre Alonso Lechón en 1567.[115] Aseguró la nao del maestre Roberto de Buenaventura que iba de La Palma a América en 393 750 mrs., que iba por cuenta de Sodre y de Hernán López en 1569;[116] los maestres Domingos de Freitas y Gaspar Díaz estaban asegurados en idéntica ruta en 375 000 y 262 500 mrs. respectivamente en 1573.[117] Igualmente Vaz aseguraba los barcos que enviaba a Nueva España sin pasar por La Palma, como el N.S. de Guadalupe, que «se perdió» cargado de vino y otros bienes y cuyo asegurador, el veinticuatro Baltasar Núñez de Silva, debió de abonar los 375 000 mrs. del seguro contratado con un socio de Vaz, Jerónimo Pedrálvarez, vecino de Santo Domingo.[118]

MAESTRE/NAVÍO	MERCANCÍAS	VALOR Y GASTOS	ALMOJARIFAZGO EN SANTO DOMINGO	VALOR TOTAL MERCANCÍAS	AÑO
Gaspar de Barrios	100 pipas de vino	324 209 (mitad valor)	-	-	1572
Francisco Maldonado[119]	94 pipas de vino, 144 q. de brea	646 277	34 060	1 362 400	1573
Alejos Díaz[120]	96 pipas de vino, 84 q. de brea	608 895	32 875	1 315 000	1573

[112] Antonio M. Macías Hernández (2017): «Aseguración marítima y comercio exterior, 1500-1560», *Anuario de Estudios Atlánticos*, n.º 63, pp. 1-17.

[113] Manuel F. Fernández Chaves (2021): «La participación de mercaderes portugueses en seguros y rentas municipales. Sevilla, 1575-1582», en Juan José Iglesias Rodríguez, José Jaime García Bernal, Isabel M. Melero Muñoz (coords.): *Ciudades atlánticas del sur de España. La construcción de un mundo nuevo (siglos XVI-XVIII)*, Sevilla: Editorial Universidad de Sevilla, pp. 89-112.

[114] Hilario Casado Alonso (2021): *El seguro marítimo en Castilla en los siglos XV y XVI*, Valladolid: Universidad de Valladolid. Como señala Hilario Casado, el incremento de la actividad mercantil entre Castilla y Portugal a mediados de siglo que se traza a través del estudio de las pólizas de seguro burgalesas revela claramente la profunda imbricación comercial entre ambas monarquías.

[115] *Cuentas*, f. 476v, 13-VIII-1567.

[116] *Cuentas*, f. 477v, 18-XI-1569. Cobró además 1968 mrs. por la encomienda del seguro.

[117] *Cuentas*, f. 479v, año 1573. Sodre pagaba un tercio de cada seguro, pero no se indica, además de Bento Váez, quién era el otro pagador.

[118] AHPSE, PNS, leg. 10719, f. 120r, 17-VIII-1575. El maestre era Cristóbal Núñez Vela, y se cobró el seguro por mano del prior y cónsules de la universidad de mercaderes.

[119] Se le entregó en dinero 19 115 mrs.

[120] Se le entregó en dinero 63 758 mrs. y se le pagó el derecho de avería de diez pipas de vino a 7500 mrs.

MAESTRE/NAVÍO	MERCANCÍAS	VALOR Y GASTOS	ALMOJARIFAZGO EN SANTO DOMINGO	VALOR TOTAL MERCANCÍAS	AÑO
Gaspar Díaz/NS de la Luz Con despacho para La Habana[121]	35 pipas de vino y cuarta parte del navío	294 774[122]	38 811	1 552 440	1573
Gonzalo Pérez	60 pipas de vino	403 046	70 579	2 823 160	1573
Baltasar González/ San Miguel del Sol	-		18 179		27-III-1573
Domingos de Freitas	66 pipas de vino	327 304	63 669	2 547 960	1573
Álvaro Díaz Villalobos/ NS de la Consolación		149 906			26-III-1573
Domingos de Freitas/ Santa Catalina	200 pipas de vino, 132 q. de brea	1 813 048	59 365	2 374 600	1574
Francisco Vaz/ Santo Antón	-	-	20 340	813 600	1575
Luis de Acosta/ San Bartolomé	172 pipas de vino, 200 q. de brea 41 q. de quesos	1 687 384	73 541	2 941 640	8-I-1575
Gaspar de Barrios	Dinero	204 000			1575

Tabla 6. Noticia de algunos navíos enviados de La Palma a Santo Domingo por la sociedad Váez-Sodre. Fuente: elaboración propia a partir de *Cuentas,* f. 484r-v, 480r, 485r, y AGI, C, leg. 1052. N.1.

Como puede verse en la tabla 6, La Palma servía como escala para el trato con Santo Domingo, a donde se enviaba vino y brea, que se cambiaba por azúcar, que tenía una salida inmejorable en Cádiz y Sevilla. A los maestres Alejos Díaz y Francisco Maldonado se les incautaron «mercaderías, medicinas y ropas de vestir» valoradas en el 15 %, 6638 mrs. (44 253 mrs.).[123] El envío de medicinas no fue tan infrecuente: ya hemos visto que en 1573 Bento Váez enviaba a La Palma «triaca» con el maestre Juan de Silla.

Gaspar Díaz enviaba a Sevilla 147 731 mrs. por la mitad de las 35 pipas de vino que navegó hasta Santo Domingo en 1573.[124] El navío había sido asegurado en

---

[121] Se cobraron al maestre 4633 mrs. por un concepto que no se determina, *Cuentas,* f. 480r, año 1574. El flete costó 38 437 mrs. *Cuentas,* f. 479v.

[122] En las cuentas solo se reflejan 147 387 mrs., la mitad de su valor. Luego viene: 6650 (doce pipas), que son 266 000, cont, f. 17r.

[123] AGI, Contaduría (C), 1052, N.1, f. 15r, cuentas de la Caja de Santo Domingo.

[124] *Cuentas,* f. 484v, envió dos barras de plata y 3100 reales desde La Habana, correspondiendo a estas cuentas la mitad del dinero.

262 500 mrs., correspondiendo a cada socio el abono de la mitad. Asimismo, fue asegurado el navío de Domingo de Freitas *Santa Catalina* en 375 000 mrs., los dos socios participaban con un tercio cada uno, así, el otro tercio quedaba para Palavesín.[125]

A dicha isla viajó el maestre Francisco Maldonado con 94 pipas de vino y 144 q. de brea que valieron 646 277 mrs. y al maestre se le entregaron otros 19 115 mrs.[126] Pagó en Santo Domingo 34 060 mrs.[127] de almojarifazgo. De nuevo encontramos al maestre Domingos de Freitas en 1573 con 66 pipas de vino (por valor de 327 304 mrs.) y se gastaron otros 149.906 mrs. en despachar el navío.[128] En Santo Domingo, Freitas y su piloto, Miguel Orlandino, pagaban de almojarifazgo 63 699 mrs., equivalentes a una carga de 2 547 960 mrs.[129]. A finales de dicho año y comienzos del siguiente se ingresaron 38 525 mrs. por el valor de sesenta cueros y una caja de azúcar para Freitas, 272 105 mrs. del valor del tercio del azúcar que cobraba Jerónimo Palavesín, y otros 37 400 mrs. de la compra que se hizo a Freitas del tercio del navío. La ganancia de los otros dos tercios que corresponderían a Sodre y Vaz debió de ascender a 544 210 mrs., pero estos no figuran en las cuentas. En seguida, en 1574, volvió a enviarse a Freitas a Santo Domingo en el navío *Santa Catalina* con doscientas pipas de vino y 132 q. de brea que costaron 1 813 048 mrs., donde se abonaron 59 365 mrs. por derechos de almojarifazgo, que equivalen a una carga valorada en 2 374 600 mrs.,[130] por lo que parece que Freitas transportaba también mercancías de otros dueños.

En enero de 1575 aparece también en Santo Domingo el navío *Santo Antonio*, de Francisco Vaz, que abonó 20 340 mrs. por el almojarifazgo,[131] equivalente a una carga de 813 600 mrs. Según las cuentas, en 1576 se enviaron a la península 86 cajas de azúcar que trajo Francisco Vaz valoradas en 1 656 451 mrs.,[132] pero no podemos saber si el azúcar era de Santo Domingo o de La Palma. Desde luego en 1574 Sodre despachó otras veintitrés cajas de azúcar valoradas en 468 891 mrs. que «envió en Francisco Vaz».[133]

---

[125] *Cuentas*, f. 479r.

[126] *Cuentas*, f. 484v.

[127] AGI, C, 1052, N.1, f. 12r-v, cuentas de la Caja de Santo Domingo. El navío surgió en 12-VIII-1573.

[128] *Cuentas*, f. 474r-v.

[129] AGI, C, 1052, N.1, f. 10v, cuentas de la Caja de Santo Domingo. El navío surgió en 31-III-1573.

[130] AGI, C, 1052, N.1, f. 6r-v, cuentas de la Caja de Santo Domingo. El navío surgió en 27-III-1574.

[131] AGI, C, 1052, N.1, f. 10r, cuentas de la Caja de Santo Domingo. El navío surgió en 8-I-1575.

[132] *Cuentas*, f. 475r.

[133] *Cuentas*, f. 474v.

Conclusiones

Es conocida la presencia portuguesa en el desarrollo de las Islas Canarias y su rol clave en el comercio atlántico de la primera modernidad. Dicha presencia se proyectó no solo desde el Algarve o Lisboa, sino que tuvo como uno de sus sólidos puntales la ciudad de Oporto y sus mercaderes. Contando con los capitales producto de la actividad mercantil centrada en Oporto (tráfico con el norte de Europa, la Macaronesia, África y el Brasil), estos se vertieron sobre el mismo cauce que ya existía entre Sevilla, Canarias y América, siguiendo el mismo comportamiento que compañías mercantiles establecidas por andaluces y castellanos. La plaza financiera de Sevilla se revela como el centro operacional por excelencia de estos tráficos, así, era vital la presencia allí de un socio mercantil fiable y bien conectado para obtener inversiones y girar letras de cambio. La proliferación de compañías en manos de estos mercaderes portugueses, que se solapan y concatenan en el tiempo, es buena muestra de la vitalidad de un mundo mercantil en plena expansión, como se trasluce por la actividad de estas compañías y en especial la aquí analizada, que manejan cantidades de dinero y obtienen ganancias cada vez mayores. La respuesta de Felipe II a esta presencia lusa, creando el juzgado de Indias y tratando de fiscalizar estos tratos, encontró la respuesta de la naturalización y el acceso a los oficios de república, que permitieron la continuidad de estas actividades profundamente vinculadas a las inversiones de mercaderes de Oporto y de localidades próximas a la ciudad del Duero, lo que generó una convergencia territorial en el ámbito económico muy anterior y de distinta raigambre que la convergencia política que llegaría en 1581.

Bibliografía

Álvarez Santos, Javier Luis (2019): *Identidad insular y espacio atlántico: Portugal y Tenerife en tiempos de la Unión Ibérica,* Madrid: Los Libros de la Catarata.

Barros, Amândio J. de Morais (2005): «Oporto: The building of a maritime space in the Early Modern period», *e-Journal of Portuguese Studies,* vol. 3, n.º 1, pp. 1-13.

— (2007): «O negócio atlántico: as redes comerciais portuenses e as novas geografias do trato internacional (séculos XVI-XVII)», *Revista da Faculdade de Letras,* vol. 8, pp. 29-47.

— (2015): «As redes portuenses em Castela durante o século XVI», en Milagros Burón Álvarez y Miguel Areosa Rodríguez (coords.): *Actas Coloquio Internacional Patrimonio Cultural y Territorio en el Valle del Duero,* Valladolid: Junta de Castilla y León, pp. 309-322.

— (2016): *Porto, a costrução de um espaço marítimo no inicio dos tempos modernos,* Lisboa: Academia de Marinha.

— (2016): «Um Atlântico de Açúcares. Os portos do Norte de Portugal e o Novo Mundo»,

Nuevo Mundo, Mundos Nuevos, disponible en línea en <https://doi.org/10.4000/nuevo-mundo.69940>.

CASADO ALONSO, Hilario (2021): *El seguro marítimo en Castilla en los siglos XV y XVI,* Valladolid: Universidad de Valladolid.

CUMPLIDO MANCERA, Luis Francisco (2023): «La exportación de la brea desde la isla de La Palma en 1545-1570: un producto esencial para las relaciones comerciales palmeras con Portugal e Indias», en Ofelia Rey Castelao y Francisco Cebreiro Ares (coords.): *Los caminos de la Historia Moderna. Presente y porvenir de la investigación,* Santiago de Compostela: Universidade de Santiago de Compostela, pp. 881-889.

CUMPLIDO MANCERA, Luis Francisco: «El comercio del vino de la isla de La Palma: entre Portugal y América», en este mismo volumen.

FERNÁNDEZ CHAVES, Manuel F. (2018): «La consolidación del capitalismo portugués en Sevilla. Auge, caída y resurgir político del mercader Bento Váez, 1550-1580», en Juan José Iglesias Rodríguez, J. Jaime García Bernal, José Manuel Díaz Blanco (eds.): *Andalucía en el mundo atlántico moderno. Ciudades y redes,* Madrid: Sílex, pp. 183-238.

— (2021): «La participación de mercaderes portugueses en seguros y rentas municipales. Sevilla, 1575-1582», en Juan José Iglesias Rodríguez, José Jaime García Bernal, Isabel M. Melero Muñoz (coords.): *Ciudades atlánticas del sur de España. La construcción de un mundo nuevo (siglos XVI-XVIII),* Sevilla: Editorial Universidad de Sevilla, pp. 89-112.

— (2022): «Negocios de cristãos-novos en Sevilla a fines del reinado de Carlos I. El caso de Blas Reynel, 1548-1555», en António M. Andrade, Saul A. Gomes, Maria F. Reis (coords.): *Diálogos Luso-Sefarditas,* Aveiro: Universidade de Aveiro, pp. 288-325.

HERNÁNDEZ MARTÍN, Luis Agustín (2000): *Protocolos de Domingo Pérez, escribano público de La Palma (1554-1556),* vol. 2, Santa Cruz de La Palma: Caja General de Ahorros de Canarias.

— (2002): *Protocolos de Domingo Pérez, escribano público de La Palma (1559-1567),* vol. 3, Santa Cruz de La Palma: Caja General de Ahorros de Canarias.

— (2005): *Protocolos de Domingo Pérez, escribano público de La Palma (1559-1567),* vol. 4, Santa Cruz de La Palma: Caja General de Ahorros de Canarias.

— (2014): *Protocolos de Blas Ximón, escribano de la villa de San Andrés y sus términos (1546-1573),* vol. 2, Breña Alta (La Palma): Cartas Diferentes Ediciones.

— (2020): «Mercaderes de La Palma en el siglo XVI. Un acercamiento a la producción insular» en Manuel Poggio Capote, Víctor J. Hernández Correa, Antonio Lorenzo Tena (coords.): *Cinco mitos para cinco siglos: 525 aniversario de la fundación de Santa Cruz de La Palma,* Santa Cruz de La Palma: Excmo. Cabildo Insular de La Palma, vol. 1, t. 1, pp. 75-124.

HERNÁNDEZ SUÁREZ, Sergio (2020): «La importación de trigo en las islas de realengo: el caso de La Palma en la segunda mitad del siglo XVI», en Elena Acosta Guerrero (coord.): *XXIV Coloquio de Historia Canario-Americana,* Las Palmas de Gran Canaria: Cabildo de Gran Canaria, pp. 1-12.

— (2023): *El cabildo de La Palma durante el reinado de Felipe II,* Gran Canaria: Ediciones del Cabildo de Gran Canaria.

Hernández Suárez, Sergio y Luis Francisco Cumplido Mancera (2024): «Los lugarte-nientes de los jueces de registros de Indias en Canarias», *Anuario de Estudios Atlánticos,* n.º 70, pp. 1-14.

Lobo Cabrera, Manuel (1990): *Gran Canaria e Indias durante los primeros Austrias. Documentos para su historia,* Santa Cruz de Tenerife: Comisión de Canarias para la Conmemoración del V Centenario del del Descubrimiento de América.

— (1993): «Compañías andaluzas en el comercio canario americano», *Historia, Instituciones, Documentos,* 20, pp. 197-206.

— (1993): *El comercio del vino entre Gran Canaria y las Indias en el siglo XVI,* Las Palmas de Gran Canaria: Ediciones del Cabildo Insular de Gran Canaria.

Macías Hernández, Antonio Manuel (2007): «Expansión ultramarina y economía vitivinícola. El ejemplo de Canarias (1500-1550)», *Investigaciones de Historia Económica,* vol. 3, n.º 8, pp. 13-44.

— (2017): «Aseguración marítima y comercio exterior, 1500-1560», *Anuario de Estudios Atlánticos,* n.º 63, pp. 1-17.

Macías Hernández, Antonio M., José I. González Gómez, Juan J. Cáceres Hernández (2012): «Los precios del trigo en el mercado de Tenerife, 1500-1650», *Anuario de Estudios Atlánticos,* n.º 58, pp. 245-254.

Morales Padrón, Francisco (1955): *El comercio Canario-Americano (siglos XVI, XVII, XVIII),* Sevilla: Escuela de Estudios Hispano-Americanos.

Pérez García, Rafael M. (2015): «Las ciudades de Sevilla y Toledo en la conexión de las redes económicas judeoconversas entre Castilla y América a mediados del siglo XVI», en Juan José Iglesias Rodríguez, Rafael M. Pérez García, Manuel F. Fernández Chaves (eds.): *Comercio y cultura en la Edad Moderna. Comunicaciones de la XIII Reunión Científica de la Fundación Española de Historia Moderna,* Sevilla: Universidad de Sevilla, pp. 539-552.

Roitman, Jessica Vance (2010): *The same but different? Intercultural trade and the Sephardim, 1595-1640,* Leiden-Boston: Brill.

Royano Cabrera, Miguel (2023): *La comunidad mercantil de la corona de Aragón en la Baja Andalucía (1516-1556),* Sevilla: Universidad de Sevilla.

Soria Mesa, Enrique (2016): «El negocio del siglo. Los judeoconversos y la renta de la seda en Granada (siglo XVI)», *Hispania,* vol. 66 (253), pp. 415-444.

Torrão, Maria Manuel Ferraz: «Rotas comerciais, agentes económicos, meios de pagamento», en Maria Emília Madeira Santos (coord.): *História Geral de Cabo Verde,* Lisboa-Praia: IICT, INIC, vol. 2, pp. 13-123.

Torres Santana, Elisa (2003): *Historia del Atlántico: el comercio de La Palma con el Caribe, 1600-1650 (Relaciones de interdependencia e intercambio),* La Palma: Cabildo de La Palma.

Viña Brito, Ana (2022): «La pugna por un cargo capitular. Los fieles ejecutores de La Palma en el siglo XVI», *Anuario de Estudios Atlánticos,* n.º 68, pp. 1-15.

Exportaciones de lana desde Sevilla
en la segunda mitad del siglo XVII (1651-1675)[1]

Mercedes Gamero Rojas[2]

> ¡O Guadalquivir adornado de corona de oliva!
> Que con tus aguas claras tiñes los vellones de oro
> Marco Valerio Marcial

La frase de Marcial pone de manifiesto los dos productos que en mayores cantidades se exportaban hacia puertos europeos desde el de Sevilla, la lana y el aceite para lavarla, al fin, el mismo negocio. La demanda de lana de las pañerías italianas y de la Europa atlántica condicionó no solo el volumen de la exportación, sino también de su producción, además de la elección de las rutas y los puertos escogidos para su salida según la localización de las manufacturas. En cualquier caso, la lana merina era el producto que mayores ingresos aduaneros proporcionaba a la corona, circunstancia que la convirtió en un instrumento financiero muy eficaz para una hacienda siempre presionada por urgencias económicas. Desde el final de la Tregua de los Doce Años, encabalgada con la guerra de los Treinat Años, y esta con las de independencia dentro de la Monarquía Hispánica, vivía con un desabastecimiento de numerario, agravado por el descenso de las importaciones, legales, de plata americana. En estas circunstancias, las exportaciones de lanas fueron uno de los medios más convenientes para proveer a la corona de plata: los permisos especiales para su exportación a cambio de efectuar asientos con el compromiso de pagos en plazas extranjeras. A los genoveses, que eran los hombres de negocio dominantes en la Monarquía Hispánica, se sumaron desde comienzos del reinado de Felipe IV los de origen portugués converso, que contaban con una red de corresponsales y agentes en las principales plazas atlánticas. A su vez, como veremos, serán miembros ambas comunidades, y a veces pertenecientes a sus redes, los mayores cargadores de lana, junto con los comerciantes flamencos, que eran entonces la comunidad más potente en la ciudad.

---

[1] Siglas empleadas: AHPSE, PNS: Archivo Histórico Provincial de Sevilla, Protocolos Notariales de Sevilla; BCC: Biblioteca Capitular Colombina.

[2] Universidad de Sevilla.

Así pues, el comercio de la lana sufrió el doble condicionamiento de la dependencia de la demanda exterior y la política hacendística de la corona, a lo que habría que añadir los altibajos de la política internacional, con su secuela de prohibiciones y altos aranceles.

Las fuentes utilizadas

Cada vez son más frecuentes los estudios sobre aspectos económicos de la segunda mitad del siglo xvii en Sevilla que no se refieran al comercio indiano y, sobre todo, se han estudiado las colonias extranjeras asentadas en la ciudad,[3] sin embargo, los estudios sobre la producción y exportaciones de lana son casi inexistentes y debemos recurrir a los trabajos de investigadores que se refieren al tema desde el estudio del ámbito castellano.[4] Habiéndome dedicado al tema de la expansión del olivar y la producción y exportación del aceite, que se utilizaba en el lavado de lanas, inicié un primer acercamiento a la saca de esta a través de fuentes locales, como lo son las notariales y en concreto las escrituras de obligación de pago de los derechos de exportación de lanas por el puerto de Sevilla, paso necesario para la obtención de la licencia correspondiente. Las 394 que hemos encontrado están escrituradas ante el escribano público de la ciudad de Sevilla Juan del Pino y Alzola, y depositadas en el Archivo Histórico Provincial de Sevilla. Además, contamos con una treintena de escrituras relacionadas con diversos aspectos del comercio de lanas. El periodo estudiado abarca el cuarto de siglo transcurrido entre 1651 y 1675, de forma forzosa, puesto que ni en el periodo inmediatamente anterior ni en el que llega hasta fin de

---

[3] Entre otras, José Manuel Diaz Blanco (2019): «El mundo de los comerciantes portugueses: ámbitos domésticos, cultura escrita y negocios globales en el siglo xvii», en Manuel F. Fernández Chaves y Rafael M. Pérez García (coords.): *Movilidad, interacciones y espacios de oportunidad entre Castilla y Portugal en la Edad Moderna*, Sevilla: Universidad de Sevilla, pp. 231-252; María Grove Gordillo y Mercedes Gamero Rojas (2022): «La colonial mercantil inglesa de Sevilla en una época de transición 1660-1667», en Cristina Bravo Lozano y Fernando Quiles (eds.): *Lady Ann y el embajador viajan a Sevilla (primavera de 1664)*, Santiago de Compostela & Sevilla: Enredars Publicaciones y Andavira Editora, pp. 197-218; Manuel F. Fernández Chaves y Mercedes Gamero Rojas (2017): «La colonia británica en Sevilla y su evolución entre 1690 y 1729. ¿Nuevos agentes, antiguas prácticas?», Antonio J. Rodríguez Hernández, Julio L. Arroyo Vozmediano y Juan Antonio Sánchez Belén (eds.): *Comercio, Guerra y finanzas en una época en transición. Siglos xvii-xviii*, Valladolid: Castilla Ediciones; Mercedes Gamero Rojas (2016): «Flamencos en la Sevilla del siglo xvii. Actividades económicas entre Europa y América», en Juan José Iglesias Rodríguez, José J. García Bernal (eds.): *Andalucía en el Mundo Atlántico Moderno. Agentes y escenarios*, Madrid: Sílex, pp. 287-310; Miguel Ángel Cerquera Hurtado (2020): *El coleccionismo artístico de los comerciantes flamencos en la Sevilla de la segunda mitad del siglo xvii. Diego Maestre, Miguel de Usarte y su entorno*, Granada: Atrio; Francisco J. Gutiérrez Núñez (2015-2016): «Nicolás de Omazur Ullens, de Amberes a Sevilla (1641-1698)», *Hespérides*, 23-24, pp. 251-274.

[4] Luis María Bilbao Bilbao y Emiliano Fernández de Pinedo (1996): «Exportación de lanas, trashumancia y ocupación del espacio en Castilla durante los siglos xvi, xvii y xviii», en Pedro García Martín y José María Sánchez Benito (eds.), *Contribución a la historia de la trashumancia en España*, Madrid: Ministerio de Agricultura, pp. 343-359.

siglo encontramos esta documentación en este oficio, el 24, pese a que en él se continúan registrando otras escrituras concernientes a diferentes rentas reales, como ocurría también en los primeros decenios de la centuria.

En las antedichas obligaciones se especifica el exportador, su fiador y la vecindad o residencia de ambos, las arrobas de lana exportadas, si son lavadas o sucias, su origen y en ocasiones alguna otra circunstancia particular, como el lavadero utilizado. Igualmente se informa del número de sacas, sacones o saconcillos en que se ha exportado la lana y el montante del pago de cada tipo de derechos. Se añade el día en que se despachó la licencia de exportación, que suele tener de uno a tres días de diferencia respecto a la escritura. Felizmente, los derechos se imponían sobre las arrobas y no sobre las sacas o sacones, que tenían una capacidad demasiado variopinta como para poder realizar un cálculo exacto a partir de ellas, por tanto, podemos conocer el número de arrobas exportadas, eso sí, legalmente. Igualmente conocemos el receptor de la obligación, el arrendador de las rentas de lanas o alguien de la administración o la persona que se designase a ese fin.

En los primeros años de este estudio solo había obligaciones de pago del denominado «antiguo y nuevo derecho», que suponía el pago de 295 maravedíes por arroba de lana procedente de Andalucía, 339 mrs. si procedía de Extremadura y 453 mrs. si era de Segovia, especificando siempre que el pago se había de hacer en plata, en reales de a ocho. En 1654 comienzan las obligaciones de pago del primer derecho de dos reales de plata por arroba de lana exportada; en 1656 se añade un segundo derecho de dos reales por el mismo concepto, y en 1659 un tercer derecho de la misma cantidad. En 1665 comienzan las obligaciones sobre el cuarto y quinto derecho de dos reales más por cada arroba. En total, son diez reales de plata por cada arroba más los antiguos derechos que suponían 8,6 o 10 reales más, dependiendo del origen andaluz o extremeño de la lana, lo que supone duplicar el montante pagado en unos quince años.[5] No es esta una cuestión que facilite la lucha contra el fraude.

Las obligaciones de pago de cada uno de los derechos de la misma partida de lana podían englobarse en la misma escritura, especificando qué cantidad correspondía a cada derecho o particularizarse cada uno en una escritura, si el cobrador es diferente. Lamentablemente, hacia el final del periodo estudiado solo encontramos escrituradas las concernientes a los últimos derechos, lo que nos permite conocer igualmente el número de arrobas exportadas, aunque no el total recaudado por ellas.

---

[5] Santiago AQUERRETA (2001): «Reforma fiscal y continuidad en el sistema de arrendamientos: la renta de lanas en el reinado de Felipe V», en Agustín González Enciso (ed.): *El negocio de la lana en España (1650-1830)*, Pamplona: Eunsa, pp. 109-134.

Evolución de la lana exportada desde Sevilla

El total de la lana exportada alcanza los 282 365 arrobas,[6] el 87,2 % de las cuales corresponde al periodo 1651-1663. Bilbao y Fernández de Pinedo[7] nos ofrecen datos con los que podemos comparar la lana exportada por el puerto hispalense: en 1654-1657 se exportaron desde este puerto 317,3 tm (25 383 arrobas) anuales, mientras que el total de lanas castellanas ascendió a 2875 tm (toneladas métricas); en 1664-1670 solo se sacaron 58,7 tm (4696 arrobas) anuales frente a las 1840 tm totales.

Estos datos se ven reflejados en la serie de evolución anual de exportaciones de lana desde Sevilla que hemos construido con los datos de nuestras fuentes (gráfico 1). En una primera fase, hasta 1663, la exportación se mantiene en unos niveles altos, como las totales de lana castellana, con un punto álgido a mediados de los años cincuenta, y desde 1663 el desplome es absoluto. Por el contrario, el desplome de la segunda fase parece aún mucho más marcado que en las totales, en las que, según datos de Bilbao y Fernández de Pinedo, en el septenio 1664-1670 se produce el mínimo histórico bisecular, que continua en el resto de siglo, mientras que en el XVIII hay un creciente ascenso.

Otras investigaciones ofrecen información que casa con esta evolución. Por una parte, puede explicar que, pese a la crisis del comercio indiano en estos decenios, se incremente la exportación de aceite hacia América, según datos de García Fuentes,[8] para dar salida al que no se utilizaba en los lavaderos. Por otra, los estudios sobre la producción del arzobispado de Sevilla a través de los diezmos de González-Mariscal y Llopis indican un gran descenso de la producción agrícola no cerealista en la segunda mitad del Seiscientos.[9] Efectivamente, podemos colegir que del descenso de las exportaciones de lanas y por lo tanto de la actividad de los lavaderos se deriva el del uso del aceite. Por otro, nuestros estudios sobre el olivar y la construcción de haciendas en el entorno sevillano evidencian oscilaciones en las plantaciones y arranques sucesivos de olivares y vides en esta centuria y el deterioro de ciertas explotaciones ya existentes, hasta que a finales de siglo y durante todo el siguiente se produce una expansión olivarera que empujará hacia la concentración de pequeñas suertes y heredades hasta construir mayores haciendas, que tendrán su esplendor en el Setecientos, según podemos comprobar por su morfología arquitectónica.[10]

---

[6] La arroba de masa equivale a 11,5 kg o un cuarto de quintal. La arroba de líquidos, 12,7 kg. Una tonelada métrica (tm) equivale a 80 arrobas de masa.

[7] Luis María Bilbao Bilbao y Emiliano Fernández de Pinedo: «Exportación de lanas…», o. cit., pp. 345-346.

[8] Lutgardo García Fuentes (1980): *El comercio español con América, 1650-1700*, Sevilla: Diputación de Sevilla.

[9] Enrique Llopis Agelán y Manuel González-Mariscal (2010): «Un crecimiento tempranamente quebrado: el producto agrario en Andalucía occidental en la Edad Moderna», *Historia Agraria*, 50, pp. 13-42.

[10] Mercedes Gamero Rojas (2003): «La expansión del olivar en la Carmona moderna: la pugna de intereses

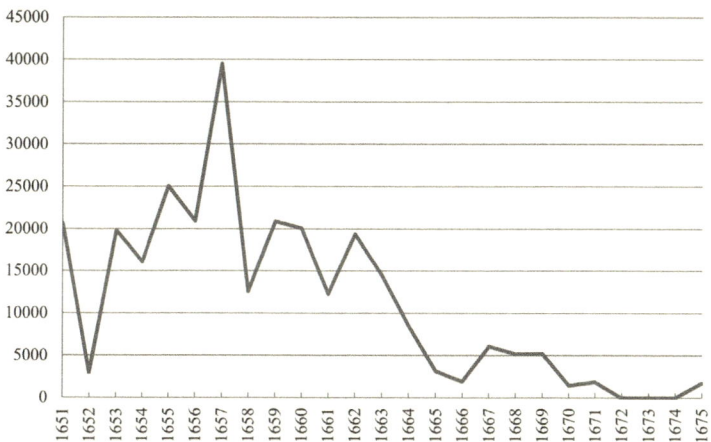

Gráfico 1. Lana exportada desde Sevilla. Fuente: AHPSE, PNS, legs. 17014-17086.

Quizás, y a la espera de un estudio específico, de esta situación derive la pérdida de peso de los lavaderos de Écija y sus propietarios, que ofrece las oportunidades a que otros emprendedores decidan construirlos en la propia ciudad incluso ya en este siglo.[11]

La caída en la exportación de la lana castellana está en relación con las circunstancias económicas europeas. Las manufacturas de lujo italianas sufrieron un hundimiento desde los años sesenta del siglo XVII,[12] precisamente donde se dirigía gran parte de las exportaciones de lana castellana desde Sevilla y sobre todo desde los puertos levantinos. A ello se une una reorganización industrial en la Europa atlántica,[13] para hacer frente a la competencia de las *new draperies* inglesas, que disminuyeron los costes de producción sustituyendo la lana de mayor calidad por otra más barata, incluso mezclada con otras fibras, pero con unas técnicas de cardado que supliesen la falta de calidad de la materia prima. Las manufacturas europeas se vieron obligadas a seguir la vía de las innovaciones tanto de la producción como de la reorganización industrial. Esta reorganización llevaba su tiempo y los gobiernos optaron por un medio más rápido y fácil para proteger la propia industria: una

---

aceiteros y ganaderos», en Manuel González Jiménez (ed.): *Carmona en la Edad Moderna. III Congreso de Historia de Carmona,* Sevilla: Editorial Universidad de Sevilla, pp. 27-53; Mercedes Gamero Rojas, María del Carmen Parias Sainz de Rozas y María Cruz Aguilar García (2004): *Arquitectura y agricultura en las haciendas de olivar de Dos Hermanas,* Sevilla: Fundación El Monte.

[11] Con M. F. Fernández Chaves tenemos en curso el estudio de los lavaderos de lana en la ciudad de Sevilla.

[12] Domenico Sella (1957): «Les mouvements longs de l'industrie lainiére à Venise aux XVI et XVII siècles», *Annales,* 12 (1), pp. 29-45; Roberta Romano (1952): «A Florence au XVII siècle. Industries textiles et conjoncture», *Annales,* 7 (40), pp. 508-512.

[13] Pierre Deyon (1972): «La concurrence international des laines aux XVI et XVII siècles», *Annales,* 27 (1), pp. 20-32.

política aduanera agresiva, tanto imponiendo elevadas tasas a las manufacturas extranjeras como prohibiendo su entrada, medidas facilitadas por los continuos enfrentamientos militares entre los respectivos estados. Las pañerías de lujo de Flandes y Brabante sufrieron especialmente las ofensivas aduaneras de Inglaterra, Francia y las Provincias Unidas. La consecuencia de toda esta situación fue la caída de demanda de lana española, además de los ataques a los navíos cargados de lana que se atrevían a acercarse a estos destinos.[14]

La procedencia de la lana exportada

La lana exportada por Sevilla, según las licencias de las que disponemos, procede de Andalucía y Extremadura, con alguna pequeña partida de Segovia (cuadro 1). Casi los dos tercios correspondían a lanas andaluzas (gráfico 2), aunque las escrituras de obligación no nos permitan conocer su origen con mayor detalle. En una escritura anterior, de 1611, un testimonio de salud, da cuenta de la procedencia de la lana cargada por diferentes mercaderes flamencos para Venecia: Córdoba, Marchena, Osuna, Morón.

Este último aspecto es una constante, toda la lana exportada en estos años por el puerto de Sevilla es lavada, y en las escrituras de los dos primeros años se especifica que en Écija, cuyos lavaderos están muy activos en los siglos XVI y XVII.[15] Vila Vilar cita que en 1655 se lavaron en esta ciudad 14 517 arrobas, cuando según nuestras obligaciones solo constan 8017 arrobas de lana andaluza exportadas ese año, si bien algunas de las 19 231 arrobas sacadas el año siguiente podían haber sido lavadas el año anterior, ya que los embarques se efectuaban mayoritariamente entre agosto y febrero. Las pañerías ecijanas eran además muy productivas en estos siglos, sin contar con que la lana podía dirigirse hacia otros puertos de embarque.

Existían otros lavaderos en Sevilla y su entorno, como Ronda, Estepa e incluso Fortea cita Alcalá del Río.[16] En la misma Sevilla, los genoveses disponían de un lavadero de lanas, situado extramuros, junto a la ermita de San Sebastián, según

---

[14] Como podemos ver en los navíos capturados, muchos de los cuales iban cargados de lana en nuestro traba-jo: «La participación europea en los seguros marítimos firmados en Sevilla entre 1650 y 1714», en Juan José Iglesias Rodríguez, José J. García Bernal e Isabel M.ª Melero Muñoz: *Ciudades, villas y puertos andaluces en un Atlántico global, siglos XVI-XVIII*, Sevilla: Editorial Universidad de Sevilla, 2022, pp. 141-167.

[15] Enriqueta Vila Vilar y Antonio Vidal Ortega (2002): «El comercio lanero y el comercio transatlántico: Écija en la encrucijada», en Écija y el Nuevo Mundo, Actas de VI Congreso de Historia, Écija: Ayuntamiento de Écija, pp. 57-68.

[16] José Ignacio Fortea Pérez (1980): *Córdoba en el siglo XVI: las bases demográficas y económicas de una expansión urbana*, Córdoba: Monte de Piedad y Caja de Ahorro, p. 344.

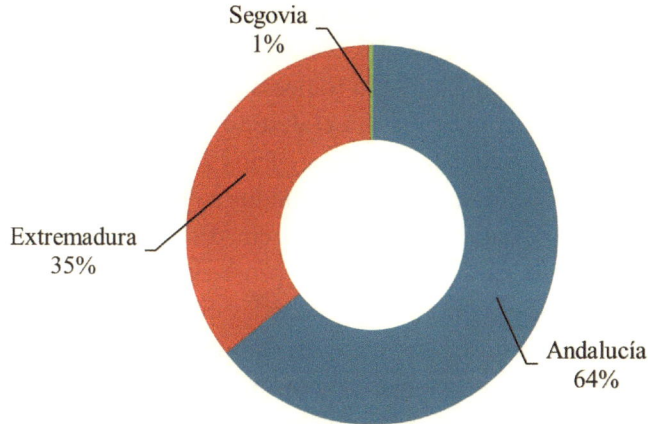

Gráfico 2. Procedencia de la lana exportada en arrobas.
Fuente: AHPSE, PNS, legs. 17014-17086.

una relación anónima del siglo.[17] También el gremio de los sayaleros disponía de un lavadero de lanas en la zona de la Macarena para uso propio, por lo que no tiene relación con las lanas exportadas.

Por último, hay algunas referencias a la exportación de lana negra de Andalucía: en 1653 Fernando Núñez el Mayor recibe la licencia para 47 arrobas con el derecho de 295 mrs. la arroba como la blanca; al final del periodo, en 1675, Guillermo Clarebout exporta 203 arrobas, en este caso en sucio.[18] En una sola ocasión se exportan añinos de esta procedencia: 1204 arrobas a 200 mrs./@ que sacó en 1654 don Francisco Merino de Heredia.[19] En los últimos años se exporta pelambre procedente del matadero de Sevilla: Nicolás Grubel saca en 1667 1118 arrobas, en 1668 otras 423 arrobas y, en 1670, 490 @ más, siempre en sucio. En 1669, Guillermo Clarebout exportó 185 @, por lo que pagó por el último derecho solo un real de plata.[20]

La lana lavada en Écija, pese a su importante volumen, es muy inferior en cantidad a la lavada en los lavaderos de Huéscar, controlados por genoveses, de los que Girón nos ofrece datos de 58 000 @ de lana lavada al año, si bien son datos de finales del siglo XVI, en el periodo de esplendor de estos lavaderos, antes de su decadencia desde mediados del siglo siguiente.[21] En la opción de la exportación por los puertos levantinos para el envío de lana a Italia pesaba no solo la mayor capacidad de los

[17] Biblioteca Capitular y Colombina, mss. 59-3-43, *Estaçion de san Sebastián y razon de su ermita*, f. 7v-8r.

[18] AHPSE, PNS, leg. 17022, f 389 y leg. 17086, f. 608.

[19] AHPSE, PNS, leg. 17031, f. 863.

[20] AHPSE, PNS, leg. 17065, f. 861; leg. 17068, f. 799; leg. 17075, f. 338 y leg. 17069, f. 668.

[21] Rafael Girón Pascual (2011): «Los lavaderos de lana de Huéscar (Granada) y el comercio genovés en la Edad Moderna», *Atti della Società Ligure di Storia Patria, Nuova Serie*, vol. 51 (125) Fasc. I, pp. 191-202.

lavaderos de Huéscar, sino los peligros de la navegación en el entorno del Estrecho, no solo por la amenaza de captura de los corsarios turcos y berberiscos, sino de procedencia europea inglesa, holandesa o francesa, peligrosidad que podía llegar hasta el cabo San Vicente. Aun así, ese era el destino de mucha de la lana lavada en Écija, que provenía de toda la campiña sevillana fundamentalmente, y cuya comercialización la realizaban mercaderes asentados en Sevilla.

El 35 % de la lana exportada provenía de Extremadura, siempre lavada, lo que hace suponer que es producto del ganado ovino propiedad de los ganaderos extremeños, puesto que el trashumante se esquilaba y lavaba en tierras de Segovia. La lana lavada en Cáceres, como se concretaba en algunas escrituras, debía serlo en el lavadero de San Francisco, propiedad del mayorazgo de los Ovando y el único existente en aquellos tiempos. A veces también se cita que la lana lavada provenía de la Serena,[22] y en alguna ocasión se especifica que había sido en Usagre, en Tierra de Barros.

La exportación de lana de Segovia desde el puerto de Sevilla es ocasional, según nuestras fuentes, y se limitan a dos partidas de 954 @ y 132 @, en 1651 y 1653; este último año hay una partida de 1733 @ de lana lavada en 140 sacas y sacones, procedente de Andalucía, Extremadura y Segovia, sin mayor especificación, exportada por Gerónimo Carlier.[23] No significa esa exigua cantidad que sea la única lana segoviana que llegase a Sevilla, puesto que sabemos que en 1655 Simón Tamarino dio pode a Juan Jacome, vecino de Madrid, para que le comprara al precio que corriere en Segovia u otras partes hasta 4000 @ lana fina segoviana.[24] Es posible que no embarcase esta lana por Sevilla, pero también que la vendiese a artesanos de la ciudad. Sabemos que los sombrereros utilizaban lana de esa procedencia por diversas escrituras que lo atestiguan.[25]

[22] AHPSE, PNS, leg. 8649, f. 893. Poder en 1674 de Guillermo Clarebout y Francico Verholmme a Rodrigo de Lora, vecino de Sevilla de partida para la villa de la Serena, y a Francisco González Centeno, vecino de dicha villa, para comprar 2000 o 3000 @ de lana sucia en Extremadura y otras partes para enviarlas a Sevilla «para las fábricas de géneros de la ciudad».

[23] AHPSE, PNS, legs. 17016, f. 443; 17024, f. 670 y 17022, f. 159, respectivamente.

[24] AHPSE, PNS, leg. 10221, f. 145. En 1686, los maestros sombrereros «de agua y lana» Domingo Vázquez y José González, de Triana, se comprometieron a entregar el 15 de mayo al capitán Francisco Antonio Garrote, dueño del navío Nuestra Señora del Pilar y Las Ánimas, próximo a hacer viaje a Maracuyá en la próxima flota, 500 sombreros, 250 de ellos blancos y 100 negros dobles de lana fina de Segovia y 150 «delgados y bien hechos acabados en toda perfección sin ningún defecto». AHPSE, PNS, leg. 8680, f. 190 AHPSE, PNS, leg. 8680, f. 190. No eran necesariamente de lana segoviana los sombreros de buena factura, puesto que el mismo Vázquez dio poder en 695 a Miguel Domínguez, vecino del pueblo cacereño de Brozas, para comprar 20 @ de lana añinos de Extremadura.

[25] AHPSE, PNS, leg. 8680, f. 190. En 1686, los maestros sombrereros «de agua y lana» Domingo Vázquez y José González, de Triana, se comprometieron a entregar el 15 de mayo al capitán Francisco Antonio Garrote, dueño del navío Nuestra Señora del Pilar y Las Ánimas, próximo a hacer viaje a Maracuyá en la próxima flota, 500 sombreros, 250 de ellos blancos y 100 negros dobles de lana fina de Segovia y 150 «delgados y bien hechos acabados en toda perfección sin ningún defecto».

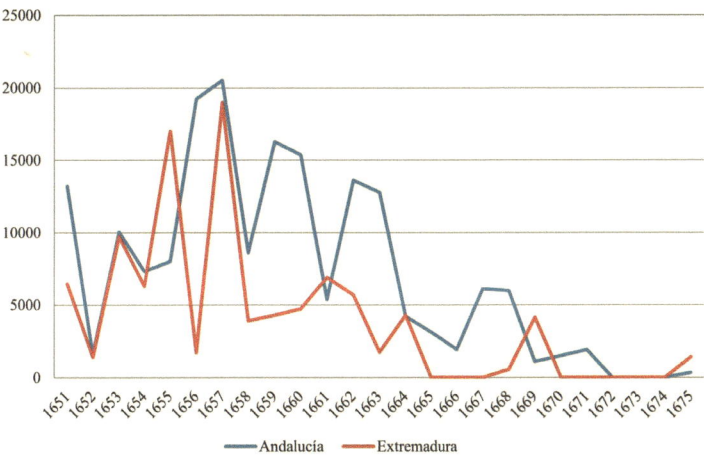

Gráfico 3. Procedencia de las exportaciones.
Fuente: AHPSE, PNS, legs. 17014-17086.

En los apoderamientos dados desde Sevilla a vecinos de Extremadura o de alguna localidad andaluza solía especificarse que se adquiriese lana «donde sea» y «cuanta lana pudiese» o solo hasta una determinada cantidad de arrobas. Era necesario que la lana estuviese en un perfecto estado de sequedad y limpieza cuando fuese recibida y, por eso, a veces se incluía el requisito de que la entrega se realizase «en día claro y sereno con sol en corral barrido y no regado y las lanas limpias de rocío».[26] Si las lanas llegasen mojadas e «inútiles para poder ser cargadas» se debía conseguir un auto de su estado del administrador del derecho de lanas y volverlas a remitir al lavadero de donde salieron, como le ocurrió a Cornelio Bécquer, que hubo de reenviar al lavadero de Cáceres diecisiete de los 904 sacones que recibió mojadas en diciembre de 1657.[27]

La evolución de la salida de lana extremeña o andaluza (gráfico 3) es similar solo en la constatación del descenso a mediados de la década de 1660, que en el caso de la lana extremeña es un verdadero desplome, pese a que algunos pocos años superase a la casi nula salida de lana andaluza. Es posible que esta desaparición de la lana extremeña se debiera a la desviación de su exportación hacia Lisboa, que solo podría ser posible oficialmente tras la paz de 1668, y parece que ese fue el destino principal de este producto desde los años treinta del siguiente siglo.[28]

---

[26] AHPSE, PNS, leg. 16814, f. 725.

[27] AHPSE, PNS, leg. 17040, f. 369.

[28] Miguel Ángel Melón Jiménez (2001): «Comerciantes de lana, ganaderos y banqueros en la Extremadura del siglo XVIII», en Agustín González Enciso (ed.): *El negocio de la lana en España (1650-1830),* Pamplona: Eunsa, pp. 311-346.

AÑO	ANDALUCÍA	EXTREMADURA	SEGOVIA	SIN DIFERENCIAR	TOTAL
1651	13 202	6437	954		20 593
1652	1547	1412			2959
1653	10 030	9691	132	1733	21 586
1654	9817	6255			16 072
1655	8017	17 010			25 027
1656	19 231	1707			20 938
1657	20 513	18 982			39 495
1658	8618	3905			12 523
1659	16 263	4269			20 892
1660	15 363	4706			20 069
1661	5360	6877			12 237
1662	13 628	5683			19 311
1663	12 762	1732			14 494
1664	4197	4281			8478
1665	3131	0			3131
1666	1940	0			1940
1667	6084	0			6084
1668	5971	551			6522
1669	1089	4143			5232
1670	1493	0			1493
1671	1900	0			1900
1672	0	0			0
1673	0	0			0
1674	0	0			0
1675	340	1409			1749
TOTAL	180 496	99 050	1086	1733	282 365

Cuadro 1. Procedencia de las exportaciones. Fuente: AHPSE, PNS, legs. 17014-17086.

Los protagonistas de la exportación lanera

El sistema de asientos del que hablamos al inicio relacionó directamente la recaudación de impuestos con los exportadores de lana. En los cuadros 2 y 3 podemos ver que portugueses y genoveses están ampliamente representados entre los exportadores y sus fiadores. Asimismo, los recaudadores de los derechos sobre la saca de lanas y sus apoderados y cesionarios frecuentemente se alinean entre estas dos comunidades.

Ante la necesidad de nuevos asientos, el conde-duque de Olivares propició la llegada de importantes hombres de negocio lisboetas, a los que se unieron otros con menor poder que ya operaban en Castilla, con la esperanza no solo de expandir sus negocios, sino de buscarse un escudo frente a las amenazas inquisitoriales, lo que solo ocurrió relativamente.[29] La lana fue el medio por el que estos negociantes convirtieron el vellón en plata, al comprar en aquella moneda y cobrar en esta en el exterior, sobre todo gracias a la importante presencia de judeoconversos portugueses en las redes bancarias de Ámsterdam, donde la lana fina castellana era especialmente valorada, tanto para su industria local, en auge, como para su redistribución.[30] Es así como los hombres de negocio de origen judeoconverso portugués se convirtieron en los principales asentistas y recaudadores de la renta de exportación de lanas en los decenios centrales del siglo. En los primeros años de este estudio, eran quienes dominaban en el Consejo de Hacienda, destacando Sebastián Cortizo, contador mayor de Cuentas desde 1648, que había sucedido a su hermano Manuel como jefe de la casa de negocios a su muerte en 1650, a cuyo calor había prosperado.[31] Los recaudadores en Sevilla de los diferentes derechos sobre la lana en el periodo estudiado son asimismo de este origen. Entre 1651 y 1658, el recaudador del «derecho antiguo y nuevo» fue Antonio Núñez Gramajo, como administrador de las rentas de las lanas en la ciudad de Sevilla y su partido. Receptor del Consejo de Hacienda, cargo que compró en 1636 de Manuel Cortizo, Núñez Gramajo provenía de una familia de grandes comerciantes en las Indias, entre cuyos negocios más rentables estaba la venta de navíos y la trata negrera, y pertenecía a una red mercantil

---

[29] Álvaro Sánchez Durán (2017): «El crédito portugués en la Monarquía Hispánica de Felipe IV: los asientos de la familia Núñez-Mercado (1640-1652)», *Cuadernos de Historia Moderna,* 42 (1), pp. 57-86.

[30] Carmen Sanz Ayán (2001): «Las redes financieras franco-holandesas y la lana en el tránsito del siglo xvii al xviii», en Agustín González Enciso (ed.): *El negocio de la lana en España (1650-1830),* Madrid: Eunsa, pp. 77-107.

[31] Carlos Álvarez Nogal (1997): *Los banqueros de Felipe IV y los metales preciosos americanos (1621-1665),* Madrid: Banco de España, pp. 104-106; Carmen Sanz Ayán (2002): «Consolidación y destrucción de patrimonios financieros en la Edad Moderna: Los Cortizos (1630-1715)», en Ricardo Robledo Hernández e Hilario Casado Alonso (coords.): *Fortuna y negocios. Formación y gestión de los grandes patrimonios,* Valladolid: Universidad de Valladolid, pp. 73-98.

que contaba con asentistas portugueses, como Jorge de Paz.[32] Como arrendador de lanas sabemos que proveyó a la corona de 200 000 ducados en Flandes.[33]

La obligación de pago del primer derecho de dos reales por arroba, que se inició en 1654, se hace en favor de don Antonio Báez de Guzmán, secretario general perpetuo del Real Consejo de Hacienda y tesorero general del Real Consejo, que en 1636 había comprado el oficio de receptor del dicho consejo a Manuel Cortizo.[34] Pertenecía a Antonio Báez, de larga trayectoria en el Consejo de Hacienda. En la segunda década del siglo, Pedro Báez[35] era el recaudador mayor de las rentas del nuevo derecho de cuatro ducados por saca de lanas, en cuyo nombre cobraba en Sevilla Juan Bautista Ponzón (Ponzone), agente colaborador en la ciudad del factor general Bartolomé Spínola.[36] Juan Baez de Guzmán, el hijo de Antonio, heredó el cargo de receptor general, que devuelve a Hacienda en 1705 a cambio de una regularización económica. A partir de 1664 estaba recibiendo las obligaciones del primer, segundo y tercer derecho, como tesorero general perpetuo del Consejo de Hacienda, y desde el año siguiente, del cuarto y quinto derecho también.

Aunque, a veces, en las obligaciones de pago a los citados Báez de Guzmán se añade «o a quien en su nombre disponga», en otras se concreta en el contador Juan Muñoz de Dueñas, que fue arrendador de los dos primeros derechos de dos reales por arroba de lana. Receptor de las cuentas del almojarifazgo y Servicio de Millones y alcalde mayor de Sevilla, su gestión fue objeto de una visita iniciada en 1666 que demostró irregularidades, nepotismo y fraude, por lo que fue condenado a penas pecuniarias.[37]

La suspensión de pagos a asentistas de 1647, que perjudicó gravemente el crédito de estos, y la disminución de las remesas americanas retrajo o incluso imposibilitó la ocasión de tomar asientos a muchas casas de negocios, y pocas de ellas se manifestaron dispuestas, algunas portuguesas, como la de Sebastián Cortizo, y otras genovesas, como la de Andrea Piquinoti (Pichinotti). Banquero, factor general,

[32] Cristina Hernández Casado (2021): «Consolidar una fortuna. La trata de esclavos en la formación de la hacienda de los asentistas lusos (1615-1630)», en Manuel F. Fernández Chaves & Rafael M. Pérez García (coords.): *Tratas atlánticas y esclavitudes en América. Siglos XVI-XIX*, Sevilla: Editorial Universidad de Sevilla, pp. 103-124.

[33] José María Oliva Melgar (2004): «Pacto fiscal y eclipse de la Contratación en el siglo XVII: Consulado, Corona e indultos en el Monopolio de Indias», en Enriqueta Vila Vilar, Antonio Acosta Rodríguez y Adolfo L. González Rodríguez (coords.): *La Casa de la Contratación y la navegación entre España y las Indias*, Sevilla: CSIC y Universidad de Sevilla, pp. 449-495.

[34] Francisco Andújar Castillo (2008): «Hombres de negocios y cargos públicos: El acceso venal a los cargos de hacienda en el siglo XVII», en Rafael Torres Sánchez (coord.): *Studium, Magisterium et amicitia. Homenaje al profesor Agustín González Enciso* Pamplona: Eunate, pp. 169- 76.

[35] AHPSE, PNS, leg. 16813, f. 89.

[36] Carlos Álvarez Nogal: *Los banqueros…*, o. cit.

[37] Ángel Alloza Aparicio y Beatriz Cárceles de Gea (2009): *Comercio y riqueza en el siglo XII: estudios sobre cultura, política y pensamiento económico*, Madrid: CSIC.

miembro del Consejo y de la Contaduría Mayor de Hacienda, Piquinoti fue uno de los principales apoyos financieros de la corona en los últimos quince años del reinado de Felipe IV. El genovés tuvo estrechos contactos con los asentistas portugueses, por sus relaciones comunes en Amberes.[38] Desde 1655 aparece en nuestra documentación como receptor de las obligaciones de pago de los dos primeros derechos de los dos reales por arroba, a veces.

Vinculado a la casa de Piquinoti, Jacinto Romerate, natural de Orduña, arrendó la Renta de Exportación de Lanas entre 1658 y 1667 y más tarde entre 1675 y 1682, y entre medias el portugués Simón de Fonseca. En las obligaciones de pago de los derechos antiguo y nuevo aparece desde 1658 como cesonario de Romerate don Gregorio Altamirano Portocarrero, caballero de Santiago, como administrador de las casas y negocios del Sebastián Cortizo, del Consejo de Hacienda.[39] Para las cartas de pago de los derechos, Cortizo delegaba en Francisco Álvarez de Toledo, caballero de Calatrava, portugués converso de Braganza y consejero de Hacienda.[40]

Los portugueses de origen converso, como vemos, estaban ampliamente representados en todas las instancias relacionadas con el cobro de los derechos sobre la exportación de la lana, e igualmente podemos ver en el cuadro 2 la amplia relación de cargadores de lana de este origen. Fernando Núñez es uno de los grandes exportadores de la década de los cincuenta, que no continuó con este negocio previsiblemente por fallecimiento, ya que su fiador era su nieto Fernando Núñez Fonseca. Juan Núñez Pinto, Antonio Rodríguez de Fonseca, Manuel y Bartolomé Montesinos son otros de los muchos portugueses con esta actividad. El mismo Sebastián Cortizo, por medio de su administrador Matías Gómez de Espinosa, exportan 3269 arrobas de lana lavada de Andalucía en 1659.[41]

ARROBAS	NOMBRE	AÑOS
36936	Zervi, Ciprian	1654-1669
34866	Jacome, Roberto	1651-1659
34795	Núñez, Fernando	1651-1661
22955	Jacome de Linden, Adrián	1654-1662
12993	Carlier, Gerónimo	1653-1655
11919	Martín Pecero, Alonso	1660-1662
11299	Maestre, Diego	1660 -662
11050	Prato, Nicolás	1651-1663
8874	Mahuis, Gutierre	1656-1669

[38] Carlos Álvarez Nogal: *Los banqueros…*, o. cit., pp. 73-79.
[39] AHPSE, PNS, leg. 17042, f. 369.
[40] AHPSE, PNS, leg. 17048, ff. 49 a 73.
[41] AHPSE, PNS, leg. 17042, f. 369.

ARROBAS	NOMBRE	AÑOS
6563	Dommer, Enrique	1657
6515	Gruber, Nicolás	1654-1670
5860	Núñez Pinto, Juan	1663-1665
5598	Filter, Jacques	1651-1662
4358	Usarte, Miguel	1657-1664
4102	Rodríguez de Fonseca Pina, Antonio	1655-1657
3991	Montesinos, Manuel y Bartolomé	1657-1659
3472	Alce, Jacobo de	1657
3420	Álvarez Gallego Carapeto, Manuel	1655-1657
3269	Cortizo, Sebastián	1659
3089	García de Cañada, Juan	1668-1671
2781	Ruela, Francisco de la	1655-1659
2673	Lobatto, Luis	1657
2411	Bernardi, Gerónimo	1664-1667
2308	Usarte, Giles	1651-1665
2277	Daem, Adrián	1657-1662
2165	Clarebout, Guillermo	1669-1675
2110	Arpe, Juan César	1651
2044	Peña, Blas de	1660-1661
1975	Montefrío, María	1668
1873	Craywinckel, Bartolomé van	1656
1826	Cruz, Pedro de la	1651
1717	Haya, Pedro de la	1663-1668
1547	Lineta, Francisco	1655-1658
1529	Licht, Carlos de	1657- 662
1394	Castro, Juan de	1655
1283	Bacquer, Cornelio y Juan	1657
1237	Fonseca Cardoso, Juan	1653-1654
1214	López de Castro, Antonio	1651-1652
1173	Pluyms, Gazpar	1657
1106	Peri Severino, Miguel	1663
1040	Wales, Conrado	1651
1006	Marquier, Juan	1657
944	Patrón, Juan Carlos	1663-1664
901	Bonome, Juan	1652
873	Príncipe, Maximiliano	1668-1671

ARROBAS	NOMBRE	AÑOS
853	Merino de Heredia, Francisco	1655
798	Van Belle, Josue	1664
771	Paninque, Francisco	1653
760	González, Cap Manuel	1663
751	Gonzalez, Francisco	1653-1654
720	Lazaga, Pedro	1658-1665
669	Santo Domingo, Juan	1655
667	Doncquer, Lorenzo	1661
551	Montfort, Gerardo	1668
445	López Diamante, Nuño	1653
331	Navarro, Juan	1661
293	Clasen, Enrique	1665
265	Sirman, Juan	1656
229	Peralta, José Francisco de	1655
112	Tamarino, Simon	1659

Cuadro 2. Exportadores de lana a Europa desde Sevilla, 1651-1675.
Fuente: AHPSE, PNS, legs. 17014-17086.

Si los portugueses sacaron el 23 % de la lana, los genoveses fueron los responsables de otro 18 %. Dos de ellos están entre los mayores cargadores: Ciprian Cervi, correspondiente en Sevilla de Piquinoti y apoderado de los Salucio[42] y Nicolás Prato, correspondiente en esta ciudad de Domingo Centurión, asentista y consejero de Hacienda.

La relación entre cargadores y receptores de derechos es manifiesta e incluso a veces son los mismos, como en el caso de Cortizo, y posiblemente no era el único, por personas interpuestas. Los fraudes y ocultaciones eran objeto de denuncias permanentes y los intentos de soluciones, recurrentes, y por ello mismo ineficaces. En principio, el fraude más común se producía en los lavaderos, de donde salía oficialmente mucho menor número de arrobas de las que entraban, aun contando con que, una vez lavada la lana, su peso se reducía a la mitad. Por ello, Romerate decidió imponer la figura de un administrador y ministro en los lavaderos que emitiese un certificado a la salida, exigible en las aduanas, donde habrían de incrementarse los guardas.[43] Sin contar con la venalidad en todos los puntos hasta el embarque, había pequeños lavaderos en las haciendas de olivar más la posibilidad de carga ilegal en

---

[42] AHPSE, PNS leg. 17034, f. 498 en nombre de Salucio, heredero de Jacomo Salucio. Poder a Bartolome Balbi para cobrar deudas leg. 17038 f. 550, año 1657.

[43] Carmen Sanz Ayán: «Jacinto Romerate», *Diccionario de la Real Academia de la Historia* [recurso electrónico]. Disponible en línea en <https://historia-hispanica.rah.es/biografias/39183-jacinto-romerate>.

alguno de la veintena de embarcaderos intermedios del Guadalquivir, entre Sevilla y Sanlúcar de Barrameda o su envío a Portugal a través de la sierra de Aroche, como sabemos que ocurrirá con el aceite unos decenios después[44] y en buena medida por parte de las mismas personas.

Los cargadores flamencos, que son los responsables de la exportación del 33 % de la lana, no tienen en principio las mismas relaciones con la administración hacendística, lo que no significa que no se aprovechasen de la elasticidad de las mallas aduaneras. A comienzos del siglo xvii, los flamencos formaban la colonia foránea más numerosa y a lo largo del siglo se convirtió en la más potente económica, social y culturalmente. A través del control de los lavaderos de Écija, lo hacían también con la mayor parte de la extracción de lana andaluza. Los más acaudalados de entre ellos alcanzaron altas posiciones sociales, y adquirieron tierras, hábitos y títulos. Los Jácome de Linden son un excelente ejemplo.[45] Natural de Brujas, de donde era regidor noble, Adrian Jacobs, después Jacome, se estableció en Écija a comienzos del siglo xvii. Su hijo, del mismo nombre, aún nacido en Brujas, trasladó su residencia a Sevilla, pero se casó en 1622 en Écija con Francisca van der Linden. Llegó a ser alcalde noble en Bollullos de la Mitación, como su suegro lo había llegado a ser de Huévar y Coria del Río. Su participación en el mercado de la lana, en nuestra documentación, en sus últimos años de vida, fue como fiador de su hijo Adrián Jacome de Linden, hasta su muerte en 1657. Fue el primer miembro de esta familia, Jácome, nacido en Sevilla, donde fue uno de los grandes exportadores. Su carrera se vio truncada por su temprana muerte en 1662. Su hermano Alejandro, que había sustituido como fiador a su padre, no nos consta que continuara en este negocio, aunque sabemos que tenía almacenes de su propiedad, que habían sufrido un asalto en el motín de la calle de la Feria de 1652. Adrian Jacome de Linden, muy niño cuando murió su padre, además del oficio familiar de alcalde noble de Bollullos, fue señor de Tablantes, gobernador de Martos, caballero veinticuatro fundador de la Maestranza de Caballería de Sevilla, caballero de Calatrava y, finalmente, con 39 años, I marqués de Tablantes, en 1694. Están enterrados en una capilla de la catedral de Sevilla.

Otra muestra de ascenso social es la de los Maestre. Diego Maestre Aernouts, nacido en Brujas en 1629, fue uno de los mayores cargadores de lana, aun ejerciendo tal actividad solamente tres años, de 1660 a 1662. Más adelante será fiador de su

---

[44] Mercedes Gamero Rojas (2021): «Exportación de aceite desde Sevilla en la primera mitad el siglo xviii», en Juan José Iglesias Rodríguez e Isabel M. Melero Muñoz (coords.): *Ciudades atlánticas del sur de España. La construcción de un mundo nuevo (siglos xvi-xviii)*, Sevilla: Editorial Universidad de Sevilla, pp. 143-164.

[45] Juan Cartaya Baños (2012): *«Para ejercitar la maestría de los caballos». La nobleza sevillana y la fundación de la Real Maestranza de Caballería en 1670*, Sevilla: Diputación Provincial, pp. 224-229.

suegro Gutierre Mahuis, junto con su cuñado Guillermo Mahuis Medina. La familia Mahuis era además una de las principales exportadoras de aceite desde Sevilla,[46] actividad a la que se unió Maestre adquiriendo en 1674 una heredad de viñas y olivares en Dos Hermanas, a la que agregó otras en los años siguientes, hasta formar la hacienda Los Molinos de Maestre, aún de la familia. La heredad llevaba anexa la vara de alguacil mayor de la villa, por juro de heredad. En este mismo año había conseguido Carta de Naturaleza, lo que le abría las puertas al comercio directo con las Indias, permiso que le fue concedido en 1683. En 1694 continuó con la expansión inversora con la compra de tres cortijos en Alcalá de Guadaira, que propiciaron ser recibido en 1698 como caballero hijodalgo por el Consejo de la villa. En 1696 fundó un primer mayorazgo para su hijo Juan Antonio Maestre Mahuis de Medina, al que adjudicó la hacienda Los Molinos y otras fincas, y en 1701 un segundo mayorazgo para el hijo de su segundo matrimonio, José Felipe Maestre Felices. Ambos hijos se casaron con sus dos primas, hijas de su cuñado Guillermo Mahuis y nietas de otro de los cargadores de lana, Maximiliano Príncipe.[47]

Otras procedencias son menos frecuentes: franceses el 6 %, alemanes el 5 % y holandeses el 3 %. Los primeros tuvieron difícil su actividad en la Monarquía Hispánica en la segunda mitad del Seiscientos, dado que la tregua desde la paz de 1659 fue muy efímera. Entre los alemanes destaca el bávaro Andrés Labermayr, correspondiente de Julio César Scazuola, factor de la compañía Fugger, asentista.[48] Los holandeses tendrán a finales de siglo un lugar más destacado, junto a la sólida colonia inglesa. Algunos de sus miembros, como Pedro Monteoro (Goutsberg) y Federique Mandt, destacarán en el comercio de la lana;[49] otros construirán nuevos lavaderos en la ciudad, como la familia Dortsman, en Ámsterdam, algunos de cuyos miembros se dedicarán a esta actividad en Sevilla, como los primos homónimos Leonardo Dortsman.[50]

En el cuadro 3 podemos ver la relación de fiadores. En este caso hemos optado por clasificarlos por el capital invertido en las fianzas, aunque nos falten para los últimos años los datos referentes al pago de muchos de los derechos. Bastantes de ellos se encuentran entre los exportadores. En algunos casos son familiares: el

---

[46] AHPSE, PNS, leg. 10233, f. 1463.

[47] Mercedes Gamero Rojas, Mercedes Parias Sáinz de Rozas y María Cruz Aguilar García: *Arquitectura…*, o. cit., pp. 128-129; Miguel Ángel Cerquera Hurtado (2020): *El coleccionismo artístico de los comerciantes flamencos en la Sevilla de la segunda mitad del siglo XVII. Diego Maestre, Miguel de Usarte y su entorno,* Granada: Atrio.

[48] Carlos Álvarez Nogal: *Los banqueros…*, o. cit., pp. 113-116.

[49] AHPSE, PNS, leg. 5148, f. 289. En 1695 Monteoro y Mandt compraron toda la lana del monasterio de Guadalupe.

[50] AHPSE, PNS, leg. 5144, f. 1278. En 1692, Leonardo Dortsman da poder a Simón Gallego Bernal y Francisco Rodríguez Pizarro, vecinos de Don Benito, para que compren lanas en Extremadura o donde se hallen lanas finas de la tierra y las despachen al lavadero que tiene en la calzada de la Cruz del Campo de Sevilla.

fiador de Fernando Núñez fue su nieto homónimo y los de Adrián Jácome de Linden, primero su padre y, a la muerte de este, su hermano menor Alejandro; los de Gutierre Mahuis fueron su hijo Guillermo Mahuis y su yerno Diego Maestre, en los primeros años conjuntamente, dada la juventud y aún poco patrimonio de estos; o los hermanos Francisco y Juan Merino de Heredia. En otros casos son socios y suelen intercambiar los papeles, como Bartolomé van Craywincle y Juan Bautista van der Becquer. Generalmente la relación entre fiador y afianzado es habitual y puede tener una relación de sociedad o de algún tipo de comunidad de negocios que no conozcamos. En cualquier caso, es una constante que ambos compartan el mismo origen, lo que hace que nos inclinemos por esta tesis.

MRS.	FIADOR	AFIANZADO	AÑOS
8 205 826	Peralta, José Francisco	Jacome, Roberto	1654-1657
7 739 418	Zambrano Zurrilla y Madariaga, Martin	Zervi, Ciprian	1660-1668
7 547 678	Jacome de Linden, Alejandro	Jacome de Linden, Adrian	1662-1665
7 304 054	Gomez Acosta, Manuel	Núñez, Fernando	1651-1655
6 728 386	Francino, Juan	Cerbi, Ciorian	1656-1661
5 330 636	Núñez Fonseca, Fernando	Núñez, Fernando, el mayor	1653-1661
4 223 854	Bocomo, Jacome	Prato, Nicolás	1651-1663
3 923 746	Jacome de Linden, Adrian	Sirman, Juan	1656-1659
3 472 246	Van Crayvincquel, Bartolomé	Mahuis, Gutierre	1657-1660
3 416 016	Jacome, Roberto	Usarte, Giles	1651-1660
3 141 096	Dommer, Henrique	Jacome de Linden, Adrián	1656
2 669 103	Jacome, Adrián padre	Jacome de Linden, Adrián	1653-1660
2 584 732	Pluyms, Gaspar	Jacome, Roberto	1653-1662
2 530 438	Guisen, Juan Bautista	Maesre, Diego	1661-1662
2 454 029	Maestre, Diego	Mahuis, Gutierre, Clarebout, M Montefrío	1666-1675
2 368 286	Vacquer, Cornelio de	Carlier, Geronimo	1655-1657
1 988 327	Gysarte, Cornelio	Jacome, Roberto	1658-1659
1 988 046	Querle, Pedro de	Usarte, Miguel	1662-1664

MRS.	FIADOR	AFIANZADO	AÑOS
1 789 516	Irigoyen, Andrés	Jacome, Roberto	1658
1 705 310	Haye, Pedro de la	Daem, Licht, Clasen, G. Usarte, Van Belle	1662-1667
1 525 650	Alce, Jacome de	Carlier, Geronimo	1653-1657
1 515 466	Bejel, Pedro	Filter, Jacques	1653-1656
1 269 686	Rodriguez de Fonseca, Antonio	Lobatto, Luis	1657
1 169 286	Peña, Blas de la	López Diamante, Nuño/Rdz Fonseca	1654-1657
1 136 056	Pedro, Andrés	Mahuis, Gutierre	1656-1661
1 091 262	Melo, Juan de	Alvarez Gallego, Manuel	1655
1 020 649	Aguilar, Pedro de	Grubel	1663-1669
967 305	Osorio, Francisco	Cortizo, Sebastián	1659
858 997	Licht, Carlos de	Van Claivinque, Haye, Lazaga	1657-1668
815 560	Mahuis de Medina, Guillermo	Mahuis, Gutierre	1667-1669
779 267	Bonomi, Juan	Cruz, Pedro de la	1651
747 656	Barrios, Gerónimo de	Rodriguez de Fonseca Pina, Antonio	1655
718 466	Gruber, Nicolás	Castro, Juan de	1654
625 105	Arpe, Esteban	Arpe, Juan César	1651
532 243	Iryrreta, jose	Garcia de Cañada	1668
492 440	Patrón, Jun Francisco	Patrón, Juan Carlos	1663-1664
410 496	Cant, Hernando	Wales, Conrado	1651
396 198	Labermaier, Andrés	González, capitán Manuel	1663
393 579	Ruelas, Francisco de las	Cervi, Ciprian	1661
328 831	Tamarino, Simón	Bonome, Juan	1652
302 587	Doppere, Pedro	Montfort, Gerardo	1668
296 770	Solera, Francisco Mateo	Marquier, Juan	1657
289 100	Marquier, Juan	Van Claivinque, Bartolomé	1659
273 292	Zambrana, Mateo	Zervi, Ciprian	1668-1669
272 756	Becquer, Juan Bta van der	Clavinque, Bartolomé van	1656

MRS.	FIADOR	AFIANZADO	AÑOS
272 606	Beureye, Francisco	Peri Severino, Miguel	1663
271 980	Pedro,Francisco	Bernardi, Geronimo	1664
265 500	Vazquez, Miguel	Daem, Adrian	1657
249 865	Merino de Heredia, Juan	Merino de Heredia, Francisco	1655
237 080	Lecler, Pedro	Usarte, Miguel	1657
235 600	Chacón, cap Pedro	Lineta, Francisco	1658
231 885	Yansen, Hernando	Carlier, Geronimo	1654-1655
228 778	Filter, Jacques	Daem, Adrian	1656-1657
227 445	León, Daniel de	Paninque, Francisco	1654
224 034	Soto, Juan de	Gruber, Nicolás	1662
221 545	Sal, Geronimo de la	Gonzalez, Francisco	1654
206 522	Pellanos, Bartolomé	Santo Domingo, Juan	1655
201 027	Iriarte	Lineta, Francisco	1655
175 350	Egaçon, d Pedro	Lineta, Francisco	1657
168 096	Montero, Bartolomé	Gruber, Nicolás	1667
165 189	Reyner, Pedro	Navarro, Juan	1661
148 965	Ibáñez, Miguel	Zerbi, Ciprian	1654
141 895	Ojeda, Pedro Julian de	Ruelas, Francisco de las	1659
133 645	Usarte, Giles	Jacome, Roberto	1651
129 200	Van Resbique, Nicolás	García de Cañada, Juan	1670
125 690	Michielsen, Pedro	Usarte, Giles	1651
119 475	Mahuis, Pedro	Mahuis, Gutierre	1653
109 150	Campoviejo, Diego de	Filter, Jacques	1651
98 988	Pereira, Henrique	Montesinos, Bartolomé de	1659
70 268	Fonseca, Pedro de	Álvarez Gallego, Manuel	1655
58 684	Embas, José	Gruber, Nicolás	1670
53 690	Roelas, Teodoro de las	Roelas, Francisco de la	1655
40 656	Biço, Francisco	Tamarino, Simón	1659

MRS.	FIADOR	AFIANZADO	AÑOS
35 105	Corcio, Juan de	Gruber, Nicolás	1654
29 580	Leiva, Ignacio de	Príncipe, Maximiliano	1670
21 998	Berehoc, Francisco	Clarebout, Guillermo	1669
707 166	N C		
104 946 103			

Cuadro 3. Fiadores de los exportadores de lana. Fuente: AHPSE, PNS, legs. 17014-17086.

Conclusiones

En este primer acercamiento al mercado de la lana desde el puerto de Sevilla, se evidencia su decadencia, coincidente con la del agro sevillano y la pérdida de protagonismo de la ciudad como cabecera del mercado indiano, de momento, de forma no oficial. Quizás sería mejor hablar de reconversión. Reconversión en el cambio de protagonistas: de la preeminencia de los italianos y portugueses al papel destacado de holandeses e ingleses. Los hombres de negocio flamencos serán menores en número, pero más sólidos y en claro ascenso social y aprovecharán el final de las diferencias políticas entre la Monarquía Hispánica y las Provincias Unidas para estrechar lazos directos con las redes financieras de Ámsterdam. Sevilla continuará y acrecentará las relaciones mercantiles con la Europa atlántica, por lo que se convertirá en un eslabón necesario en la inversión de capital holandés en seguros marítimos firmados en ella, en muchos casos, con asegurados que representan a su vez asegurados últimos foráneos, generalmente franceses. Estas actividades económicas fueron suficientemente atractivas como para que se estableciese en la capital hispalense una nutrida y activa colonia inglesa, correspondiente con importantes casas de negocios de su país. En el siglo siguiente y tras la guerra de Sucesión, algunas de estas comunidades deberán adaptarse a las nuevas condiciones para continuar.

Bibliografía

ALLOZA APARICIO, Ángel y Beatriz CÁRCELES DE GEA (2009): *Comercio y riqueza en el siglo XII: estudios sobre cultura, política y pensamiento económico*, Madrid: CSIC.

ÁLVAREZ NOGAL, Carlos (1997): *Los banqueros de Felipe IV y los metales preciosos americanos (1621-1665)* Madrid: Banco de España.

— (1999): «El factor General del Rey y las finanzas de la Monarquía Hispánica», *Revista de Historia Económica*, año XVII (3), pp. 507-542.

ANDÚJAR CASTILLO, Francisco (2008): «Hombres de negocios y cargos públicos: El acceso venal a los cargos de hacienda en el siglo XVII», en Rafael Torres Sánchez (coord.): *Studium, Magisterium et amicitia. Homenaje al Profesor Agustin González Enciso*, Pamplona: Eunate, pp. 169-176.

AQUERRETA, Santiago (2001): «Reforma fiscal y continuidad en el sistema de arrendamientos: la renta de lanas en el reinado de Felipe V», en Agustín González Enciso (ed.): *El negocio de la lana en España (1650-1830)*, Pamplona: Eunsa, pp. 109-134.

BILBAO BILBAO, Luis María y Emiliano FERNÁNDEZ DE PINEDO (1996): «Exportación de lanas, trashumancia y ocupación del espacio en Castilla durante los siglos XVI, XVII y XVIII», en Pedro García Martín y José María Sánchez Benito (eds.): *Contribución a la historia de la trashumancia en España*, Madrid: Ministerio de Agricultura, pp. 343-359.

CARTAYA BAÑOS, Juan (2012): «*Para ejercitar la maestría de los caballos». La nobleza sevillana y la fundación de la Real Maestranza de Caballería en 1670*, Sevilla: Diputación Provincial.

CERQUERA HURTADO, Miguel Ángel (2020): *El coleccionismo artístico de los comerciantes flamencos en la Sevilla de la segunda mitad del siglo XVII. Diego Maestre, Miguel de Usarte y su entorno*, Granada: Atrio.

DEYON, Pierre (1972): «La concurrence international des laines aux XVI et XVII siècles», *Annales*, 27 (1), pp. 20-32.

DÍAZ BLANCO, José Manuel (2019): «El mundo de los comerciantes portugueses: ámbitos domésticos, cultura escrita y negocios globales en el siglo XVII», en Manuel F. Fernández Chaves y Rafael M. Pérez García (coords.): *Movilidad, interacciones y espacios de oportunidad entre Castilla y Portugal en la Edad Moderna*, Sevilla: Universidad de Sevilla, pp. 231-252.

FERNÁNDEZ CHAVES, Manuel F. y Mercedes GAMERO ROJAS (2017): «La colonia británica en Sevilla y su evolución entre 1690 y 1729 ¿Nuevos agentes, antiguas prácticas?», Antonio J. Rodríguez Hernández, Julio L. Arroyo Vozmediano y Juan Antonio Sánchez Belén (eds.): *Comercio, Guerra y finanzas en una época en transición. Siglos XVII-XVIII*, Valladolid: Castilla Ediciones.

FORTEA PÉREZ, José Ignacio (1980): *Córdoba en el siglo XVI: las bases demográficas y económicas de una expansión urbana*, Córdoba: Monte de Piedad y Caja de Ahorro.

GAMERO ROJAS, Mercedes, María del Carmen PARIAS SÁINZ DE ROZAS y María Cruz AGUILAR GARCÍA (2004): *Arquitectura y agricultura en las haciendas de olivar de Dos Hermanas*, Sevilla: Fundación El Monte.

GAMERO ROJAS, Mercedes (2003): «La expansión del olivar en la Carmona moderna: la pugna de intereses aceiteros y ganaderos», en Manuel González Jiménez (ed.), *Carmona en la Edad Moderna. III Congreso de Historia de Carmona*, Sevilla: Editorial Universidad de Sevilla, pp. 27-53.

— (2015): «Flamencos en la Sevilla del siglo XVII, La Capilla y Hermandad de San Andrés», en

Juan José Iglesias Rodríguez, Rafael M. Pérez García y Manuel F. Fernández Chaves (eds.): *Comercio y cultura en la Edad Moderna. Comunicaciones de la XIII Reunión Científica de la Fundación Española de Historia Moderna*, Sevilla: Universidad de Sevilla, pp. 715-730.

— (2016): «Flamencos en la Sevilla del siglo XVII. Actividades económicas entre Europa y América», en Juan José Iglesias Rodríguez, José J. García Bernal (eds.): *Andalucía en el Mundo Atlántico Moderno. Agentes y escenarios*, Madrid: Sílex, pp. 287-310.

— (2021): «Exportación de aceite desde Sevilla en la primera mitad el siglo XVIII», en Juan José Iglesias Rodríguez e Isabel M. Melero Muñoz (coords.): *Ciudades atlánticas del sur de España. La construcción de un mundo nuevo (siglos XVI-XVIII)*, Sevilla: Editorial Universidad de Sevilla, pp. 143-164.

GARCÍA FUENTES, Lutgardo (1980): *El comercio español con América, 1650-1700*, Sevilla: Diputación de Sevilla.

GIRÓN PASCUAL, Rafael (2011): «Los lavaderos de lana de Huéscar (Granada) y el comercio genovés en la Edad Moderna», *Atti della Società Ligure di Storia Patria, Nuova Serie*, vol. 51 (125) Fasc. I, pp. 191-202.

GROVE GORDILLO, María y Mercedes GAMERO ROJAS (2022): «La colonial mercantil inglesa de Sevilla en una época de transición 1660-1667», en Cristina Bravo Lozano y Fernando Quiles (eds.): *Lady Ann y el embajador viajan a Sevilla (primavera de 1664)*, Santiago de Compostela y Sevilla: Enredars Publicaciones y Andavira Editora, pp. 197-218.

GUTIÉRREZ NÚÑEZ, Francisco J. (2015-2016): «Nicolás de Omazur Ullens, de Amberes a Sevilla (1641-1698)», *Hespérides*, 23-24, pp. 251-274.

HERNÁNDEZ CASADO, Cristina (2021): «Consolidar una fortuna. La trata de esclavos en la formación de la hacienda de los asentistas lusos (1615-1630)», en Manuel F. Fernández Chaves & Rafael M. Pérez García (coords.): *Tratas atlánticas y esclavitudes en América. Siglos XVI-XIX*, Sevilla: Editorial Universidad de Sevilla, pp. 103-124.

LLOPIS AGELÁN, Enrique y Manuel GONZÁLEZ-MARISCAL (2010): «Un crecimiento tempranamente quebrado: el producto agrario en Andalucía occidental en la Edad Moderna», *Historia Agraria*, 50, pp. 13-42.

MELÓN JIMÉNEZ, Miguel Ángel (2001): «Comerciantes de lana, ganaderos y banqueros en la Extremadura del siglo XVIII», en Agustín González Enciso (ed.): *El negocio de la lana en España (1650-1830)*, Pamplona: Eunsa, pp. 311-346.

OLIVA MELGAR, José María (2004): «Pacto fiscal y eclipse de la Contratación en el siglo XVII: Consulado, Corona e indultos en el Monopolio de Indias», en Enriqueta Vila Vilar, Antonio Acosta Rodríguez y Adolfo L. González Rodríguez (coords.): *La Casa de la Contratación y la navegación entre España y las Indias*, Sevilla: CSIC y Universidad de Sevilla, pp. 449-495.

ROMANO, Roberta (1952): «A Florence au XVII siècle. Industries textiles et conjoncture», *Annales*, 7 (40), pp. 508-512.

SÁNCHEZ DURÁN, Álvaro (2017): «El crédito portugués en la Monarquía Hispánica de Felipe IV: los asientos de la familia Núñez-Mercado (1640-1652)», *Cuadernos de Historia Moderna*, 42 (1), pp. 57-86.

SANZ AYÁN, Carmen (2001): «Las redes financieras franco-holandesas y la lana en el tránsito del siglo XVII al XVIII», en Agustín González Enciso (ed.): *El negocio de la lana en España (1650-1830)*, Madrid: Eunsa, pp. 77-107.

— «Jacinto Romerate», *Diccionario de la Real Academia de la Historia* [recurso electrónico], Disponible en línea en <https://historia-hispanica.rah.es/biografias/39183-jacinto-romerate>.

— (2002): «Consolidación y destrucción de patrimonios financieros en la Edad Moderna: Los Cortizos (1630-1715)», en Ricardo Robledo Hernández e Hilario Casado Alonso (coords.): *Fortuna y negocios. Formación y gestión de los grandes patrimonios*, Valladolid: Universidad de Valladolid, pp. 73-98.

SELLA, Domenico (1957): «Les mouvements longs de l´industrie lainiére à Venise aux XVI et XVII siècles», *Annales*, 12 (1), pp. 29-45.

VILA VILAR, Enriqueta y Antonio VIDAL ORTEGA (2002): «El comercio lanero y el comercio transatlántico: Écija en la encrucijada», en Écija y el Nuevo Mundo, Actas de *VI Congreso de Historia*, Écija: Ayuntamiento de Écija, pp. 57-68.

El «miserable estado en que se halla aquel pueblo»: el cabildo de Sevilla y la literatura de la crisis urbana (1686)[1]

José Manuel Díaz Blanco[2]

La «caída» de Sevilla en el siglo XVII es, en palabras de Antonio Domínguez Ortiz, su más eximio conocedor, «uno de los objetos más patéticos que pueden ofrecerse a la reflexión».[3] En efecto, por muchos revisionismos generales que se hayan formulado —y queden por formularse aún— en torno a la crisis del XVII, existen varios episodios específicos cuyas tendencias esenciales resultan insoslayables. Uno de ellos es el de la capital andaluza, que entró en la centuria aprovechando todavía la inercia positiva del siglo precedente, pero salió de ella hundida y entristecida, severamente golpeada por procesos entrelazados de desurbanización, despoblación, desindustrialización, deslocalización de empresas comerciales y pauperización social. La que había sido uno de los puntos neurálgicos de la primera economía global se convirtió en una capital de provincias con conexiones internacionales más limitadas. La prosperidad que fue recuperando a lo largo del siglo XVIII nunca bastó para devolverla a las mejores posiciones de antaño.[4]

Los testimonios documentales de la declinación hispalense son bastante abundantes. En ese amplio conjunto de las fuentes archivísticas sobresalen determinados textos que ofrecen una visión contemporánea, amplia y profunda de la descomposición económica y social (cuadro 1). Bien podrían encuadrarse conceptualmente dentro de una cierta *literatura de la crisis*, susceptible de relacionarse con la cultura arbitrista o con el pensamiento de los novatores del siglo XVII. No obstante, ese ejercicio de abstracción, si fuera válido, tendría que desarrollarse desde la premisa de que

[1] Proyecto UNICIN «El universo humano de la Carrera de Indias» (PID2022-141165NB-I00), financiado por el Ministerio de Ciencia e Innovación. Las abreviaturas empleadas son: AC: Actas Capitulares; AGI: Archivo General de Indias; AHN: Archivo Histórico Nacional; AMS: Archivo Municipal de Sevilla; AGI, C: Archivo General de Indias, Contratación; AHN, CS: Archivo Histórico Nacional, Consejos Suprimidos; AGI, IG: Archivo General de Indias, Indiferente General.

[2] Universidad de Sevilla.

[3] Antonio Domínguez Ortiz (1991): *Orto y ocaso de Sevilla*, Sevilla: Universidad de Sevilla, p. 150.

[4] Antonio Domínguez Ortiz (1989): *Política fiscal y cambio social en la España del siglo XVII*, Madrid: Instituto de Estudios Fiscales, 1984; Francisco Aguilar Piñal: *Historia de Sevilla. Siglo XVIII*, Sevilla: Universidad de Sevilla.

estos textos no eran el fruto aislado y espontáneo de una reflexión teórica o académica: la mayoría de ellos, si no todos, se escribieron para ser funcionales en contextos políticos y judiciales concretos, razón por la cual suelen encontrarse en archivos históricos de matriz institucional-administrativa, formando expedientes burocráticos junto a otros documentos más modestos, pero que también requieren atención.

AUTOR/ES	TÍTULO	FECHA
Gaspar Pluyms/ Alberto Ancquelman	*Respvesta de Gaspar Pluyms, y Alberto Ancqvelman, consvles por el rey nvestro señor, de las Naciones Flamenca, y Alemana, que residen en la Ciudad de Sevilla*[5]	1666
Arte Mayor de la Seda	*Copia del papel de los alcaldes, alamines y veedores del Arte de la Seda al asistente de Sevilla*[6]	1678
Enrique Lepin	*Memorial que dio al Rey nuestro señor Enrique Lepin, diputado general de las naciones que residen y comercian en la ciudad de Sevilla*[7]	1680
Cabildo secular	*Memorial sobre el miserable estado en que se halla aquel pueblo*[8]	1686
Gremios de Reventa	*Representación, manifiesto, exclamaciones y suspiros que hazen y dan los 17 gremios de mercaderes unidos, sus artes y oficios […] al illustrissimo Cavildo y Regimiento de la siempre muy noble y muy leal ciudad de Sevilla*[9]	1700

Cuadro 1. Autores y textos de la literatura de la crisis en la Sevilla del XVII.
Fuente: elaboración propia.

Además de por su origen oficial, esta literatura de la crisis sevillana se caracteriza por otros aspectos entre los cuales me parece pertinente subrayar al menos tres:

1. La tendencia a concentrarse durante el periodo 1650-1700, es decir, durante la fase más áspera de los traumas sociales.
2. El despliegue de una auténtica visión histórica de la ciudad, más allá de la mera discusión coyuntural presente en la mayoría de la documentación administrativa. Esta solía presentar esquemas similares: un periodo de

[5] Respuesta de Gaspar Pluyms y Alberto Ancquelman, cónsules por el rey Nuestro Señor, de las Naciones Flamenca, y Alemana, que residen en la ciudad de Sevilla: al memorial de Francisco Baez Eminente, arrendador de las rentas de los Almojarifazgos, y derechos menores […] deste año de 1666. Disponible en línea en <https://archive.org/details/A10909625/mode/2up> (última consulta 1 de junio de 2022), digitalizado a partir de un original de la Biblioteca de la Universidad de Sevilla.

[6] AGI: IG, leg. 640.

[7] AGI: IG, leg. 787.

[8] AHN: CS, leg. 7.198, núm. 8. Este es el documento en el que nos centraremos en este trabajo, como a continuación explicaremos.

[9] Antonio Domínguez Ortiz: *Orto y ocaso…*, o. cit., pp. 162-172, reproducido sobre ejemplar del AMS.

crecimiento y esplendor económico de raíces bajomedievales, que culminaba tras el descubrimiento de América un punto de inflexión que se localizaba entre 1632 y 1649 y un periodo de decadencia que abarcaba, como mínimo, la segunda mitad del siglo XVII.

3. Un repertorio de temas comunes que pretendían explicar el sentido negativo del cambio histórico: la abundancia y la pérdida posterior del comercio, la competencia de Cádiz, la acción corrosiva de mercaderes y productos extranjeros (singularmente franceses), el fraude fiscal y el contrabando, el papel desempeñado por los arrendadores de rentas portugueses o circunstancias concretas como pestes, guerras, riadas del Guadalquivir...

El propósito de estas páginas es realizar una pequeña contribución al estudio de esta literatura de la crisis (y, por tanto, de la crisis misma), dando a conocer un soberbio memorial que el cabildo de Sevilla presentó a Carlos II en 1686 y que este, a continuación, trasladó al Consejo de Castilla. Por esa razón, el documento se conserva actualmente en la sección de Consejos Suprimidos del Archivo Histórico Nacional, inserto dentro del real decreto correspondiente.[10] Partiendo de las consideraciones anteriores, estructuraré mi exposición en torno a dos epígrafes. En el primero presentaré la reconstrucción que he realizado (hasta donde me ha resultado posible) del proceso político-administrativo en el que se gestó el memorial de 1686, expresión de un largo y complejo diálogo institucional entre Sevilla y Madrid que no rindió los frutos deseados al cabildo. Después, en el segundo apartado me adentraré en los contenidos propios del memorial. Estos se insertan plenamente en el marco de pensamiento de aquella literatura de la crisis. Abundan en muchos temas que resultarán familiares a los estudiosos de la historia seiscentista de Sevilla y la Carrera de Indias, los mismos que antes hemos recordado. Sin embargo, también presenta algunas peculiaridades, que son las que aquí subrayaré.

En primer término, conviene detenerse en la idea de lo comercial que ofrece el memorial. Para el cabildo, el comercio había sido la clave de la evolución histórica sevillana; la ciudad había prosperado mientras lo había mantenido y había entrado en barrena después de perderlo. Sin embargo, el término no se empleaba solo para designar los servicios de distribución mercantil, sino también las actividades

---

[10] AHN: C, leg. 7198, núm. 8, decreto al conde de Oropesa, Madrid, 26 de enero de 1686, y memorial del Cabildo de Sevilla, s.f. [Sevilla, fines de 1685-principios de 1686]. Como es habitual en su tipología documental, el memorial del cabildo carece de datación precisa. Elijo como localización Sevilla, porque es evidente que en la capital andaluza se fraguaron las ideas que refleja el papel, si bien es posible (o incluso probable) que el proceso físico de redacción tuviera lugar en Madrid. Respecto a la cronología, tampoco cabe duda de que el texto refleja deliberaciones sostenidas a lo largo de 1685, pero es casi seguro que debió de prepararse en enero del 86. Desde ahora, lo citaremos en las notas como *Memorial de 1686*, seguido del número del capítulo.

productivas del sector secundario. Es decir, una combinación de industria y comercio, que en buena medida representaba el núcleo esencial de una economía urbana en su conjunto como había sido la de Sevilla. Esta acepción no debe extrañar. Al contrario, parece haber sido frecuente en la época, sin duda en los ámbitos de decisión política. Por estas mismas fechas, operaba en la corte la célebre Junta de Comercio, cuyos intereses no se limitaban estrictamente a lo mercantil, pues también le daban preferencia al incremento de las manufacturas. Tal como explica Domínguez Ortiz, en 1679 «se creaba una Junta de Comercio, nombre que no debe inducir a error, porque era la recuperación industrial el primer objetivo».[11] Del mismo modo, un pensador como el arbitrista Juan Cano escribía en 1675 a Mariana de Austria que el comercio «tiene en toda la tierra tanto poder, por ser dispensador de las riquezas que leuanta los menores Estados, y Republicas al mayor trono, en competencia, y declina las mayores Monarquias». Sin embargo, sus recomendaciones proponían tanto una «gran Compañía general», al estilo de las que habían triunfado en Holanda e Inglaterra, como la fundación de quince fábricas de textiles de seda y lana.[12] Nuevamente, por tanto, esa dupla comercio-industria la encontramos en el memorial del cabildo.

Este concepto de comercio, además de representar un planteamiento entonces común, concordaba con el alcance urbano del gobierno capitular. El cabildo compaginaba tanto la realidad, argumentos y aspiraciones de las clases trabajadoras como los de la burguesía de negocios. Dicho de otro modo, sintetizaba los posicionamientos expresados por los gremios, especialmente por el Arte Mayor de la Seda,[13] y por los consulados de comercio, sea el de los Cargadores a Indias o el de la Nación Flamenca y Alemana.[14] Síntesis complicada, desde luego, pues los sectores artesanos defendían posturas que, siendo mucho más rígidamente proteccionistas, no coincidían a menudo (por no decir que se contradecían) con las de los comerciantes mayoristas. La opinión del artesanado se instrumentalizaba jerárquicamente sin grandes preocupaciones, mientras que la figura del consulado, cuyas bases sociales tenían lazos más estrechos con el patriciado, se ensalzaba entre ciertas ambigüedades y silencios. Por supuesto, estas distintas sensibilidades urbanas se fundían en el crisol de concepciones e intereses privativos de la heterogénea

[11] Antonio Domínguez Ortiz: *Política fiscal…*, o. cit., p. 141.

[12] Manuel Herrero Sánchez (1994): «Cádiz y la reorganización del comercio indiano en el proyecto mercantilista de Juan Cano (1675)», en *Actas del II Congreso de Historia de Andalucía. Andalucía y América*, Córdoba: Consejería de Cultura y Medio Ambiente de la Junta de Andalucía, pp. 171-178; José Manuel Díaz Blanco (2014): «Pensamiento arbitrista y estructuras institucionales en la Carrera de Indias (siglo XVII): entre la desincentivación y la represión», *Anuario de Estudios Americanos*, 71 (1), pp. 47-77.

[13] José Manuel Díaz Blanco [en prensa]: «La política popular en la Sevilla del XVII: el Arte Mayor de la Seda le escribe a Carlos II (1678)».

[14] José Manuel Díaz Blanco (2015): «La construcción de una institución comercial: el consulado de las naciones flamenca y alemana de Sevilla», *Revista de Historia Moderna. Anales de la Universidad de Alicante*, 33, pp. 123-145.

oligarquía municipal. En último término, hablamos siempre de una política municipal. Que era municipal en ese doble sentido, en el de intentar amalgamar los sectores profesionales más relevantes del municipio y en el de representar directamente el parecer particular de los munícipes. Me parece interesante destacar que, aunque muchas veces hablemos genéricamente de asuntos comerciales o de política comercial, lo que contemplamos en casos como este es en puridad una política municipal. Creo que esta sencilla conclusión puede tener cierta importancia en el futuro, al menos para matizar visiones demasiado abruptas sobre el conocido tópico de la «rivalidad comercial y marítima entre Sevilla y Cádiz», por terminar recordando la definición clásica de Albert Girard.[15]

Ideas en el camino: un memorial oficial entre Sevilla y Madrid

Hemos definido la literatura de la crisis como un conjunto de textos pertenecientes a la literatura administrativa de las instituciones del Antiguo Régimen, dentro de la cual sobresaldrían por el alcance superior de sus contenidos. Por esa razón, hallamos los originales en los archivos estatales y municipales, entre la documentación generada por el sistema polisinodial y los cabildos, entre otros. Antes de entrar en los planteamientos del memorial de 1686, reconstruyamos su contexto archivístico, que al fin y al cabo no es sino el testimonio del entorno político-institucional en el que se formó, con un carácter eminentemente oficial.

Existen dos vías para realizar este ejercicio y lo ideal es complementarlas (cuando se puede): 1) la reconstrucción física de la secuencia administrativa, mediante la localización archivística y la conexión de los documentos que la formaban, y 2) la reconstrucción literaria a partir de la explicación de los precedentes administrativos considerados en el texto en cuestión. Con el memorial de 1686 pueden combinarse ambos aspectos. Por una parte, el mismo se encuentra dentro del decreto a través del cual Carlos II lo hizo llegar al Consejo de Castilla. Y, por otro lado, cuando uno lo lee, surgen pasos previos e incluso precedentes relativamente antiguos, que luego se pueden recuperar en el archivo. El resultado final que se obtiene es aceptable, considero que satisfactorio, pero desde luego no es perfecto. Quedan algunas lagunas que no he conseguido rellenar. La más notoria se sitúa al final del procedimiento, que sencillamente queda inconcluso. Eso es algo habitual, por otro lado, y en este caso cabe suavizar ese punto en suspenso recordando el final de aquellos acontecimientos, que no tomaron la dirección que deseaban los cabildantes hispalenses.

---

[15] Albert Girard (2006 [1932]): *La rivalidad comercial y marítima entre Sevilla y Cádiz hasta finales del siglo XVIII*, Sevilla: Renacimiento.

En 1686 se discutió cómo el ascenso comercial de Cádiz supuso la declinación económica de Sevilla. Al defender sus puntos de vista, el cabildo pidió al rey que defendiese los intereses de la ciudad evocando una ocasión en la que ya había legislado contra Cádiz. Fue a comienzos de la regencia de Mariana de Austria, entre 1666 y 1667. Implícitamente, la referencia obligaba a considerar la anulación de aquellas medidas entre finales de los setenta y comienzos de los ochenta, a pesar de que apenas se mencionaban algunos capítulos de compra de rentas gaditanas en 1684 y 1685. Lo que los regidores no podían saber es que aquel asunto ya no conocería modificaciones importantes a lo largo del siglo XVII y que, por tanto, la conclusión de aquel arco de acontecimientos no llegaría hasta 1717-1718, con el traslado definitivo a Cádiz de los organismos de gobierno de la Carrera de Indias.

El memorial de 1686, como bien puede suponerse, fue la culminación literaria (pero no necesariamente la culminación institucional) de las protestas hispalenses durante la década de los ochenta. El mismo documento nos ofrece una síntesis inmejorable del *iter* administrativo que siguió la cuestión hasta que los veinticuatros ordenaron sus ideas para que las leyera el rey:

> Estos motiuos en más breue resumen puso Seuilla en la consideración de V.M. por memorial que dio en 10 de junio de 1684 que V.M. se siruió remitir con decreto a 12 del mismo al Consejo de las Indias para que informase a V.M. de lo que sobre esto huuiese y le pareciese y en su execución á pedido el Consejo diferentes informes y hecho juntar todos los papeles que a la resolución destos puntos miran, en cuio estado á parecido a Seuilla representar con maior expressión los motiuos del seruicio de V.M. y causa pública que justifiquen su pretensión, que son los que contiene este memorial.[16]

Estos renglones dan buena cuenta de lo que venimos tratando. El memorial no fue una creación ensayística que sirviera para la reflexión en ámbitos universitarios o académicos. Fue un informe institucional, presentado ante otras instancias de poder, y empleado en un marco de deliberaciones oficiales sustentado sobre esquemas burocráticos dentro de los cuales circuló, adhiriéndose a un expediente que resume la figura 1.

Como puede observarse, nos encontramos ante un proceso de toma de decisiones en el que desempeñaron un papel, cada una desde su posición, varias instituciones de Sevilla y Madrid, bien pertenecientes a la administración regia, bien vinculadas al gobierno municipal. Quizás no resulte del todo ocioso recordarlas, siquiera por respetar cierta lógica expositiva, aunque sean bien conocidas por la mayoría de especialistas:

---

[16] *Memorial de 1686*, cap. 35.

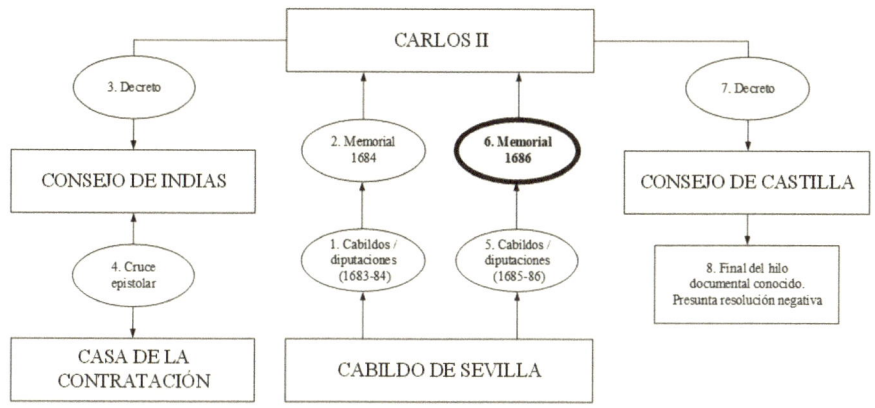

Gráfico 1. El memorial de 1686 en su contexto institucional-administrativo.
Fuente: elaboración propia.

- Rey: depositario de la soberanía, como en cualquier monarquía del Antiguo Régimen. Carlos II (1665-1700) afrontaba la madurez de su reinado,[17] probablemente sin las capacidades personales idóneas para ejercer esa potestad suprema y en todo caso bajo condiciones estructurales que exigían la participación de una camarilla política alrededor del monarca. Entre 1684 y 1686, marco cronológico del proceso, se vivió el cambio entre la época del duque de Medinaceli y el conde de Oropesa como validos/primeros ministros,[18] y José de Veitia Linaje y Manuel Francisco de Lira en la secretaría del Despacho Universal.[19]

- Consejo de Castilla:[20] pieza central del sistema polisinodial que asesoraba y auxiliaba al rey y sus ministros más próximos en el gobierno de la

---

[17] Jaime Contreras (2003): *Carlos II el Hechizado. Poder y melancolía en la corte del último Austria,* Madrid: Temas de Hoy; Luis Ribot García (2009): *Carlos II: el rey y su entorno cortesano,* Madrid: CEEH.

[18] Francisco Tomás y Valiente (1990): *Los validos en la Monarquía española del siglo XVII: estudio institucional,* Madrid: Siglo XXI; José Antonio Escudero (2004) (coord.): *Los validos,* Madrid: Dykinson.

[19] José Antonio Escudero (1969): *Los secretarios de Estado y del Despacho (1474-1724),* Madrid: Instituto de Estudios Administrativos.

[20] Salustiano de Dios (1982): *El Consejo Real de Castilla (1385-1522),* Madrid: Centro de Estudios Constitucionales; Janine Fayard (1982): *Los miembros del Consejo de Castilla (1621-1746),* Madrid: Siglo XXI; Santos Manuel Coronas González (1992): *Ilustración y Derecho. Los fiscales del Consejo de Castilla en el siglo XVIII,* Madrid: Ministerio para las Administraciones Públicas; María Isabel Cabrera Bosch (1993): *El Consejo Real de Castilla y la ley,* Madrid: CSIC; Concepción de Castro (2015): *El Consejo de Castilla en la historia de España (1621-1760),* Madrid: Centro de Estudios Políticos y Constitucionales; Regina Polo Martín (2018): *Consejos y consultas: la «consulta» como instrumento de gobierno en la Monarquía Hispánica del Antiguo Régimen. Un estudio jurídico-institucional, con especial referencia al Consejo de Castilla,* Bilbao: Fundación BBVA; Ignacio Ezquerra Revilla (2017): *El Consejo Real de Castilla en el espacio cortesano (siglos XVI-XVIII)* Madrid: Polifemo; del mismo autor: *El Consejo Real de Castilla bajo Felipe II. Grupos de poder y luchas faccionales,* Madrid: Sociedad Estatal para la Conmemoración de los Centenarios de Felipe II y Carlos V, 2000.

Monarquía. Era el Consejo Real por excelencia, matriz o modelo de todos los demás consejos que actuaban en la corte de Madrid. Era un consejo territorial que ostentaba la jurisdicción suprema sobre los asuntos de los reinos peninsulares de la corona de Castilla. En el momento que estudiamos, su presidencia recaía sobre el mismo conde de Oropesa, al que antes citábamos como ministro principal de la Monarquía a partir de 1685.

- Consejo de Indias:[21] otro de los consejos territoriales del sistema polisinodial, en este caso, el que disfrutaba la jurisdicción suprema sobre los reinos castellanos de Indias, es decir, el gigantesco espacio de la América española y su prolongación asiática de las Filipinas. Órgano director de la política indiana, también ejercía su jerarquía sobre las instituciones indianas del reino de Sevilla, especialmente la Casa de la Contratación, el Consulado de Cargadores y las flotas y armadas de la Carrera de Indias. En el momento que nos interesa, la presidencia recaía sobre el duque de Medinaceli, pero su desempeño como primer ministro le eximió del ejercicio cotidiano del cargo, que recayó en sus días de gloria sobre Vicente Gonzaga, miembro de su familia política, y después de 1685 y de su exilio de la corte sobre el marqués de los Vélez, cuñado suyo.[22]

- Casa de la Contratación:[23] organismo de representación de la Monarquía en los puertos andaluces de la Carrera de Indias y, como tal, jerárquicamente subordinado al gobierno de corte y el sistema polisinodial, en particular al Consejo de Indias, con el que lo unía un intenso intercambio epistolar, así como la fluidez de personas que construían su *cursus honorum* dentro de la política indiana. Una de ellas, entre otras, fue el mencionado Veitia Linaje, que pasó de tesorero juez oficial de la Casa a ministro del Consejo de Indias y hombre fuerte del gobierno de Medinaceli hasta 1685. Su obra *Norte de la*

[21] Ernesto Schäfer (2003): *El Consejo Real y Supremo de las Indias. Su historia, organización y labor administrativa hasta la terminación de la Casa de Austria,* Valladolid: Junta de Castilla y León; Rafael D. García Pérez (1998): *El Consejo de Indias durante los reinados de Carlos III y Carlos IV,* Pamplona: Eunsa; Lucas Antón Infante (2020): *El Consejo de Indias en la Monarquía Hispánica de Carlos II, 1665-1700,* tesis doctoral defendida en la Universidad Complutense de Madrid.

[22] Francisco Andújar Castillo (2021): «Corrupción y patronazgo en la España de Carlos II. Una primera aproximación», en Michèle Guillemont-Estela y otros (dir.): *Le règne de Charles II. Grandeus et misères,* París: Editions Hispaniques, pp. 87-109.

[23] Ernesto Schäfer: *El Consejo…,* o. cit.; Antonio García-Baquero González (1992): *La Carrera de Indias. Suma de la contratación y océano de negocios,* Sevilla: Algaida; Miguel Ángel Ladero Quesada (2002): *El primer oro de América. Los comienzos de la Casa de la Contratación de las Indias (1503-1511),* Madrid: RAH; Antonio Acosta Rodríguez y otros (2004): *La Casa de la Contratación y la navegación entre España y las Indias,* Sevilla: Universidad de Sevilla-CSIC; Francisco Fernández López (2018): *La Casa de la Contratación de Indias. Una oficina de expedición documental para el gobierno de las Indias (1503-1717),* Sevilla: Editorial Universidad de Sevilla; Alfonso Jesús Heredia López (2021): *El control de la corrupción en la Monarquía Hispánica. La Casa de la Contratación (1642-1660),* Sevilla: Editorial Universidad de Sevilla.

Contratación (1672) describe los espacios internos de la Casa, como la presidencia, la Sala de Gobierno o la Sala de Justicia, que fueron consultados durante el proceso que nos ocupa.[24]

- Cabildo de Sevilla: principal organismo del gobierno municipal en Sevilla y su tierra. Fundado en el siglo XIII, tras la conquista de la ciudad por Fernando III, el concejo era la institución de mayor tradición y reputación política que había en la ciudad junto a las instituciones eclesiásticas rectoras de la archidiócesis y, por tanto, un espacio fundamental de promoción política para las viejas y las nuevas élites locales. Presidido por el asistente, que ejercía la representación regia del corregidor, las funciones de gobierno se encontraban en manos de dos cabildos principales: el de mayor dignidad, que era el de los caballeros veinticuatro y, en menor medida, el de los jurados. Todos ellos formarían las ideas expresadas en el memorial de 1686 y su antecesor de 1684, discutidos después en la corte.[25]

1. En efecto, todo comenzó en Sevilla. Fue el cabildo el que abrió el proceso de deliberaciones, dirigiéndose a Madrid con la intención de explicar el «miserable estado» en el que se encontraba la ciudad y pedir auxilio a la corona. El detonante fueron las inundaciones que se padecieron a causa de las riadas del Guadalquivir durante el invierno de 1683 y 1684, que agravaron la miseria provocada por diversas circunstancias, como las malas cosechas, las epidemias, la carestía de los productos más básicos o la gestión de los tributos. Así pues, el momento concreto de arranque del proceso debe situarse en un cabildo que tuvo lugar el 16 de marzo del 84, cuyas preciosas actas nos muestran la consternación de los capitulares por la «extrema miseria», que obligó «a buscar los hombres yerbas silvestres con que sustentar los cuerpos y conservar las vidas, faltando en los campos, agostados sin jugo, yerba».[26] No obstante, lo que se dijo aquella mañana de marzo debe ponerse en relación con otros cabildos anteriores, al menos del año 83, en los que ya se estaban discutiendo problemas que luego saldrían a relucir, todos interconectados, en los memoriales

---

[24] Joseph de Veitia Linaje (1672): *Norte de la Contratación de las Indias,* Sevilla, Juan Francisco de Blas. J. M. Díaz Blanco [en prensa]: *El* Norte de la Contratación *y la tradición veitiana. Un itinerario del Siglo de Oro al pensamiento histórico moderno.*

[25] Deborah Kirschberg Schenk y Marcos Fernández Gómez (2002): *El Concejo de Sevilla en la Edad Media (1248-1454). Organización institucional y fuentes documentales,* Sevilla: Ayuntamiento de Sevilla; José María Navarro Saínz (2007): *El Concejo de Sevilla en el reinado de Isabel I (1474-1504),* Sevilla: Diputación de Sevilla; Ana Gloria Márquez Redondo (2010): *El Ayuntamiento de Sevilla en el siglo XVIII,* Sevilla: Ayuntamiento-Fundación Cajasol; Benito Navarrete y Marcos Fernández (2014): *Historia y patrimonio del Ayuntamiento de Sevilla,* Sevilla: Ayuntamiento de Sevilla-BBVA.

[26] AMS: AC, lib. H-1752, cabildo, Sevilla, 16 de marzo de 1684. Estas actas, de notable amplitud y profundidad, merecerían un estudio específico en sí mismas, como el que aquí se intenta ofrecer sobre el memorial de 1686.

cortesanos, entre ellos el de la administración de rentas fundamentales como las alcabalas, los Millones y las figuras aduaneras.[27] El cabildo deploraba la gestión de particulares, especialmente en el caso de los arrendadores, y mostraba sus esperanzas de apartarlos del negocio fiscal y recuperar el control de tales recursos. Entre estos hombres de negocios, ninguno generaba mayores desconfianzas a los cabildantes que el portugués Gaspar Ruiz Díaz, continuador de su compatriota Francisco Báez Eminente en la administración de los almojarifazgos. De hecho, habían entablado con él un pleito ante el Consejo de Hacienda.[28]

2. Aquel caldo de cultivo generó un primer memorial, previo al de 1686, que el propio cabildo definiría como un «más breve resumen» de este.[29] En él se ponía el acento en el vínculo entre los problemas fiscales y comerciales dentro de la situación general de penurias sobre la que se debatía. Merece la pena recalcar cómo los memoriales cortesanos, igual el primero de 1684 como el segundo de 1686, parecen simplificar en cierta medida el panorama que se planteaba en los cabildos, otorgando un subido protagonismo a determinados temas en detrimento de otros que recibían más consideración en los foros municipales. No es difícil hipotetizar acerca de estas ligeras disonancias entre el discurso capitular y su reflejo cortesano, aunque sea más difícil aportar pruebas documentales que las avalen. En realidad, es razonable suponer que lo que eran en origen problemáticas locales, al trasladarse a Madrid, se adaptasen a los intereses y las posibilidades del gobierno central. ¿Qué podía solucionar el rey frente a la sequía o la pérdida de las cosechas? Incluso cabría preguntarse qué le correspondía hacer en un momento histórico en el que este tipo de problemas correspondían más a la política municipal que a la política regia.[30] El poder real, en la acepción más directa e institucional de la expresión, se preocupaba más bien de materias como la gran fiscalidad, la plata americana o el comercio, para los que contaba con organismos fuertemente especializados desde tiempo atrás dentro del sistema polisinodial, como el Consejo de Hacienda o el Consejo de Indias. Por tanto, no se hace extraño que, aparentemente, los representantes hispalenses en Madrid seleccionaran entre los elementos que conformaban el discurso capitular aquellos más propicios para conectar con la sensibilidad y la capacidad de acción del gobierno real. Al contrario, incluso resulta lógico y nos advierte respecto a la suposición implícita o explícita de que los escritos a la corte hubieran de ser reflejos exactos de las preocupaciones municipales.

[27] AMS: AC, lib. H-1752; cabildos de 1683 y 1684.
[28] AMS: AC, lib. H-1752, cabildos, 6 de septiembre y 1 de octubre de 1683.
[29] *Memorial de 1686*, cap. 35.
[30] Antonio Domínguez Ortiz (1999): *El Antiguo Régimen: los Reyes Católicos y los Austrias*, Madrid: Alianza, p. 108.

En tal sentido, el memorial breve de 1684 abría su tenor evocando la «ocasión de las ynundaciones que [Sevilla] a padecido en el ybierno próximo pasado de este año». No obstante, en vez de aportar detalles sobre la cuestión y sin mencionar nada sobre las sequías y las pérdidas de cosechas, abordaba de inmediato aquello que consideraba el mejor remedio para paliar los efectos de tanto infortunio: la «rrestitución a ella del comercio en que por tantos años se conservó, hasta el de 1632 que se dio principio a los arrendamientos de las rentas de V. Mgd». Esta idea central coincide con la que expresaría después el memorial de 1686: el gran problema de la Sevilla barroca había sido la pérdida de su comercio, ocurrida a causa de la acción de los arrendadores de los almojarifazgos; por tanto, la medicina que necesitaba consistía en un cambio drástico en la gestión de las rentas aduaneras, alejar a aquellos arrendadores del negocio fiscal y regresar a la administración directa de los ministros reales.[31]

Aunque existe una pequeña discordancia en la datación del hito crítico, situado aquí en 1632, pero que el memorial de 1686 retrasaría hasta 1640, los datos menudos y los razonamientos secundarios coinciden en los dos textos: la ponderación de los rendimientos fiscales de almojarifazgos y alcabalas en diversos momentos antes y después de la llegada de los arrendadores; el deplorable recuerdo conservado de estos, individuos portugueses como Marcos Fernández Monsanto, Simón Rodríguez Bueno o Francisco Báez Eminente, los antagonistas más señalados del bien común; en contraste, el aplauso otorgado a la labor de los administradores reales como Jerónimo de San Vítores o el conde de Villaumbrosa;[32] y, en fin, la reivindicación de la legislación de los años sesenta, que privó a la ciudad de Cádiz de la Tabla de Indias, obligó a que las flotas salieran del Guadalquivir y equiparó las tasas aduaneras entre Sevilla y Cádiz.[33] Eliminar económicamente a los arrendadores significaba sancionar institucionalmente a Cádiz, porque la ciudad de la bahía era uno de los escenarios fundamentales para la culminación de su estrategia económica en detrimento de Sevilla.

3. El cabildo logró hacer llegar su memorial al rey en persona. Seguramente, fue estudiado en el entorno del gobierno central por los hombres más fuertes de aquel

---

[31] AGI: IG, leg. 643, memorial del Cabildo de Sevilla, s. f. [Sevilla-Madrid, 10 de junio de 1684]. Como es habitual en este tipo de documentos, el memorial no tiene fecha, pero no es difícil reconstruirla. Probablemente, la redacción se gestó materialmente en Madrid, pero tampoco puede descartarse que viniera escrito de Sevilla y, en cualquier caso, reflejaba ideas que se habían discutido en el Concejo; por tanto, la doble ubicación parece la opción más adecuada a la hora de localizar. La cronología, lógicamente, no presenta dudas respecto al año 1684. El día no podía ser muy lejano del decreto del rey enviándolo al Consejo de Indias, de 12 de junio. El *Memorial de 1686*, cap. 35, lo fecha exactamente el día 10, dos días antes del decreto real, dato que damos por bueno.

[32] Ildefonso Pulido Bueno (1993): *Almojarifazgos y comercio exterior en Andalucía durante la época mercantilista, 1526-1740. Contribución al estudio de la economía en la España Moderna*, Huelva: Artes Gráficas Andaluzas.

[33] Albert Girard: *La rivalidad...*, o. cit.; José Manuel Díaz Blanco (2012): *Así trocaste tu gloria. Guerra y comercio colonial en la España del siglo XVII*, Madrid: IUHS-Marcial Pons, cap. 5.

1684, expertos en asuntos indianos, que gozaban de estrechas conexiones personales con Andalucía: el primer ministro Medinaceli y su secretario del Despacho Universal, José de Veitia. No obstante, como era habitual, se quiso contar con las deliberaciones del sistema polisinodial. No sería casualidad, entonces, que el documento se derivara hacia el Consejo de Indias; no solo por la evidente vertiente indiana de gran parte de lo que se estaba razonando, sino también porque era la plataforma consiliar desde la que se habían aupado los dos próceres. Como ya hemos mencionado, Medinaceli era el presidente del Consejo y Veitia, que había entrado en él como secretario de gobernación de la Nueva España, había sido promovido a consejero, camarista y miembro de la Junta de Guerra tras su designación para gobernar la covachuela.[34] El decreto se movió con rapidez, algo que no siempre se conseguía. Llevaba fecha de 12 de junio; al parecer, un par de días después de la redacción o la presentación en el real despacho del memorial. Pese a su brevedad, no era un escrito desdeñable, que de hecho sintetizaba con mucho acierto la cuestión en breves renglones:

> Hauiéndome representado la Ciu[da]d de Seuilla el miserable estado a que están reducidos sus naturales, y los vezinos, y lugares de su jurisdición con las inundaciones y avenidas de agua del ybierno, supp[líca]me que, para tener algún aliuio, mande que el comercio de los almojarifazgos se le restituya enteramente, según y en la forma que se administraua antes que se introdujesen arrendadores, retirándole de los puertos de mar en la distancia que disponen las leyes del Reyno, quitando la Aduana y Juzgado de Indias que están en Cádiz, por resultar grandes conuenienzias a mi R[ea]l Hacienda, restaurarse a la Ciu[da]d y mantenerse su población.[35]

4. Carlos II cerraba el decreto reclamando el parecer del Consejo de Indias respecto a aquella materia, espinosa y repetitiva como pocas. La reacción de los consejeros no fue muy distinta a como solía serlo en multitud de ocasiones. La problemática encerraba demasiados detalles y trampas como para deliberar sin tomar las debidas precauciones. En vez de improvisar un parecer rápido, escribieron a Sevilla para recabar más puntos de vista. Los del cabildo ya habían quedado de manifiesto, pero ¿qué pensaba una institución más específicamente comercial como la Casa de la Contratación?[36] Fue con esta intención con la que el secretario del Consejo, Francisco Fernández de Madrigal,[37] se dirigió por escrito a los ministros del tribunal

---

[34] M.ª Dolores Àlamo Martell (2004): «El VIII duque de Medinaceli: primer ministro de Carlos II», en José Antonio Escudero (coord.): *Los validos*, Madrid: Dykinson, pp. 545-571; José Manuel Díaz Blanco [en prensa]: *El Norte de la Contratación y la tradición veitiana. Un itinerario del Siglo de Oro al pensamiento histórico moderno.*

[35] AGI: IG, leg. 643, decreto a Vicente Gonzaga, Madrid, 12 de junio de 1684.

[36] AGI: IG, leg. 643, acuerdo del Consejo, Madrid, 13 de junio de 1684.

[37] Guillaume Gaudin (2017): *El imperio de papel de Juan Díez de la Calle. Pensar y gobernar el Nuevo Mundo en el siglo xvii*, México: Fondo de Cultura Económica.

sevillano, copiándoles a la letra el decreto real y encargándoles la confección de una nueva explicación desde el terreno sobre aquel embrollo.[38]

El asunto se había movido a tanta velocidad que, cuando empezó a perder ritmo, el Consejo debió disculparse por el retraso de la consulta, fruto a su vez de la tardanza de la Casa.[39] Esta, en efecto, se tomó un buen tiempo para aquilatar sus palabras. En primer lugar, se reconocía tanta gravedad a la materia que se decidió reunir conjuntamente las dos salas principales, la de Gobierno y la de Justicia, a fin de reflexionar «con mexor acuerdo y madurez»; y por otro lado se realizaron pesquisas documentales, de las que quedó algún testimonio material como una copia certificada de la célebre memoria impresa en la que se comparaban las tasas aduaneras de Sevilla y Cádiz en tiempos de Báez Eminente.[40] Estos protocolos minuciosos retrasaron la respuesta de la Casa, fechada el 1 de agosto y firmada colectivamente por el presidente Pedro de Oreitia, los jueces oficiales Juan Antonio de la Torre Carbonera y José de Fuentes, y los jueces letrados licenciado Rodrigo Navarro de Mendoza y licenciado Leonardo del Valle Jiménez.[41] La espera mereció la pena. La misiva es un escrito extenso y sólido, rico de ideas, que en nada desmerece al memorial de 1686 del cabildo; bien podría merecer un análisis tan pormenorizado como el que le dedicamos a este, que lamento de veras no poder abordar en esta ocasión.[42]

La Casa se andaba con menos rodeos que el cabildo. Escribía sin disimulo en contra de la legislación de 1679-1680, cuando «mandó V.M. se restituiese a Cádiz el Juzgado de Yndias y tercio de toneladas sin que n[uest]ra cortedad alçançe los motiuos que para ello hubo». Firme partidaria de la normativa de los años sesenta, su parecer se alineaba claramente con el del cabildo, si bien matizaba algún aspecto concreto e incorporaba planteamientos adicionales, hasta el punto de que su intervención puede considerarse uno de los elementos fundamentales en la evolución discursiva del memorial de 1684 al de 1686.

En la concordancia de pareceres entre la Casa y el cabildo, destaquemos cómo esta también esgrimía una visión histórica de Sevilla que justificaba sus peticiones. La ciudad había sido el «emporio de las demás», pero perdió su opulencia a partir

---

[38] AGI: C, leg. 5054, Fernández de Madrigal a la Casa, Madrid, 13 de junio de 1684.

[39] AGI: IG, leg. 643, apunte en el sobrescrito del memorial de 1684: «A la Cassa de la Contratación se le a ordenado ynforme sobre lo que Seuilla a propuesto y no a llegado el ynforme».

[40] AGI, C, leg. 5054; copia certificada, Sevilla, 31 de julio de 1684.

[41] Schäfer (2003: I: 362, 364, 368-369). Respecto al origen venal de los oficios de Torre Carbonera y Fuentes, Francisco Andújar Castillo (2014): «La Casa de Contratación y la venalidad de los cargos (1634-1717)», en Francisco Núñez Roldán y Mercedes Gamero Rojas (coords.): *Entre lo real y lo imaginario: estudios de historia moderna en homenaje al prof. León Carlos Álvarez Santaló*, Sevilla: Universidad de Sevilla-Universidad de Huelva, pp. 47-73.

[42] AGI: C, leg. 5183, lib. 1684-1686, fols. 110v-114v, la Casa a Carlos II, Sevilla, 1 de agosto de 1684.

de 1640, cuando el comercio de Cádiz, practicado por franceses, ingleses y holandeses, creció, llevando a la ruina la economía de Sevilla. Respecto al memorial de 1684, el punto de inflexión se retrasó un poco, desde 1632 a 1640, lo que equivalía a desplazar levemente el objetivo de los disparos de los arrendadores al propio Cádiz, al que se hacía acreedor de acerbas críticas y airados desprecios, como lugar sin tradición urbana, crecido artificialmente por las intrigas de los comerciantes extranjeros, enemigos de la Monarquía y parte abultada ya de su vecindario, con los que se compinchaba parte de la población local. A estos últimos la Casa les dedicaba las más duras de sus duras palabras: «cometiéndose delitto tan execrable por mano de sus vasallos [del rey]. Tanto puede el ynterés, que obliga a ser traidores a Dios, a V.M. y a la Patria».[43]

La carta de la Casa ejerció una fuerte influencia sobre el memorial de 1686, que prefirió la cronología de 1640 antes que la de 1632, e igualó la importancia del tema gaditano al de los arrendadores de rentas, reservando también agrios comentarios respecto al desarrollo de la plaza comercial. Enseguida lo veremos. No obstante, la carta no desbloqueó la deliberación del Consejo de Indias, que de hecho terminó en punto muerto. Una breve comunicación daba acuse de recibo de su llegada a Madrid una semana después, el 8 de agosto, pero lo más relevante era un escueto apunte marginal, según el cual esta «no tiene respuesta».[44] Así que aquello no llevó directamente a nada. La situación se empantanó, como tantas veces ocurría en la política cortesana, sin que los papeles supervivientes nos revelen muy bien por qué. En todo caso, tenemos la confirmación del memorial de 1686, que recordaba cómo

> V.M. se siruió remitir [el memorial de 1684] con decreto de 12 del mismo al Consejo de las Indias para que informase a V.M. de lo que sobre esto huuiese y le pareciese y en su execución â pedido el Consejo diferentes informes y hecho juntar todos los papeles que a la resolución destos puntos miran, en cuio estado â parecido a Seuilla representar con maior expressión los motiuos del seruicio de V.M. y causa pública que justifiquen su pretenssión.[45]

Dicho claramente, el «estado» de aquel asunto, de suspensión total, requería un nuevo intento «con maior expressión», con el mismo estilo que ya había marcado la Casa de la Contratación. Eso fue el memorial de 1686.

5. Sus contenidos nuevamente tienen que relacionarse con los debates internos del cabildo, sostenidos tanto en acuerdos capitulares como en diputaciones

---

[43] Ídem.
[44] AGI: C, leg. 5054, Fernández de Madrigal a la Casa, Madrid, 8 de agosto de 1684.
[45] *Memorial de 1686*, cap. 35.

especiales.[46] Una vez redactado, el gobierno municipal consiguió poner su manuscrito en el despacho real por segunda vez consecutiva. No obstante, el rey requirió de nuevo el filtro del sistema polisinodial. Hasta cierto punto los pasos de 1686 repetían uno por uno los de 1684, pero con una salvedad importante, pues en aquella ocasión el monarca se dirigió al Consejo de Castilla en vez de al Consejo de Indias. En principio, tampoco sería una decisión que requiriera de grandes explicaciones; una tesitura tan grave como la que presentaba el Concejo hispalense entraba de lleno en las competencias generales del Consejo de Castilla. Por otro lado, el Consejo de Indias no había alcanzado a solucionar aquel galimatías andaluz, por lo que no era mala idea derivarlo hacia otro departamento. Ahora bien, siendo todo esto cierto, es inevitable pensar que el bandazo también pudo obedecer en gran medida a los nuevos protagonismos cortesanos, después de la caída en desgracia de Medinaceli y Veitia en 1685. Ya hemos recordado que los beneficiados de su fracaso fueron el conde de Oropesa y Manuel Francisco de Lira. Pues bien, Oropesa era precisamente presidente del Consejo de Castilla, como Medinaceli lo había sido de Indias.[47] Uno y otro hicieron lo mismo en realidad: empujar la gestión de la crisis sevillana hacia el área de la Polisinodia que mejor conocían y dominaban.

Así pues, en realidad, él mismo fue el destinatario del decreto que trasladaba el memorial de 1686 al Consejo Real.[48] La real orden exigía una consulta, pero no sabemos si esta llegó alguna vez a formarse. Mientras parece claro que el Consejo de Indias jamás llegó a elevar ninguna, no hay certezas respecto a lo que hizo el de Castilla. Por el momento, hasta aquí llega nuestra reconstrucción del contexto institucional del memorial de 1686. En todo caso, la imprecisión final no obsta para que sepamos el final. ¿Terminó también con un silencio, como en 1684, o con una negativa explícita? Fuera como fuese, lo que es evidente es que los objetivos del cabildo jamás se cumplieron: Cádiz nunca volvió a ser sancionada como en los años sesenta, sino todo lo contrario; y la secuencia de los arrendadores generó nada menos que el retorno del propio Francisco Báez Eminente en el mismo 1686. Sin embargo, la derrota política no les resta ningún interés a los planteamientos del cabildo ni al testimonio que dejó para su posteridad sobre la postración de Sevilla.

---

[46] AMS: AC, libs. H-1676 y H-1753.

[47] José Ramón Rodríguez Besné (2004): «Crisis y quebranto político del noveno conde de Oropesa», en José Antonio Escudero (coord.): *Los validos*, Madrid: Dykinson, pp. 573-581.

[48] AHN: CS, leg. 7198, núm. 8; decreto al conde de Oropesa, Madrid, 26 de enero de 1686. Dentro va incluso el memorial, citado en notas como *Memorial de 1686*, especificando capítulo.

Ideas en un papel: el memorial «sobre el miserable estado en que se halla aquel pueblo» (1686)

Entremos al fin entre las páginas del memorial. No son pocas para tratarse de un documento de esta naturaleza y tipología. En total, el texto se desparrama a lo largo de nueve folios y se estructura en torno a treinta y cinco capítulos. De estos, los catorce primeros reproducen la memoria de los tiempos dorados; los diez siguientes, del decimoquinto al vigésimo cuarto, se explayan en las raíces de la ruina económica desde 1640 en adelante; los nueve a continuación, del capítulo vigésimo quinto al trigésimo tercero, dan fe de que los tiempos recientes continuaban la misma tónica, si no la agravaban; y los dos últimos resumen las decisiones regias respecto a aquella cuestión desde 1666 hasta la esperanza de futuras intervenciones en 1686. Sin ellas, afirmaba el cabildo, Sevilla nunca levantaría cabeza y se perpetuaría un modelo de Carrera de Indias que dañaba al conjunto de la Monarquía.

El razonamiento de los caballeros veinticuatros tenía un hilo conductor, una idea central basada en la distinción de lo que hoy llamaríamos factores estructurales y coyunturales.[49] Así, la evolución a largo plazo se explicaría en virtud de los primeros, mientras que los segundos apenas alcanzarían a provocar oscilaciones breves. Ellos, lógicamente, usaban palabras distintas:

> No ay ciudad por fértil y abundante que sea el sitio de su fundación que tenga estauilidad y duración si le faltan las causas de que se originó su grandeza, y aunque por algún tiempo puede padecer detrimento por los accidentes de contagio, exterilidad, inundación, y otros infortunios (a que están sujetas todas), quedándole las raízes que la dieron principio y aumento de ellas mismas (como de las de todas las plantas), salen renueuos que la bueluen â poblar y restituir a su primer ser.[50]

Siempre habría *infortunios* que lamentar, algunos mayores y otros más livianos. Pero ese no era el problema de fondo, sino la conservación de las *causas* y las *raíces* que producían estabilidad y crecimiento sostenible. El drama consistía en haber perdido la *raíz* de la que germinaba la prosperidad de Sevilla: el comercio.

La postración de la ciudad no se debía a ningún acontecimiento determinado, ni siquiera a la peste de 1649, la desgracia más señalada entre todas las que se hallaban instaladas en la memoria colectiva.[51] Tampoco se debía a ninguno de los episodios que se hallaban más recientes en aquellos años ochenta. Al pensar en los

---

[49] Peter Burke (1999): *La revolución historiográfica francesa. La Escuela de los Annales, 1929-1984*, Barcelona: Gedisa, que vincula la aparición de estos conceptos básicos a la obra de Chaunu.

[50] *Memorial de 1686*, cap. 1

[51] Antonio Domínguez Ortiz (1984): *La Sevilla del siglo xvii*, Sevilla: Universidad de Sevilla, p. 72.

problemas de 1686, los regidores no olvidaban el porcentaje de responsabilidad que le correspondía a la reforma monetaria del duque de Medinaceli, que si bien contribuyó a superar la inestabilidad económica que había caracterizado las décadas precedentes, produjo un impacto bastante severo durante los primeros compases de su aplicación, bastante palpable en Andalucía.[52] También tenían en mente la «exterilidad continuada de cosechas» y, finalmente, las enormes riadas del Guadalquivir entre finales de 1683 y comienzos de 1684, sobre las que daban algunos detalles de inestimable valor: el río había destruido las poblaciones ribereñas más humildes, había anegado campos e incluso la mayor parte de Sevilla se había inundado, dejando inhabitables una gran parte de las viviendas.[53] No cabe duda de la gravedad de estos sucesos. Antonio Domínguez Ortiz, por ejemplo, atribuyó a aquella «esterilidad continuada de cosechas» la causa principal de lo que él llamaba la «crisis de Castilla en 1677-1687».[54] El Concejo no la ponía en tela de juicio, pero aun así le otorgaba una trascendencia secundaria. El meollo de lo ocurrido en Sevilla residía en «su tráfico y negociación».[55]

Su abundancia había provocado aquella época de riqueza que los veinticuatros evocaban como la «antigua grandeza». Aunque su inicio resultara más indeterminado que su fin, había que situarlo antes de 1492 o de 1503, es decir, antes del Descubrimiento de América o de la instalación en Sevilla de la Casa de la Contratación. Como después redescubrió la historiografía del siglo XX, la expansión económica sevillana arrancaba de la Baja Edad Media, del XV como mínimo, una vez superado el deterioro de la crisis del siglo XIV.[56] Proclama el memorial de 1686: «Seuilla, antes que se descubriese el nueuo mundo, fue la población más ilustre, rica, y opulenta de toda la Monarquía». Se percibía, seguía diciendo, en su rico urbanismo, poblado de edificios y templos suntuosos, en la holgura de su nobleza y de los mayorazgos, los hombres de negocios, los labradores, los mercaderes, los artesanos («fabricantes de todos quantos generos necesita una republica») y el «numeroso pueblo», que abarrotaba el recinto intramuros y diferentes arrabales. La urbe vivía de la «abundancia de fructos de sus campos» y del «comercio de los naturales y de los estrangeros». Un comercio que era muy distinto entonces, porque los foráneos no venían a llevarse el oro y la plata, sino a traerlos; llegaban para comprar productos andaluces, remontando el río desde Sanlúcar «al rescate de las lanas, paños, granas y tejidos

---

[52] Javier de Santiago Fernández (2000): *Política monetaria en Castilla durante el siglo XVII*, Valladolid: Junta de Castilla y León; del mismo autor: *Política monetaria y moneda en el reinado de Carlos II*, Madrid: UNED-UCM, 2018.

[53] *Memorial de 1686*, cap. 33.

[54] Antonio Domínguez Ortiz (1973): *Crisis y decadencia de la España de los Austrias*, Barcelona: Ariel, pp. 195-217.

[55] *Memorial de 1686*, cap. 3.

[56] Antonio-Miguel Bernal (1993): *La financiación de la Carrera de Indias (1492-1824). Dinero y crédito en el comercio colonial con América*, Madrid: Tabapress, p. 90.

de seda». No hubieran podido intercambiar otra cosa, porque los sevillanos no querían las manufacturas de fuera, «por no usar de ellas entonces [...] y servirse de las suyas para su adorno».[57]

Después se descubrieron las Indias... Y la situación de la ciudad mejoró aun más. Según esta visión, la conexión económica con América no afectó negativamente a la productividad de la economía castellana, tal como a menudo argüían los arbitristas. Al contrario, la Carrera de Indias estimuló la industria local, tanto la manufactura de bienes de consumo como las actividades subsidiarias de la navegación, y sobre ese sector secundario sólido se asentó un comercio sano y enriquecedor para Sevilla. Nada ejemplificaba mejor esto que el desarrollo del Arte Mayor de la Seda, el gremio más renombrado, líder de un sector, el textil, que era uno de los motores fundamentales de la economía urbana preindustrial.[58] De hecho, el Arte Mayor le había escrito pocos años antes, en 1678, un memorial a Carlos II, en el que presentaba ópticas similares y recalcaba las enormes cantidades de trabajo que aportaba el sector a la sociedad.[59] El cabildo, sin duda, conocía aquel informe o las ideas que le habían dado forma. Su memorial de 1686 las retomaba y se animaba a elevar las cifras de manera arbitraria:

> [...] en Sevilla llegó a tener el Arte de la Seda más de treinta mil telares, ocupándose en este ministerio sobre doscientas mil personas de todos sexos, desde la crianza del gusano hasta poner las telas y demás manifacturas de esta calidad en toda perfección.[60]

Los números no merecen demasiado crédito. Lo que nos importa es la confirmación del razonamiento expuesto por el propio gremio, según el cual la culminación de la etapa expansiva bajo el estímulo indiano propició la creación de muchos puestos de trabajo directos e indirectos, incluyendo mucha mano de obra femenina (realidad social que viene reflejada en la pintura de Velázquez o Murillo). El cabildo añadía un testimonio interesantísimo de las industrias textiles, a las que el incentivo americano había ayudado a desarrollarse. Aunque extenso, merece la pena recordarlo:

---

[57] *Memorial de 1686*, cap. 2.

[58] Manuel Garzón Pareja (1972): *La industria sedera en España. El Arte de la Seda de Granada*, Granada: Archivo de la Real Chancillería; Ricardo Franch Benavent y Germán Navarro Espinach (2017): *Las rutas de la seda en la historia de España y Portugal*, Valencia: Universidad de Valencia; especialmente el balance de F. García Gámez: «La seda en Andalucía durante la Edad Moderna: balance y perspectivas de estudio», pp. 65-97. No hay una monografía que haga justicia al Arte Mayor de la Seda hispalense, pero sí al de Écija: Antonio Valiente Romero (2012): *La evolución de la sericultura y su aplicación en Écija en la Edad Moderna*, Sevilla: Gráficas El Sol; del mismo autor (2014): *Economía e industria textil en la España Moderna. El Arte Mayor de la Seda de Écija*, Sevilla: Universidad de Sevilla.

[59] AGI: IG, leg. 640, memorial del Arte de la Seda a Carlos II, Sevilla, 31 de mayo de 1678.

[60] *Memorial de 1686*, cap. 3.

Sucediendo lo mismo en las ciudades de Écija, Córdoua, Jaén, Granada, Murcia, Valencia y Toledo, Pliego, Pastrana y otras villas y lugares de la tierra adentro en las fábricas deste genero [la industria sedera], creciendo al mismo paso las de los paños de Segouia, granas de Baeza, rajas de Áuila y las Nauas, gerguetas y estameñas de Toledo, Palencia y Ampudia, todo género de medias de lana y ylo de Castilla y Galicia, que con tanta abundancia se labraban en sus prouincias.[61]

Sin embargo, el crecimiento industrial del xvi no se había sustentado solo sobre el textil de la seda. Decían los veinticuatros que también había sido importante la metalurgia, especialmente la del hierro, la actividad naval, el cultivo del cáñamo y la cordelería y, por supuesto, la acuñación de oro, plata y vellón, realizada en la nueva y flamante Casa de la Moneda.[62] Sevilla, afirmaríamos con lenguaje de hoy, era una de las ciudades industriales más notables de España.[63]

La Carrera de Indias también estimuló la llegada de manufacturas extranjeras, pero eso no significó un retraimiento de la malla productiva hispalense. Al contrario, según los veinticuatros, la oferta local/nacional y los artículos extranjeros sumaron entre sí y se conjugaron para hacer de la capital andaluza uno de los máximos centros comerciales de Europa, el mayor de todos según su inevitable tendencia a la exageración:

Los estrangeros de todas naciones que antes del descubrimiento de las Indias venían a comerciar â Seuilla, noticiosos de la summa abundancia de oro, plata, y perlas, esmeraldas, cochinillas, y otros géneros preciosos, que venían de aquel nueuo mundo, que se recogian y depositaban en aquella ciudad, para saCarlos de ella y lleuarlos a sus prouincias, inuentaron nueuas fábricas de todos géneros de sus mercaderías, asimiladas a las de España, conduciéndola a Seuilla y formando en ella el maior comercio de todo el orbe.[64]

El «mayor comercio de todo el orbe»: la retórica de la nostalgia en el xvii se parecía a la retórica del entusiasmo en el xvi, cuando Alonso de Morgado hablaba de la sublimación de Sevilla tras el descubrimiento de las Indias o fray Tomás de Mercado la presentaba como el «centro de todos los mercaderes del mundo».[65]

---

[61] Ídem.

[62] Ibídem, caps. 4-9.

[63] Antonio Domínguez Ortiz: *Orto...*, o. cit., cap. 2; del mismo autor: *Política fiscal...*, o. cit., pp. 129-136; Antonio Miguel Bernal, Antonio Collantes de Terán y Antonio García-Baquero (2008): *Sevilla: de los gremios a la industrialización*, Sevilla: ICAS; María Jesús Sanz Serrano (1991): *El gremio de plateros sevillano, 1344-1867*, Sevilla: Universidad de Sevilla; José María Sánchez Cortegana (1994): *El oficio de ollero en Sevilla en el siglo xvi*, Sevilla: Diputación de Sevilla.

[64] *Memorial de 1686*, cap. 11.

[65] José María Oliva Melgar (2004): *El Monopolio de Indias en el siglo xvii y la economía andaluza. La oportunidad que nunca existió*, Huelva: Universidad de Huelva, p. 14.

Hay varios detalles de interés en la descripción/dramatización capitular del apogeo económico urbano. Uno era el de los espléndidos rendimientos fiscales de aquel comercio ordenado, que contrastaban con los escuálidos resultados tributarios generados por el comercio fraudulento de su tiempo. Otro aspecto fundamental residía en la responsabilidad institucional de aquel instante feliz. Cualquiera daría en pensar que el cabildo se lo atribuiría a sí mismo. No nos extrañaría nada leerlo. Sin embargo, no era así. Según el memorial, la garantía de aquel buen comercio y sus reflejos fiscales había corrido a cargo del Consulado de Cargadores. Todo se hallaba

> [...] deuajo de la mano del Consulado, cuia autoridad no daua lugar a que se traspasase la buena fee y sinceridad con que se mantiene el comercio, contribuyendo con toda legalidad y sin ningún fraude los derechos de todas las mercaderías y fructos que entrauan y salían en aquella ciudad, obseruando todos imbiolablemente las leyes del Reyno, por estar a la vista de sus Magistrados y Justicias.[66]

Tampoco aquí hay que creer a los cabildantes al pie de la letra. Mucho de lo que decían era evidentemente falaz. No obstante, constataba el deseo de integrar en el discurso municipal a los mercaderes y sus instituciones, tal como antes habían hecho con los sederos y el Arte Mayor de la Seda, pero expresado con mucho más respeto y consideración.[67]

Reiterando su razonamiento de base, que ya conocemos, los veinticuatros insistían en que ningún accidente pudo torcer aquel árbol que crecía saludable. Las raíces entonces eran firmes. No faltaron la «esterilidad de frutos, inundaciones, peste, guerras, bajas de moneda y otras calamidades», pero Sevilla pudo restituirse siempre «como no le faltó el comercio (que tan radicado estuuo en ella siempre)». Así fue hasta 1640 (ya no 1632), momento en el cual se quebró la historia, precisamente porque ese comercio comenzó a faltar.[68] La ciudad cayó víctima de un proceso que el memorial explicaba en los términos de una combinación de las ilegalidades de los extranjeros, el ascenso de Cádiz y la insolidaridad de los propios españoles. La Sevilla cosmopolita, industrial y comercial, bien gestionada y coordinada con los intereses fiscales de la Monarquía se hundió y sobre sus ruinas se impulsó Cádiz, una ciudad cercana, pero distinta sin duda. Los munícipes la presentaban como plataforma idónea para la imposición de los intereses extranjeros en la Carrera de

---

[66] *Memorial de 1686*, cap. 11.

[67] La mayor obsequiosidad se debía, sin duda, a la influencia institucional del consulado y a determinados vínculos sociales de la oligarquía municipal-burguesía mercantil: Ana Gloria Márquez Redondo: *El Ayuntamiento...*, o. cit., I, pp. 51-52; José María Oliva Melgar: *El Monopolio...*, o. cit.; Enriqueta Vila Vilar (2016): *El Consulado de Sevilla de Mercaderes a Indias. Un órgano de poder*, Sevilla: ICAS.

[68] *Memorial de 1686*, cap. 13.

Indias y también como espacio privilegiado para el fraude fiscal, lesivo para los intereses colectivos y para los de la corona.[69]

En aquellos años cuarenta, los pioneros del desastre fueron los comerciantes franceses y holandeses.

> Estaua pendiente la guerra con la corona de Francia y Estados de Holanda, y impedido por el contrabando el comercio destas dos naciones, que les obligo â vyr del puerto de S[a]nlúcar y pasar con sus nauíos a la vaýa de Cádiz, cuia liuertad (para entrar y salir sin ningún impedimento ni embarazo) les abrió la puerta no tan solo a surgir en ella, sino â introducir por alto desde sus vajeles todas sus mercaderías.[70]

La «libertad de Cádiz» y el «contrabando» se enlazaban de inmediato en el argumentario concejil. Los enemigos de España habían aprovechado aquel escenario en primer lugar. Pero después lo había hecho todo el mundo, deseosos de reducir la losa de los costes fiscales sobre sus balances empresariales. Los extranjeros «amigos y confederados» no tardaron en seguir sus pasos y, después, también lo hicieron muchos españoles. La enfermedad había sido contagiosa. La ciudad de Cádiz, lejos de combatir aquel negocio turbio, lo potenció con estratagemas fiscales. Según protestaban sus rivales sevillanos, compró sus propias alcabalas y lo aprovechó para usurpar rentas a los almojarifazgos y rebajar la presión fiscal, generando desequilibrios aduaneros ilegítimos, cuando no ilegales.[71]

Así creció Cádiz, aseguraban. De ser poco menos que nada a figurar como puerto de referencia para las armadas y flotas de la Carrera de Indias. Había un grueso desdén en el discurso hispalense que remite a los exabruptos ya emitidos por la Casa de la Contratación. Sin embargo, es obvio que el empequeñecimiento de Cádiz era un elemento necesario del discurso ensayado por Sevilla y no dudaron en plantearlo sin cortapisas. Lo despreciaban como un «presidio cerrado de tan corta vecindad que no tenía más iglesia ni parroquia que la cathedral»; un lugar caro, por su «cortedad» y «ponerle términos el mar», «siendo necesario para su alimento le entre[n] de fuera todos los mantenimientos». Solo por aquellas taimadas razones podía haber crecido tanto como lo había hecho, adquiriendo semejante población, que podría competir con la de la propia Sevilla si esa morfología insular no le impusiera unos límites determinados. No cabía esperar mucho de la gente que vivía allí:

---

[69] Sobre el Cádiz moderno y sus relaciones con la Carrera de Indias, más allá de estas diatribas contemporáneas, véanse, entre otros: Antonio García-Baquero González (1988): *Cádiz y el Atlántico (1717-1778). El comercio colonial español bajo el monopolio gaditano*, Cádiz: Diputación Provincial de Cádiz; Guadalupe Carrasco González (1997): *Comerciantes y casas de negocios en Cádiz (1650-1700)*, Cádiz, Universidad de Cádiz; Manuel Bustos Rodríguez (2005): *Cádiz en el sistema atlántico. La ciudad, sus comerciantes y la actividad mercantil*, Madrid: Sílex.

[70] *Memorial de 1686*, cap. 15.

[71] Ibídem, cap. 16.

«las tres partes de ellos [son] de nacionales y el resto de algunos vecinos soldados y gente mal entretenida». Una ciudad de extranjeros y de gente sin ley, una ciudad licenciosa, una carcoma de España y la Monarquía.[72]

La migración comercial a Cádiz había abierto un proceso de deslocalización comercial, traducido en un contexto de desindustrialización y, al fin, en una de-surbanización lamentable. En los últimos años, los productos alóctonos se habían impuesto con rotundidad sobre los españoles en general y los sevillanos en particular, especialmente en el textil, «tejidos de seda, lino y lana», libres de restricciones legales y de costos fiscales, mucho más baratos. El desastre se había repetido en muchas «ciudades y lugares del reino», aunque en ningún sitio se había notado más que en Sevilla. El Arte Mayor de la Seda, que había servido como testimonio principal del esplendor pretérito, figuraba ahora como principal ejemplo del descaecimiento reciente, «minorándose […] de tal manera que en Seuilla no han quedado ni la décima parte de telares deste género». Sin trabajo, la ciudad se había despoblado.[73] El memorial calculaba que la ciudad de 1686 tendría como un tercio menos de población que la de 1640; pero, además, denunciaba que muchos de los que habían permanecido habían quedado «pobres y sin tener con qué alimentarse». Sobre esa ciudad debilitada habían actuado los accidentes coyunturales, aquí sí considerados como un agravante de los problemas de fondo: las malas cosechas, las reformas monetarias de los ochenta y las inundaciones de Guadalquivir habían terminado de dibujar el perfil de una urbe decrépita.[74]

Había que actuar. Pero eso significaba actuar contra Cádiz. No era una opción tan obvia para la Monarquía, a pesar de todo lo que llevaba dicho el memorial capitular. Ni mucho menos sencilla. Por eso, al cabildo le interesaba subrayar cómo el ascenso de Cádiz provocaba, además de la declinación de Sevilla, perjuicios a la corona. En tal sentido, puso el acento en los ingresos económicos, pensando, cabe suponer, que nada dolía más que el bolsillo:

> Los [daños] de la Monarquía ya se puede reconocer quán graues han sido y serán por estar en la ciudad de Cádiz todo el comercio de las naciones estrangeras, pues siendo capitulación expressa entre todos los reinos y repúblicas de la Europa[75] que los vasallos de los unos en los estados de los otros se sujeten a la obseruancia de sus leyes y contribución de los derechos impuestos y que pagan los naturales, como se executa

[72] Ibídem, cap. 17 y 20.

[73] La percepción de esta «disminución» también era central en el memorial del Arte Mayor de la Seda de 1678: José Manuel Díaz Blanco [en prensa]: «La política popular en la Sevilla del xvii: el Arte Mayor de la Seda le escribe a Carlos II (1678)».

[74] *Memorial de 1686*, caps. 32-33.

[75] Para las relaciones entre extranjería e identidad europea, David González Cruz y Pilar Gil Tébar (2018): *Nacionalidad e identidad europea en el mundo hispánico*, Madrid: Sílex.

sin remissión en cada dominio, y deuiendo tener la misma obediencia y sujeción todos los estranjeros que comercian en estos reinos a las establecidas para su gouierno y a la paga de los derechos r[eale]s, como lo están y contribuyen los vassallos de V.M. en contravención de ellas y de las capitulaciones de pazes hechas con la suprema autoridad (que deuen ser inviolables de sus príncipes), por quantos medios alcanza la malicia a procurado vsurparlos, alimentando a su costa los foragidos y gente ociosa del Reino con tanto detrimento del [de él].[76]

Las consecuencias podían medirse con precisión. Según las cifras esgrimidas por el cabildo, que coincidían con las que había sugerido la Casa de la Contratación, en los buenos años sevillanos los almojarifazgos y las alcabalas de la ciudad habían aportado a las arcas públicas 544 370 870 maravedíes, que no debían valorarse solo por su volumen en sí, sino por haber gravado una mayoría de productos españoles («siendo entonces mucho menos las fabricas de los estrangeros») y por haberlo hecho mediante tipos fiscales relativamente moderados, calculados en no más del 17 % sobre la base imponible. Desde 1670, los rendimientos fiscales se habían desplomado. Las mismas figuras generaban entonces 267 788 643 maravedíes, es decir, 276 782 227 menos que en el punto apical, ello a pesar de que las tasas de exacción casi se habían tenido que duplicar, ascendiendo al 31 %, una evolución que coincidía con la de otros ingresos fiscales significativos en el partido de Sevilla, tanto la del Servicio de Millones como la de los cuatro unos por ciento.[77]

Sevilla sería la solución para la bolsa del rey. De hecho, era la opción que recomendaría cualquier conocedor de las políticas fiscales y mercantiles europeas. Uno de los fragmentos más notables del memorial se encuentra en un párrafo donde los veinticuatros repasan la geografía europea, manifestando cómo los puertos interiores son los preferidos en las regiones comerciales más asentadas, salvo excepciones que podían explicarse:

En todos los reinos estrangeros está reducido todo su comercio a cuerpo solo y su residencia a población y sitio señalado y seguro, de tal manera que en el de Inglaterra, teniendo tantas prouincias (donde en cada una pudiera hauer su cuerpo de comercio), está todo el de aquel reino en la ciudad de Londres, veinte leguas del puerto de las Dunas, el de la Guiena en Francia a la de Burdeos, el de Normandía a la de Ruán, el de Olanda a la de Ámsterdam, el de Alemania a la de Amburgo, situadas todas la tierra adentro y con la misma distancia apartadas de los puertos de mar, [...] y aunque en Lisboa y Génoua, ciudades fundadas a las orillas del mar, esta su principal comercio, por asistir en ellas sus príncipes y magistrados se hace observar imbiolablemente lo mismo.[78]

---

[76] *Memorial de 1686*, cap. 29.
[77] Ibídem, cap. 30.
[78] Ibídem, cap. 25.

El éxito del puerto interior no era casual. Todas las naciones europeas habían comprendido que esa posición facilitaba el cumplimiento de la ley, la persecución del fraude y el contrabando y la protección militar de la riqueza mercantil frente a los enemigos. Sevilla cumplía los requisitos; Cádiz, evidentemente, no.[79]

La monarquía lo había entendido correctamente en 1666-1667, cuando legisló a favor de aquella. En 1684 el cabildo había solicitado que se respetase esa normativa y, dos años después, repetía su súplica. Todas las esperanzas estaban puestas en la monarquía. Solo la institución regia podía actuar sobre un devenir que, sin esa ayuda, sería ineluctable. Por eso, no se decía abiertamente que, si en 1684-1686 había que plantear la recuperación de las leyes de los sesenta, era porque la propia monarquía la había derogado desde finales de los setenta, devolviendo a Cádiz sus bases institucionales. Esos silencios sobre la monarquía eran muy característicos. El cabildo, lógicamente, obviaba todas las tensiones fiscales que habían separado a Sevilla y la corona a lo largo y ancho del siglo xvii.[80] ¿Cómo abundar en ellas cuando se pretendía la dadivosidad del monarca? No hay duda de que esos y otros silencios atravesaban el memorial del Concejo. Sobre ellos, y sobre sus implicaciones, habrá que seguir trabajando en ocasiones venideras. De momento, quedémonos, que no es poco, con el crudo testimonio dejado por el cabildo: la narración del «miserable estado en que se halla aquel pueblo». Un reflejo del drama social y económico en el que la crisis del siglo xvii sumió a Sevilla.

Bibliografía

Acosta Rodríguez, Antonio y otros (2024): *La Casa de la Contratación y la navegación entre España y las Indias,* Sevilla: Universidad de Sevilla-csic.

Aguilar Piñal, Francisco (1989): *Historia de Sevilla. Siglo xviii,* Sevilla: Universidad de Sevilla.

Àlamo Martell, M.ª Dolores (2004): «El VIII duque de Medinaceli: primer ministro de Carlos II», en José Antonio Escudero (coord.): *Los validos,* Madrid: Dykinson, pp. 545-571.

Andújar Castillo, Francisco (2014): «La Casa de Contratación y la venalidad de los cargos (1634-1717)», en Francisco Núñez Roldán y Mercedes Gamero Rojas (coords.): *Entre*

---

[79] Albert Girard: *La rivalidad...,* o. cit., pp. 50, 168.

[80] José Manuel Díaz Blanco: *Así trocaste...,* o. cit. El caso hay que entenderlo en el clima de tensión fiscal común a toda la Corona de Castilla: Antonio Domínguez Ortiz (1960): *Política y Hacienda de Felipe IV,* Madrid: Editorial de Derecho Financiero; del mismo autor: *Política fiscal...,* o. cit.; Juan E. Gelabert (2000): *Castilla convulsa, 1631-1652,* Madrid: Marcial Pons; Alberto Marcos Martín (2006): «¿Fue la fiscalidad regia un factor de crisis en la Castilla del siglo xvii?», en Geoffrey Parker (coord.): *La crisis de la Monarquía de Felipe IV,* Barcelona: Crítica, pp. 173-253.

lo real y lo imaginario: estudios de historia moderna en homenaje al prof. León Carlos Alvarez Santaló, Sevilla: Universidad de Sevilla-Universidad de Huelva, pp. 47-73.

— (2021): «Corrupción y patronazgo en la España de Carlos II. Una primera aproximación», en Michèle Guillemont-Estela y otros (dir.): *Le règne de Charles II. Grandeus et misères*, París: Editions Hispaniques, pp. 87-109.

Antón Infante, Lucas (2020): *El Consejo de Indias en la Monarquía Hispánica de Carlos II, 1665-1700*, tesis doctoral defendida en la Universidad Complutense de Madrid.

Bernal, Antonio Miguel, Antonio Collantes de Terán y Antonio García-Baquero (2008): *Sevilla: de los gremios a la industrialización*, Sevilla: ICAS.

Bernal, Antonio Miguel (1993): *La financiación de la Carrera de Indias (1492-1824). Dinero y crédito en el comercio colonial con América*, Madrid: Tabapress.

Burke, Peter (1999): *La revolución historiográfica francesa. La Escuela de los Annales, 1929-1984*, Barcelona: Gedisa.

Bustos Rodríguez, Manuel (2005): *Cádiz en el sistema atlántico. La ciudad, sus comerciantes y la actividad mercantil*, Madrid: Sílex.

Cabrera Bosch, María Isabel (1993): *El Consejo Real de Castilla y la ley*, Madrid: CSIC.

Carrasco González, Guadalupe (1997): *Comerciantes y casas de negocios en Cádiz (1650-1700)*, Cádiz: Universidad de Cádiz.

Castro, Concepción de (2015): *El Consejo de Castilla en la historia de España (1621-1760)*, Madrid: Centro de Estudios Políticos y Constitucionales.

Contreras, Jaime (2003): *Carlos II el Hechizado. Poder y melancolía en la corte del último Austria*, Madrid: Temas de Hoy.

Coronas González, Santos Manuel (1992): *Ilustración y Derecho. Los fiscales del Consejo de Castilla en el siglo XVIII*, Madrid: Ministerio para las Administraciones Públicas.

Díaz Blanco, José Manuel (2012): *Así trocaste tu gloria. Guerra y comercio colonial en la España del siglo XVII*, Madrid: IUHS-Marcial Pons.

— (2014): «Pensamiento arbitrista y estructuras institucionales en la Carrera de Indias (siglo XVII): entre la desincentivación y la represión», *Anuario de Estudios Americanos*, 71 (1), pp. 47-77.

— (2015): «La construcción de una institución comercial: el consulado de las naciones flamenca y alemana de Sevilla», *Revista de Historia Moderna. Anales de la Universidad de Alicante*, 33, pp. 123-145.

— [En prensa]: «La política popular en la Sevilla del XVII: el Arte Mayor de la Seda le escribe a Carlos II (1678)».

— [En prensa]: *El Norte de la Contratación y la tradición veitiana. Un itinerario del Siglo de Oro al pensamiento histórico moderno.*

Dios, Salustiano de (1982): *El Consejo Real de Castilla (1385-1522)*, Madrid: Centro de Estudios Constitucionales.

Domínguez Ortiz, Antonio (1960): *Política y Hacienda de Felipe IV*, Madrid: Editorial de Derecho Financiero.

— (1973): *Crisis y decadencia de la España de los Austrias*, Barcelona: Ariel.

— (1984): *La Sevilla del siglo XVII*, Sevilla: Universidad de Sevilla.

— (1984): *Política fiscal y cambio social en la España del siglo XVII*, Madrid: Instituto de Estudios Fiscales, 1.

— (1991): *Orto y ocaso de Sevilla*, Sevilla: Universidad de Sevilla.

— (1999): *El Antiguo Régimen: los Reyes Católicos y los Austrias*, Madrid: Alianza.

ESCUDERO, José Antonio (1969): *Los secretarios de Estado y del Despacho (1474-1724)*, Madrid: Instituto de Estudios Administrativos.

— (2004) (coord.): *Los validos*, Madrid: Dykinson.

EZQUERRA REVILLA, Ignacio (2017): *El Consejo Real de Castilla en el espacio cortesano (siglos XVI-XVIII)*, Madrid: Polifemo.

— (2000): *El Consejo Real de Castilla bajo Felipe II. Grupos de poder y luchas faccionales*, Madrid: Sociedad Estatal para la Conmemoración de los Centenarios de Felipe II y Carlos V.

FAYARD, Janine (1982): *Los miembros del Consejo de Castilla (1621-1746)*, Madrid: Siglo XXI.

FERNÁNDEZ LÓPEZ, Francisco (2018): *La Casa de la Contratación de Indias. Una oficina de expedición documental para el gobierno de las Indias (1503-1717)*, Sevilla: Editorial Universidad de Sevilla.

FRANCH BENAVENT, Ricardo y Germán NAVARRO ESPINACH (2017): *Las rutas de la seda en la historia de España y Portugal*, Valencia: Universidad de Valencia.

GARCÍA PÉREZ, Rafael D. (1998): *El Consejo de Indias durante los reinados de Carlos III y Carlos IV*, Pamplona: Eunsa.

GARCÍA-BAQUERO GONZÁLEZ, Antonio (1988): *Cádiz y el Atlántico (1717-1778). El comercio colonial español bajo el monopolio gaditano*, Cádiz: Diputación Provincial de Cádiz.

— (1992): *La Carrera de Indias. Suma de la contratación y océano de negocios*, Sevilla: Algaida.

GARZÓN PAREJA, Manuel (1972): *La industria sedera en España. El Arte de la Seda de Granada*, Granada: Archivo de la Real Chancillería.

GAUDIN, Guillaume (2017): *El imperio de papel de Juan Díez de la Calle. Pensar y gobernar el Nuevo Mundo en el siglo XVII*, México: Fondo de Cultura Económica.

GELABERT, Juan E. (2000): *Castilla convulsa, 1631-1652*, Madrid: Marcial Pons.

GIRARD, Albert (2006 [1932]): *La rivalidad comercial y marítima entre Sevilla y Cádiz hasta finales del siglo XVIII*, Sevilla: Renacimiento.

GONZÁLEZ CRUZ, David y Pilar GIL TÉBAR (2018): *Nacionalidad e identidad europea en el mundo hispánico*, Madrid: Sílex.

HEREDIA LÓPEZ, Alfonso Jesús (2021): *El control de la corrupción en la Monarquía Hispánica. La Casa de la Contratación (1642-1660)*, Sevilla: Editorial Universidad de Sevilla.

HERRERO SÁNCHEZ, Manuel (1994): «Cádiz y la reorganización del comercio indiano en el proyecto mercantilista de Juan Cano (1675)», en *Actas del II Congreso de Historia de Andalucía. Andalucía y América*, Córdoba: Consejería de Cultura y Medio Ambiente de la Junta de Andalucía, pp. 171-178.

KIRSCHBERG SCHENK, Deborah y Marcos FERNÁNDEZ GÓMEZ (2002): *El Concejo de Sevilla* en la Edad Media (1248-1454). Organización institucional y fuentes documentales, Sevilla: Ayuntamiento de Sevilla.

LADERO QUESADA, Miguel Ángel (2002): *El primer oro de América. Los comienzos de la Casa de la Contratación de las Indias (1503-1511)*, Madrid: RAH.

MARCOS MARTÍN, Alberto (2006): «¿Fue la fiscalidad regia un factor de crisis en la Castilla del siglo XVII?», en Geoffrey Parker (coord.): *La crisis de la Monarquía de Felipe IV*, Barcelona: Crítica, pp. 173-253.

MÁRQUEZ REDONDO, Ana Gloria (2010): *El Ayuntamiento de Sevilla en el siglo XVIII*, Sevilla: Ayuntamiento-Fundación Cajasol.

NAVARRETE, Benito y Marcos FERNÁNDEZ (2014): *Historia y patrimonio del Ayuntamiento de Sevilla*, Sevilla: Ayuntamiento de Sevilla-BBVA.

NAVARRO SAÍNZ, José María (2007): *El Concejo de Sevilla en el reinado de Isabel I (1474-1504)*, Sevilla: Diputación de Sevilla.

OLIVA MELGAR, José María (2004): *El Monopolio de Indias en el siglo XVII y la economía andaluza. La oportunidad que nunca existió*, Huelva: Universidad de Huelva.

POLO MARTÍN, Regina (2018): *Consejos y consultas: la «consulta» como instrumento de gobierno en la Monarquía Hispánica del Antiguo Régimen. Un estudio jurídico-institucional, con especial referencia al Consejo de Castilla*, Bilbao: Fundación BBVA.

PULIDO BUENO, Ildefonso (1993): *Almojarifazgos y comercio exterior en Andalucía durante la época mercantilista, 1526-1740. Contribución al estudio de la economía en la España Moderna*, Huelva: Artes Gráficas Andaluzas.

RIBOT GARCÍA, Luis (2009): *Carlos II: el rey y su entorno cortesano*, Madrid: CEEH.

RODRÍGUEZ BESNÉ, José Ramón (2004): «Crisis y quebranto político del noveno conde de Oropesa», en José Antonio Escudero (coord.): *Los validos*, Madrid: Dykinson, pp. 573-581.

SÁNCHEZ CORTEGANA, José María (1994): *El oficio de ollero en Sevilla en el siglo XVI*, Sevilla: Diputación de Sevilla.

SANTIAGO FERNÁNDEZ, Javier de (2000): *Política monetaria en Castilla durante el siglo XVII*, Valladolid: Junta de Castilla y León.

— (2018): *Política monetaria y moneda en el reinado de Carlos II*, Madrid: UNED-UCM.

SANZ SERRANO, María Jesús (1991): *El gremio de plateros sevillano, 1344-1867*, Sevilla: Universidad de Sevilla.

SCHÄFER, Ernesto (2003): *El Consejo Real y Supremo de las Indias. Su historia, organización y labor administrativa hasta la terminación de la Casa de Austria*, Valladolid: Junta de Castilla y León.

TOMÁS Y VALIENTE, Francisco (1990): *Los validos en la Monarquía española del siglo XVII: estudio institucional*, Madrid: Siglo XXI.

VALIENTE ROMERO, Antonio (2014): *Economía e industria textil en la España Moderna. El Arte Mayor de la Seda de Écija*, Sevilla: Universidad de Sevilla.

— (2014): *La evolución de la sericultura y su aplicación en Écija en la Edad Moderna*, Sevilla: Gráficas El Sol.

Veitia Linaje, Joseph de (1672): *Norte de la Contratación de las Indias*, Sevilla: Juan Francisco de Blas.

Vila Vilar, Enriqueta (2016): *El Consulado de Sevilla de Mercaderes a Indias. Un órgano de poder*, Sevilla: icas.